Reformüberlegungen zum deutschen Schleusungsstrafrecht

Europäische Hochschulschriften Recht

European University Studies in Law

Publications Universitaires Européennes de Droit

Band/Volume 6225

Philip A. Ullrich

Reformüberlegungen zum deutschen Schleusungsstrafrecht

Ein Rechtsvergleich zum U.S.-amerikanischen Recht

PETER LANG

Bibliografische Information der Deutschen Nationalbibliothek
Die Deutsche Nationalbibliothek verzeichnet diese Publikation in der Deutschen Nationalbibliografie; detaillierte bibliografische Daten sind im Internet über http://dnb.d-nb.de abrufbar.

Zugl.: Bonn, Univ., Diss., 2020

D 5
ISSN 0531-7312
ISBN 978-3-631-84390-1 (Print)
E-ISBN 978-3-631-84445-8 (E-PDF)
E-ISBN 978-3-631-84446-5 (EPUB)
E-ISBN 978-3-631-84447-2 (MOBI)
DOI 10.3726/b17934

Peter Lang – Berlin · Bern · Bruxelles · New York · Oxford · Warszawa · Wien

Diese Publikation wurde begutachtet.

www.peterlang.com

Meinen Eltern und Taufpaten

Vorwort

Die vorliegende Arbeit wurde im Sommersemester 2020 von der Rechts- und Staatswissenschaftlichen Fakultät der Rheinischen Friedrich-Wilhelms-Universität Bonn als Dissertation angenommen. Rechtsprechung und Literatur konnten im Wesentlichen bis Ende September 2020 berücksichtigt werden.

Ich danke meinem Doktorvater Herrn Professor Dr. Carl-Friedrich Stuckenberg, LL.M. (Harvard), herzlich für die Bestärkung bei der Wahl des Themas dieser Untersuchung sowie die hilfreichen Gespräche während ihrer Erstellung. Herrn Professor Dr. Martin Böse danke ich für die zügige Erstellung des Zweitgutachtens.

Mein besonderer Dank gilt Herrn Rechtsanwalt Dr. Andreas Zenner und allen weiteren Mitarbeitern der Rechtsanwaltssozietät Linklaters LLP, die die Entstehung dieser Arbeit und insbesondere des Länderberichts zum U.S.-amerikanischen Bundesstrafrecht durch ihre kanzleiinternen Strukturen und die Ermöglichung eines Secondments als wissenschaftlicher Mitarbeiter am New Yorker Standort wesentlich gefördert haben.

Außerdem herzlich bedanken möchte ich mich bei Frau Richterin am Verwaltungsgericht Walburga Lowinski-Richter und Frau Richterin Leonie Erdmann, die in schnellstmöglicher Zeit mein Manuskript korrekturgelesen und wertvolle Anregungen gegeben haben.

Mein ganz besonderer Dank gilt meiner Freundin Corinna Richter, die mich persönlich und fachlich bedingungslos unterstützt und mich durch ihren unermüdlichen Zuspruch durch die Höhen und Tiefen des Promotionsstudiums getragen hat.

Mein größter Dank gilt meinen Eltern Bernhard und Regine Ullrich sowie meinen Taufpaten Sigried Aretz, Dr. Hans Günther Ullrich und Dirk Zollmarsch, die mein Interesse an der Rechtswissenschaft geweckt haben und mich in jeder Lebenslage dabei unterstützen, meine Träume und Wünsche zu verwirklichen. Ihnen ist dieses Buch gewidmet.

Düsseldorf, im Oktober 2020
Philip A. Ullrich

Inhaltsübersicht

Inhaltsverzeichnis

Abkürzungsverzeichnis

a.A.	andere Ansicht
a.a.O.	am angegebenen Ort
a.E.	am Ende
a.F.	alte Fassung
A.L.R. Fed.	American Law Reports, Federal
ABl.	Amtsblatt (der Europäischen Union)
Abschn.	Abschnitt
Allg. M.	Allgemeine Meinung
Am. Crim. L. Rev.	American Criminal Law Review
ANA-ZAR	Anwaltsnachrichten Ausländer- und Asylrecht
AuAS	Schnelldienst Ausländer- und Asylrecht
Az.	Aktenzeichen
B.C. L. Rev.	Boston College Law Review
BB	Betriebsberater
BeckEuRS	Beck-online.EU-RECHTSPRECHUNG
BeckRS	Beck-online.RECHTSPRECHUNG
Begr.	Begründung
Beijing L. Rev.	Beijing Law Review
Beschl. v.	Beschluss vom
BGBl.	Bundesgesetzblatt
BGHR	BGH-Rechtsprechung
BGHSt	Entscheidungen des Bundesgerichtshofes in Strafsachen
BR-Drucks.	Bundesratsdrucksache
BR-PlPr.	Plenarprotokoll des Bundesrats
BT-Drucks.	Bundestagsdrucksache
BVerfGE	Entscheidungen des Bundesverfassungsgerichts
bzw.	beziehungsweise
C.D.	Central District
CAA	Cuban Adjustments Act
Calif. L. Rev.	California Law Review
CESEDA	Code de l'Entrée et du Séjour des Étrangers et du Droit d'Asile (Frankreich)
C.F.R.	Code of Federal Regulations
Ch.	Chapter

Chicano L. Rev.	Chicana/o Latina/o Law Review (vormals Chicano Law Review)
Cir.	Circuit
Colum. L. Rev.	Columbia Law Review
Cong. Rec.	Congressional Record
CP	Code Pénal (Frankreich)
Cr. App. R.	Criminal Appeal Reports
CSR	Congressional Research Service
D.	District
D.C.	District of Columbia
ders.	derselbe
Dok-Nr.	Dokument-Nummer
Duke L. J.	Duke Law Journal
DVBl	Deutsches Verwaltungsblatt
E.D.	Eastern District
EUGrCh	Charta der Grundrechte der Europäischen Union
EuZW	Europäische Zeitschrift für Wirtschaftsrecht
f., ff.	folgende
F.2d	Federal Reporter (2nd Series)
F.3d	Federal Reporter (3rd Series)
F.Supp.	Federal Supplement (1st Series)
F.Supp.2d	Federal Supplement (2nd Series)
F.Supp.3d	Federal Supplement (3rd Series)
FamRZ	Zeitschrift für das gesamte Familienrecht
Fed. Jury Prac. & Instr.	Federal Jury Practise and Instructions
Fed.Appx.	Federal Appendix
Fed.Reg.	Federal Regulation
Fn.	Fußnote
Fordham L. Rev.	Fordham Law Review
FPG	Fremdenpolizeigesetz (Österreich)
FS	Festschrift
GA	Goltdammer's Archiv für Strafrecht
Ga. J. Int'l & Comp. L.	Georgia Journal of International & Comparative Law
GFK	Genfer Flüchtlingskonvention
h.M.	herrschende Meinung
H.R. Rep.	House of Representatives Report
Harv. C.R.-C.L. L. Rev.	Harvard Civil Rights-Civil Liberties Law Review
Hrsg.	Herausgeber
i.E.	im Ergebnis

I.N.S.	Immigration and Naturalization Service
i.V.m.	in Verbindung mit
INA	Immigration and Nationality Act
InfAuslR	Informationsbrief Ausländerrecht
J. Crim. L.	Journal of Criminal Law
JR	Juristische Rundschau
JuS	Juristische Schulung
JZ	Juristenzeitung
krit.	kritisch
LMRR	Lebensmittelrecht Rechtsprechung
Ls.	Leitsatz
m.w.N.	mit weiteren Nachweisen
MDR	Monatszeitschrift für Deutsches Recht
MPC	Model Penal Code
n.F.	neue Fassung
N.Y.U. Ann. Surv. Am. L.	New York University Annual Survey of American Law
NJOZ	Neue Juristische Online-Zeitschrift
NJW	Neue Juristische Wochenschrift
Nr./No.	Nummer/Number
NStZ	Neue Zeitschrift für Strafrecht
NStZ-RR	Rechtsprechungsreport Strafrecht
NVwZ	Neue Zeitschrift für Verwaltungsrecht
öStGB	österreichisches Strafgesetzbuch
p.	Page
Pepp. L. Rev.	Pepperdine Law Review
Pub. L.	Public Law
Q.B.	Queens Bench (Division)
RegBegr.	Begründung der Bundesregierung
RGBl.	Reichsgesetzblatt
RGSt	Entscheidungen des Reichsgerichts in Strafsachen
Rn.	Randnummer
Rs.	Rechtssache
S. Cal. L. Rev.	Southern California Law Review
S. Rep.	Senate Report
S.C. L. Rev.	South Carolina Law Review
S.Ct.	Supreme Court Reporter
S.D.	Southern District
SDÜ	Schengener Durchführungsübereinkommen

Sess.	Session
Seton Hall Cir. Rev.	Seton Hall Circuit Review
SGK	Schengener Grenzkodex
Slg.	Sammlung der Entscheidungen des Europäischen Gerichtshofs
St. Louis U. L.J.	Saint Louis University Law Journal
st. Rspr.	ständige Rechtsprechung
Stat.	United States Statutes at Large
StV	Strafverteidiger
Suffolk Transnat'l L. Rev.	Suffolk Transnational Law Review
U. Colo. L. Rev.	University of Colorado Law Review
U. Mich. J. L. Reform	University of Michigan Journal of Law Reform
U. of Pa. L. Rev.	University of Pennsylvania Law Review
u.a.	unter anderem
U.C. Davis L. Rev.	University of California Davis Law Review
U.N.T.S.	United Nations Treaty Series
U.S.	United States/United States Reports (Supreme Court)
U.S.C.	United States Code
U.S.C.C.A.N.	United States Code Congressional and Administrative News
UN	United Nations
Urt. v.	Urteil vom
Var.	Variante
vgl.	vergleiche
Vorbem.	Vorbemerkungen
W. New Eng. L. Rev.	Western New England Law Review
W.D.	Western District
WJCODL	Westlaw Journal Corporate Officers & Directors Liability
WL	Westlaw
Yale L. J.	Yale Law Journal
ZAR	Zeitschrift für Ausländerrecht und Ausländerpolitik
ZIS	Zeitschrift für Internationale Strafrechtsdogmatik
ZP	Zusatzprotokoll
ZRP	Zeitschrift für Rechtspolitik
ZStW	Zeitschrift für die gesamte Strafrechtswissenschaft

A. Einleitung

„[I trafficanti] sono il nostro primo nemico.“[1]
„If you smuggle illegal aliens across our border, then we will prosecute you.“[2]
„Wir müssen Schlepper und Schmuggler jagen.“[3]

I. Themenaufriss

Nahezu alle Staaten der Erde sind sich einig, dass Personen, die sich als „Schleuser“ betätigen, bestraft werden müssen. Es gibt nicht nur eine Vielzahl an einzelstaatlichen Rechtsbestimmungen, die Sanktionen gegen das Schleusen von Menschen vorsehen, sondern seit Ende des Jahres 2000 auch eine ausdrückliche Festschreibung dieses Konsenses durch die „Palermo-Konvention“[4] der Vereinten Nationen. In Art. 6 Abs. 1 lit. a des im Rahmen der Konvention verabschiedeten UN-Schleusungsprotokolls[5] heißt es: „Jeder Vertragsstaat trifft die

---

1 „Die Schleuser sind unser erster Feind.“ – *Minniti* (ehemaliger italienischer Innenminister), Rede abgedruckt in Leopolda 8, oggi i tavoli tematici. Minniti: sicurezza è bene comune, serve a difendere i deboli, Rai News v. 25.11.2017, abrufbar unter http://www.rainews.it/dl/rainews/articoli/Leopolda-secondo-giorno-Minniti-sicurezza-bene-comune-serve-a-difendere-i-deboli-35726a6d-a95a-4a7a-9013-fe647636f4ef.html (zuletzt abgerufen am 30.09.2020).

2 *Sessions* (ehemaliger U.S.-Justizminister), Rede v. 07.05.2018, Attorney General Sessions Delivers Remarks Discussing the Immigrant Enforcement Actions of the Trump Administration, abrufbar unter https://www.justice.gov/opa/speech/attorney-general-sessions-delivers-remarks-discussing-immigration-enforcement-actions (zuletzt abgerufen am 30.09.2020).

3 *Von der Leyen*, Interview mit der BILD, Von der Leyen warnt vor Abhängigkeit von Putins Gas, abrufbar unter https://www.bild.de/bild-plus/politik/ausland/politik-ausland/ursula-von-der-leyen-im-interview-warnung-vor-abhaengigkeit-von-putins-gas-63382224,view=conversionToLogin.bild.html (zuletzt abgerufen am 30.09.2020).

4 Vgl. Gesetz zu dem Übereinkommen der Vereinten Nationen vom 15. November 2000 gegen die grenzüberschreitende organisierte Kriminalität sowie zu den Zusatzprotokollen gegen den Menschenhandel und gegen die Schleusung von Migranten v. 01.09.2005, BGBl. 2005 II Nr. 21, S. 954; siehe auch 2225 U.N.T.S. 209.

5 Zusatzprotokoll gegen die Schleusung von Migranten auf dem Land-, See- und Luftweg zum Übereinkommen der Vereinten Nationen gegen die grenzüberschreitende organisierte Kriminalität v. 12.12.2000 m.W.v. 28.01.2004, BGBl. 2005 II Nr. 21, S. 1007; siehe auch 2241 U.N.T.S. 507.

erforderlichen gesetzgeberischen und sonstigen Maßnahmen, um [die Schleusung von Migranten], wenn vorsätzlich und zur unmittelbaren oder mittelbaren Erlangung eines finanziellen oder sonstigen materiellen Vorteils begangen, als Straftaten zu umschreiben." Weiterhin sieht die rund zwei Jahre später verabschiedete SchleuserRL[6] sowie der SchleuserRB[7] der Europäischen Union vor, dass deren Mitgliedstaaten Sanktionen vorsehen müssen, die „wirksam, angemessen und abschreckend" sind, vgl. Art. 3 SchleuserRL und Art. 1 Abs. 1 SchleuserRB.

Seit Beginn der sogenannten Flüchtlingskrise im Sommer 2015 ist die Forcierung der Bekämpfung der Schleusungskriminalität wieder stärker in den Fokus der internationalen, aber auch der nationalen Politik getreten. Neben den eingangs vorangestellten Beispielzitaten wurde etwa im Anschluss an die Presseberichterstattung über 71 Migranten, die in den Laderaum eines Kühllastwagens gesperrt und dort erstickt waren[8], gefordert, dass die Täter „die ganze Härte des Gesetzes spüren"[9] müssten. In jüngerer Zeit sind außerdem die Geltung und der Wille zur Umsetzung des UN-Schleusungsprotokolls durch die Unterzeichner des UN-Migrationspakts bekräftigt worden.[10]

Das deutsche Schleusungsstrafrecht steht vor der Erwartung, diesem Anspruch einer effektiven Kriminalitätsbekämpfung gerecht werden zu können. Wer allerdings einen ersten Blick in die §§ 96, 97 des Aufenthaltsgesetzes (AufenthG) wirft, wird hieran schnell Zweifel entwickeln. Die Gesetzgebungsorgane der Bundesrepublik Deutschland haben beim Versuch, die völker- und europarechtlich normierte Sanktionierungspflicht zu erfüllen, eine im deutschen

---

6 RL 2002/90/EG v. 28.11.2002 zur Definition der Beihilfe zur unerlaubten Ein- und Durchreise und zum unerlaubten Aufenthalt, ABl. EG L 328/17 v. 05.12.2002.

7 RB 2002/946/JI v. 28.11.2002 betreffend die Verstärkung des strafrechtlichen Rahmens für die Bekämpfung der Beihilfe zur unerlaubten Ein- und Durchreise und zum unerlaubten Aufenthalt, ABl. L 328/1 v. 5.12.2002.

8 Siehe dazu etwa *Kirkpatrick*, Migrant Suffocations in Truck Near Hungary Reveal Tactics of Smugglers, The New York Times v. 19.10.2015, abrufbar unter https://www.nytimes.com/2015/10/20/world/europe/migrant-suffocations-in-truck-near-hungary-reveal-tactics-of-smugglers.html (zuletzt abgerufen am 30.09.2020).

9 *Scheuer*, Zitat in: Seit Januar mehr als 2300 Schleuser festgenommen, Deutsche Welle v. 13.09.2015, abrufbar unter https://www.dw.com/de/seit-januar-mehr-als-2300-schleuser-festgenommen/a-18711462 (zuletzt abgerufen am 30.09.2020).

10 Vgl. Nr. 25 lit. a (Objective 9) der Resolution adopted by the General Assembly on 19 December 2018 – Global Compact for Safe, Orderly and Regular Migration, Dok-Nr. A/RES/73/195 v. 11.01.2019.

Strafrecht einzigartige Konstruktion bemüht: Während die §§ 96f. AufenthG einerseits als eigene Straftatbestände ausgestaltet sind und somit zumindest ihrem äußeren Anschein nach den Eindruck einer eigenständigen Täterschaft erwecken, scheint die Strafbarkeit der „Einschleusung von Ausländern" andererseits angesichts der Tathandlungsbeschreibungen „anstiften" und „Hilfe leisten" akzessorisch, also unselbstständig zu sein. Falls sich die Annahme der Geltung des Grundsatzes der (limitierten) Akzessorietät, also der Abhängigkeit der Strafbarkeit des Schleusers von der vorsätzlich begangenen rechtswidrigen Tat der geschleusten Person, in der nachfolgenden Untersuchung bestätigen sollte, könnte dies zu Ergebnissen führen, die weder politisch gewünscht sind noch sich im Einklang mit internationalem Recht befinden.

Diese Arbeit versucht, die Konstruktion der Schleusungsstraftatbestände vor dem Hintergrund der Vorgaben des internationalen Rechts auf ihre Effektivität zur Kriminalitätsbekämpfung zu überprüfen und – soweit erforderlich – gesetzgeberische Gestaltungsalternativen aufzuzeigen. Dabei muss die Suche nach der gesetzlichen Ausgestaltung, die den internationalen Vorgaben am ehesten entspricht, von verschiedenen Seiten aufgezogen werden, da das Kriminalitätsfeld der Schleusung von Ausländern vielseitig ist[11]. So berechtigt auf der einen Seite Forderungen nach einer Strafvorschrift auch sein mögen, eigennützig oder gar skrupellos handelnde Koordinatoren eines Grenzübertritts „harten Strafen" zuzuführen, erfordert das Gebot einer verhältnismäßigen Sanktionierung auf der anderen Seite, die Ahndung von Personen in milder gelagerten Sachverhalten wie der humanitär motivierten Unterstützung eines Grenzübertritts[12] nicht zu überspannen.

---

11 Dazu sogleich im nächsten Abschnitt.

12 Dazu etwa: „Ein ganzer Konvoi von Privatwagen kam den Geflüchteten zu Hilfe: Er fuhr von Wien nach Ungarn, um Flüchtlinge von dort nach Österreich zu bringen. Und auch in Deutschland gibt es immer wieder Menschen, die Menschen bei ihrer Flucht nach Deutschland helfen [...]." – *Rohrmeier*, Wer als Schleuser bestraft wird – und wer nicht, Süddeutsche Zeitung v. 14.09.2015, abrufbar unter https://www.sueddeutsche.de/politik/fluechtlinge-in-deutschland-wer-als-schleuser-bestraft-wird-und-wer-nicht-1.2644588 (zuletzt abgerufen am 30.09.2020).
Außerdem: „[...] U.S. residents have attempted to smuggle people out of Cuba, usually South Floridians hoping to be reunited with relatives." – *Clary*, Smuggling of Cubans Draws Spotlight: Refugees: Castro regime seized 3 boats, killed 3 would-be defectors. Incidents heighten attention of trade that brings people to U.S., Los Angeles Times v. 07.07.1993, abrufbar unter http://articles.latimes.com/1993-07-07/news/mn-10819_1_cuban-authorities (zuletzt abgerufen am 30.09.2020).

II. Vorbemerkungen

1. Thematische Eingrenzung

Im Rahmen der Palermo-Konvention ist auf der Ebene der Vereinten Nationen erstmals versucht worden, einen internationalen Konsens darüber zu finden, welchem Tatbild die Schleusung eines Menschen entspricht.[13] Gemäß Art. 3 lit. a UN-Schleusungsprotokoll liegt eine „Schleusung von Migranten" vor, wenn der Grenzübertritt einer Person in einen Staat, dessen Staatsangehörigkeit sie nicht hat oder dessen Aufenthaltserlaubnis sie nicht besitzt, unterstützt wird und der Unterstützende dafür eine finanzielle oder sonstige materielle Gegenleistung erhält.[14]

Obwohl diese Definition am ehesten dem entsprechen dürfte, was gemeinhin mit dem Begriff „Schleusungskriminalität" verbunden wird, zeigt ein Blick auf einzelstaatliche Vorschriften zur Schleusung von Personen, dass deren Regelungen häufig weit über die Unterstützung eines illegalen Grenzübertritts, also einer Tat mit unmittelbarem grenzüberschreitenden Bezug, hinausgehen. Oftmals werden gleich mehrere Handlungen unter den Sammelbegriff der Schleusung von Ausländern bzw. des „alien smuggling"[15] gefasst. Eine „Einschleusung von

---

13 *Aljehani*, J. Crim. L. 2015, 79(2), 122.

14 Siehe Anhang 9.

15 Ebenso geläufig sind die Bezeichnungen „human smuggling" und „people smuggling". In der englischsprachigen Literatur ist früher vereinzelt auch „trafficking in migrants" verwendet worden, vgl. *Aljehani*, J. Crim. L. 2015, 79(2), 122. Spätestens seit der Verabschiedung der Palermo-Konvention sollte mit „alien trafficking", „human trafficking" oder vergleichbaren Termini jedoch ausschließlich auf das Kriminalitätsfeld des Menschenhandels verwiesen werden, das von der Schleuserkriminalität strikt zu trennen ist: Während die Schleusung einer Person zumindest ihrer tatbestandlichen Definition aus Art. 3 lit. a UN-Schleusungsprotokoll nach kein Missbrauchs- oder Nötigungselement beinhaltet, setzt der Menschenhandel „die Anwerbung, Beförderung, Verbringung, Beherbergung oder Aufnahme von Personen durch die Androhung oder Anwendung von Gewalt oder anderen Formen der Nötigung, durch Entführung, Betrug, Täuschung, Missbrauch von Macht oder Ausnutzung besonderer Hilflosigkeit oder durch Gewährung oder Entgegennahme von Zahlungen oder Vorteilen zur Erlangung des Einverständnisses einer Person, die Gewalt über eine andere Person hat, zum Zweck der Ausbeutung" voraus, siehe Art. 3 lit. a UN-Menschenhandelprotokoll (Zusatzprotokoll zur Verhütung, Bekämpfung und Bestrafung des Menschenhandels, insbesondere des Frauen- und Kinderhandels, zum Übereinkommen der Vereinten Nationen gegen die grenzüberschreitende organisierte Kriminalität v. 15.11.2000, BGBl. 2005 II Nr. 21, S. 995; siehe auch 2237 U.N.T.S. 319). Dazu, dass die Begriffe

Ausländern" im Sinne des § 96 Abs. 1 AufenthG liegt etwa auch dann vor, wenn der unerlaubte Aufenthalt eines Ausländers, die Erschleichung eines Aufenthaltstitels oder einer Duldung, oder die rechtswidrige Ausübung einer Beschäftigung gefördert wird. Auch der U.S.-amerikanische Immigration and Nationality Act („INA")[16] ahndet nicht nur die Beteiligung an einem Grenzübertritt in die Vereinigten Staaten, sondern auch die Beförderung eines Ausländers innerhalb deren Hoheitsgebiets, dessen Beherbergung oder dessen illegale Beschäftigung, siehe INA §§ 274(a)(1)(A)(i-iii), 274a, 274b.[17]

All diese verschiedenen Einzeltatbestände zu betrachten, würde den Umfang dieser Untersuchung sprengen. Der Umstand, dass allen in Deutschland nach § 96 Abs. 1 AufenthG strafbaren Handlungen dieselbe Tatbestandskonstruktion zugrunde liegt, erlaubt es, die Analyse des Straftatbestandes der „Einschleusung von Ausländern" und eventuelle Reformüberlegungen auf eine der in § 96 Abs. 1 AufenthG genannten Taten zu beschränken, so dass diese Arbeit ausschließlich die Beteiligung am illegalen Grenzübertritt eines Ausländers umfasst.

Diesbezüglich ist abschließend noch zweierlei anzumerken: Zum Ersten wird, wenn im Folgenden von der illegalen Einreise die Rede ist, stets nur auf die „einfache", also erstmalige illegale Einreise Bezug genommen; außer Betracht bleiben deshalb Fälle der Beteiligung an illegalen Einreisen von Personen, denen durch einen administrativen Akt die Einreise vorab explizit verwehrt worden ist.[18] Zum Zweiten bleiben etwaige Begleittaten unberücksichtigt, die im Rahmen des grenzüberschreitenden Geschehensablaufs typischerweise mitverwirklicht werden können (zu denken ist etwa an die Beteiligung am Gebrauch einer unechten oder verfälschten Urkunde im Sinne des § 267 Abs. 1 Var. 3 StGB).

„human smuggling" und „human trafficking" gleichwohl noch verwechselt oder synonym verwendet werden, siehe *Richmond*, 60 St. Louis U. L.J. 1, 21f. (2015).

16 Immigration and Nationality Act of 1952, Pub. L. 82-414 v. 27.06.1952, 66 Stat. 163. Als Bundesrecht sind die Vorschriften des INA auch im United States Code (U.S.C.) enthalten, siehe 8 U.S.C. § 1101 ff.

17 Vgl. demgegenüber § 114 Abs. 1 FPG (Österreich).

18 Siehe etwa das Einreise- und Aufenthaltsverbot (§ 11 AufenthG), für das der Sondertatbestand des § 96 Abs. 1 Nr. 1 in Verbindung mit § 95 Abs. 2 Nr. 1 lit. a AufenthG zur Anwendung gelangt. Siehe auch 18 U.S.C. § 2(a) in Verbindung mit INA § 276 (Reentry of removed aliens).

2. Die Rechtsvergleichung

Da die Schleusung von Ausländern weder ein lediglich in Deutschland vorkommendes Phänomen noch ausschließlich in Deutschland mit Strafe bedroht ist, wäre es kurzsichtig, die Klärung der Effektivität und Legitimität der §§ 96f. AufenthG allein mittels der Rechtsfiguren und der Systematik der bekannten heimischen Rechtsordnung anzustreben. Außerdem erfordert die Auslegung der Regelungen des UN-Schleusungsprotokolls und der SchleuserRL ohnehin, auf Rechtsnormen oder -ordnungen anderer Vertragsstaaten einzugehen.

Dies bedeutet allerdings nicht, dass diese Arbeit lediglich auf einer Gegenüberstellung mehrerer Strafvorschriften zur Schleusungskriminalität beruht. Denn erst die rechtsvergleichende Betrachtung ermöglicht, das heimische Recht aus einer Perspektive zu untersuchen, die – von der heimischen Rechtsdogmatik und ihren Denkmustern losgelöst – Funktionen und Lösungsansätze für bestimmte Rechtsbedürfnisse herauskristallisiert. Dieser Ansatz eröffnet mehrere Chancen: Zum Ersten kann die unvoreingenommene Befassung mit der Funktionsweise des eigenen Rechts dazu beitragen, dass sich die heimische Systematik im Anschluss an die Rechtsvergleichung „besser [...] durchdringen“[19] lässt.[20] Zum Zweiten können sich aus den Lösungsansätzen anderer Rechtsordnungen Anregungen für eventuelle Reformen des eigenen Rechts ergeben.[21]

Die hierzu erforderliche Darstellung des U.S.-amerikanischen Schleusungsstrafrechts ist nicht um Vollständigkeit bemüht und kann angesichts der U.S.-amerikanischen Gerichtshierarchie sowie der *stare decisis*-Regel auch keine Befunde enthalten, die allgemeinverbindlich sind. Nach der *stare decisis*-Regel ist ein Gericht grundsätzlich verpflichtet, vorherigen Gerichtsentscheidungen zu folgen, wenn die ausschlaggebenden Entscheidungsgründe (*ratio decidendi*)[22] beider Fälle im Wesentlichen übereinstimmen.[23] Allerdings ist deren Reichweite erheblich dadurch eingeschränkt, dass nur Entscheidungen desselben Gerichts oder eines höheren Gerichts desselben Gerichtsbezirks bindend sind[24] – so müssen Entscheidungen des U.S. Court of Appeals for the Ninth Circuit, dessen Bezirk im Westen der Vereinigten Staaten liegt, nicht vom U.S. District Court

---

19 *Zweigert/Kötz*, S. 32.

20 *Kremnitzer*, S. 30; *Chiesa*, S. 1089 (1091ff.); *Kischel*, § 2 Rn. 20; *Siems*, S. 2f.; *Zweigert/Kötz*, S. 14, 20f.

21 *Kremnitzer*, S. 34f.; *Kischel*, § 2 Rn. 22ff.; *Siems*, S. 3f.; *Zweigert/Kötz*, S. 32.

22 Dazu ausführlich *Kischel*, § 5 Rn. 22ff.

23 *Hay*, Rn. 20; *Kischel*, § 5 Rn. 21; *Schulze/Patterson*, S. 1.

24 *Hay*, Rn. 20; *Kischel*, § 5 Rn. 27.

for the Southern District of New York befolgt werden.[25] Gleichwohl hat die Darstellung den Anspruch, die durch die Rechtsprechung der U.S.-Bundesgerichte entwickelten Auslegungs- und Rechtsanwendungsregeln für die einzelnen Bestimmungen des INA unter Hinzunahme der Literatur möglichst authentisch abzubilden. Vereinzelt sind Ausführungen zum allgemeinen Strafrecht sowie zu Vorschriften des INA erforderlich, die nicht vom Untersuchungsumfang dieser Arbeit erfasst sind, um die gefundenen Erkenntnisse in ihren Regelungskontext einordnen zu können und dadurch möglichen Fehleinschätzungen vorzubeugen.

III. Gang der Untersuchung

Die Aufgabe der Bestandsaufnahme im Ersten Teil dieser Untersuchung ist es, eine Grundlage für die rechtsvergleichende Analyse des Schleusungsstrafrechts und mögliche Reformüberlegungen zu bilden. Sie beginnt mit der Darstellung der tatbestandlichen Konstruktion des deutschen Schleusungsstraftatbestandes und den sich hieraus ergebenden Folgen für die Strafbarkeit des Schleusers (Abschnitt B.). Hierfür ist zunächst erforderlich, auf die historische Entwicklung des Verhältnisses zwischen der Schleusungshandlung und der Grenzüberquerung des Ausländers als Bezugstat einzugehen. Anschließend werden einzelne Tatbestandsmerkmale der Einschleusung im Sinne der §§ 96 und 97 AufenthG dargestellt, soweit sie einen Sachzusammenhang zur Tatbestandskonstruktion aufweisen. Da sich zeigen wird, dass das gegenwärtig geltende deutsche Schleusungsstrafrecht an einigen Stellen Strafbarkeitslücken aufweist, wird in Abschnitt C. auf deren Bedeutung für die Umsetzungspflicht der Bundesrepublik Deutschland in Bezug auf das UN-Schleusungsprotokoll und die SchleuserRL eingegangen und die Reformbedürftigkeit der deutschen Tatbestände herausgearbeitet. Abschnitt D. beinhaltet die Darstellung des U.S.-amerikanischen Schleusungsstrafrechts. Hierbei werden insbesondere die verschiedenen Formen der Beteiligung am Grenzübertritt eines Ausländers untersucht, die die einzelnen Normen des INA vorsehen.

Im Zweiten Teil dieser Untersuchung werden die Länderberichte gegenübergestellt und in Hinblick auf das jeweils geregelte Verhältnis zwischen der

25 Insgesamt gibt es im dreistufigen Aufbau der Hierarchie der U.S.-Bundesgerichte 94 U.S. District Courts, die auf zwölf Gerichtsbezirke verteilt sind. In jedem dieser Bezirke gibt es ein U.S. Court of Appeals, die mit Ausnahme des U.S. Court of Appeals for the District of Columbia durchnummeriert sind (vgl. *Hay*, Rn. 106f.; *Kischel*, § 5 Rn. 101f.; *Reinbacher*, Das Strafrechtssystem der USA, S. 116).

Grenzüberquerung des Ausländers und der „Schleusungshandlung" analysiert. Da sowohl das deutsche als auch das U.S.-amerikanische Recht im Wesentlichen zwei Kategorien der Beteiligung am Grenzübertritt eines Ausländers kennen, baut die rechtsvergleichende Analyse in Abschnitt E. auf dieser Differenzierung auf. Zunächst wird die Kategorie der „einfachen" Beteiligung begutachtet, die sich dadurch auszeichnet, dass neben der Beteiligungshandlung grundsätzlich keine weiteren Strafbarkeitsvoraussetzungen existieren. Anschließend werden die einzelnen „schleusereigenen" Merkmale, bei deren Vorliegen eine „qualifizierte" Beteiligung gegeben ist, einer kritischen Bewertung unterzogen. Etwaige Reformüberlegungen in Bezug auf das deutsche Schleusungsstrafrecht, die sich aus der rechtsvergleichenden Analyse ergeben, werden abschließend in einem ausformulierten Gesetzgebungsvorschlag zusammengefasst, dem Abschnitt F. gewidmet ist.

Erster Teil - Rechtsvergleichende Bestandsaufnahme

B. Die Ahndung von Einschleusungen von Personen durch das deutsche Strafrecht

Obwohl die Geschichte der Zuwanderung in das heutige Gebiet der Bundesrepublik mehrere Jahrhunderte zurückreicht, ist Deutschland erst seit der Anwerbung ausländischer Arbeitnehmer ab Mitte der 1950er Jahre ein Netto-Einwanderungsland.[26] Wie der Anwerbestopp im Jahre 1973, die Neuregelung des Ausländerrechts von 1990 zur Beschränkung des Zuzugs weiterer Ausländer aus Nicht-EG-Staaten[27] sowie schließlich die Einführung des Art. 16a Abs. 2 GG[28] zeigen, hat sich die Bundesrepublik jahrzehntelang schwer damit getan, sich als solches zu definieren.[29] Wenngleich im Aufenthaltsgesetz mittlerweile auch Integrationsbemühungen gesetzlich verankert sind (vgl. §§ 43ff. AufenthG), sind die Kontrolle und die Beschränkung der Zuwanderung nach Deutschland nach wie vor wesentliche Regelungszwecke des Ausländerrechts.

Als Mittel zur Vorbeugung von illegaler Einwanderung und dem damit verbundenen Kontrollverlust über die Zuwanderung haben die Straftatbestände zur Einschleusung von Ausländern Einzug in das Aufenthaltsgesetz erhalten. In deren Zentrum steht die Vorschrift des § 96 AufenthG, wobei Abs. 1 den Grundtatbestand und Abs. 2 sowie § 97 AufenthG Qualifikationstatbestände enthalten.

Da es sich bei der Einschleusung materiell-rechtlich um eine besondere Form der Beteiligung am Grenzübertritt einer anderen Person handelt, darf daneben die Teilnahme an der unerlaubten Einreise eines Ausländers, die gemäß § 95 Abs. 1 Nr. 3 AufenthG in Verbindung mit §§ 26 bzw. 27 StGB strafbewehrt ist, nicht unberücksichtigt bleiben.

---

26 Bundeszentrale für politische Bildung (bpb)/Institut für Migrationsforschung und Interkulturelle Studien, focus MIGRATION. Länderprofil Deutschland 2017, S. 1; Malteser, Migrationsbericht 2017, S. 10.

27 Siehe dazu RegBegr. zum Gesetz zur Neuregelung des Ausländerrechts, BT-Drucks. 11/6321, S. 41.

28 Vgl. Begr. von CDU/CSU/SPD/FDP zum Gesetz zur Änderung des Grundgesetzes (Art. 16 und 18), BT-Drucks. 12/4152, S. 3.

29 So auch Bundeszentrale für politische Bildung (bpb)/Institut für Migrationsforschung und Interkulturelle Studien, focus MIGRATION. Länderprofil Deutschland 2017, S. 1, 3, 16.

I. Ausgangspunkt: Akzessorietät zur unerlaubten Einreise?

Bereits ein erster Blick in § 96 Abs. 1 AufenthG lässt offenkundig werden, dass die „Einschleusung von Ausländern" eng mit der Teilnahme an der unerlaubten Einreise verwandt ist. Vor allem die für die Tathandlungsvarianten gewählten Begriffe des „Anstiftens" und „Hilfeleistens", aber auch die Bezugnahme auf eine andere Tat (§ 95 AufenthG), die gleichermaßen die Teilnahmestrafbarkeit kennzeichnet, lassen vermuten, dass § 96 Abs. 1 AufenthG entsprechend den Grundsätzen der limitierten Akzessorietät im Sinne der §§ 26ff. StGB ausgestaltet ist.

1. Historische Entwicklung

Wie die historische Entwicklung der Schleusungstatbestände zeigt, war das systematische Verhältnis zwischen der unerlaubten Einreise gemäß § 95 AufenthG und den §§ 96f. AufenthG bzw. zwischen deren Vorgängernormen nicht von Anfang an derart ausgeprägt, wie dies heutzutage im Normentext wiederzufinden ist. Der eine limitierte Akzessorietät im Sinne des § 29 StGB als Grundgerüst nahelegende Tatbestandsaufbau ist vielmehr erst durch eine 1990 vorgenommene Gesetzesnovellierung eingeführt und durch daran anschließende Gesetzesreformen aufrechterhalten worden.

a. Das BillBG von 1981

Bis in die 1980er Jahre hinein war dem deutschen Strafrecht kein Tatbestand bekannt, der explizit die Einschleusung von Personen unter Strafe stellte. Vielmehr war die strafrechtliche Ahndung von Schleusungen lediglich über §§ 26, 27 Abs. 1 StGB denkbar.[30] Dies änderte sich 1981 durch das Gesetz zur Bekämpfung der illegalen Beschäftigung (BillBG), das § 47a AuslG einführte.[31] Nach dieser Vorschrift machte sich strafbar, wer für den Erhalt oder das Versprechenlassen eines Vermögensvorteils einen Ausländer bei dessen unerlaubter Einreise (oder dessen unerlaubtem Aufenthalt oder der Angabe unrichtiger oder unvollständiger Angaben im Asylanerkennungsverfahren nach § 29 AuslG a.F.) unterstützte oder ihn dazu verleitete. Als Strafandrohung war eine Geldstrafe oder eine Freiheitsstrafe von bis zu drei Jahren vorgesehen.

---

30 Vor 1981: i.V.m. § 47 AuslG a.F.; vor 1965: i.V.m. § 11 Abs. 1 PaßG v. 04.03.1952, BGBl. 1952 I Nr. 20, S. 290; vor 1952: i.V.m. § 13 AuslPolVO v. 22.08.1938, RGBl. 1938 I Nr. 132, S. 1053.

31 Art. 6 Nr. 3 G v. 15.12.1981 m.W.v. 01.01.1982, BGBl. 1981 I Nr. 55, S. 1394, siehe Anhang 1.

Auffallend an der damaligen Tatbestandsbeschreibung ist, dass sie mit „Verleiten" und „Unterstützen" nicht eine der heutigen Fassung vergleichbare begriffliche Nähe zu den §§ 26f. StGB aufwies. Um ungewöhnliche Begrifflichkeiten handelte es sich – soviel sei vorweggenommen – jedoch nicht; vielmehr werden diese auch heute noch mehrfach im deutschen Kernstrafrecht verwendet. Es handelt sich somit um gängige Tathandlungsumschreibungen, die als *termini technici* verstanden werden können. Der Gesetzgeber ließ sich 1981 dementsprechend von deren Auslegung nach Maßgabe der §§ 84 Abs. 2, 85 Abs. 2, 109f Abs. 1 Nr. 3, 129 Abs. 1 a.F. StGB bzw. §§ 120 Abs. 1 Var. 2, 144 a.F., 160 Abs. 1, 323b[32], 357 Abs. 1 StGB leiten.[33]

aa. Verleiten

(1) Systematische Erwägungen

Das „Verleiten" wurde zum Zeitpunkt der Entstehung des § 47a AuslG a.F. als Einwirken auf den Willen eines anderen, eine dem objektiven Tatbestand entsprechende Handlung vorzunehmen, verstanden.[34] Im Wesentlichen entsprach die Definition des Verleitens somit der des Bestimmens im Sinne des § 26 StGB.[35] Darüber hinaus sind jedoch, wie die einzelnen dieses Merkmal enthaltenen Tatbestände zeigen, Parallelen zu der Anstiftung im technischen Sinne größtenteils nicht erkennbar.

Beispielsweise trägt § 120 Abs. 1 Var. 2 StGB mit „Verleiten" dem Umstand Rechnung, dass die Selbstbefreiung des Gefangenen nicht strafbewehrt ist.[36]

---

32 Bis zum 30.06.1981 § 330c StGB.

33 Vgl. *Kanein*[4], AuslG § 47a Rn. 2; *Kloesel/Christ*, 29. EL Januar 1990, AuslG § 47a Anm. 3; beide beziehen sich u.a. auf § 159 StGB, der jedoch bereits seit dem 20.01.1944 nicht mehr „Verleiten" im Tatbestand enthält, wohl gemeint war § 160 StGB. Im Rahmen der aktuellen Fassung des StGB kann zudem für das „Verleiten" auf § 328 Abs. 2 Nr. 4 StGB, für das „Unterstützen" auf §§ 127, 129 Abs. 5 StGB zurückgegriffen werden.

34 Zur Rechtslage 1981: *Dreher*[40], § 160 Rn. 1, § 323b Rn. 3; *Lackner*[14], § 144 Anm. 2, § 160 Anm. 2; S/S/*Cramer*[20], § 144 Rn. 2, § 330c Rn. 9, § 357 Rn. 1, 5; S/S/*Lencker*[20], § 160 Rn. 7.

35 RegBegr. zum EGStGB, BT-Drucks. 7/550, S. 220; MüKo-StGB/*Bosch*, § 120 Rn. 21; siehe auch *Böse*, ZStW 116 (2004), S. 680 (701 Fn. 89); Nachweise zur Auslegung im Jahre 1981: *Dreher*[40], § 120 Rn. 6, § 144 Rn. 2; *Lackner*[14], § 120 Anm. 4b, § 323b Anm. 3, § 357 Anm. 3; S/S/*Eser*[20], § 120 Rn. 10.

36 Statt aller: MüKo-StGB/*Bosch*, § 120 Rn. 21; Nachweise zur Auslegung im Jahre 1981: *Lackner*[14], § 120 Anm. 4b; S/S/*Eser*[20], § 120 Rn. 9.

Damit sind ersichtlich über das Vorliegen äußerer Umstände hinausgehende Anforderungen an die Handlung des Tatnächsten irrelevant.

Nach § 144 StGB a.F. machte sich strafbar, wer Deutsche unter Vorspiegelung falscher Tatsachen oder wissentlich mit unbegründeten Angaben oder durch andere auf Täuschung berechnete Mittel zur Auswanderung verleitete. Da die Ausreise eines Deutschen als solche kein Unrecht verwirklichen konnte, musste „verleiten“ in der Weise verstanden werden, dass (lediglich) auf die Ausreise hingewirkt, mithin beim Deutschen der Entschluss hinsichtlich der Vornahme einer objektiv feststellbaren Handlung gefestigt werden musste. Etwaige unrechtsakzessorische Elemente enthielt § 144 StGB a.F. infolgedessen nicht.

§ 160 Abs. 1 StGB geht in dieselbe Richtung: Dort erweist sich das „Verleiten“ als Gegenmodell zur Anstiftung, wie ein Blick auf die Konzeption der §§ 153ff. StGB zeigt: Wer einen Zeugen zu dessen vorsätzlicher und rechtswidriger Falschaussage (unter Eid) bestimmt, wird nach §§ 153 bzw. 154 i.V.m. § 26 StGB bestraft, bei § 160 StGB geht der Bestimmende hingegen vom Nichtvorliegen des Vorsatzes beim Zeugen aus.[37] Dass nach der Gegenauffassung[38] *auch* Fälle der Herbeiführung einer Vorsatztat unter „Verleiten“ fallen, steht dem dem Grunde nach nicht entgegen. Denn auch, wenn den Zeugen im Ausgangsfall des § 160 StGB nicht der Vorwurf vorsätzlichen Verhaltens trifft, ist die Wahrheitsfindung im Beweisverfahren[39] beeinträchtigt. Dieser tatbestandsmäßige Erfolg ist dem Hintermann zuzurechnen, der auf den Aussagenden eingewirkt und dessen Willen zur Äußerung hervorgerufen hat. In seiner Handlung liegt der Ursprung des in der Handlung des Zeugen begründeten Unrechts.

Eine Sonderstellung nimmt § 357 Abs. 1 StGB ein. Hier wird das (auch im Versuchsstadium gebliebene) „Verleiten“ eines Untergebenen durch einen Vorgesetzten zu einer rechtswidrigen Tat im Sinne des § 11 Abs. 1 Nr. 5 StGB[40] bestraft. Allerdings fehlt im Gegensatz zu §§ 26, 30 StGB die Voraussetzung der vorsätzlichen Begehung des unmittelbar Handelnden. § 357 Abs. 1 StGB greift somit auch bei unvorsätzlichem Handeln des Untergebenen.[41] Wenngleich diese Vorschrift im Gegensatz zu dem hier vertretenen Verständnis des § 160 StGB die Konstellation einer Anstiftung im technischen Sinne nicht ausschließt, stellt sie einen weiteren dem StGB bekannten Fall dar, in dem es nicht notwendig auf

---

37 Vgl. S/S/*Lencker*[20], § 160 Rn. 1, 2, 7.

38 *Hruschka*, JZ 1967, 210ff.

39 Zum Rechtsgut MüKo-StGB/*Müller*, Vorbem. zu den §§ 153ff, Rn. 7.

40 S/S/*Heine*/*Weißer*, § 357 Rn. 9; vgl. *Dreher*[40], § 357 Rn. 1.

41 *Dreher*[40], § 120 Rn. 6; S/S/*Cramer*[20], § 357 Rn. 5, 9.

sämtliche materielle Strafbarkeitsvoraussetzungen (im Sinne der limitierten Akzessorietät) ankommt.

Im Ergebnis sind damit in sämtlichen hier dargestellten Fällen, die sich um das Merkmal „Verleiten" drehen, Konstellationen möglich, in denen sich der „Hintermann" strafbar macht, obwohl der unmittelbar Handelnde kein unrechtsbegründendes Verhalten vornimmt, sei es, weil es gerechtfertigt oder unvorsätzlich ist. Daraus resultiert, dass das die Strafsanktion auslösende Unrecht anders als in Fällen der Anstiftung oder der Beihilfe allein durch den „Hintermann" begründet wird. Die Grundlagen der (limitierten) Akzessorietät sind somit den hier aufgeführten Tatbeständen, die auf das Merkmal des „Verleitens" zurückgreifen, fremd.

(2) Insbesondere: Gesetz über das Asylverfahren

Wie genau der Gesetzgeber das „Verleiten" verstanden wissen wollte, lässt sich überdies aus den Vorschriften des AsylVfG – heute AsylG – herleiten.[42] Die dort enthaltene Strafbestimmung des § 36 AsylVfG a.F.[43] sollte einen Sonderfall zu § 47a AuslG a.F. (*lex specialis*) darstellen, ohne aber inhaltliche Änderungen vorzunehmen.[44] Demnach beschrieb diese Strafvorschrift die tatbestandsrelevanten Handlungen ebenfalls durch „verleiten" und „unterstützen". „Verleiten" bedeutete somit auch hier das Bestimmen zu einem dem Tatbestand entsprechenden Verhalten.[45] Als Besonderheit gegenüber dem allgemeineren AuslG ist allerdings hervorzuheben, dass der Vorschrift des § 36 AsylVfG a.F. keine Straftaten des Asylbewerbers als Anknüpfungsnorm zur Verfügung standen. Vielmehr war der Asylbewerber – jedenfalls nach dem AsylVfG – straflos.[46] Hiermit ist noch einmal deutlicher festgestellt, dass die Verwendung von „Verleiten" keine dem Begriff des „Anstiftens" vergleichbare akzessorische Wirkung auslöst, sondern vielmehr im Grundsatz Vorsätzlichkeit und Rechtswidrigkeit der (Haupt-)Tat entbehrlich macht, sofern es überhaupt eine Haupttat gibt.[47]

42 1982 wurde das Asylverfahren aus dem AuslG herausgetrennt, vgl. Gesetz über das Asylverfahren v. 16.07.1982, BGBl. 1982 I Nr. 25, S. 946.

43 Nunmehr § 84 AsylG.

44 *Kanein*[4], AsylVfG § 36 Rn. 1; Empfehlung des Rechtsausschusses an den Bundesrat, BR-Drucks. 172/1/82, S. 18f.

45 *Kanein*[4], AsylVfG § 36 Rn. 6.

46 *Aurnhammer*, S. 31f; *Kloesel/Christ*, 26. EL Mai 1987, AsylVfG § 36 Anm. 1; Stellungnahme des Rechtsausschusses, BT-Drucks. 9/1630, S. 28.

47 So auch *Böse*, ZStW 116 (2004), 680 (701); *Cannawurf*, S. 77f.; zum nunmehr geltenden § 84 AsylG siehe MüKo-StGB/*Schmidt-Sommerfeld*, AsylG § 84 Rn. 50.

bb. Unterstützen

(1) Systematische Erwägungen

Der Begriff des Unterstützens trat und tritt innerhalb des StGB stets im Zusammenhang mit einer als zur Täterschaft verselbstständigten Beihilfe auf.[48] Unterstützen liegt vor, wenn der Täter die Tatbestandsverwirklichung fördert.[49] Schon die bloße Lektüre der §§ 84 Abs. 2, 85 Abs. 2, 109f Abs. 1 Nr. 3 StGB lässt deutlich werden, dass als Bezugspunkt der Unterstützungshandlung nicht eine konkrete vorsätzlich begangene und rechtswidrige Tat wie in § 27 Abs. 1 StGB, sondern die organisatorische Einheit als solche dient – nach § 84 Abs. 2 StGB eine für verfassungswidrig erklärte Partei, nach § 85 Abs. 2 StGB eine verbotene Vereinigung oder Ersatzorganisation einer verbotenen Partei oder Vereinigung, nach § 109f Abs. 1 Nr. 3 StGB ein sicherheitsgefährdender Nachrichtendienst oder nach § 129 Abs. 1 StGB a.F. eine kriminelle Vereinigung. Wenngleich diese Gruppierungen durch einzelne Personen gegründet oder aufrechterhalten werden, die sich dadurch ihrerseits strafbar machen, ist nicht der Nachweis einer konkreten Tat, sondern vielmehr nur das Bestehen der Organisation vorausgesetzt. In der Folge handelt etwa im Sinne des § 84 Abs. 2 StGB vorsätzlich, wer den organisatorischen Zusammenhang als solchen fördern will.[50] In sämtlichen das Wort „Unterstützen" verwendenden Tatbeständen wird folglich auf eine Anknüpfungstat verzichtet.

Durch die Verwendung von „Unterstützen" hat der Gesetzgeber somit klargestellt, dass er § 47a AuslG a.F. nicht abhängig von der Straftat des Ausländers im Sinne der Beihilfe nach § 27 StGB verstanden wissen wollte.[51]

(2) Gesetz über das Asylverfahren

Auch die Pönalisierung des Unterstützens im Rahmen des § 36 AsylVfG a.F. kann, wie bereits oben dargestellt, mangels einer vom Asylbewerber begangenen Haupttat nur als eigenständige strafrechtliche Ahndung verstanden werden.[52]

---

48 *Dreher*[40], § 84 Rn. 8, § 85 Rn. 7, § 109f Rn. 2, § 129 Rn. 4a; *Lackner*[14], § 84 Anm. 2b, § 85 Anm. 3, § 109f Anm. 3, § 129 Anm. 3c; krit. S/S/*Lencker*[20], § 129 Rn. 15.

49 BGH, Urt. v. 21.02.1989, Az.: 1 StR 631/88 = BGHR AuslG § 47a Heiratsvermittlung 1.

50 *Dreher*[40], § 84 Rn. 13 a.E.

51 Zwischen Beihilfe und Unterstützung differenzierend auch BGH, Urt. v. 12.06.1990, Az.: 5 StR 614/89 = NJW 1990, 2207.

52 Vgl. *Kanein*[4], AsylVfG § 36 Rn. 7.

cc. Verweis auf Strafvorschriften gegen Ausländer

Ursprünglich hatte der Gesetzesentwurf der Regierungsfraktionen der SPD und der FDP vorgesehen, die Strafbarkeit der Schleuser an das *unbefugte* Einreisen von Ausländern zu knüpfen, ohne sich dabei eines Verweises auf etwaige ausländerrechtliche Normen zu bedienen.[53] In einer Stellungnahme hat der Bundesrat – zu Recht – die Unbestimmtheit des Begriffs „unbefugt" herausgestellt und zu bedenken gegeben, dass einerseits zwar aufgrund der systematischen Stellung eine Auslegung dieses Merkmals anhand des § 47 AuslG naheliege. Andererseits lasse die Begründung der Bundesregierung erkennen, dass die bisherige Orientierung am Strafrahmen des § 47 AuslG a.F. (über §§ 26, 27 StGB) unangemessen milde sei. Aufgrund dessen könne nicht ausgeschlossen werden, dass die Praxis die Gesetzesreform zum Anlass nehme, neben der vorgesehenen Erweiterung der Strafandrohung auch die Tatbestandsgrenzen selbst zu erweitern. Mit anderen Worten befürchtete der Bundesrat, dass in das Merkmal „unbefugt" eine „allgemeine Güterabwägungsklausel" hineingelesen würde.[54] Eine solche Abwägung ließe jedoch zum Ersten die Klarheit des aus strafrechtlicher Sicht Zulässigen verschwimmen, zum Zweiten würde sie Raum für Schutzbehauptungen seitens des Schleusers insbesondere für den Fall eröffnen, dass sich der Ausländer hinsichtlich seiner Befugnis zur Einreise in einem Irrtum befunden habe.[55] Die letztlich verabschiedete Fassung[56] trug diesen Bedenken vollumfänglich Rechnung, in dem in § 47a AuslG ein expliziter Verweis auf § 47 Abs. 1 Nr. 1 und 2 AuslG eingefügt wurde. Dass dieser Verweis zweifellos lediglich der Klarheit der Strafnorm dienen sollte, bedeutet gleichermaßen, dass ein inhaltlicher, sprich akzessorischer Zusammenhang über das objektiv verwaltungsrechtswidrige Einreisen des Ausländers hinaus nicht vorgesehen war.

dd. Zwischenergebnis

Weder die in § 47a AuslG a.F. enthaltene Umschreibung der Tathandlungen noch der Verweis auf § 47 AuslG a.F. begründeten eine Akzessorietät, wie sie der Teilnehmerdogmatik zugrunde liegt. Die Strafbarkeit des Schleusers hing vielmehr lediglich davon ab, ob die geschleuste Person bei ihrer Einreise den objektiven Tatbestand des § 47 Abs. 1 Nr. 1 oder 2 AuslG a.F. verwirklicht hatte, so

---

53 Vgl. Begr. von SPD/FDP zum BillBG, BT-Drucks. 9/800, S. 6.

54 Gesetzesmaterialien zum BillBG, BR-Drucks. 368/1/81, S. 7.

55 Gesetzesmaterialien zum BillBG, BR-Drucks. 368/1/81, S. 7.

56 Art. 6 Nr. 3 G v. 15.12.1981 m.W.v. 01.01.1982, BGBl. 1981 I Nr. 55, S. 1394, siehe Anhang 1.

dass auch strafbar war, wer sich an einem unvorsätzlichen oder gerechtfertigten Grenzübertritt eines Ausländers beteiligte. Die Abhängigkeit des Schleusertatbestandes von der Strafbarkeit des geschleusten Ausländers war also ursprünglich nur im Ansatz vorhanden.[57]

b. Das Gesetz zur Neuregelung des Ausländerrechts von 1990

Mit der Novellierung des AuslG im Jahre 1990 hat der Straftatbestand der Einschleusung von Personen sodann tiefgreifende Änderungen erfahren und war nunmehr in § 92 Abs. 2 und 3 AuslG a.F. wiederzufinden.[58] Während der Straftatbestand der Einschleusung 1981 vordergründig zur Regulierung des Arbeitsmarktes geschaffen und von der Bundesregierung damit gerechtfertigt wurde, dass diese Ausländer illegal beschäftigt würden, sollte mittels des Gesetzes zur Neuregelung des Ausländerrechts die Zuwanderung im Allgemeinen reguliert werden, da eine Überlastung der Bundesrepublik Deutschland in ausländerpolitischen Fragen befürchtet wurde.[59] Dem anfänglichen Gesetzesentwurf der Bundesregierung zufolge sollte § 47a AuslG a.F. – abgesehen von der Einführung der mehrfachen Tatbegehung als Alternative zum Erfordernis des Vermögensvorteils[60] – unverändert übernommen werden, um den Fortbestand der Strafbewehrung zu garantieren. Auch der Gegenentwurf der SPD-Bundestagsfraktion beließ es bei einer dem § 47a AuslG a.F. ähnelnden Fassung, verzichtete allerdings auf die Eingrenzung des Tatbestands durch das Merkmal des Vermögensnachteils.[61] Weiterhin brachte die Fraktion vor, dass man die von Ausländern selbst begangenen Taten als Ordnungswidrigkeiten einordnen könne, die Bestrafung von Schleusern jedoch aus kriminalpolitischen Gründen bestehen bleiben

---

57 Der Gesetzgeber ging insoweit von einem „eigenständigen Straftatbestand“ aus, Begr. von SPD/FDP zum BillBG, BT-Drucks. 9/800, S. 11; RegBegr. zum BillBG, BT-Drucks. 9/847, S. 12.

58 Art. 1 G v. 09.07.1990 m.W.v. 01.01.1991, BGBl. 1990 I Nr. 34, S. 1354; anfangs § 90 Abs. 2 und 3 AuslG-E, vgl. RegBegr. zum Gesetz zur Neuregelung des Ausländerrechts, BT-Drucks. 11/6321, S. 41.

59 RegBegr. zum Gesetz zur Neuregelung des Ausländerrechts, BT-Drucks. 11/6321, S. 41; *Schäuble*, BR-PlPr 609, S. 26(D); *ders.*, BT-PlPr 11/195, S. 15023(A).

60 RegBegr. zum Gesetz zur Neuregelung des Ausländerrechts, BT-Drucks. 11/6321, S. 84f.

61 Begr. der SPD zum BAuslG, BT-Drucks. 11/5637, S. 14.

müsse.[62] Dieser Erwägung schloss sich weiterhin der Bundesrat an, der nach Zustellung des Gesetzesentwurfs der Bundesregierung prüfen lassen wollte, ob nicht einzelne Handlungen von Ausländern, die in § 90 Abs. 1 AuslG-E als Straftaten kategorisiert wurden, wegen einer zu weitreichenden Kriminalisierung als Ordnungswidrigkeiten ausgestaltet werden könnten.[63] Wenngleich diese Empfehlung im anschließenden Bundesratsbeschluss nicht mehr berücksichtigt wurde[64], tritt zu Tage, dass unstreitig nicht von einer Akzessorietät im Sinne der §§ 26ff. StGB ausgegangen wurde, sondern vielmehr weiterhin die Verwendung von „Verleiten“ und „Unterstützen“ angedacht war.[65] Sämtliche bis dahin getroffene Erwägungen waren mithin von dem Gedanken getragen, den Tatbestandsaufbau des § 47a AuslG a.F. als Grundlage für die zu verabschiedende Nachfolgenorm heranzuziehen.

Die – im Kontext des bisher Erläuterten völlig überraschende – Wendung brachte die Beschlussvorlage des Innenausschusses des Bundestags vom 24. April 1990, die vom Rechtsausschuss bei vier Gegenstimmen bestätigt[66] und schließlich vom Bundestag angenommen wurde. Sie sah vor, die Handlungsmerkmale „Verleiten“ und „Unterstützen“ durch die aus den §§ 26f. StGB bekannten Begriffe „Anstiften“ und „Hilfeleisten“ zu ersetzen.[67] Die einzige im Bericht des Innenausschusses enthaltene Begründung zeigt, dass man den Gesetzeswortlaut

---

62 Begr. der SPD zum BAuslG, BT-Drucks. 11/5637, S. 31; die Bundestagsfraktion DIE GRÜNEN forderte gar eine ersatzlose Streichung aller Straftatbestände, BT-Drucks. 11/6960, S. 17.

63 Gesetzesmaterialien zum Gesetz zur Neuregelung des Ausländerrechts, BR-Drucks. 11/1/90, S. 58.

64 Vgl. Gesetzesmaterialien zum Gesetz zur Neuregelung des Ausländerrechts, BR-Drucks. 11/90 (B), S. 30.

65 Gegenüber der unter Abschnitt B.I.1.a. (S. 38) dargestellten Auslegung ergaben sich bis 1990 insoweit keine Neuerungen, vgl. *Aurnhammer*, S. 157; siehe auch *Dreher/Tröndle*[45], § 144 Rn. 2, § 160 Rn. 1; *Lackner*[19], § 160 Rn. 2; S/S/*Cramer/Stree*[24], § 144 Rn. 2.

66 Protokoll der 77. Sitzung des Rechtsausschusses der 11. Wahlperiode v. 24.04.1990, S. 31; von dieser Zustimmung hatte der Innenausschuss seinen Beschluss vom 23.04.1990 abhängig gemacht, Bericht des Innenausschusses zum Gesetz zur Neuregelung des Ausländerrechts, BT-Drucks. 11/6960, S. 3f.

67 Beschlussempfehlung des Innenausschusses zum Gesetz zur Neuregelung des Ausländerrechts, BT-Drucks. 11/6955, S. 65.

an die „übliche Strafrechtsterminologie“ hat angleichen wollen.[68] Unter dem üblichen bzw. allgemeinen Strafrecht sollte wohl auf das im StGB geregelte Strafrecht verwiesen werden, wie auch der Rückgriff auf den Wortlaut der §§ 26f. StGB untermauert. „Angleichen“ kann nur dahingehend gedeutet werden, dass die Formulierungen „Verleiten“ und „Unterstützen“ als Fremdkörper bzw. als unüblich im Sinne des (allgemeinen) Strafrechts verstanden wurden.

Die Begründung der Gesetzesreform vermag zu irritieren, waren (im Jahre 1990) und sind die in § 47a AuslG a.F. aufgeführten Tathandlungsbeschreibungen doch mehrfach im StGB und damit im Kernstrafrecht wiederzufinden. Von einer „unüblichen“ Terminologie kann insofern keine Rede sein. Weitaus gewichtiger als die Frage, welches Maß an Üblichkeit den Begriffen im Strafrecht zukommt, ist der Umstand, dass der Gesetzgeber mit der Annahme, er könne die Tathandlungsbeschreibungen ersetzen und diese Änderung als „Angleichung“ qualifizieren, davon auszugehen scheint, dass es sich tatsächlich nur um eine Änderung des sprachlichen Ausdrucks handele, die keine Auswirkung auf die sachliche Reichweite des Tatbestandes habe. Demzufolge müssten überwiegende Argumente dafürsprechen, dass den Worten „Anstiften“ und „Hilfeleisten“ im Bereich der Einschleusung von Ausländern nicht das Verständnis der §§ 26f. StGB, sondern ein von der Anwendung der Grundsätze der Teilnahmedogmatik losgelöstes Verständnis im Sinne von „Verleiten“ und „Unterstützen“ zugrunde liegt.

Den Ausgangspunkt der Klärung der Konstruktion des damaligen § 92 Abs. 2 AuslG a.F. (und der heutigen §§ 96, 97 AufenthG) bildet der Wortlaut, der sich unverkennbar der aus den §§ 26, 27 Abs. 1 StGB bekannten Begriffe bedient und damit den Schluss nahelegt, dass die Strafbarkeit der Schleuserhandlungen in einem akzessorischen Verhältnis zur unerlaubten Einreise des geschleusten Ausländers steht.

Ausgehend vom Wortlaut folgert die wohl einhellige Meinung zunächst einmal, dass für die Bedeutung dieser Tatbestandsumschreibungen auf die Legaldefinition ebendieser Vorschriften zurückgegriffen werden kann.[69] Ein Ausländer wird nach Maßgabe dessen zur unerlaubten Einreise angestiftet, wenn ihn der

68 Bericht des Innenausschusses zum Gesetz zur Neuregelung des Ausländerrechts, BT-Drucks. 11/6960, S. 29. *Aurnhammer* spricht insoweit von der „Terminologie des allgemeinen Strafrechts“, siehe S. 157.

69 *Aurnhammer*, S. 158; Bergmann/Dienelt/*Winkelmann/Stephan*, AufenthG § 96 Rn. 9; Kluth/Heusch/*Hohoff*, AufenthG § 96 Rn. 2; MüKo-StGB/*Gericke*, AufenthG § 96 Rn. 2; NK-AuslR/*Fahlbusch*, AufenthG § 96 Rn. 16; *Schott*, S. 288.

Schleuser bestimmt, also den entsprechenden Tatentschluss hervorruft, und ihm wird Hilfe geleistet, wenn der Schleuser eine Handlung vornimmt, die dem Ausländer die unerlaubte Einreise erleichtert, diese fördert oder unterstützt.[70] Etymologisch mögen die beiden Begriffspaare demnach durchaus austauschbar sein, zumal sich bei der Auslegung von „Verleiten" und „Unterstützen" immer wieder der Bedeutung von „Anstiften" und „Hilfeleisten" bedient wird.[71] Ob sie allerdings auch „juristisch austauschbar" sind, bedarf einer eingehenderen Analyse. Jedenfalls ist die Annahme, dass die Anwendung der Teilnehmerdogmatik im Rahmen des § 92 Abs. 2 AuslG a.F. bzw. § 96 Abs. 1 AufenthG aus der Wortlautänderung hergeleitet werden muss, nicht unumstritten.

Ein an der Teilnehmerdogmatik angelehntes Verhältnis zwischen der unerlaubten Einreise des Ausländers und der Einschleusung bestreiten *Bergmann* und *Cantzler*. Zunächst weisen sie darauf hin, dass § 96 Abs. 1 AufenthG nicht auf die Begehung von *Taten*, sondern von *Handlungen* nach § 95 AufenthG Bezug nehme; § 96 Abs. 1 AufenthG setze somit keine (Straf-)Tat voraus, sondern übernehme lediglich eine Handlungsbeschreibung.[72] Selbst wenn man annehme, dass eine Tat des Ausländers vorliegen müsse, sei aus dem Gesetz nicht herleitbar, dass diese Bezugstat vorsätzlich begangen worden sein müsse. Zur Stärkung dieses Arguments wird ein Vergleich zur Begünstigung bemüht: § 257 Abs. 1 StGB sehe als Bezugstat lediglich rechtswidrige Taten vor, verwende aber dennoch den Begriff des „Hilfeleistens". Da nach Maßgabe dessen auch fahrlässig begangene Taten unter § 257 Abs. 1 StGB fielen, sei dargelegt, dass die bloße Verwendung des „Hilfeleistens" nicht zwingend zu einer Anwendung der Vorgaben des § 27 Abs. 1 StGB führe. Dass § 96 Abs. 1 AufenthG außerdem nicht ausdrücklich eine *vorsätzlich* begangene Tat im Sinne des § 95 AufenthG fordere, deute ebenfalls darauf hin, dass die §§ 96f. AufenthG auf einem nicht-akzessorischen Verständnis aufbauten.[73]

---

70 BGH, Beschl. v. 06.06.2012, Az.: 4 StR 144/12 = NJW 2012, 2821; BGH, Urt. v. 22.07.2015, Az.: 2 StR 389/13 = NJW 2016, 419 (421); Bergmann/Dienelt/*Winkelmann/Stephan*, AufenthG § 96 Rn. 9; Erbs/Kohlhaas/*Senge*, 199. EL Juli 2014, AufenthG § 96 Rn. 4; Huber/*Bergmann*, AufenthG § 96 Rn. 2f.; Kluth/Heusch/*Hohoff*, AufenthG § 96 Rn. 5; MüKo-StGB/*Gericke*, AufenthG § 96 Rn. 13ff.; NK-AuslR/*Fahlbusch*, AufenthG § 96 Rn. 22f.; *Schott*, S. 288f.

71 Siehe bereits Abschnitte B.I.1.a.aa (S. 39) und B.I.1.a.bb (S. 42).

72 *Cantzler*, S. 136; Huber/*Bergmann*, AufenthG Vorbem. zu §§ 96f. Rn. 23, 33; vgl. auch *Aurnhammer*, S. 156.

73 Zum Ganzen Huber/*Bergmann*, AufenthG Vorbem. zu §§ 96f. Rn. 23.

Nach der Ansicht *Bergmanns* verlangt § 96 Abs. 1 AufenthG auch nicht, dass die Bezugstat nach § 95 AufenthG rechtswidrig sein müsse.[74] Es sei dogmatisch verfehlt, eine rechtswidrige Tat als Bezugstat zu verlangen, da der Unrechtsgehalt der Schleusungskriminalität nicht nur akzessorisch von der Bezugstat abgeleitet werde, sondern darüber hinaus einen eigenen Unrechtsgehalt aufweise.[75]

Schließlich könnte man – mit viel gutem Willen – argumentieren, dass der Gesetzgeber die Grundsätze der Teilnahmedogmatik nicht auf die Einschleusung von Ausländern übertragen wollte, weil seine Begründung andernfalls wohl ausführlicher ausgefallen wäre.

Für sich genommen mag die Handlungsumschreibung „Hilfeleisten" nicht zwingend auf einen beihilfeähnlichen Charakter schließen – auch § 323c StGB macht trotz evidenter Eigenständigkeit der Handlung von diesem Begriff Gebrauch.

Obwohl das Gesetz demnach Fälle einer (im Sinne der limitierten Akzessorietät untechnischen) Verwendung des „Hilfeleistens" zulässt, lässt das bloße Fehlen eines Hinweises auf die Vorsätzlichkeit der Bezugstat andererseits nicht ohne Weiteres darauf schließen, dass das Gesetz dann stets von einer nichtakzessorischen Tatbestandskonstruktion ausgeht. Vielmehr kann das „Schweigen"[76] des § 96 Abs. 1 AufenthG auch dahingehend gedeutet werden, dass eine Bezugnahme auf die für die Bezugstat geforderte Vorsatzform wegen § 15 StGB für nicht erforderlich gehalten wurde.

Außerdem wird übersehen, dass durch das Gesetz zur Neuregelung des Ausländerrechts von 1990 – anders als nach der heutigen Fassung des § 96 Abs. 1 AufenthG – strafbar war, wer „Beihilfe leistet[e]".[77] Zwar ist diese Formulierung im Laufe des Gesetzgebungsverfahrens zum Verbrechensbekämpfungsgesetz von 1994 kommentarlos dem Begriff „Hilfeleisten" gewichen,[78] allerdings zeigt dies gerade, dass der Gesetzgeber im Rahmen des Schleusungsstrafrechts wohl nicht zwischen „Hilfeleisten" und „Beihilfe leisten" unterscheidet.

---

74 Huber/*Bergmann*, AufenthG Vorbem. zu §§ 96f. Rn. 24.

75 Barwig/Beichel-Bendetti/Brinkmann/*Bergmann/Hörich*, S. 17 (25).

76 Ausdruck nach Huber/*Bergmann*, AufenthG Vorbem. zu §§ 96f. Rn. 23.

77 Vgl. § 92 Abs. 2 AuslG in der Fassung v. 01.01.1991, siehe dazu BGBl. 1990 I Nr. 34, S. 1377.

78 Während der Gesetzesentwurf des Bundesrates (BT-Drucks. 12/5683, S. 5) noch die Formulierung „Beihilfe leisten" verwendete, ist im Gesetzesentwurf der Fraktionen der CDU/CSU und der FDP (BT-Drucks. 12/6853, S. 8) bereits von „Hilfe leisten" die Rede.

Von der Kritik *Bergmanns* an der herrschenden Meinung bleibt schließlich unberücksichtigt, dass das „Beihilfe leisten" bzw. „Hilfeleisten" keineswegs alleine steht, sondern eine Tathandlungsalternative zum „Anstiften" bildet, das weitaus eindeutiger auf ein akzessorisches Verhältnis der Einschleusung zur unerlaubten Einreise des Ausländers schließen lässt. Der Begriff des „Anstiftens" ist der amtlichen Überschrift des § 26 StGB entnommen und durch Rechtsprechung und Lehre im Kontext der Teilnahmelehre derart vorgeprägt, dass es völlig überraschend wäre, würde man ihm eine andere als die darin enthaltene akzessorische Bedeutung verleihen.[79] Des Weiteren gibt es, anders als für das „Hilfeleisten", keinen Fall, in dem der Begriff des „Anstiftens" in einer anderen als § 26 StGB entsprechenden Weise verstanden wird. So wurde etwa im Falle des § 38 Abs. 3 Nr. 2 WpHG a.F. von einer Anstiftung im technischen Sinne ausgegangen. Während der Gesetzgeber für § 38 Abs. 3 Nr. 2 WpHG-E noch den Begriff des „Verleitens" verwendet hatte, ersetzte er diesen später, um die Strafbarkeit nach Maßgabe des § 26 StGB einzuschränken.[80]

Überdies sind es nicht nur die Begriffe des „Anstiftens" und des „Hilfeleistens", die für die Geltung der Teilnahmegrundsätze sprechen; gerade ihre – im deutschen Recht soweit ersichtlich einzigartige – Kombination innerhalb desselben Tatbestandes sowie die Bezugnahme auf die jeweilige amtliche Überschrift der §§ 26 und 27 StGB (zum „*Beihilfe* leisten" siehe oben) ist ein unmissverständlicher Hinweis auf den für die Teilnahmevorschriften maßgeblichen Passus „vorsätzlich begangene rechtswidrige Tat". Vor diesem Hintergrund wäre die Wortlautgrenze des § 96 Abs. 1 AufenthG überschritten, würde man gleichwohl eine Anwendung der Grundsätze der limitierten Akzessorietät ablehnen. Dies muss für den gesamten Tatbestand gelten: Es wäre systemwidrig, aufgrund der eindeutigen Vorprägung des Begriffes „Anstiftung" durch Rechtsprechung und Literatur bei dieser Tathandlungsvariante die Voraussetzungen des § 26 StGB hineinzulesen, das „Hilfeleisten" aber nicht-akzessorisch zu interpretieren.[81] In Folge dieses Verständnisses der von § 96 Abs. 1 AufenthG verwendeten Begrifflichkeiten kann auch die durchaus berechtigte Kritik *Bergmanns* und *Cantzlers*[82]

---

79 Siehe auch *Aurnhammer*, S. 157.

80 *Teigelack/Dolff*, BB 2016, 387 (392); a.A. allerdings *Göhler*, ZIS 2016, 266 (272f.); Graf/Jäger/Wittig/*Diversy/Köpferl*, WpHG § 38 Rn. 187f. Mittlerweile ist in § 119 Abs. 3 Nr. 2 WpHG wieder das Verleiten unter Strafe gestellt, siehe Art. 1 Nr. 8 lit. a) bb) des Zweiten Finanzmarktnovellierungsgesetzes (2. FiMaNoG) v. 23.06.2017 m.W.v. 25.06.2017, BGBl. 2017 I Nr. 39, S. 1693.

81 A.A. *Cantzler*, S. 136, 138.

82 Vgl. *Cantzler*, S. 140f.; Huber/*Bergmann*, AufenthG Vorbem. zu §§ 96f. Rn. 23.

an der Legitimation und dem Spannungsverhältnis zwischen eigenem und abgeleitetem Unrechtsgehalt einer akzessorischen Schleuserstrafbarkeit an dieser Stelle zu keinem anderen Ergebnis führen (dazu Abschnitt B.V.[83]). Richtigerweise sind die anhand der §§ 26, 27 Abs. 1 StGB entwickelten Teilnahme-Grundsätze auch im Rahmen des § 96 Abs. 1 AufenthG maßgeblich.[84]

Es kann allenfalls gemutmaßt werden, warum der Innenausschuss des Bundestages in seiner Begründung nicht auf diese weitreichende Auswirkung seiner Gesetzesänderung eingegangen ist. Das Sitzungsprotokoll des Innenausschusses gibt hierzu jedenfalls unmittelbar keinen erhellenden Hinweis. Dort werden die Strafnormen zwar an verschiedenen Stellen durch Sachverständige angesprochen[85], der konkrete Straftatbestand der Einschleusung bleibt jedoch unberücksichtigt. Bei Betrachtung des Sitzungsprotokolls entsteht der Eindruck, dass die beteiligten Personen die strafrechtlichen Folgen ihrer „Angleichung" der Tathandlungsbeschreibungen angesichts der vielfältigen Anforderungen an die ausländerbezogene Politik und das Verwaltungsrecht, die nach Ansicht der Mehrheiten in den Gesetzgebungsorganen eine umfassende Neufassung des AuslG erforderlich machten, schlichtweg übersehen haben. Wäre der – anhand des Wortlauts naheliegenden – systematischen Neuausrichtung des Schleusertatbestands mehr Beachtung zuteilgeworden, wäre die Begründung im Bericht des Innenausschusses an den Bundestag – auch dies lässt sich nur vermuten – umfassender ausgefallen. Zudem ist nur schwer vorstellbar, dass die letztlich vorgebrachte Begründung auf einem derart auf der Hand liegenden Fehlschluss basiert. Auch der Rechtsausschuss scheint sich in Anbetracht fehlender näherer Erläuterungen nicht näher mit dem Aufbau der „neuen" Strafnormen des zu verabschiedenden AuslG befasst zu haben.[86]

Die SPD-Fraktion berief sich, nachdem der Bundestags-Innenausschuss seinen Entwurf begründet hatte, gleichwohl auf ihre ursprüngliche Fassung, nahm jedoch konkret zur Umformulierung der Tathandlungsbeschreibungen keine

---

83 S. 110ff.

84 Vgl. zuletzt ohne weitere Erläuterung BGH, Urt. v. 14.11.2019, Az.: 3 StR 561/18 = NStZ-RR 2020, 184 (185): „[Der Schleuser leistete] Hilfe im Sinne der § 96 Abs. 1 AufenthG, § 27 StGB."

85 Siehe dazu 77. Protokoll des Innenausschusses der 11. Wahlperiode v. 14.02.1990, S. 415, 475, 509f., 532, 547.

86 Vgl. 77. Protokoll des Rechtsausschusses der 11. Wahlperiode v. 24.04.1990; *Aurnhammer*, S. 157; *Cannawurf*, S. 77; *Lorenz*, NStZ 2002, 640 (641) gehen von einer bewussten Etablierung der Grundsätze der §§ 26f. StGB in § 92 AuslG a.F. aus.

Stellung.[87] Bis zur Verabschiedung des nunmehr geänderten Straftatbestandes des Einschleusens haben sich im Anschluss keine wesentlichen Änderungen mehr ergeben. Der Bundesrat hat dem Gesetzesbeschluss des Bundestags schließlich am 11. Mai 1990 zugestimmt.[88]

2. Bedeutung für die heutige Rechtslage

Da die an die Reform von 1990 anschließenden Gesetzesänderungen die akzessorische Konstruktion des § 96 Abs. 1 AufenthG nicht mehr verworfen, sondern sie sogar durch ihre Übernahme vom AuslG in das AufenthG bestätigt haben[89], ist die Schleuserstrafbarkeit auch gegenwärtig stets von einer vorsätzlich begangenen rechtswidrigen Haupttat abhängig; einer schuldhaften Begehung der Haupttat bedarf es entsprechend § 29 StGB nicht.[90] Die Anwendung der Teilnahmedogmatik schließt eine entsprechende Anwendung aller mit ihr im Zusammenhang stehenden Normen ein, so dass in der Folge etwa die wohl herrschende Meinung[91] in den Versuch der Einschleusung gemäß § 96 Abs. 3 AufenthG auch die Voraussetzungen des § 30 StGB hineinliest.[92]

Die Anforderungen an die Tathandlung des Schleusers sind im Ergebnis seit Einführung des ersten Straftatbestandes im Jahre 1981 unverändert. Nun zwar nicht mehr als „verleiten" und „unterstützen" sondern als „anstiften" und „Hilfe leisten" bezeichnet, setzt § 96 Abs. 1 AufenthG lediglich voraus, dass der Schleuser zur Einreise des Ausländers anregt, sie fördert, unterstützt oder sonst auf

87 Begr. der SPD zum Gesetz zur Neuregelung des Ausländerrechts, BT-Drucks. 11/6978, S. 13.

88 BR-Drucks. 290/90 (B).

89 Art. 1, 15 Abs. 3 Nr. 1 G v. 30.04.2004 m.W.v. 01.01.2005, BGBl. 2004 I Nr. 41, S. 1950; ein vorheriger Gesetzesentwurf war vom Bundesverfassungsgericht für nichtig erklärt worden, BVerfG, Urt. v. 18.12.2002, Az.: 2 BvF 1/02 = JuS 2003, 399ff.; siehe dazu GK-AufenthG/*Hohm*, 3. EL Februar 2005, Vor II Rn. 24ff.

90 Für die Rspr. statt aller: BGH, Beschl. v. 13.01.2015, Az.: 4 StR 378/14 = NStZ 2015, 399 (400); *Aurnhammer*, S. 158; Bergmann/Dienelt/*Winkelmann/Stephan*, AufenthG § 96 Rn. 6; *Cannawurf*, S. 77; GK-AufenthG/*Mosbacher*, 28. EL Juli 2008, § 96 Rn. 5; Kluth/Heusch/*Hohoff*, AufenthG § 96 Rn. 1; MüKo-StGB/*Gericke*, AufenthG § 96 Rn. 3; NK-AuslR/*Fahlbusch*, AufenthG § 96 Rn. 12f.; *Schott*, S. 289f.; *Westphal/Stoppa*, S. 740f.

91 BGH, Urt. v. 25.03.1999, Az.: 1 StR 344/98 = NStZ 1999, 409f.; BGH, Beschl. v. 06.06.2012, Az.: 4 StR 144/12 = NJW 2012, 2821; Bergmann/Dienelt/*Winkelmann/Stephan*, AufenthG § 96 Rn. 30; Erbs/Kohlhaas/*Senge*, AufenthG § 96 Rn. 29; MüKo-StGB/*Gericke*, AufenthG § 96 Rn. 42; NK-AuslR/*Fahlbusch*, AufenthG § 96 Rn. 78.

92 Dazu noch ausführlich in Abschnitt B.III.2.a. (S. 98).

physische oder psychische Weise erleichtert.[93] Weiterhin bereits tatbestandsmäßig ist damit etwa das Anwerben für Schwarzarbeit, das Beschaffen und der Hinweis auf Einreisewege, Beförderungsmittel, Verpflegungsmöglichkeiten, Übersetzerdienste oder sonstige Informationen zum Grenzübertritt.[94] Trotz der ihr zugrundeliegenden eigenständigen Strafvorschrift setzt die Schleusung im Sinne des § 96 AufenthG somit kein tatbeherrschendes Verhalten des Täters voraus.

3. Verhältnis zur „einfachen" Beteiligung an der unerlaubten Einreise nach § 95 AufenthG, §§ 26f. StGB

Die sich aus § 96 Abs. 1 AufenthG ergebende Strafbarkeit des Schleusers fußt somit auf der gleichen Konstruktion, auf der die Strafbarkeit einer „einfachen" Beteiligung gemäß § 95 Abs. 1 Nr. 3 AufenthG in Verbindung mit §§ 26, 27 StGB basiert. Mit letzterem sind Fälle gemeint, in denen eine Person einen Ausländer zur unerlaubten Einreise anstiftet bzw. ihm dabei Hilfe leistet, ohne die weiteren Voraussetzungen des § 96 Abs. 1 Nr. 1 lit. a und b AufenthG zu erfüllen – namentlich sind dies der Erhalt oder das Versprechenlassen eines Vorteils oder das wiederholte Handeln bzw. das Handeln zugunsten mehrerer Ausländer. In erster Linie kommen hierfür Fälle humanitär motivierten oder sonst altruistischen Handelns in Betracht.

Aufgrund dieser strukturellen Parallelität der „einfachen" und der „qualifizierten Beteiligung" an der unerlaubten Einreise im Sinne des § 96 Abs. 1 AufenthG wird vereinzelt gefolgert, dass die §§ 96f. AufenthG abschließende Regelungen darstellten, also eine „Sperrwirkung"[95] entfalten würden. Sofern der Schleuser nicht sämtliche (originären) Tatbestandsmerkmale der §§ 96f. AufenthG erfülle, dürfe nicht auf § 95 AufenthG in Verbindung mit §§ 26, 27 Abs. 1 StGB zurückgegriffen werden, da sonst die gesetzgeberische Intention, die Fälle der unentgeltlichen einmaligen Teilnahme straflos zu stellen, unterlaufen würde.[96] Der

---

93 St. Rspr. BGH, Urt. v. 16.11.2006, Az.: 3 StR 139/06 = NJW 2007, 384 (388 Rn. 40); BGH, Urt. v. 14.11.2019, Az.: 3 StR 561/18 = juris Rn. 20; Bergmann/Dienelt/*Winkelmann/Stephan*, AufenthG § 96 Rn. 9; MüKo-StGB/*Gericke*, AufenthG § 96 Rn. 13.

94 Vgl. Bergmann/Dienelt/*Winkelmann/Stephan*, AufenthG § 96 Rn. 9; GK-AufenthG/*Mosbacher*, 28. EL Juli 2008, § 96 Rn. 6, 11; MüKo-StGB/*Gericke*, AufenthG § 96 Rn. 15.

95 NK-AuslR/*Fahlbusch*, AufenthG § 96 Rn. 19; siehe ferner Oberhäuser/*Kabis*, § 25 Rn. 62.

96 VGH BW, Beschl. v. 29.05.1995, Az.: 1 S 442/95 = NVwZ-RR 1995, 663; *Möller*, StV 2010, 249 (250); NK-AuslR/*Fahlbusch*, AufenthG § 96 Rn. 19; siehe auch *Kanein/Renner*[5], AuslG § 92 Rn. 17 (vgl. aber *Kanein/Renner*[6], AuslG § 92 Rn. 17.

Gesetzgeber habe dadurch, dass § 96 Abs. 1 AufenthG a.F. ursprünglich die Teilnahme an dem illegalen Aufenthalt oder der unerlaubten Erwerbstätigkeit auch bei Unentgeltlichkeit erfasste (und zwar bei wiederholtem Handeln oder Handeln zugunsten mehrerer, Abs. 1 Nr. 2 a.F.), jedoch nach der Gesetzesänderung im Jahre 2007[97] eine Teilnahme an den entsprechenden Taten nach § 95 Abs. 1 Nr. 1 und 2, Abs. 1a, Abs. 2 Nr. 1 lit. b und Nr. 2 AufenthG nur noch in Fällen des Vermögensvorteils unter Strafe stellte, unmissverständlich zum Ausdruck gebracht, aus humanitären Beweggründen von einer Pönalisierung altruistisch motivierter Taten absehen zu wollen.[98] Seitens *Möller* wird darauf hingewiesen, dass der Gesetzgeber diese Gesetzesänderung ausdrücklich auf Art. 1 Abs. 2 SchleuserRL stützte, der eine Öffnungsklausel für humanitär motivierte Unterstützungshandlungen vorsieht.[99]

Ausweislich des Wortlauts der SchleuserRL bezieht sich diese Klausel jedoch lediglich auf Art. 1 Abs. 1 lit. a SchleuserRL, nimmt also Fälle der unerlaubten Einreise ins Visier. Eine Öffnungsklausel hinsichtlich humanitär motivierter Teilnahmen an unerlaubten Aufenthalten ist hingegen – anders als von der Gesetzesbegründung behauptet – europarechtlich nicht angezeigt. Vielmehr sprechen gute Gründe dafür, der SchleuserRL eine Wertung dahingehend zu entnehmen, dass den §§ 96f. AufenthG eine Sperrwirkung zu versagen ist: Gemäß Art. 3 SchleuserRL muss jeder Mitgliedstaat „Beihilfen" zum unerlaubten Aufenthalt mit „wirksamen, angemessenen und abschreckenden Strafen" bedrohen. Vor dem Hintergrund von Art. 4 Abs. 3 EUV ist somit grundsätzlich eine Ahndung von „Beihilfen" zu unerlaubten Einreisen und Aufenthalten vorgeschrieben. Art. 1 Abs. 2 SchleuserRL stellt mithin eine Ausnahme dar, deren Anwendungsbereich im Interesse der Schleuserbekämpfung nicht über ihren Wortlaut hinaus ausgedehnt werden darf. Im Übrigen hat der Gesetzgeber von der sog. Öffnungsklausel in Bezug auf die unerlaubte Einreise gerade keinen Gebrauch gemacht. Dies würde ignoriert, würde den §§ 96f. AufenthG gleichwohl eine Sperrwirkung zugesprochen.

97 Art. 1 Nr. 77 lit. a des Gesetzes zur Umsetzung aufenthalts- und asylrechtlicher Richtlinien der Europäischen Union v. 19.08.2007 m.W.v. 28.08.2007, BGBl. 2007 I Nr. 42, S. 1970.

98 *Möller*, StV 2010, 249 (250); zum in der Literatur vermehrt geforderten „humanitären strafrechtlichen Freiraum" ausführlich *Kretschmer*, ZAR 2019, 263 (268).

99 Vgl. RegBegr. zum Gesetz zur Umsetzung aufenthalts- und asylrechtlicher Richtlinien der Europäischen Union, BR-Drucks. 224/07, S. 361f.

Sind die qualifizierenden Voraussetzungen des § 96 Abs. 1 Nr. 1 lit. a und b AufenthG nicht erfüllt, verbleibt mithin die Möglichkeit einer Strafbarkeit nach § 95 Abs. 1 Nr. 3 AufenthG in Verbindung mit §§ 26, 27 Abs. 1 StGB.[100] Demzufolge ist bereits strafbar, wer sich einmalig aus humanitären Beweggründen oder sonst ohne eigenen Vorteil an der unerlaubten Einreise eines einzelnen Ausländers beteiligt, indem er beispielsweise einem sich im Grenzgebiet befindenden Ausländer eine Zugfahrkarte schenkt, ihm den Weg nach Deutschland zeigt oder Verpflegung für die Weiterreise mitgibt und dabei zumindest billigend in Kauf nimmt, dass dieser „unerlaubt" in die Bundesrepublik einreisen wird.

Aufgrund der Deliktsnatur der unerlaubten Einreise im Sinne des § 95 Abs. 1 Nr. 3 AufenthG als echtes Sonderdelikt ist die mittelbare Täterschaft allerdings nicht möglich, so dass ein Beteiligter, der sich erstmalig am Grenzübertritt eines einzelnen Ausländers ohne den Erhalt eines Vorteils beteiligt, auch dann ein Teilnehmer ist, wenn er das Tatgeschehen in den Händen hält und hierzu auf den Ausländer einwirkt.[101]

II. Strafbarkeitsrelevante Elemente der Haupttat

Aufgrund der akzessorischen Ausrichtung der Einschleusung von Ausländern kommt den Tatbestandselementen aus § 95 Abs. 1 Nr. 3 AufenthG als vorsätzlich begangene rechtswidrige Haupttat eine zentrale Bedeutung zu. Diese können auf unterschiedlichen Ebenen zum Ausschluss der strafrechtlichen Verantwortung für die Schleusung von Personen über die Staatsgrenze führen. Gemäß § 96 Abs. 4 AufenthG kommen daneben auch „Rechtsvorschriften über die Einreise und den Aufenthalt von Ausländern in das Hoheitsgebiet der Mitgliedstaaten der Europäischen Union" als Anknüpfungsnorm für die Haupttat in Betracht.

---

100 So auch BGH, Beschl. v. 04.05.2016, Az.: 3 StR 358/15 = StV 2016, 626; OLG Frankfurt am Main, Urt. v. 31.03.1993, Az.: 2 Ss 65/93 = NStZ 1993, 394; *Aurnhammer*, S. 152f.; Bergmann/Dienelt/*Winkelmann/Stephan*, AufenthG § 95 Rn. 41; *Cannawurf*, S. 85ff.; Graf/Jäger/Wittig/*Mosbacher*, AufenthG § 96 Rn. 3; Huber/*Hörich*, AufenthG § 95 Rn. 97f.; Kluth/Heusch/*Hohoff*, AufenthG § 95 Rn. 36; *Kretschmer*, ZAR 2013, 278 (279); MüKo-StGB/*Gericke*, AufenthG § 95 Rn. 12; *Schott*, S. 99ff., 290f.

101 Vgl. *Brocke*, NStZ 2009, 546 (551); *Cannawurf*, S. 94; *Heinrich*, ZAR 2005, 309 (310).

1. Die Haupttat gemäß § 95 Abs. 1 Nr. 3 AufenthG

Die tatbestandsmäßige Handlung begeht, wer unter Verstoß gegen die verwaltungsrechtlichen Einreisebestimmungen des § 14 Abs. 1 Nr. 1 oder Nr. 2 AufenthG[102] in die Bundesrepublik Deutschland einreist.

a. Anwendungsbereich entfallen?

Bevor auf die einzelnen objektiven Tatbestandsmerkmale des § 95 Abs. 1 Nr. 3 AufenthG eingegangen wird, ist zunächst zu klären, ob diese Strafvorschrift überhaupt noch einen Anwendungsbereich hat.

Einer verbreiteten Auffassung im Schrifttum[103] zufolge stehen einer Anwendung dieser Strafvorschrift unions- sowie verfassungsrechtliche Erwägungen entgegen. An die unerlaubte Einreise schließe sich der unerlaubte Aufenthalt an, der in den Anwendungsbereich der RückführungsRL[104] falle. Gemäß Art. 6 RückführungsRL muss der unerlaubte Aufenthalt eines Drittstaatsangehörigen in der Regel dadurch beendet werden, dass der sich unerlaubt im Mitgliedstaat aufhaltende Ausländer im Wege des Rückkehrverfahrens in den anderen Mitgliedstaat, dessen Aufenthaltserlaubnis er hat, zurückgewiesen wird, vgl. auch § 50 Abs. 3 AufenthG. Alternativ kann der unerlaubte Aufenthalt eines Drittstaatsangehörigen dadurch beendet werden, dass er wegen Vorliegens eines Härtefalls oder aus humanitären oder sonstigen Gründen legalisiert wird, Art. 6 Abs. 4 RückführungsRL.

Wird – was nach den Vorgaben der RückführungsRL den Regelfall darstellt – ein Rückkehrverfahren, gleichzeitig aber auch ein strafrechtliches Ermittlungsverfahren gegen den Ausländer eingeleitet, hängen Ausweisung und Abschiebung grundsätzlich von der Zustimmung der ermittelnden Staatsanwaltschaft ab, § 72 Abs. 4 Satz 1 AufenthG. Dieses Beteiligungserfordernis, das im Ergebnis die Vorrangigkeit des Strafverfahrens ausdrückt, stünde – so die Literaturansicht – der

---

102 Nach § 95 Abs. 1 Nr. 3 AufenthG wird bestraft, wer *entgegen* § 14 Abs. 1 AufenthG einreist. Da in § 14 Abs. 1 AufenthG jedoch geregelt ist, wann eine Einreise unerlaubt ist, ist die Formulierung unglücklich gewählt. Siehe dazu, insbesondere auch zur Vereinbarkeit mit Art. 103 Abs. 2 GG: Bergmann/Dienelt/*Winkelmann/Stephan*, AufenthG § 95 Rn. 43; Huber/*Hörich*, AufenthG § 95 Rn. 75f.; NK-AuslR/*Fahlbusch*, AufenthG § 95 Rn. 70f.

103 Esser/Rübenstahl/Saliger/Tsambikakis/*Esser*, AufenthG § 95 Rn. 26; *Hörich*, S. 289ff.; *Hörich/Bergmann*, NJW 2012, 3339 (3343); NK-AuslR/*Fahlbusch*, AufenthG § 95 Rn. 72.

104 RL 2008/115/EG v. 16.12.2008, ABl. EU L 348/98 v. 24.12.2008.

Effektivität (*effet utile*, Art. 4 Abs. 3 EUV) des unionsrechtlich geforderten Rückführungsverfahrens entgegen. Ein Strafverfahren müsse somit unterbleiben.[105] Auch der Europäische Gerichtshof urteilt, dass „die Mitgliedstaaten [...] keine strafrechtliche Regelung anwenden [dürfen], die die Verwirklichung der mit der genannten Richtlinie verfolgten Ziele gefährden und sie damit ihrer praktischen Wirksamkeit berauben könnte.“[106] Sofern mit der Literaturansicht die Strafvorschrift des § 95 Abs. 1 Nr. 3 AufenthG gänzlich unangewendet bleibt, entfällt in Ermangelung einer unerlaubten Einreise als Haupttat auch die Strafbarkeit jeglicher Schleuserhandlungen.[107]

Dem Beteiligungserfordernis der Staatsanwaltschaft könnte man gewiss dadurch entgehen, dass man den an die Einreise anschließenden unerlaubten Aufenthalt legalisiert und somit das europarechtliche Rückkehrverfahren ersetzt. Einer Strafverfolgung der unerlaubten Einreise stünden dann *prima facie* keine Bedenken mehr entgegen. Allerdings hinge die Strafbarkeit der Einreise infolgedessen letzten Endes von der Legalisierungsentscheidung der Exekutive ab, so dass gegen den Grundsatz *nulla poena sine lege* verstoßen würde – insoweit geben *Bergmann/Hörich* zu bedenken, dass bereits bei Begehung der Tat feststehen müsse, ob eine Handlung strafbar ist oder nicht.[108]

Die Gegenauffassung, der das Fehlen einer Begründung ihrer Sichtweise angelastet wird[109], geht im Ausgangspunkt ebenfalls von der Rechtsprechung des Europäischen Gerichtshofs aus, wonach die Verhängung einer Strafe oder sogar schon das Einleiten eines Ermittlungsverfahrens dem vom vorrangig anzuwendenden Unionsrecht vorgesehenen Rückführungsverfahren entgegensteht.[110] Richtigerweise stellt sie jedoch heraus, dass damit über die materiell-rechtliche Strafbarkeit im Sinne der Tatbestandsmäßigkeit und Rechtswidrigkeit nicht entschieden worden ist;[111] die vom Europäischen Gerichtshof vorgebrachten Argumente richten sich an keiner Stelle gegen die Einordnung der „illegalen Einreise“

---

105 Esser/Rübenstahl/Saliger/Tsambikakis/*Esser*, AufenthG § 95 Rn. 26; *Hörich*, S. 289ff.; *Hörich/Bergmann*, NJW 2012, 3339 (3343); Huber/*Hörich*, AufenthG § 95 Rn. 80; NK-AuslR/*Fahlbusch*, AufenthG § 95 Rn. 72.

106 EuGH, Urt. v. 06.12.2011, Az.: C-329/11 (Achughbabian), Rn. 33 = ZAR 2012, 443; siehe auch EuGH, Urt. v. 28.04.2011, Az.: C-61/11 (El Dridi), Rn. 55 = BeckEuRS 2011, 569983.

107 So ausdrücklich NK-AuslR/*Fahlbusch*, AufenthG § 95 Rn. 72.

108 Barwig/Beichel-Bendetti/Brinkmann/*Bergmann/Hörich*, S. 17 (22).

109 Huber/*Hörich*, AufenthG § 95 Rn. 78.

110 Auf Einzelheiten wird somit nicht weiter eingegangen.

111 MüKo-StGB/*Gericke*, AufenthG § 95 Rn. 33.

als Straftat, wie es in dem der Entscheidung des Europäischen Gerichtshofs zugrundeliegenden Art. L. 621-1 des Code de l'Entrée et du Séjour des Étrangers et du Droit d'Asile (CESEDA)[112] vorgesehen ist. Vielmehr bringt dieser deutlich zum Ausdruck, dass eine nationale Strafnorm, die die unerlaubte Einreise oder den unerlaubten Aufenthalt unter Strafe stellt, ihrem Grunde nach europarechtskonform ist.[113] In der Folge erachtet er eine Strafnorm wie Art. L. 621-1 CESEDA auch nur dann für unionsrechtswidrig, *soweit* diese eine Inhaftierung zulässt.[114]

Dieses Verständnis hat der Bundesgerichtshof zuletzt bestätigt: Der Vorrang des Rückführungsverfahrens stehe nur der Verhängung einer freiheitsentziehenden Sanktion und überdies nur solange entgegen, bis das Rückführungsverfahren abgeschlossen sei.[115] Weitergehend führt er aus, dass die RückführungsRL außerdem nicht die Möglichkeit ausschließe, eine freiheitsentziehende Sanktion für eine Straftat zu verhängen, deren Tatbestand nicht die unerlaubte Einreise als Merkmal beinhalte.[116] Diese Differenzierung verkennt die zuerst genannte Ansicht, wenn sie einerseits vom „Entfallen der Strafbarkeit" spricht, andererseits aber nur die Unvereinbarkeit der „Bestrafung"[117] bzw. der „Sanktionierung" oder der „Strafverfolgung"[118] mit Unionsrecht rügt.[119]

Im Rahmen der Schleusungskriminalität ist weiterhin zu berücksichtigen, dass der Ausschluss der materiell-rechtlichen Strafbarkeit, wie auch die zuerst genannte Auffassung erkennt, zur Straffreiheit etwaiger Schleuser(-banden)

112 „Ein Ausländer, der unter Verstoß gegen die Art. L. 211-1 und L. 311-1 nach Frankreich eingereist ist oder sich dort aufhält oder der sich in Frankreich über die in seinem Visum bestimmte Dauer hinaus aufhält, wird mit Freiheitsstrafe von einem Jahr oder mit einer Geldstrafe von 3.750 Euro bestraft." – die Übersetzung ist der deutschen Fassung des Urteils EuGH, Urt. v. 06.12.2011, Az.: C-329/11 (Achughbabian), Rn. 14 = ZAR 2012, 443, entnommen.

113 EuGH, Urt. v. 06.12.2011, Az.: C-329/11 (Achughbabian), Rn. 28, 32 = ZAR 2012, 443; vgl. auch MüKo-StGB/*Gericke*, AufenthG § 95 Rn. 33.

114 EuGH, Urt. v. 06.12.2011, Az.: C-329/11 (Achughbabian), Rn. 50 = ZAR 2012, 443.

115 BGH, Urt. v. 24.06.2020, Az.: 5 StR 671/19 = NJW 2020, 2816 (2818 Rn. 28f.).

116 BGH, Urt. v. 24.06.2020, Az.: 5 StR 671/19 = NJW 2020, 2816 (2819 Rn. 30).

117 NK-AuslR/*Fahlbusch*, AufenthG § 95 Rn. 72; siehe auch Hanseatisches OLG, Beschl. v. 25.01.2012, Az.: 3-1/12 (Rev) 1 Ss 196/11 = NStZ 2012, 219 (Ls.).

118 Huber/*Hörich*, AufenthG § 95 Rn. 80.

119 Dass der Straftatbestand des § 95 Abs. 1 Nr. 3 AufenthG dem Grunde nach neben der RückführungsRL bestehen bleiben könnte, gestehen auch *Hörich/Bergmann* zu, ZRP 2014, 109 (110).

führen würde.[120] Die Europäische Union hat die Strafverfolgung von organisierter Kriminalität und der Schleusung von Personen jedoch zu ihrem eigenen Ziel ausgerufen, wie bereits die Existenz der SchleuserRL sowie Art. 83 Abs. 1 UAbs. 2 AEUV zeigen. Dies durch den Ausschluss der Strafbarkeit des Haupttäters im Wege eines überschießenden Verständnisses europarechtlicher Vorgaben vollständig zu ignorieren, liefe den gesetzten europäischen Zielen zuwider.[121] Der RückführungsRL ist folglich insoweit Rechnung zu tragen, als gegenüber dem betroffenen Ausländer keine freiheitsentziehende Sanktion verhängt werden darf. Umgesetzt werden könnte dies durch die Anerkennung eines persönlichen Strafaufhebungsgrundes als Verfahrenshindernis.[122] Demgegenüber ist die Einstellung des Strafverfahrens als ineffektiv verworfen worden.[123] Da die Strafbarkeit nach der hier vertretenen Auffassung von der RückführungsRL unberührt bleibt, ist auch dem Einwand *Bergmann/Hörichs*, die Strafbarkeit stehe erst nachträglich fest, die Grundlage entzogen.

Richtigerweise bleibt der Straftatbestand des § 95 Abs. 1 Nr. 3 AufenthG anwendbar.

b. Objektive Elemente des § 95 Abs. 1 Nr. 3 AufenthG

aa. Täterkreis

Wie unmittelbar aus § 1 Abs. 1 Satz 4 in Verbindung mit § 14 Abs. 1 AufenthG sowie mittelbar aus § 96 Abs. 1 Nr. 1 lit. b AufenthG hervorgeht, kommen nur Ausländer als Täter der unerlaubten Einreise im Sinne des § 95 Abs. 1 Nr. 3 AufenthG in Betracht. Somit scheiden zunächst Deutsche im Sinne des § 2 Abs. 1 AufenthG in Verbindung mit Art. 116 Abs. 1 GG als Täter aus.

Aufgrund zahlreicher bilateraler Abkommen sowie des Anwendungsvorrangs des supranationalen europäischen Rechts ist diese prinzipielle Differenzierung

---

120 MüKo-StGB/*Gericke*, AufenthG § 95 Rn. 33.

121 BGH, Urt. v. 08.03.2017, Az.: 5 StR 333/16 = NJW 2017, 1624 (1625, Rn. 17); MüKo-StGB/*Gericke*, AufenthG § 95 Rn. 33.

122 Kluth/Heusch/*Hohoff*, AufenthG § 95 Rn. 27; MüKo-StGB/*Gericke*, AufenthG § 95 Rn. 33; vgl. auch BGH, Urt. v. 08.03.2017, Az.: 5 StR 333/16 = NJW 2017, 1624 (1625, Rn. 18); zustimmend *Kretschmer*, NJW 2017, 1625 (1626); dagegen Huber/*Bergmann*, AufenthG Vorbem. zu §§ 96f. Rn. 20; zur Reformierung von § 95 AufenthG *Hörich/Bergmann*, ZRP 2014, 109ff., sowie Barwig/Beichel-Bendetti/Brinkmann/*Bergmann/Hörich*, S. 17 (26ff.).

123 Vgl. Stellungnahme des Generalanwalts Mazák zur Rs C-329/11 (Achughbabian) v. 26.10.2011, Rn. 32.

allerdings kaum mehr als ein erster Anhaltspunkt für den personellen Anwendungsbereich des Aufenthaltsgesetzes. Im Einzelnen wird der Täterkreis der unerlaubten Einreise wie folgt durch höherrangiges Recht eingeschränkt:

(1) Unionsbürger und sonstige EWR-Staatsangehörige

Unionsbürger im Sinne der Art. 9 Satz 2 EUV, Art. 20 Abs. 1 Satz 2 AEUV genießen innerhalb der Europäischen Union ein Freizügigkeitsrecht. Während dieses ursprünglich nur für erwerbstätige Unionsbürger im europäischen Primärrecht gewährleistet war (Art. 45ff. AEUV),[124] steht nunmehr allen Unionsbürgern ein allgemeines Freizügigkeitsrecht als besondere Ausprägung des Diskriminierungsverbots aus Art. 18 Abs. 1 AEUV[125] zu.[126] Dieses ergibt sich aus Art. 21 AEUV.[127] [128] Ferner wird ein Freizügigkeitsrecht innerhalb der Europäischen

124 Schulze/Janssen/Kadelbach/*Giegerich*, § 9 Rn. 36f.; Streinz/*Magiera*, AEUV Art. 21 Rn. 4.

125 Streinz/*Magiera*, AEUV Art. 21 Rn. 8.

126 Gemäß § 2 Abs. 2 Nr. 5 FreizügG/EU in Verbindung mit § 4 FreizügG/EU ist das Freizügigkeitsrecht von Unionsbürgern, die nicht erwerbstätig sind, an die Voraussetzung verknüpft, dass diese über einen „ausreichenden Krankenversicherungsschutz und ausreichende Existenzmittel verfügen". Die Bestimmungen der FreizügigkeitsRL sehen allerdings vor, dass das unionsrechtlich gewährte Freizügigkeitsrecht erst dann von dieser Voraussetzung abhängig gemacht werden kann, wenn der Unionsbürger bereits länger als drei Monate in einem anderen Mitgliedstaat als dem Staat, dessen Staatsangehörigkeit er besitzt, verweilt. Darauf deutet die Differenzierung zwischen Art. 6 Abs. 1 FreizügigkeitsRL und Art. 7 Abs. 1 FreizügigkeitsRL hin. Auch der 9. Erwägungsgrund der FreizügigkeitsRL bringt die Intention, das Freizügigkeitsrecht nicht bereits zum Zeitpunkt der Einreise an erweiterte Voraussetzungen zu knüpfen, klar zum Ausdruck. In Umsetzung dessen bestimmt § 2 Abs. 5 FreizügG/EU, dass ein gültiger Personalausweis oder Reisepass ausreicht. Im Zeitpunkt der Einreise ist somit unerheblich, ob der einreisende Unionsbürger erwerbstätig ist oder nicht.

127 Die Art. 45ff. AEUV bleiben vorrangig, Calliess/Ruffert/*Kluth*, AEUV Art. 21 Rn. 16; Schwarze/*Hatje*, AEUV Art. 21 Rn. 18; Streinz/*Magiera*, AEUV Art. 21 Rn. 7.

128 Das Freizügigkeitsrecht gilt zwar vorbehaltlich der dem Primärrecht und sekundärrechtlichen Durchführungsvorschriften entnehmbaren Schranken (der EuGH geht von einem allgemeinen Schrankenvorbehalt aus, Calliess/Ruffert/*Kluth*, AEUV Art. 21 Rn. 18), ist auf der anderen Seite aber auch durch die Spruchpraxis des EuGH stetig erweitert worden. In deren Folge sowie aufgrund politischer Bemühungen, die Europäische Union zu einem „Raum der Freiheit, der Sicherheit und des Rechts ohne Binnengrenzen" (Art. 3 Abs. 2 EUV) zu gestalten, ergaben sich eine Vielzahl an sekundärrechtlichen Regelungen, die seit 2004 in der FreizügigkeitsRL (auch „Unionsbürgerrichtlinie", RL 2004/38/EG v. 29.04.2004, Abl. EG L 158/77) zusammengefasst sind.

Union in Art. 45 EUGrCh erwähnt, der aber mit Blick auf Art. 51 Abs. 1 EUGrCh nur einen eingeschränkten Anwendungsbereich hat und zudem inhaltlich an die Grenzen des Art. 21 AEUV gebunden ist, vgl. Art. 52 Abs. 2 EUGrCh. Das Recht der EMRK kennt keine Einreisefreiheit für Ausländer.[129]

Seinem sachlichen Schutzbereich nach garantiert Art. 21 Abs. 1 AEUV Bewegung und Aufenthalt im Hoheitsgebiet eines jeden Mitgliedstaats, wovon insbesondere auch die Einreise umfasst ist.[130] Vor diesem Hintergrund werden die Normen des Aufenthaltsgesetzes im Falle der Unionsbürgerschaft nicht angewendet, § 1 Abs. 2 Nr. 1 AufenthG. Die Strafbarkeit gemäß § 95 Abs. 1 Nr. 3 AufenthG ist somit gänzlich ausgeschlossen.

Die §§ 2 Abs. 7, 5 Abs. 4, 6 Abs. 1 FreizügG/EU deuten darauf hin, dass in bestimmten Fällen das unionsrechtlich gewährleistete Freizügigkeitsrecht aberkannt werden kann, weil es entweder nie zugunsten einer bestimmten Person bestand oder einer bestimmten Person später entzogen wird. Dieser Verlust hätte zur Folge, dass mangels einer in ihrer Anwendung vorgeschalteten europarechtlichen Bestimmung das nationale Recht anzuwenden wäre. Dem folgend erklärt § 11 Abs. 2 FreizügG/EU das AufenthG und insbesondere § 95 Abs. 1 Nr. 3 AufenthG für nunmehr maßgeblich.[131]

Allerdings bedarf es für die Feststellung des Nichtbestehens oder des Verlustes des Freizügigkeitsrechts einer begründeten Ermessensentscheidung der

---

Zu beachten ist, dass diese Ausübungserleichterungsvorschrift anders als die Vorschriften im Sinne des Art. 21 Abs. 1 AEUV das Freizügigkeitsrecht nicht beschränkt (Calliess/Ruffert/*Kluth*, AEUV Art. 21 Rn. 22; Lenz/Borchardt/*Kaufmann-Bühler*, AEUV Art. 21 Rn. 5). Vielmehr gibt sie lediglich das bereits dem Primärrecht entnehmbare Freizügigkeitsrecht wieder, so dass Art und Umfang des Freizügigkeitsrechts (insbesondere des Einreiserechts) sowie der geschützte Personenkreis nicht nach dem FreizügG/EU (Gesetz über die allgemeine Freizügigkeit von Unionsbürgern v. 30.07.2004 m.W.v. 01.01.2005, BGBl. 2004 I Nr. 41, S. 1986), das die nur mittelbar geltende Freizügigkeitsrichtlinie in nationales Recht umsetzen soll, sondern weiterhin allein anhand supranationaler Maßstäbe bestimmt werden (Bergmann/Dienelt/*Dienelt*, FreizügG/EU § 2 Rn. 12; Huber/*Brinkmann*, FreizügG/EU § 2 Rn. 3; MüKo-StGB/*Gericke*, FreizügG/EU § 2 Rn. 1). § 1 Abs. 2 Nr. 1 AufenthG, dem nur eine deklaratorische Bedeutung zukommt, ist insoweit missverständlich formuliert.

129 Karpenstein/Mayer/*Hoppe*, ZP IV Art. 2 Rn. 1; Meyer-Ladewig/*Meyer-Ladewig/Harrendorf*, ZP IV Art. 2 Rn. 3.

130 Calliess/Ruffert/*Kluth*, AEUV Art. 21 Rn. 4.

131 Im Falle der Aberkennung des Freizügigkeitsrechts ist das AufenthG nur anwendbar, *soweit* das FreizügG/EU keine besondere Regelung trifft. Daher bleibt etwa § 95 Abs. 2 Satz 1 AufenthG weiterhin unanwendbar, vgl. § 9 Abs. 2 FreizügG/EU.

Ausländerbehörde, die die Freizügigkeitsvermutung[132] zu widerlegen vermag.[133] Aufgrund dessen ist die praktische Bedeutung einer Einreiseverweigerung gemäß § 6 Abs. 1 Satz 2 FreizügG/EU und eine damit verbundene unerlaubte Einreise im Sinne des § 14 AufenthG denkbar gering.[134]

Unionsbürgern stehen Staatsangehörige der sog. EWR[135]-Staaten aufgrund des am 1. Januar 1994 in Kraft getretenen Abkommens über den Europäischen Wirtschaftsraum[136] gleich[137], siehe auch § 12 FreizügG/EU.

(2). Familienangehörige von Unionsbürgern

(a). Allgemeines

Neben Unionsbürgern können auch deren Familienangehörige[138], die selbst keine Staatsangehörigkeit eines EU-Mitgliedstaats besitzen, grundsätzlich im Wege eines abgeleiteten Freizügigkeitsrechts einreisen, vgl. § 3 Abs. 1 Satz 1 FreizügG/EU.[139] Hinter dieser Regelung steht im Ausgangspunkt die

---

132 NK-AuslR/*Oberhäuser*, FreizügG/EU § 2 Rn. 53.

133 OVG NRW, Beschl. v. 20.11.2015, Az.: 18 B 665/15 = BeckRS 2015, 55489; Huber/*Brinkmann*, FreizügG/EU § 2 Rn. 62, § 6 Rn. 39; NK-AuslR/*Cziersky-Reis*, FreizügG/EU § 6 Rn. 15ff.; NK-AuslR/*Oberhäuser*, FreizügG/EU § 2 Rn. 52.

134 Für § 6 Abs. 1 Satz 2 FreizügG/EU: NK-AuslR/*Cziersky-Reis*, FreizügG/EU § 6 Rn. 19.

135 Europäischer Wirtschaftsraum: EU-Mitgliedstaaten (der Wortlaut des § 12 FreizügG/EU ist somit missglückt) sowie Island, Liechtenstein und Norwegen als EFTA-Staaten (zur Schweiz siehe Abschnitt B.II.1.b.aa.(3). (S. 64)).

136 ABl. EG 1994 L 1/1.

137 Bergmann/Dienelt/*Dienelt*, FreizügG/EU § 12 Rn. 4; krit. NK-AuslR/*Geyer*, FreizügG/EU § 12 Rn. 3; vgl. auch Huber/*Brinkmann*, FreizügG/EU § 12 Rn. 4.

138 Wer zu den Familienangehörigen zu zählen ist, bestimmt § 3 Abs. 2 FreizügG/EU. Demzufolge mittelbar freizügigkeitsberechtigt sind Ehegatten und Lebenspartner sowie in gerader Linie auf- und absteigende Verwandte des Unionsbürgers oder des Ehegatten/Lebenspartners, die das 21. Lebensjahr noch nicht vollendet haben oder unterhaltsberechtigt sind. Nach Art. 2 Nr. 2 lit. b FreizügigkeitsRL sind unter „Lebenspartner" solche Personen zu verstehen, die in einer eingetragenen Partnerschaft leben, welche nach dem nationalen Recht der rechtlichen Ehe gleichgestellt ist. Schon die Voraussetzung der Eintragung ist lediglich bei der Lebenspartnerschaft im Sinne des LPartG erfüllt. In einer nichtehelichen Lebensgemeinschaft lebende Personen sind somit von § 3 FreizügG/EU in entsprechender Umsetzung des Art. 3 in Verbindung mit Art. 2 Nr. 2 lit. b FreizügigkeitsRL ausgenommen (Huber/*Brinkmann*, FreizügG/EU § 3 Rn. 10 mit Hinweis auf EuGH, Urt. v. 17.04.1986, Rs. 59/85 (Reed), Slg. 1296 (1300)).

139 Ausführlich dazu *Marx*, § 2 Rn. 330ff.

Dassonville-Entscheidung[140], der zufolge Unionsbürger in ihren Rechten nicht nur durch Maßnahmen, die sie unmittelbar treffen, beschränkt werden, sondern auch durch solche, die sie mittelbar, tatsächlich oder faktisch bei gleicher Wirkung behindern. Hinsichtlich der Freizügigkeit hat der Europäische Gerichtshof festgestellt, dass die Nichtanerkennung von Familienangehörigen durch einen Mitgliedstaat den mit ihnen verwandten Unionsbürger „in seiner Freizügigkeit [gemäß Art. 20 Abs. 2 lit. a AEUV, Art. 21 AEUV] beeinträchtigen könnte, weil es ihn davon abhalten könnte, von seinem Recht Gebrauch zu machen, in den Aufnahmestaat einzureisen und sich dort aufzuhalten".[141]

Dementsprechend leitet die FreizügigkeitsRL ein Einreiserecht für Familienangehörige des Unionsbürgers ab, Art. 3 Abs. 1, Art. 5 Abs. 1 FreizügigkeitsRL, was durch § 3 Abs. 1 FreizügG/EU umgesetzt wurde. Mit der Ableitung des Freizügigkeitsrechts geht jedoch einher, dass die Familienangehörigen selbst keine eigenständigen Rechte aus Art. 21 Abs. 1 AEUV sowie der FreizügigkeitsRL geltend machen können.[142] Entfällt das Freizügigkeitsrecht des Unionsbürgers (siehe voriger Abschnitt), dürfen auch dessen Familienangehörige nicht mehr einreisen.[143] Diese Ausführungen gelten für Familienangehörige von EWR-Staatsangehörigen entsprechend, vgl. § 12 FreizügG/EU.

Im Ergebnis bleibt festzuhalten, dass Familienangehörige von Unionsbürgern und sonstigen EWR-Staatsangehörigen weitgehend aus dem persönlichen Anwendungsbereich des § 95 Abs. 1 Nr. 3 AufenthG ausgenommen sind.

(b). Diskriminierung von Familienangehörigen deutscher Staatsbürger?

§ 1 FreizügG/EU erklärt, dass das Gesetz nur auf nichtdeutsche Unionsbürger und deren Familienangehörige Anwendung findet. Dies ist insoweit richtig, als Art. 21 Abs. 1 AEUV ein ungeschriebenes Tatbestandsmerkmal eines grenzüberschreitenden Sachverhalts innewohnt.[144] In der Folge schließt auch Art. 3 Abs. 1 FreizügigkeitsRL diejenigen Unionsbürger vom Anwendungsbereich der Richtlinie aus, die sich in dem Mitgliedstaat befinden, dessen Staatsangehörigkeit sie besitzen, oder dort einreisen. Ein europäisches Freizügigkeitsrecht kann

140 EuGH, Urt. v. 11.07.1974, Az.: Rs. 8/74 (Dassonville), Slg. 1974, 837.

141 EuGH, Urt. v. 08.03.2011, Az.: C-34/09 (Zambrano) = EuZW 2011, 358; EuGH, Urt. v. 08.11.2012, Az.: C-40/11 (Yoshikazu Iida) = NVwZ 2013, 357.

142 *Marx*, § 2 Rn. 332, 335.

143 Grundsätzlich ist das abgeleitete Freizügigkeitsrecht akzessorisch, vgl. statt aller MüKo-StGB/*Gericke*, FreizügG/EU § 3 Rn. 1.

144 Streinz/*Magiera*, AEUV Art. 21 Rn. 25.

dieser Personenkreis grundsätzlich nicht beanspruchen, es sei denn, dass sich der Unionsbürger „nachhaltig“[145] grenzüberschreitend bewegt (z.B. durch tägliches Pendeln zum Arbeitsplatz) und dadurch sein Freizügigkeitsrecht ausübt.[146] In diesen Fällen ist das FreizügG/EU in europarechtskonformer Auslegung auf ihn anzuwenden.[147] Entsprechend § 3 FreizügG/EU genießen infolgedessen auch die Familienangehörigen eines deutschen Staatsbürgers ein abgeleitetes Freizügigkeitsrecht. Damit bleibt jedoch ungeklärt, welche Vorschriften auf diejenigen Familienangehörigen anzuwenden sind, die mit einem Deutschen verwandt sind, der sich ausnahmslos in der Bundesrepublik Deutschland aufhält. Der Europäische Gerichtshof hat das europäische Freizügigkeitsrecht in der Vergangenheit ausschließlich auf innerstaatliche Sachverhalte mit minderjährigen Unionsbürgern angewandt, die aus dem Mitgliedstaat, dessen Staatsangehörigkeit sie hatten, ausreisen mussten, weil ihren drittstaatsangehörigen Eltern kein Aufenthaltsrecht erteilt worden war.[148] Angesichts der Minderjährigkeit des Unionsbürgers handelt es sich hierbei um einen Sonderfall; hinsichtlich eines drittstaatsangehörigen Ehegatten wurde die Anwendbarkeit des Unionsrechts hingegen verneint.[149] Überdies hat der Europäische Gerichtshof wenig später bewusst auf eine Abschaffung der sog. „Inländerdiskriminierung“ verzichtet.[150] Mithin bleiben Sachverhaltskonstellationen bestehen, in denen das AufenthG auf drittstaatsangehörige Familienangehörige deutscher Staatsangehöriger anzuwenden ist[151], womit diese auch Täter im Sinne des § 95 Abs. 1 Nr. 3 AufenthG sein können.[152]

---

145 BVerwG, Urt. v. 22.06.2011, Az.: 1 C 11/10 = NVwZ 2012, 52 (53).

146 Auflistung etwa bei Kluth/Heusch/*Tewocht*, FreizügG/EU § 1 Rn. 33.

147 Kluth/Heusch/*Tewocht*, FreizügG/EU § 1 Rn. 33.

148 EuGH, Urt. v. 08.03.2011, Az.: C-34/09 (Zambrano) = InfAuslR 2011, 179.

149 EuGH, Urt. v. 05.05.2011, Az.: C-434/09 (McCarthy) = InfAuslR 2011, 269; vgl. Kluth/Heusch/*Tewocht*, FreizügG/EU § 1 Rn. 32; NK-AuslR/*Oberhäuser*, AufenthG § 28 Rn. 3.

150 EuGH, Urt. v. 15.11.2011, Az.: C-256/11 (Dereci) = EuZW 2012, 79.

151 Eine Ungleichbehandlung i.S.v. Art. 3 Abs. 1 GG verneinend Hessischer VGH, Beschl. v. 23.10.2006, Az.: 7 TG 2317/06 = FamRZ 2007, 1553 L; BVerwG, Urt. v. 22.06.2011, Az.: 1 C 11/10 = NVwZ 2012, 52 (54); *Oberhäuser*, ANA-ZAR 2014, 16f.

152 Diesen Familienangehörigen ist allerdings nach § 28 AufenthG eine Aufenthaltserlaubnis zu erteilen.

(3). Weitere möglicherweise vom Täterkreis ausgenommene Personengruppen

Die Schweizerische Eidgenossenschaft zählt zwar auch zu den EFTA-Staaten und wurde im EWR-Abkommen in der ursprünglichen Fassung als Vertragspartei erwähnt, allerdings scheiterte ihr Beitritt zum Abkommen an einer ablehnenden Volksabstimmung.[153] Folglich fallen Schweizer Eidgenossen nicht unter die Bestimmung des § 12 FreizügG/EU, sondern unterliegen richtigerweise zunächst den allgemeineren ausländerrechtlichen Normen des AufenthG.[154] Gleichwohl wird ihnen durch Art. 1 lit. a und c, Art. 3 des EG/Schweiz-Abkommens[155] ein den Unionsbürgerrechten vergleichbares Einreiserecht eingeräumt.[156] Diese weitgehende Gleichstellung geht dem Einreiserecht des AufenthG vor[157], so dass Schweizer Eidgenossen nicht „entgegen" § 14 Abs. 1 Nr. 1 oder 2 AufenthG in das Bundesgebiet einreisen und folglich auch keine Täter im Sinne des § 95 Abs. 1 Nr. 3 AufenthG sein können.[158]

Der Maßgabe einer wesentlichen Gleichstellung von Unionsbürgern und Schweizer Eidgenossen folgend genießen außerdem auch deren Familienangehörige ein (wiederum lediglich) abgeleitetes Einreiserecht.[159]

---

153 Bergmann/Dienelt/*Dienelt*, FreizügG/EU § 12 Rn. 12; Kluth/Heusch/*Kurzidem*, FreizügG/EU § 12 Rn. 2; NK-AuslR/*Geyer*, FreizügG/EU § 12 Rn. 4.

154 Kluth/Heusch/*Kurzidem*, FreizügG/EU § 12 Rn. 2; NK-AuslR/*Geyer*, FreizügG/EU § 12 Rn. 4; a.A. NK-AuslR/*Bender*, AufenthG § 1 Rn. 26; NK-AuslR/*Fahlbusch*, AufenthG Vor § 95 Rn. 2.

155 Abkommen zwischen der Europäischen Gemeinschaft und ihren Mitgliedstaaten einerseits und der Schweizerischen Eidgenossenschaft andererseits über die Freizügigkeit v. 21.06.1999, BGBl. 2001 II Nr. 26, S. 810.

156 Bergmann/Dienelt/*Dienelt*, FreizügG/EU § 12 Rn. 12; *Hailbronner*, Rn. 58; Kluth/Hund/Maaßen/*Kurzidem*, § 7 Rn. 98; *Schott*, StV 2007, 156 (157).

157 Die Regelungen des EG/Schweiz-Abkommens führen insgesamt dazu, dass das AufenthG nur dann Anwendung findet, wenn es Schweizer Eidgenossen nicht gegenüber Unionsbürgern benachteiligt. Siehe auch § 28 AufenthV.

158 *Schott*, S. 97, 130; i.E. Kluth/Hund/Maaßen/*Kurzidem*, § 7 Rn. 98; NK-AuslR/*Geyer*, FreizügG/EU § 12 Rn. 4.

159 Zwar spricht *Winkelmann* den Familienangehörigen nur dann ein abgeleitetes Freizügigkeitsrecht zu, falls diese selbst Staatsangehörige eines Vertragsstaates sind. Dies ergebe sich aus Art. 3 des Anhangs I zum EG/Schweiz-Abkommen. Lediglich Art. 7 lit. d EG/Schweiz-Abkommen verzichte auf das Erfordernis der Staatsangehörigkeit eines Vertragsstaates für Familienangehörige (Bergmann/Dienelt/ *Winkelmann/Stephan*, AufenthG § 95 Rn. 11). Dagegen ist allerdings einzuwenden, dass in Art. 3 Abs. 2 des Anhangs I zum EG/Schweiz-Abkommen die Familienangehörigkeit ausdrücklich losgelöst von jedweder Staatsangehörigkeit definiert wird. Zwar kann der Auffassung

Somit gelten im Rahmen des EG/Schweiz-Abkommens die oben zu den EU-/EWR-Staatsangehörigen und deren Familienangehörigen ausgeführten Erwägungen.[160]

Aus dem mit der Republik Türkei abgeschlossenen EWG/Türkei-Abkommen[161] kann demgegenüber kein Gleichbehandlungsgebot von türkischen Staatsbürgern abgeleitet werden. Auch die auf Grundlage des Art. 22 EWG/Türkei-Abkommen gefassten Beschlüsse[162], welche die Ziele des Abkommens schrittweise verwirklichen sollen, vermögen kein anderes Ergebnis herbeizuführen.[163] Vielmehr finden sich in den Beschlüssen bzw. Protokollen lediglich sog. Stillhalteklauseln[164], die nach Inkrafttreten der jeweiligen Vorschriften Beschränkungen der bis dahin gewährleisteten Rechte verbieten.

Winkelmanns zugesprochen werden, dass das Einreiserecht nach Art. 3 EG/Schweiz-Abkommen nur den Staatsangehörigen einer Vertragspartei eingeräumt wird, allerdings wird bei weiterer Betrachtung des Vertragstextes, insbesondere des Art. 1 Abs. 1 des Anhangs I zum EG/Schweiz-Abkommen, deutlich, dass sich der Erklärungsgehalt von Art. 3 EG/Schweiz-Abkommen in Bezug auf die Personen erschöpft, denen ein unmittelbares Einreiserecht zugesprochen wird. Dort sind die Staatsangehörigen der Vertragsparteien genannt, wodurch Art. 3 EG/Schweiz-Abkommen wiedergegeben wird, darüber hinaus werden aber – in Abgrenzung dazu – weitere Personengruppen genannt, namentlich Familienangehörige und entsandte Arbeitnehmer. Dabei soll sich der Begriff des Familienangehörigen allein nach Art. 3 des Anhangs I zum EG/Schweiz-Abkommen richten.
Weiterhin lässt sich aus der Regelung zur Möglichkeit der Schaffung einer Vorlagepflicht hinsichtlich eines Einreisevisums oder eines gleichwertigen Nachweises in Art. 1 Abs. 1 Uabs. 2 Satz 1 des Anhangs I zum EG/Schweiz-Abkommen herleiten, dass sich – in einem ersten Schritt – ein Freizügigkeitsrecht für Familienangehörige, die nicht die Staatsangehörigkeit einer Vertragspartei besitzen, ableiten lässt.

160 *Fehrenbacher*, ZAR 2002, 278 (282); im Ergebnis auch Huber/*Hörich*, AufenthG Vorbem. zu § 95 Rn. 25; *Westphal*, InfAuslR 2002, S. 329 (331); wohl auch *Kälin*, ZAR 2002, 123 (127).

161 Assoziationsabkommen zwischen der Europäischen Wirtschaftsgemeinschaft und der Republik Türkei v. 12.09.1963, BGBl. 1964 II Nr. 20, S. 510.

162 Siehe im Einzelnen insb. Assoziationsratsbeschluss Nr. 1/80 v. 19.09.1980.

163 Ein Einreiserecht, wie es etwa Unionsbürgern zusteht, besteht nicht, vgl. EuGH, Urt. v. 11.05.2000, Az.: C-37/98 (Savas), Slg. 2000, 224; EuGH, Urt. v. 21.10.2003, Rs. C-317/01 und C 369/01 (Abatay) = InfAuslR 2004, 32 (33f.); EuGH, Urt. v. 20.09.2007, Az.: C-16/05 (Tum/Dari), Slg. 2007, 530.

164 Siehe im Einzelnen Art. 7 ARB 2/76, Art. 13 ARB 1/80, Art. 41 Abs. 1 ZP.

Jedenfalls hinsichtlich des Einreiserechts verbleibt die Regelungskompetenz damit bei den Mitgliedstaaten.[165] Nach Maßgabe dessen ist grundsätzlich das AufenthG maßgeblich[166], so dass türkische Staatsangehörige grundsätzlich als Täter einer unerlaubten Einreise in Betracht kommen.

Staatenlose unterliegen ebenfalls dem Anwendungsbereich des AufenthG.[167]

Wiederum vom Anwendungsbereich des AufenthG ausgenommen sind die übrigen in § 1 Abs. 2 AufenthG genannten Personengruppen. Hierzu zählen etwa Extraterritoriale sowie Angehörige der NATO-Streitkräfte, deren Ehegatten und unterhaltsberechtigte Kinder.[168]

bb. Einreise

Einer der zentralen Begriffe des Aufenthaltsrechts ist die Einreise. Hierunter ist nicht zwangsläufig das faktische Betreten des Bundesgebietes im Sinne eines Grenzübertritts zu verstehen.[169] Vielmehr richtet sich das Vorliegen der (materiell-rechtlichen) Einreise nach § 13 Abs. 2 AufenthG, der drei verschiedene Situationen unterscheidet, nämlich der Grenzübertritt an einer Grenzübergangsstelle (Satz 1), der vorübergehend zur Vorbereitung, Sicherung oder Durchführung ausländerrechtlicher Maßnahmen genehmigte Grenzübertritt (Satz 2) und der Grenzübertritt über die „grüne Grenze“ (Satz 3).

Inwieweit § 13 Abs. 2 AufenthG allerdings noch neben dem geltenden EU-Recht Anwendung findet, bestimmen die Vorschriften des SGK[170]. Diese enthalten zwar keine Legaldefinition der Einreise im Rechtssinne, sind aber derart ausdifferenziert, dass sie die nationalen Bestimmungen zur Einreise maßgeblich beeinflussen.

Das europäische Grenzregime baut auf der Differenzierung zwischen Außen- und Binnengrenzen auf. Als Binnengrenzen zählen gemeinsame Landesgrenzen der Mitgliedstaaten, Flughäfen für Binnenflüge und See-, Flussschifffahrts- und Binnenseehäfen für regelmäßige interne Fährverbindungen (Art. 2 Nr. 1 SGK),

---

165 Bergmann/Dienelt/*Dienelt*, ARB 1/80 Vorbem. Rn. 8.

166 *Hailbronner*, Rn. 57; NK-AuslR/*Bender*, AufenthG § 1 Rn. 23.

167 NK-AuslR/*Bender*, AufenthG § 1 Rn. 28.

168 Art. III des Abkommens zwischen den Parteien des Nordatlantikvertrags über die Rechtsstellung ihrer Truppen v. 19.06.1951 (BGBl. 1961 II Nr. 45, S. 1190) nebst Zusatzabkommen zu dem Abkommen zwischen den Parteien über die Rechtsstellung ihrer Truppen hinsichtlich der in der Bundesrepublik Deutschland stationierten ausländischen Truppen v. 03.08.1959 (BGBl. 1961 II Nr. 45, S. 1218).

169 Vgl. Kluth/Hund/Maaßen/*Kluth*, § 3 Rn. 33.

170 Schengener Grenzkodex, VO 2016/399, ABl. EU L 77/1 v. 23.03.2016.

wobei Art. 2 Nr. 3 und 4 SGK weitere Definitionen hinsichtlich der Binnenflüge und der regelmäßigen internen Fährverbindungen festlegen. Alle sonstigen Grenzen eines Mitgliedstaates stellen Außengrenzen dar, Art. 2 Nr. 2 SGK.

Anders als aufgrund der vom Verordnungstext verwendeten Bezeichnung „Mitgliedstaat" anzunehmen sein mag, stimmen die Grenzen des Schengen-Raumes im Sinne des SGK nicht mit den Staatsgrenzen der EU-Mitgliedstaaten überein: Während die Republik Irland die Regelungen des SGK nicht anwendet, unterliegen die Schweizerische Eidgenossenschaft, das Fürstentum Liechtenstein sowie die Republik Island und das Königreich Norwegen dessen Verpflichtungen. Dem Königreich Dänemark wurde freigestellt, ob es den Regelungen des SGK folgt; mittlerweile hat es aber dessen Geltung beschlossen.[171]

(1) Landweg

Nach Maßgabe des Vorstehenden sind alle Landgrenzen der Bundesrepublik Deutschland Binnengrenzen.[172] Da Art. 22 SGK[173] anordnet, dass grundsätzlich an Binnengrenzen unabhängig von der Staatsangehörigkeit der Einreisenden keine Grenzkontrollen mehr stattfinden, ist ein Ausländer mit Blick auf § 13 Abs. 2 Satz 3 AufenthG bereits dann eingereist, wenn er die Grenze zur Bundesrepublik überschritten hat.

Gleichwohl sind die übrigen Einreisemodalitäten des § 13 AufenthG nicht obsolet geworden. Auf Grundlage der Art. 25ff. SGK kann die Bundesrepublik Deutschland – wie 2015 bereits nach den Vorschriften des Vorgänger-SGK geschehen[174] – die vorübergehende Wiedereinführung von Grenzkontrollen veranlassen. Sofern ein Ausländer dann eine zugelassene Grenzübergangsstelle (im Sinne des § 61 BPolG) erreicht, muss er diese erst passiert haben, um eingereist zu sein.[175]

171 Im Einzelnen siehe Erwägungsgründe Nr. 37 bis 44 des SGK.

172 Kluth/Hund/Maaßen/*Kluth*, § 3 Rn. 13.

173 Ehemals Art. 20 VO 562/2006 (Vorgängerversion des SGK).

174 Bundeskriminalamt, Schleusungskriminalität. Bundeslagebild 2015. Gemeinsames Bundeslagebild des Bundeskriminalamts und des Bundespolizeipräsidiums, S. 11.

175 De facto geht bereits das Unionsrecht davon aus, dass die Einreise erst mit Passieren der Grenzübergangsstelle vorliegt, vgl. Art. 14 Abs. 4 SGK sowie dazu *Peukert/Hillgruber/Foerste/Putzke*, ZAR 2016, 131 (133). Teilen der Literatur zufolge gilt dies allerdings nur, sofern die Grenzübergangsstelle geöffnet ist. Außerhalb ihrer Öffnungszeiten soll wiederum lediglich der Grenzübertritt im Sinne des Satzes 3 maßgeblich sein, siehe dazu Kluth/Hund/Maaßen/*Däbritz*, § 3 Rn. 2 Fn. 11; NK-AuslR/*Fränkel*, AufenthG § 13 Rn. 18; a.A. Bergmann/Dienelt/*Winkelmann/Kolber*, AufenthG § 13 Rn. 9.

Neben § 13 Abs. 2 Satz 1 AufenthG gewinnt bei der (vorübergehenden) Wiedereinführung von Grenzkontrollen § 13 Abs. 2 Satz 2 AufenthG an Bedeutung. Dieser Bestimmung zufolge liegt ebenfalls noch keine Einreise vor, wenn dem Ausländer nur vorübergehend zur Vorbereitung, Sicherung oder Durchführung ausländerrechtlicher Maßnahmen Zugang zum Bundesgebiet gewährt wird und die Kontrolle seines Aufenthalts möglich bleibt. Somit ist die Einreise erst dann vollendet, wenn sich der Ausländer weiteren Zugriffmöglichkeiten der Behörden entzogen hat und sich damit frei im Inland bewegen kann.[176] Dieser aus § 13 Abs. 2 Sätze 1 und 2 AufenthG ableitbare Grundsatz spiegelt sich bei der Beurteilung der Tatbestandsmäßigkeit im Sinne des § 95 Abs. 1 Nr. 3 AufenthG wider, da das tatbestandliche Unrecht nur dann bejaht werden kann, wenn das Rechtsgut der verwaltungsrechtlichen Ordnungssysteme gefährdet worden ist.[177]

(2) See- und Luftweg

Erfolgt die Einreise per Binnenschifffahrt[178], ist sie entsprechend Art. 22 GFK in Verbindung mit § 13 Abs. 2 Satz 3 AufenthG bereits mit Erreichen des Küstenmeeres der Bundesrepublik Deutschland[179] zu bejahen.[180] Handelt es sich allerdings um eine regelmäßige interne Fährverbindung, verlagert sich die (Binnen-)Grenze und damit der Einreiseort (§ 13 Abs. 2 Satz 3 AufenthG) aufgrund von Art. 2 Nr. 1 lit. c SGK auf den Ort des See-, Flussschifffahrts- oder Binnenseehafens.[181]

Gleiches gilt im Ergebnis für den Luftweg. Handelt es sich um einen Binnenflug im Sinne des Art. 2 Nr. 3 SGK, wird zwar vertreten, dass die Einreise bereits vollendet sei, wenn die Landgrenze überflogen werde; dies lege § 13 Abs. 2 Satz

176 Vgl. Brandenburgisches OLG, Beschl. v. 21.01.2004, Az.: 2 Ss 36/03 = NStZ-RR 2004, 280 (281).

177 Bergmann/Dienelt/*Winkelmann/Stephan*, AufenthG § 95 Rn. 5; MüKo-StGB/*Gericke*, AufenthG § 95 Rn. 1.

178 Ebenso bei Vergnügungsschifffahrten, siehe dazu Art. 2 Nr. 18 SGK sowie Ziff. 3.2.4. der Anlage VI.

179 Grundsätzlich zwölf Seemeilen vor der Küste, siehe im Einzelnen Seerechtsübereinkommen der Vereinten Nationen (SRÜ) v. 10.12.1982, BGBl. 1994 II Nr. 41, S. 1799.

180 Ausgenommen sind friedliche Durchfahrten im Sinne des Art. 17 des Seerechtsübereinkommens (SRÜ), vgl. *Schott*, S. 114. Die friedliche Durchfahrt ist durch Art. 19 SRÜ begrenzt; Siehe dazu Huber/*Westphal*, AufenthG § 13 Rn. 19; *Schott*, S. 114f.

181 Vgl. BGH, Urt. v. 26.02.2015, Az.: 4 StR 233/14 = NVwZ 2015, 836 (838) zur Binnengrenze bei Binnenflügen; a.A. *Schott*, S. 115.

3 AufenthG nahe.[182] Allerdings muss der Grenzbegriff des § 13 AufenthG – wie schon mehrfach angeklungen – anhand der Bestimmungen des SGK europarechtskonform ausgelegt werden. Gemäß Art. 2 Nr. 1 lit. b SGK liegt die Grenze bei Binnenflügen am Zielflughafen. Der Flugreisende ist somit erst mit Betreten des Flughafens eingereist – erforderlich ist allerdings nicht, dass der Einreisende den öffentlichen Bereich des Flughafens betreten oder dessen Gelände verlassen haben muss.[183]

Handelt es sich um einen Flug, der außerhalb des Schengen-Raumes begonnen hat, befindet sich die (Außen-)Grenze aus europarechtlicher Sicht ebenfalls am Zielflughafen, Art. 2 Nr. 2 in Verbindung mit Art. 2 Nr. 1 lit. b SGK. Da nach den Art. 5ff. SGK an Außengrenzen jedoch Grenzkontrollen vorgesehen sind, ist der Ausländer nach Maßgabe des § 13 Abs. 2 Satz 1 AufenthG erst dann eingereist, wenn er diese passiert hat und sich frei im Inland bewegen kann – das Betreten des Transitbereichs genügt also nicht.[184] Sollte es dem Ausländer jedoch gelingen, die Grenzkontrollen am Flughafen zu umgehen, ist er bereits mit Betreten des Flughafens eingereist (§ 13 Abs. 2 Satz 3 AufenthG).

(3) Vollendung und Beendigung

Ist damit der Zeitpunkt der Einreise festgestellt, sagt dies noch nicht zwingend etwas über die Beendigung der unerlaubten Einreise aus. Allgemein ist eine Tat beendet, wenn das tatbestandsmäßige Unrecht seinen Abschluss gefunden hat.[185] Fallen demnach Vollendung und Beendigung zeitlich auseinander, ist die „Einschleusung von Ausländern“ in Form der sukzessiven Beihilfe denkbar.

Eine Mindermeinung im Schrifttum[186] bejaht die Möglichkeit der sukzessiven Beihilfe zu einer unerlaubten Einreise nach deren Vollendung. Die unerlaubte Einreise sei nämlich erst dann beendet, wenn der Eingereiste sich zeitlich und

182 Bergmann/Dienelt/*Winkelmann/Kolber*, AufenthG § 13 Rn. 8; *Schott*, S. 113; vgl. auch GK-AufenthG/*Mosbacher*, 28. EL Juli 2008, § 95 Rn. 99, der aber zusätzlich einen physischen Kontakt mit dem Erdboden voraussetzt.

183 BGH, Urt. v. 26.02.2015, Az.: 4 StR 233/14 = NVwZ 2015, 836 (838); BGH, Urt. v. 28.04.2015, Az.: 3 StR 86/15 = NJW 2015, 2276 (2277); Huber/*Hörich*, AufenthG § 95 Rn. 91; nach Bergmann/Dienelt/*Winkelmann/Kolber*, AufenthG § 13 Rn. 8 widerspricht dieser Schluss „den geltenden [völkerrechtlichen] Regelungen“.

184 BGH, Urt. v. 26.02.2015, Az.: 4 StR 233/14 = NVwZ 2015, 836 (838); BGH, Urt. v. 28.04.2015, Az.: 3 StR 86/15 = NJW 2015, 2276 (2277); GK-AufenthG/*Funke-Kaiser*, 71. EL August 2013, § 13 Rn. 47; Kluth/Heusch/*Dollinger*, AufenthG § 13 Rn. 15.

185 Statt aller BGH, Urt. v. 24.06.1952, Az.: 1 StR 316/51 = BGHSt 3, 40 (43f.).

186 *Cantzler*, S. 154; *Schott*, S. 119.

räumlich von der Grenzlinie bzw. der Grenzübergangsstelle entfernt und der an die Einreise anschließende Aufenthalt eine „gewisse Sicherung“[187] erlangt habe. Zur Bekräftigung dessen wird auf § 2 Abs. 2 Satz 1 Nr. 3 BPolG verwiesen, dem zufolge die Bundespolizei in Wahrnehmung des ihr obliegenden Grenzschutzes im 30 km breiten Grenzgürtel Maßnahmen der Gefahrenabwehr vornehmen darf, so etwa eine anlass- und verdachtsunabhängige Identitätsfeststellung gemäß § 23 Abs. 1 Nr. 3, Abs. 1a BPolG. Erst mit Verlassen dieses Grenzgebiets, in dem potentiell eine bundespolizeiliche Zugriffsmöglichkeit besteht, habe sich die Einreise hinreichend stabilisiert.[188] Mit zunehmender räumlicher Entfernung von der Staatsgrenze könne die unerlaubte Einreise schließlich in einen unerlaubten Aufenthalt „umschlagen“.[189]

Cantzler geht noch weiter und sieht die unerlaubte Einreise erst dann als beendet an, wenn der an die Einreise anschließende unerlaubte Aufenthalt legalisiert werde oder der Eingereiste die Bundesrepublik verlasse.[190] Sein Postulat eines „staatlichen Hausrechts“, das aus der – so behauptet – bewusst konstruierten Parallelität der unerlaubten Einreise zum Delikt des Hausfriedensbruchs im Sinne des § 123 Abs. 1 Alt. 1 StGB hergeleitet wird[191], rechtfertige eine Einordnung der unerlaubten Einreise als Dauerdelikt.

Anders als in Fallkonstellationen des Hausfriedensbruchs kann der Staat allerdings nicht willkürlich über die Einreise von einreisewilligen Personen entscheiden, sondern ist nicht zuletzt an europa- und völkerrechtliche Normen gebunden. Der Vergleich zu § 123 StGB geht somit fehl.[192] Zudem drängt sich die Frage auf, ob nicht die Qualifikation als Dauerdelikt eine Ausweitung der Strafbarkeit der unerlaubten Einreise darstellt, die aufgrund der Existenz von § 95 Abs. 1 Nr. 2 AufenthG (unerlaubter Aufenthalt) nicht erforderlich und somit unzulässig ist.

Dies sowie die Ausführungen *Schotts* führen zum eigentlichen Kern des Problems, in dem beide Ansichten ihren Ausgangspunkt finden: Das Verhältnis zwischen unerlaubter Einreise und unerlaubtem Aufenthalt.

---

187 *Schott*, S. 119.

188 *Schott*, S. 119.

189 *Schott*, S. 119f.

190 *Cantzler*, S. 154.

191 Zur Herleitung siehe *Cantzler*, S. 104ff.

192 Barwig/Beichel-Bendetti/Brinkmann/*Bergmann/Hörich*, S. 17 (28); *Cannawurf*, S. 49; Huber/*Hörich*, AufenthG Vorbem. zu § 95 Rn. 8; gegen die Qualifikation als Dauerdelikt auch MüKo-StGB/*Gericke*, AufenthG § 95 Rn. 51.

Dem Bayerischen Obersten Landesgericht[193] zu Folge ist es zwar regelmäßig Ziel der Schleuser, die Ausländer so weit ins Landesinnere zu bringen, dass die Gefahr eines polizeilichen Aufgreifens möglichst ausgeschlossen erscheint. Nichtsdestotrotz liege die Beendigung der unerlaubten Einreise bereits mit ihrer Vollendung vor, da die Beihilfe zur unerlaubten Einreise zeitgleich eine Beihilfe zum an die Einreise anschließenden unerlaubten Aufenthalt darstelle. Der Unrechtsgehalt erschöpfe sich somit im Überschreiten der Bundesgrenze. Darüber hinaus verbiete das Nebeneinander beider Strafnormen die Anwendung des Tatbestands der unerlaubten Einreise über seine Verwirklichung hinaus.

Die herrschende Meinung[194] verdient Zustimmung, da der rechtstechnische Begriff des Aufenthalts das Verbleiben im Bundesgebiet nach der Einreise meint; der Aufenthalt beginnt folglich mit Vollendung der Einreise.[195]

Außerdem knüpft das Delikt des unerlaubten Aufenthalts im Sinne des § 95 Abs. 1 Nr. 1 AufenthG gleichermaßen wie §§ 95 Abs. 1 Nr. 3, 14 Abs. 1 Nr. 1 AufenthG daran an, dass der Ausländer handelt, ohne im Besitz eines anerkannten oder gültigen Passes, eines Passersatzes oder eines Ausweisersatzes zu sein (deshalb auch als der „passlose Aufenthalt" bezeichnet[196]), so dass derselbe Normzweck verfolgt wird, nämlich „die Feststellung der Identität, der Nationalität und der Rückkehrberechtigung des Ausländers in einen anderen Staat"[197] zu gewährleisten.

Gleiches gilt auch für die Einreise bzw. den Aufenthalt ohne Aufenthaltstitel: Erstens dienen § 95 Abs. 1 Nr. 2 und §§ 95 Abs. 1 Nr. 3, 14 Abs. 1 Nr. 2 AufenthG demselben Normzweck (Zulassung der Einreise und des Aufenthalts

---

193 BayObLG, Beschl. v. 02.03.1999, Az.: 4 St RR 32/99 = NStZ-RR 1999, 314f.; ebenso BGH, Beschl. v. 04.05.2016, Az.: 3 StR 358/15 = StV 2016, 626 (627); LG Essen, Urt. v. 04.12.2013, Az.: 35 KLs 29/13 = juris, Rn. 227; GK-AufenthG/*Mosbacher*, 28. EL Juli 2008, § 95 Rn. 90; Huber/*Hörich*, AufenthG § 95 Rn. 93; MAH Strafverteidigung/*Jung*, § 52 Rn. 18; MüKo-StGB/*Gericke*, AufenthG § 95 Rn. 51; NK-AuslR/*Fahlbusch*, AufenthG § 95 Rn. 67.

194 Vgl. vorige Fußnote.

195 BayObLG, Urt. v. 16.01.1995, Az.: 4 St RR 280/05 = BayObLGSt 1996, 8 (9); Bergmann/Dienelt/*Winkelmann*/*Stephan*, AufenthG § 95 Rn. 44; NK-AuslR/*Fahlbusch*, AufenthG § 95 Rn. 2.

196 Statt vieler siehe etwa BVerfG, Beschl. v. 12.09.2005, Az.: 2 BvR 1361/05 = NVwZ 2006, 80; Kluth/Hund/Maaßen/*Mosbacher*, § 10 Rn. 3; NK-AuslR/*Fahlbusch*, AufenthG § 96 Rn. 37.

197 BVerfG, Beschl. v. 12.09.2005, Az.: 2 BvR 1361/05 = NVwZ 2006, 80 (81); siehe auch Huber/*Hörich*, AufenthG § 95 Rn. 3.

als Instrument zur Steuerung der Zuwanderung[198]), zweitens beginnt die Ausreisepflicht gemäß § 95 Abs. 1 Nr. 2 AufenthG grundsätzlich ebenso mit der Vollendung der Einreise. Hiergegen könnte zwar eingewendet werden, dass die Strafbarkeit des „unerlaubten Aufenthalts" vom Vorliegen der weiteren Voraussetzungen des § 95 Abs. 1 Nr. 2 lit. a bis c AufenthG abhängt. Allerdings sind diese Voraussetzungen unmittelbar nach Vollendung der Einreise gegeben, da der Ausländer aufgrund der unerlaubten Einreise vollziehbar ausreisepflichtig ist (§ 58 Abs. 2 Nr. 1 AufenthG) und zu diesem Zeitpunkt in der Regel eine Ausreisefrist nicht gewährt und die Abschiebung nicht ausgesetzt sein wird. Das zeitliche Zusammenfallen von Vollendung und Beendigung der Einreise wird somit dem Verhältnis zwischen unerlaubter Einreise und unerlaubtem Aufenthalt am ehesten gerecht.

Unklar und in der Umsetzung willkürlich scheint schließlich auch die Annahme, dass die Einreise bei einer gewissen Distanz zur Grenze in den unerlaubten Aufenthalt umschlage; so vermag der Tatbestand der unerlaubten Einreise den des unerlaubten Aufenthalts auch nicht zu verdrängen.[199] Insofern hinkt auch der von *Schott* gebildete Vergleich zum Betäubungsmittelstrafrecht[200], im Rahmen dessen die Beendigung der Einfuhr von Betäubungsmitteln grundsätzlich erst dann angenommen wird, wenn diese in Sicherheit gebracht und zur Ruhe gekommen sind.[201] Denn der daran anschließende Besitz von Betäubungsmitteln stellt kein gleichwertiges Delikt, sondern einen Auffangtatbestand[202] dar.

Noch ferner liegt der Vergleich mit den Straftatbeständen der §§ 372f. AO: Während § 372 Abs. 1 AO die Ein-, Aus- und Durchfuhr von Gegenständen entgegen zollrechtlicher Verbote sanktioniert (sog. Bannbruch), ist gemäß § 373 Abs. 1 AO die gewerbsmäßige Hinterziehung von Ein- oder Ausfuhrabgaben sowie die gewerbsmäßige Begehung von Bannbruch durch Zuwiderhandlungen gegen Monopolvorschriften strafbar. Einen weiteren Tatbestand, der Handlungen des Täters der §§ 372f. AO unter Strafe stellt, die an dessen

198 RegBegr. zum Zuwanderungsgesetz, BT-Drucks. 15/420, S. 68; siehe auch MüKo-StGB/*Gericke*, AufenthG § 4 Rn. 1; NK-AuslR/*Stahmann*, AufenthG § 4 Rn. 1.

199 BGH, Urt. v. 17.10.2000, Az.: 1 StR 118/00 = NStZ 2001, 101.

200 *Schott*, S. 120.

201 BGH, Beschl. v. 06.05.2015, Az.: 2 StR 359/14 = BeckRS 2015, 11745; Körner/Patzak/Volkmer/*Patzak*, BtMG § 29 Abs. 1 Satz 1 Nr. 1 (Unerlaubte Einfuhr) Rn. 118; MüKo-StGB/*Kotz/Oğlakcıoğlu*, BtMG § 29 Rn. 719.

202 BGH, Beschl. v. 29.04.1981, Az.: 5 StR 187/81 = NStZ 1981, 352; Körner/Patzak/Volkmer/*Patzak*, BtMG § 29 Abs. 1 Satz 1 Nr. 1 (Unerlaubte Einfuhr) Rn. 238; MüKo-StGB/*Kotz/Oğlakcıoğlu*, BtMG § 29 Rn. 740.

verbotswidrige Einfuhr von Gegenständen anschließen (etwa den Besitz der eingeführten Gegenstände), sieht die Abgabenordnung nicht vor. Insbesondere kommt eine Strafbarkeit wegen (täterschaftlicher) Steuerhehlerei im Sinne des § 374 Abs. 1 AO gerade nicht in Betracht.[203] In Ermangelung einer „Anschluss-strafbarkeit“, die den Anwendungsbereich der §§ 372f. AO begrenzen könnte, erlauben die genannten Steuerstraftatbestände somit keinen Rückschluss auf das Verhältnis von unerlaubter Einreise und unerlaubtem Aufenthalt.

Mithin geht die h.M.[204] zu Recht davon aus, dass mit Vollendung der unerlaubten Einreise gleichzeitig auch deren Beendigung anzunehmen ist und dementsprechend Fälle der sukzessiven Beihilfe zwischen Vollendung und Beendigung im Rahmen der Schleusungskriminalität nicht auftreten.

cc. „Unerlaubtheit“ der Einreise

Als letztes Tatbestandsmerkmal verlangt § 95 Abs. 1 Nr. 3 AufenthG, dass die Einreise „entgegen § 14 Abs. 1 Nr. 1 oder 2“[205] erfolgt ist.[206]

Demgemäß reist ein Ausländer unerlaubt ein, wenn er (Nr. 1) keinen erforderlichen Pass oder Passersatz, siehe § 3 Abs. 1 AufenthG, oder (Nr. 2) keinen nach § 4 Abs. 1 AufenthG erforderlichen Aufenthaltstitel besitzt. Die Bestimmung des tatbestandlichen Unrechts erfolgt damit ausschließlich anhand des Aufenthaltsrechts, so dass es verwaltungsakzessorisch ist.[207] Aufgrund dessen sei darauf verwiesen, dass an dieser Stelle nur überblicksartig und im Übrigen ohne Anspruch auf Vollständigkeit auf die einschlägigen Bestimmungen eingegangen wird, zumal eine Bezugnahme auf aufenthalts- bzw. verwaltungsrechtliche Vorschriften in den ausländischen Strafvorschriften zur Einreise- und Schleusungskriminalität gängige Praxis ist, so dass im Rahmen dieser Untersuchung andere Schwerpunkte gesetzt werden.

Hinter den Nummern 1 und 2 des § 14 Abs. 1 AufenthG stehen zwei verschiedene Normzwecke, denen mittelbar auch der Schleusungsstraftatbestand dient: Die Strafvorschrift des § 95 Abs. 1 Nr. 3 in Verbindung mit §§ 14 Abs. 1

---

203 Graf/Jäger/Wittig/*Tully*, AO § 374 Rn. 24; MüKo-StGB/*Ebner*, AO § 374 Rn. 52.

204 Vgl. Fn. 193.

205 Zur Formulierung des § 95 Abs. 1 Nr. 3 AufenthG siehe bereits Fn. 102.

206 Obwohl das AufenthG vier verschiedene Varianten der unerlaubten Einreise (vgl. Wortlaut sowie die amtliche Überschrift des § 14 AufenthG) kennt, bezieht sich der Straftatbestand lediglich auf zwei Varianten. Für die folgenden Ausführungen soll gleichwohl die Bezeichnung „unerlaubte Einreise“ für die Varianten des § 14 Abs. 1 Nr. 1 oder 2 AufenthG verwendet werden.

207 Statt aller MüKo-StGB/*Gericke*, AufenthG § 95 Rn. 2.

Nr. 1, 3 Abs. 1, 48 Abs. 2 AufenthG soll Ausländer davon abhalten, ohne einen anerkannten oder gültigen Pass, einen Passersatz oder einen Ausweisersatz in die Bundesrepublik Deutschland einzureisen, um „die Feststellung der Identität, der Nationalität und der Rückkehrberechtigung des Ausländers in einen anderen Staat“[208] zu gewährleisten. § 95 Abs. 1 Nr. 3 in Verbindung mit §§ 14 Abs. 1 Nr. 2, 4 AufenthG soll hingegen sicherstellen, dass nur diejenigen Ausländer in das Bundesgebiet einreisen, die zur Einreise und zum Aufenthalt berechtigt sind; durch die strafrechtliche Sanktionierung des zumindest bedingt vorsätzlichen normwidrigen Verhaltens soll sichergestellt werden, dass die Zuwanderung (durch den Aufenthaltstitel als Instrument) steuerbar bleibt.[209]

Mit Blick auf § 13 Abs. 1 AufenthG wird deutlich, dass das Gesetz zwischen der Passbesitz- und der Passmitführungspflicht differenziert. Der Passbesitz ist weiter zu verstehen und besteht auch dann, wenn der Ausländer den Pass nicht mit sich führt, ihn aber in einem angemessenen Zeitraum wiedererlangen kann.[210] Der Passbesitz ist erst dann zu verneinen, wenn der Pass verloren oder gestohlen wurde. Dies hat jedoch faktisch keine Relevanz für den Zeitpunkt der Einreise, da der Ausländer zu diesem Zeitpunkt aufgrund seiner Passmitführungspflicht substantiiert und schlüssig vortragen müsste, dass ein Befreiungstatbestand von der Passbesitzpflicht vorliegt.[211]

So kann die Passbesitzpflicht etwa entfallen, wenn sich ein Drittstaatsangehöriger auf der Durchreise in einen anderen Schengen-Staat befindet, dessen Aufenthaltstitel er hat, Art. 6 Abs. 5 lit. a SGK.[212] Weiterhin berechtigt ein Aufenthaltstitel eines anderen Mitgliedstaates einen Drittstaatsangehörigen zur Einreise sowie zum Aufenthalt von bis zu 90 Tagen, Art. 21 Abs. 1 SDÜ[213].[214]

---

208 BVerfG, Beschl. v. 12.09.2005, Az.: 2 BvR 1361/05 = NVwZ 2006, 80 (81).

209 Vgl. zum Aufenthaltstitel als Befreiung vom grundsätzlichen Einreise- und Aufenthaltsverbot Bergmann/Dienelt/*Samel*, AufenthG § 4 Rn. 4ff.; Erbs/Kohlhaas/*Senge*, 199. EL Juli 2014, AufenthG § 4 Rn. 1; Huber/*Huber*, AufenthG § 4 Rn. 2; Kluth/Heusch/*Maor*, AufenthG § 4 Rn. 2; NK-AuslR/*Strahmann*, AufenthG § 4 Rn. 1; ferner MüKo-StGB/*Gericke*, AufenthG § 4 Rn. 1: „Die Vorschrift stellt die grundlegende Norm des AufenthG dar. Ein Ausländer bedarf für Einreise und Aufenthalt der Zulassung“; zum Aufenthaltstitel als wesentliches Instrument der Steuerung der Zuwanderung siehe RegBegr. zum Zuwanderungsgesetz, BT-Drucks. 15/420, S. 68.

210 MüKo-StGB/*Gericke*, AufenthG § 14 Rn. 2; NK-AuslR/*Fränkel*, AufenthG § 14 Rn. 6.

211 GK-AufenthG/*Funke-Kaiser*, 82. EL Dezember 2015, § 14 Rn. 7f.

212 Vgl. dazu GK-AufenthG/*Funke-Kaiser*, 77. EL Oktober 2014, § 14 Rn. 13.

213 Schengener Durchführungsübereinkommen, ABl. EG L 239/19 v. 22.09.2000.

214 A.A. OLG München, Beschl. v. 05.12.2006, Az.: 34 Wx 140/06 = AuAS 2007, 19 (20).

Diese Ausnahmen zeigen zum Einen, dass die Fälle einer unerlaubten Einreise wegen Verletzung der Passbesitzpflicht in der Praxis quantitativ hinter den Fällen eines möglichen Nichtbesitzes eines Aufenthaltstitels zurücktreten.[215] Zum Zweiten klingt bereits an, dass – wie bereits unmissverständlich dem Wortlaut von § 4 Abs. 1 AufenthG zu entnehmen ist – auch der Grundsatz des § 14 Abs. 1 Nr. 2 AufenthG, die Einreise ohne den dafür erforderlichen Aufenthaltstitel ist eine unerlaubte Einreise, weitreichend durch völker- und europarechtliche Bestimmungen überlagert ist; Bedeutung erlangt vor allem die EU-Visa-VO[216]. So dürfen etwa „Positivstaater“[217] anlässlich von Kurzaufenthalten bis zu 90 Tage visumsfrei, also ohne Aufenthaltstitel einreisen, vgl. Art. 6 Abs. 1 lit. b SGK in Verbindung mit Art. 4 Abs. 1 EU-Visa-VO.

Neben völker- und europarechtlichen Vorschriften können im Einzelfall auch nationale, dem Aufenthaltsgesetz gemäß § 1 Abs. 1 Satz 5 AufenthG vorrangige Regelungen dazu führen, dass ein Ausländer nicht unerlaubt einreist, obwohl er die Pass- oder die Aufenthaltstitelbesitzpflicht verletzt hat. Stellt ein Ausländer einen Asylantrag im Rahmen des Flughafenverfahrens im Sinne des § 18a AsylG, ist ihm unter den Voraussetzungen des § 18a Abs. 6 AsylG die Einreise zu gestatten. Ebenso kann die Bundespolizei einzelnen Einreisewilligen die Einreise erlauben, § 61 Abs. 3 BPolG.

Von besonderer praktischer Relevanz ist die Regelung des § 18 Abs. 4 Nr. 2 AsylG, der zu Folge Ausländern, die aus sicheren Drittstaaten einreisen wollen, die Einreise zu gestatten ist, wenn das Bundesinnenministerium dies aus völkerrechtlichen oder humanitären Gründen oder zur Wahrung der politischen Interessen der Bundesrepublik Deutschland für angezeigt hält und dementsprechend anordnet.[218]

In sämtlichen dieser Fälle entfällt die Tatbestandsverwirklichung des § 95 Abs. 1 Nr. 3 AufenthG.

Aufgrund der Bedeutung für den Straftatbestand des § 95 Abs. 1 Nr. 3 AufenthG sei zuletzt noch darauf verwiesen, dass der Bundesgerichtshof die Einreiseberechtigung des Ausländers früher vor dem Hintergrund von Art. 103

---

215 Vgl. GK-AufenthG/*Funke-Kaiser*, 77. EL Oktober 2014, § 14 Rn. 10.

216 VO (EU) Nr. 2018/1806 v. 14.11.2018, ABl. EU L 303/39 v. 28.11.2018, zuletzt geändert durch VO (EU) Nr. 2019/592 v. 10.04.2019, AB. EU L 103 I/1 v. 12.04.2019.

217 Staatsangehörige der in Anhang II der EU-Visa-VO genannten Staaten.

218 Die Klärung der Frage, ob die Bundesregierung 2015 im Zuge der Flüchtlingskrise von dieser Möglichkeit Gebrauch gemacht hat und, falls ja, ob dieses Vorgehen rechtmäßig war, soll der einschlägigen Literatur überlassen werden. Siehe dazu etwa Wissenschaftliche Dienste, Ausarbeitung WD 3 – 3000 – 299/15, S. 4ff.

Abs. 2 GG lediglich auf seine formelle Rechtmäßigkeit hin überprüfte.[219] Diese Rechtsprechung ist jedoch mit Inkrafttreten des § 95 Abs. 6 AufenthG überholt.[220] Die Einreise ist nunmehr auch dann unerlaubt, wenn zwar ein Aufenthaltstitel vorgelegt werden kann, dieser aber durch Drohung, Bestechung oder Kollusion erwirkt oder durch unrichtige oder unvollständige Angaben erschlichen worden ist.[221]

Der Umstand, dass § 95 Abs. 6 AufenthG nicht in § 96 Abs. 1 AufenthG aufgeführt ist, wirft die Frage auf, ob nicht im Rahmen der Schleusungsstrafbarkeit weiterhin eine rein formelle Prüfung des Aufenthaltstitels vorgenommen werden muss. Nach einer Literaturansicht führt die in § 96 Abs. 1 AufenthG gewählte Formulierung dazu, dass der Schleuser nicht erkennen könne, dass die Erweiterung des § 95 Abs. 6 AufenthG auch für seine Strafbarkeit relevant sein soll; der in § 97 Abs. 1 AufenthG enthaltene Verweis auf § 96 Abs. 4 AufenthG könne unproblematisch in entsprechender Form in § 96 Abs. 1 AufenthG aufgenommen werden.[222] Da dies nicht erfolgt ist, könne § 95 Abs. 6 AufenthG auf die Strafbarkeit des Einzelnen wegen Art. 103 Abs. 2 GG nicht angewendet werden.[223]

Die Rechtsprechung hält hingegen § 95 Abs. 6 AufenthG, der die gesetzgeberische Intention erkennen lasse, sämtliche Strafbarkeitslücken zu füllen,[224] für hinreichend bestimmt.[225] Dem ist zuzustimmen. Zum Ersten handelt es sich bei § 95 Abs. 6 AufenthG nicht um eine einzigartige Konstruktion, sondern um eine Auflockerung der Verwaltungsakzessorietät, von der der Gesetzgeber mehrmals Gebrauch gemacht hat, siehe etwa § 330d Abs. 1 Nr. 5 StGB, § 18 Abs. 9 AWG. Zum Zweiten ist ein etwaiges grundsätzlich verfassungsrechtlich gewährleistetes Vertrauen im Falle der Beteiligung an einer unerlaubten Einreise nicht schutzwürdig.[226]

---

219 BGH, Urt. v. 27.04.2005, Az.: 2 StR 457/04 = BGHR AufenthG § 96 Anwendungsbereich 1; siehe dazu *Cannawurf*, S. 112ff.

220 Art. 1 Nr. 76 lit. d G v. 19.08.2007, BGBl. 2007 I Nr.42, S. 1970; krit. NK-AuslR/*Fahlbusch*, AufenthG § 95 Rn. 274.

221 Zur Durchbrechung der strengen verwaltungsrechtlichen Akzessorietät des Ausländerstrafrechts siehe BGH, Beschl. v. 09.01.2018, Az.: 3 StR 541/17 = NStZ 2018, 289f.

222 *Schott*, S. 287; *Schott*, ZAR 2012, 276 (280); *Kretschmer*, ZAR 2019, 263 (267).

223 NK-AuslR/*Fahlbusch*, AufenthG § 95 Rn. 276.

224 RegBegr. zum Umsetzungsgesetz, BT-Drucks. 16/5065, S. 199.

225 BGH, Beschl. v. 24.05.2012, Az.: 5 StR 567/11 = NJW 2012, 2210 (2211); siehe auch AG Frankfurt am Main, Beschl. v. 18.03.2009, Az.: 932 Ds – 3350 Js 210221/09 = juris; wohl zustimmend *Westphal/Stoppa*, S. 740f.

226 BGH, Beschl. v. 24.05.2012, Az.: 5 StR 567/11 = NJW 2012, 2210 (2211) m.w.N.

c. *Subjektiver Tatbestand des § 95 Abs. 1 Nr. 3 AufenthG*

Ein Ausländer ist nur dann nach § 95 Abs. 1 Nr. 3 AufenthG strafbar, wenn er zumindest bedingt vorsätzlich gehandelt hat, § 15 StGB. Im Umkehrschluss bedeutet das angesichts der Tatbestandsstruktur des § 96 Abs. 1 AufenthG für die Strafbarkeit der Schleusung, dass diese entfällt, wenn der eingeschleuste Ausländer in Unkenntnis einer der im Rahmen des Vorsatzes relevanten Tatumstände eingereist ist. Deshalb ist zu klären, welche einzelnen Elemente der Vorsatz im Sinne des § 95 Abs. 1 Nr. 3 AufenthG umfasst.

Unstreitig dürfte insoweit sein, dass der Ausländer billigend in Kauf genommen haben muss, in die Bundesrepublik Deutschland eingereist zu sein. Im Rahmen dessen sind keine überhöhten Anforderungen an das Vorsatzwissen in dem Sinne zu stellen, dass der einreisende Ausländer die einzelnen Bestimmungen des AufenthG und darüber hinaus die Wertungen und Überlagerungen des Völker- und Europarechts (insb. des SGK) kennen müsste. Erforderlich ist jedoch, dass der Ausländer den Grenzverlauf bzw. in Fällen der Schiffseinreise das Küstenmeer kennt[227] – ist ein Hafen oder ein Flughafen auf Grundlage des SGK als Grenze anzusehen, kann zwar auf der einen Seite überlegt werden, ob sich diese Detailkenntnis des Grenzregimes des SGK Laien entzieht, andererseits drängt sich das Einreisen in die Bundesrepublik durch das „Ankommen am Zielort" geradezu auf.

Inwieweit sich das kognitive Vorsatzelement darüber hinaus an § 95 Abs. 1 Nr. 3 AufenthG orientiert, hängt naturgemäß davon ab, welche weiteren Tatbestandsmerkmale anzuerkennen sind. Dies hat – wie sich sogleich zeigen wird – eine entscheidende Bedeutung dafür, ob im Falle eines Irrtums des Ausländers die Regeln des Tatbestandsirrtums (§ 16 Abs. 1 StGB) oder die des Verbotsirrtums (§ 17 StGB) zur Anwendung gelangen.

Dreh- und Angelpunkt der Abgrenzung zwischen Tatbestands- und Verbotsirrtum im Ausländerstrafrecht ist der Verweis[228] auf die Vorschrift des § 14 Abs. 1 Nr. 1 oder 2 AufenthG.[229] § 95 Abs. 1 Nr. 3 AufenthG scheint auf eine verwaltungsrechtliche Definition für die „unerlaubte Einreise" zurückzugreifen, um die Tatkonstellationen zu umschreiben, die der Gesetzgeber für strafwürdig erachtet (so dass man den Verweis als einen Verweis auf ein Rechtsinstitut im Sinne eines normativen Tatbestandmerkmals auslegen könnte). Dies entspricht

---

227 *Schott*, S. 191.
228 Zum historischen Kontext des Verweises siehe bereits Abschnitt B.I.1.a.cc. (S. 43).
229 Zur sprachlichen Ungenauigkeit des Wortlauts siehe bereits Fn. 102.

allerdings nicht gänzlich seiner Intention; bezweckt war die Strafbewehrung zweier Varianten einer Einreise unter Verstoß gegen die entgegenstehende aufenthaltsrechtliche Pflicht.[230] In der Folge sanktioniert § 95 Abs. 1 Nr. 3 AufenthG das Zuwiderhandeln gegen eine außerstrafrechtliche Pflicht, wie dies für Blankettnormen üblich ist.[231] Folglich stellt § 14 Abs. 1 Nr. 1 oder 2 AufenthG eine Ausfüllungsnorm und § 95 Abs. 1 Nr. 3 AufenthG ein Blankettgesetz dar.[232]

Obwohl nicht unmittelbar aus § 95 Abs. 1 Nr. 3 AufenthG auf alle objektiven Tatbestandsmerkmale geschlossen werden kann, besteht Einigkeit darüber, dass sich der Vorsatz des einreisenden Ausländers auf alle Merkmale, also auch auf diejenigen der Ausfüllungsnorm erstrecken muss.[233]

Nach der Lehre des Zusammenlesens sind Blankettgesetze nichts anderes als ein räumlich getrennter Straftatbestand.[234] Läse man Tatbestands- und Rechtsfolgenseite zusammen, würde § 95 Abs. 1 Nr. 3 AufenthG lauten: „Mit Freiheitsstrafe bis zu einem Jahr oder Geldstrafe wird bestraft, wer, ohne im Besitz eines Passes, eines Passersatzes oder eines Aufenthaltstitels zu sein, in das Bundesgebiet einreist." Hierauf seien dann die allgemeinen strafrechtlichen Grundsätze anwendbar, so dass einem Tatbestandsirrtum (§ 16 Abs. 1 Satz 1 StGB) unterliege, wer über Tatbestandsmerkmale der Verwaltungsvorschrift irre, und einem grundsätzlich unerheblichen Verbotsirrtum (§ 17 Satz 1 StGB) unterliege, wer über das Verbotensein seiner Handlung irre.[235]

Teilweise wird dem entgegengehalten, dass das Zusammenlesen von Blankett- und Ausfüllungsnorm für sich genommen nicht genüge, um die Anwendung der allgemeinen Grundsätze zu rechtfertigen. Das Schleusungsstrafrecht zähle nämlich zum Nebenstrafrecht, das sich grundlegend vom Kernstrafrecht

---

230 RegBegr. zum Ausländergesetz, BT-Drucks. IV/868, S. 19.

231 Vgl. BVerfG, Beschl. v. 25.07.1962, Az.: 2 BvL 4/62 = BVerfGE 14, 245ff.; BGH, Beschl. v. 10.01.2017, Az.: 5 StR 532/16 = NStZ 2017, 234 (235); *Böse*, FS Puppe (2011), S. 1353 (1354); *Müller-Magdeburg*, S. 8 m.w.N.; *Puppe*, GA 1990, 145 (162); *Roxin*, AT/I, § 5 Rn. 40.

232 Meines Erachtens wäre der Bezug auf die außerstrafrechtliche Pflicht deutlicher zu erkennen, wenn unmittelbar auf §§ 3 Abs. 1, 4 AufenthG verwiesen würde, da diese *expressis verbis* eine Verhaltenspflicht für einreisende Ausländer normieren, so noch § 47 Abs. 1 Nr. 1 AuslG a.F.

233 *Böse*, FS Puppe (2011), S. 1353 (1356); LK-StGB/*Vogel/Bülte*, § 16 Rn. 37; *Puppe*, GA 1990, 145 (166); SK-StGB/*Stein*, § 16 Rn. 22; S/S/*Sternberg-Lieben/Schuster*, § 15 Rn. 99.

234 Grundlegend *Welzel*, MDR 1952, 584 (586).

235 *Welzel*, MDR 1952, 584 (586).

unterscheide: Letzteres beruhe auf sozialethisch gewachsenen Verhaltensnormen, die zum Grundbestand der Rechtsüberzeugung der Gesellschaft gehörten und deren Unrechtsgehalt sich jedem Täter aufdränge, so dass diesbezüglich kein aktuelles Unrechtsbewusstsein erforderlich sei[236]; ein zusammengelesener Tatbestand des Nebenstrafrechts beschreibe hingegen eine zunächst rechtsneutrale Handlung. Die Vornahme dieser Handlung werde erst dadurch Unrecht, dass sie durch eine außerstrafrechtliche Regelung verboten werde.[237] Infolgedessen könne man vom Bürger eben nicht – wie im Kernstrafrecht – ohne Weiteres erwarten, der Verhaltenspflicht Folge zu leisten[238], zumal der Gesetzgeber nicht einmal selbst in der Lage sei, das pönalisierungswürdige Unrecht innerhalb ein und desselben Tatbestandes zu normieren.[239] Infolgedessen müsse der Täter wissen, dass die Verwirklichung der Tatbestandsmerkmale der Ausfüllungsnorm verboten ist, um vorsätzlich zu handeln.[240] Dies hätte zur Folge, dass ein einreisender Ausländer, der zwar weiß, dass er keines der erforderlichen Dokumente besitzt, aber nicht, dass er dies müsste, um auf legalem Wege ins Bundesgebiet einzureisen, einem Tatbestandsirrtum im Sinne des § 16 Abs. 1 Satz 1 StGB unterläge.[241]

Dem hält die herrschende Ansicht entgegen, dass die Einordnung der Ausfüllungsnorm als Tatbestandsmerkmal auf die Anwendung der Vorsatztheorie hinausliefe, wohingegen das Gesetz (§ 17 Satz 1 StGB, in Verbindung mit Art. 1 Abs. 1 EGStGB auch für das Nebenstrafrecht) die Schuldtheorie für maßgeblich erachte.[242] Bei Verkennen der Pass- bzw. Aufenthaltstitelbesitzpflicht liege ein Rechtsirrtum vor, der in den Anwendungsbereich des § 17 Satz 1 StGB falle. Rückschließend auf den Vorsatz bedeute dies, dass die Kenntnis der Pflicht nicht

---

236 Siehe dazu *Lange*, JZ 1956, 73 (79); NK-StGB/*Puppe*, § 16 Rn. 66; *Ziegert*, S. 157; ferner SK-StGB/*Stein*, § 16 Rn. 23.

237 *Puppe*, FS Herzberg (2008), S. 275 (290).

238 *Puppe*, GA 1990, 145 (167), die allerdings einräumt, dass im Nebenstrafrecht, wo Blankettgesetze verbreitet sind, oft Tätigkeiten erfasst seien, die eine besondere Fachkenntnis voraussetzen; vgl. ferner NK-StGB/*Neumann*, § 17 Rn. 90ff.; *Gómez*, GA 2010, 259 (265) m.w.N.; *Ziegert*, S. 157.

239 *Puppe*, FS Herzberg (2008), S. 275 (291).

240 *Müller-Magdeburg*, S. 198; *Puppe*, GA 1990, 145 (166) m.w.N.; SK-StGB/*Stein*, § 16 Rn. 23.

241 So wohl Kluth/Heusch/*Hohoff*, AufenthG § 95 Rn. 25; zu Blankettgesetzen BGH, Urt. v. 13.11.1953, Az.: 5 StR 342/53 = BGHSt 5, 90 (91f.); *Bülte*, JuS 2015, 769 (776f.); *Puppe*, GA 1990, 145 (166ff.); vgl. weitergehend *Gómez*, GA 2010, 259ff.

242 Siehe etwa S/S/*Sternberg-Lieben/Schuster*, § 15 Rn. 99.

eine notwendige subjektive Tatbestandskomponente, sondern ein Schuldmerkmal darstelle.[243]

Dagegen wendet *Puppe* ein, dass die gesetzgeberische Festlegung auf die Schuldtheorie in § 17 StGB Ausnahmen zulasse.[244] Die Norm sei nur dann anzuwenden, wenn sich der Täter nicht auf Unkenntnis berufen können soll, was bei Blankettgesetzen nicht zutreffe. Die Anwendung der Schuldtheorie sei nicht zu rechtfertigen, da hinsichtlich eines Verstoßes gegen ein allgemeingültiges Verbot derselbe Vorsatzvorwurf erhoben werde wie im Falle eines Verstoßes gegen ein nur durch das Studium mehrerer Vorschriften ermittelbares Verbot.[245]

Wie *Böse* bereits hervorhebt, erscheint diese Auffassung jedoch zu undifferenziert.[246] In vielen Fällen reisen Ausländer mit gefälschten Pässen ein oder erschleichen falsche Dokumente, um ihre Chancen im Asylverfahren zu erhöhen oder schlichtweg über ihre wahre Identität zu täuschen.[247] Dieses Vorgehen zeigt, dass das Verbot der Einreise entgegen aufenthaltsrechtlichen Bestimmungen trotz seiner systematischen Stellung in einem Verwaltungsgesetz – vereinfacht gesagt das Verbot der Einreise ohne Einreisepapiere – sehr wohl allgemeinbekannt und präsent ist und somit zum gesellschaftlichen Rechtsbewusstsein gehört.[248] Zwar birgt der durch den SGK durchnormierte Schengen-Raum zumindest potentiell Raum dafür, dass das Bewusstsein von Grenzkontrollen innerhalb Europas und damit das Einreiseverbot gegenüber Drittstaatsangehörigen zunehmend getrübt wird und vielleicht sogar teilweise erlischt. Allerdings wäre es angesichts der aktuellen medialen Aufmerksamkeit in Bezug auf die Einwanderungsthematik verfehlt, der Bevölkerung gänzlich die Kenntnis von der Erforderlichkeit eines gültigen Passes, Passersatzes oder Aufenthaltstitels abzusprechen. Bei globaler Betrachtung wird außerdem deutlich, dass die Entwicklung der Europäischen Union von einer Wirtschaftsgemeinschaft zu einer Wertegemeinschaft „ohne

---

243 *Aurnhammer*, S. 175f.; i.E. auch GK-AufenthG/*Mosbacher*, 28. EL Juli 2008, § 96 Rn. 23f.

244 *Puppe*, GA 1990, 145 (166f.). *Gómez*, GA 2010, 259 (267), bezweifelt gar, dass die Anwendung der Regeln der Schuldtheorie den Regelfall darstellt.

245 *Puppe*, GA 1990, 145 (168).

246 *Böse*, FS Puppe (2011), S. 1353 (1357, 1359); vgl. ferner S/S/*Sternberg-Lieben/Schuster*, § 15 Rn. 99.

247 Vgl. Begr. von CDU/CSU/FDP zum Verbrechensbekämpfungsgesetz, BT-Drucks. 12/6853, S. 31f.; Bundeskriminalamt, Schleusungskriminalität. Bundeslagebild 2017. Gemeinsames Bundeslagebild des Bundeskriminalamts und des Bundespolizeipräsidiums, S. 22; *Cantzler*, S. 10ff.; *Schott*, S. 296; *Schott-Mehrings*, ZAR 2014, 142 (144).

248 Vgl. *Aurnhammer*, S. 175.

Binnengrenzen“ (Art. 3 Abs. 2 EUV) die Ausnahme darstellt. Gerade im außereuropäischen Ausland ist der Schutz der Außengrenzen durch Grenzkontrollen weiterhin gängige Praxis.

Zwar mag dem entgegengehalten werden, dass das deutsche Aufenthaltsrecht durch eine Vielzahl an nationalen sowie völker- und europarechtlichen Regelungen flankiert wird (siehe etwa Sonderbestimmungen zum „Positivstaater“ oder zu Familienangehörigen ohne Unionsbürgerstatus oder auch die Anordnung gemäß § 18 Abs. 4 Nr. 2 AsylG), so dass selbst dem studierten Rechtsanwender eine Beurteilung der Rechtskonformität einer Einreise schwerfällt.[249] Eine komplexe Einzelfallprüfung erfolgt aber gerade erst dann, wenn sich die Frage nach einer Ausnahme zur Passbesitzpflicht stellt. Dies vermag dem Grundsatz der Besitzpflicht von Ausweisdokumenten im Allgemeinen nicht entgegenzustehen.

Auch die These, man könne vom Bürger keine Kenntnis der Passbesitzpflicht erwarten, da es selbst dem Gesetzgeber unmöglich gewesen sei, das Unrecht mit wenigen Worten zu verschriftlichen, liefert nur ein scheinbares Argument.[250] Angesichts der historischen Entwicklung und der systematischen Stellung des § 95 Abs. 1 Nr. 3 AufenthG in einem verwaltungsrechtlichen Gesetz bringt die Verwendung der Blankett-Technik zum Ausdruck, dass die Strafnorm maßgeblich durch das Aufenthaltsrecht geprägt wird, mithin in einem akzessorischen Verhältnis dazu steht.[251]

Jedenfalls für den Bereich des Ausländerstrafrechts tragen die von der Mindermeinung gegen die Anwendung von § 17 StGB und für die Anwendung der Vorsatztheorie vorgebrachten Argumente somit nicht. Der im Einzelfall zu bewältigenden richterlichen Würdigung, ob sich die Pflicht der §§ 3 Abs. 1, 4 AufenthG bzw. eine dazu bestehende Ausnahme der Kenntnis des Ausländers entzieht, kann durch eine vergleichsweise großzügige Handhabe des Unvermeidbarkeitskriteriums im Sinne des § 17 Satz 1 StGB begegnet werden.[252]

Generell sei noch zu bedenken, dass weder das StGB noch etwaige nebenstrafrechtliche Normen eine Grundlage dafür bieten, verallgemeinernd eine

---

249 GK-AufenthG/*Mosbacher*, 28. EL Juli 2008, Vor §§ 95ff. Rn. 3; *Kretschmer*, NJW 2017, 1625; NK-AuslR/*Fahlbusch*, AufenthG Vorbem. zu § 95 Rn. 10; *Schloenhardt*, S. 157; dagegen *Nagler*, StV 2017, 273: „ganz einfach.“

250 Vgl. *Böse*, FS Puppe (2011), S. 1535 (1359).

251 Vgl. *Böse*, FS Puppe (2011), S. 1353 (1359) zu § 81 Abs. 2 Nr. 1 GWB a.F.; siehe auch *Müller-Magdeburg*, S. 23f.

252 *Aurnhammer*, S. 175; dagegen wohl Bergmann/Dienelt/*Winkelmann/Stephan*, AufenthG § 95 Rn. 109.

diesbezügliche Differenzierung vorzunehmen. Vielmehr ist die in § 17 StGB angelegte Schuldtheorie grundsätzlich auch im Nebenstrafrecht maßgeblich.[253]

Richtigerweise ist damit in Fällen der Unkenntnis der Unerlaubtheit der Einreise ein Verbotsirrtum im Sinne des § 17 Satz 1 StGB anzunehmen[254], der für die Strafbarkeit des Schleusers irrelevant ist.

Irrtümer über Tatbestandsmerkmale des § 14 Abs. 1 Nr. 1 oder Nr. 2 AufenthG sind hingegen als Tatbestandsirrtümer zu behandeln.[255]

d. Rechtswidrigkeit der unerlaubten Einreise

Nach Maßgabe der Akzessorietätsgrundsätze bleibt ein Schleuser ferner straffrei, wenn der von ihm geschleuste Ausländer zwar aus verwaltungsrechtlicher Sicht, also im tatbestandlichen Sinne „unerlaubt", aber aus strafrechtlicher Sicht gerechtfertigt in die Bundesrepublik Deutschland einreist.

aa. Art. 16a Abs. 1 GG

Nach der wohl überwiegenden Auffassung reist im tatbestandlichen Sinne „unerlaubt", aber im strafrechtlichen Sinne gerechtfertigt ein, wer den Schutz des Asylgrundrechts im Sinne des Art. 16a Abs. 1 GG für sich in Anspruch nehmen kann. Dass der verfassungsrechtlich garantierte Zugang zum Bundesgebiet nicht bereits dazu führe, die Tatbestandsmäßigkeit der unerlaubten Einreise zu verneinen, zeige sich anhand der einfachgesetzlichen Bestimmung des § 13 Abs. 3 Satz 2 AsylG. Danach hat sich ein unerlaubt eingereister Ausländer für den Asylantrag unverzüglich bei einer Aufnahmeeinrichtung, der Ausländerbehörde oder der Polizei zu melden. Hinter dieser Regelung verberge sich, dass ein Asylberechtigter nach Maßgabe des Art. 16a Abs. 1 GG zwar einreisen dürfe[256],

---

253 Graf/Jäger/Wittig/*Allgayer*, StGB § 17 Rn. 2; S/S/*Sternberg-Lieben/Schuster*, § 15 Rn. 99.

254 *Aurnhammer*, S. 175f.; Bergmann/Dienelt/*Winkelmann/Stephan*, AufenthG § 95 Rn. 109; GK-AufenthG/*Mosbacher*, 28. EL Juli 2008, § 96 Rn. 24; vgl. ferner *Fischer*, § 16 Rn. 14; *Roxin*, AT/I, § 12 Rn. 111.

255 Vgl. S/S/*Sternberg-Lieben/Schuster*, § 15 Rn. 100/101.

256 Das Asylgrundrecht kommt nur denjenigen Ausländern zu Gute, die im Rahmen eines Asylverfahrens gemäß den §§ 13ff. AsylG einen konstitutiven Anerkennungsakt erwirken. Gleichwohl wirkt Art. 16a Abs. 1 GG auf den Zeitpunkt der Einreise vor, Bergmann/Dienelt/*Bergmann*, GG Art. 16a Rn. 18; *Nagler*, StV 2017, 273 (277); Sachs/*Will*, Art. 16a Rn. 11, 14.

dieses Grundrecht jedoch nicht die Umgehung von Grenzbehörden, mit anderen Worten das Einreisen über die „grüne Grenze“ gestatte.[257]

Nach der Gegenauffassung schließt Art. 16a Abs. 1 GG bereits die Tatbestandsmäßigkeit der unerlaubten Einreise aus. Dies ergebe sich aus der Vorrangigkeit des Verfassungsrechts.[258]

Unabhängig davon, welche Ansicht man präferiert, liegt keine vorsätzlich begangene rechtswidrige Einreise vor, wenn sich der Ausländer auf das Grundrecht aus Art. 16a Abs. 1 GG beruft.

Das Asylgrundrecht ist allerdings durch den im Zuge der Verfassungsreform von 1993[259] eingeführten Abs. 2 weitgehend tatbestandlich ausgeschlossen.[260]

Art. 16a Abs. 2 GG beruht auf der Annahme, dass die vom Bundesgesetzgeber oder unmittelbar von der Verfassung als solche bestimmten Drittstaaten[261] generell (d.h. ohne Prüfung der Umstände des Einzelfalls) den nach der EMRK sowie der Genfer Flüchtlingskonvention (GFK)[262] gebotenen Schutz vor politischer Verfolgung gewähren, so dass jeder diese Staaten betretende Ausländer das Recht verliert, nochmals die Bundesrepublik um einen entsprechenden Schutz zu ersuchen (Konzept der normativen Vergewisserung).[263] Ferner entfällt das als Vorwirkung des grundrechtlichen Schutzes gewährleistete vorläufige Bleiberecht.[264]

---

257 *Aurnhammer*, S. 165; MüKo-StGB/*Gericke*, AufenthG § 95 Rn. 55.

258 St. Rspr. BVerwG, Urt. v. 16.08.1977, Az.: 1 C 15/76 = NJW 1978, 507; BVerwG, Urt. v. 15.05.1984, Az.: 1 C 59/81 = NVwZ 1984, 591; BVerwG, Beschl. v. 14.04.1992, Az.: 1 C 48/89 = NVwZ 1992, 682 (684); OLG Düsseldorf, Beschl. v. 19.11.1997, Az.: 2 Ss 326/97 = StV 1998, 139; NK-AuslR/*Fahlbusch*, AufenthG § 95 Rn. 247; *Schott*, S. 183f.; *Westphal/Stoppa*, NJW 1999, 2137 (2139).

259 G zur Änderung des Grundgesetzes (Art. 16 und Art. 18) v. 28.06.1993, BGBl. 1993 I Nr. 31, S. 1002.

260 BVerfG, Urt. v. 14.05.1996, Az.: 2 BvR 1938, 2 BvR 2315/93 = BVerfGE 94, 49 (87); Bergmann/Dienelt/*Bergmann*, GG Art. 16a Rn. 93; Sachs/*Will*, Art. 16a Rn. 56, 69.

261 Siehe dazu Art. 16a Abs. 2 Satz 2 GG in Verbindung mit § 26a Abs. 2 AsylG in Verbindung mit Anlage I: Norwegen und Schweiz. Hiervon zu unterscheiden sind die Drittstaaten im Sinne der Dublin-III-VO, siehe Art. 2 lit. a Dublin-III-VO. Allgemein strikt vom Begriff des sicheren Drittstaats zu trennen sind „sichere Herkunftsstaaten“, bei denen die Vermutung des Art. 16a Abs. 3 GG greift.

262 Siehe dazu Gesetz betreffend das Abkommen vom 28. Juli 1951 über die Rechtsstellung der Flüchtlinge v. 01.09.1953, BGBl. 1953 II Nr. 19, S. 559.

263 BVerfG, Urt. v. 14.05.1996, Az.: 2 BvR 1938/93, 2 BvR 2315/93 = BVerfGE 94, 49 (95f.); siehe auch Begr. von CDU/CSU/SPD/FDP zur Änderung des Grundgesetzes, BT-Drucks. 12/4152, S. 4; Jarass/Pieroth/*Jarass*, Art. 16a Rn. 23.

264 BVerfG, Urt. v. 14.05.1996, Az.: 2 BvR 1938/93, 2 BvR 2315/93 = BVerfGE 94, 49 (87).

Allerdings ist Art. 16a Abs. 2 GG aufgrund in der Prüfung vorgeschalteter unionsrechtlicher Vorgaben nur noch von geringer praktischer Bedeutung. Die Europäische Union hat auf Grundlage des Dubliner Übereinkommens vom 15. Juni 1990[265] ein supranationales Zuständigkeitensystem begründet, das zuletzt in die Dublin-III-VO[266] mündete. Die Bestimmung des für die Prüfung des Asylantrags zuständigen Mitgliedstaats hat zwar grundsätzlich keine Auswirkung auf die materiell-rechtliche Beurteilung des Asylbegehrens, worauf schon Art. 2 lit. d Dublin-III-VO hindeutet[267], allerdings beruht das Dublin-System auf dem „one-chance-only-Prinzip" des Art. 3 Abs. 1 Satz 2 Dublin-III-VO. Diesem Grundsatz nach kann der Asylantrag nur in *einem* Mitgliedstaat gestellt werden; lehnt dieser den Antrag ab, dürfen andere Mitgliedstaaten keine weitere Prüfung vornehmen. Dies hat insofern eine Auswirkung auf den Schutz des Art. 16a Abs. 1 GG, als sich der Asylsuchende nur darauf berufen kann, wenn die Bundesrepublik Deutschland nach europäischem Recht zuständig ist, was regelmäßig zu verneinen sein dürfte.[268]

Die Dublin-III-VO enthält allerdings Ausnahmen, die nachträglich die Zuständigkeit der Bundesrepublik Deutschland begründen können. Zum Ersten wird Deutschland im Nachhinein zuständig, wenn ein Ausländer nicht innerhalb der in Art. 29 Abs. 2 Dublin-III-VO bestimmten Frist (grundsätzlich sechs Monate) an den zunächst zuständigen Mitgliedstaat überstellt wird. Dies gilt nach Ansicht des Europäischen Gerichtshofs unabhängig davon, ob dieser der Überstellung vor Ablauf der Frist zugestimmt oder sie abgelehnt hat.[269]

Die zweite bedeutsame Ausnahme ist darauf zurückzuführen, dass das Dublin-System in der Vergangenheit in der Praxis an seine Grenzen gestoßen ist. Anhaltende Flüchtlingsströme über die EU-Außengrenzen führten in einigen Mitgliedstaaten[270] zu einer erheblichen Belastung des Verwaltungsapparates, teilweise bis hin zu dessen völligem Zusammenbruch. Für Griechenland wurde mehrfach höchstrichterlich entschieden, dass die konventionsrechtlichen Schutzpflichten nicht mehr nur im (nach der Verfassung unerheblichen)

---

265 Übereinkommen über die Bestimmung des zuständigen Staates für die Prüfung eines in einem Mitgliedstaat der Europäischen Gemeinschaft gestellten Asylantrags vom 15.06.1990, in Kraft getreten am 01.09.1990, BGBl. 1994 II Nr. 28, S. 792.

266 VO (EU) Nr. 604/2013 v. 26.06.2013, ABl. EU L 180/31.

267 *Filzwieser/Sprung*, Art. 3 Anm. K3.

268 So auch *Peukert/Hillgruber/Foerste/Putzke*, ZAR 2016, 131 (132). Die Zuständigkeit bestimmt sich nach Art. 3 Abs. 1 Satz 2 in Verbindung mit Art. 7ff. Dublin-III-VO.

269 EuGH, Urt. v. 25.10.2017, Az.: C-201/16 (Shiri) = Curia, Rn. 26ff.

270 *Nagler*, StV 2017, 273, nennt Griechenland, Italien, Malta, Ungarn und Bulgarien.

Einzelfall verletzt wurden, sondern im gesamten griechischen Asylsystem systemische Missstände festzustellen waren.[271] Infolgedessen erklärte die Bundesrepublik Deutschland für Fälle, in denen die verordnungsrechtliche Zuständigkeit Griechenland oblag, den Selbsteintritt gemäß Art. 3 Abs. 2 Dublin-II-VO[272], wurde somit also selbst zuständig im Sinne der Verordnung.[273] Da nunmehr deutsches Verfassungsrecht für die materielle Prüfung des Asylantrags maßgeblich war, forderten nicht nur Stimmen in der Literatur ausdrücklich, in der daran anschließenden Anwendung deutschen Verfassungsrechts Griechenland zumindest vorübergehend nicht als sicheren Drittstaat im Sinne des Art. 16a Abs. 2 GG zu behandeln.[274]

2013 ist der Gefahr von systemischen Missständen in Asylverfahren mit Art. 3 Abs. 2 Uabs. 2 Dublin-III-VO auf supranationaler Ebene begegnet worden.[275] Stellt ein unmittelbar aus Griechenland einreisender Ausländer in Deutschland einen Asylantrag und sind die systemischen Missstände weiterhin anzunehmen, muss die Bundesrepublik das von der Dublin-III-VO vorgesehene Zuständigkeitsverfahren weiterführen. Ist nach Maßgabe dessen kein anderer EU-Mitgliedstaat als zuständiger Staat auszumachen, fällt die Prüfung des Asylantrags in die Zuständigkeit der Bundesrepublik, Art. 3 Abs. 2 Uabs.

---

271 EGMR, Urt. v. 21.01.2011, Az.: 30696/09 (M.S.S./Belgien und Griechenland) = NVwZ 2011, 413, stellte einen Verstoß gegen Art. 3, 13 EMRK fest; siehe auch EuGH, Urt. v. 21.12.2011, Az.: C-411/10, C-493/10 = NVwZ 2012, 417; BVerfG, Beschl. v. 08.09.2009, Az.: 2 BvQ 56/09 = NVwZ 2009, 1281; *Hailbronner/Thym*, NVwZ 2012, 406 (409).

272 VO (EU) Nr. 343/2003 v. 18.02.2003, ABl. EG L 50/01.

273 Siehe dazu BVerfG, Beschl. v. 08.12.2014, Az.: 2 BvR 450/11 = NVwZ 2015, 361 (363), Esser/Rübenstahl/Saliger/Tsambikakis/*Esser*, AufenthG § 96 Rn. 5.

274 *Moll/Pohl*, ZAR 2012, 102 (103ff.); NK-AuslR/*Fahlbusch*, AufenthG § 95 Rn. 248; *Röder*, Asylmagazin 2015, 144 (145); *Schott*, S. 187f.; *Schott-Mehrings*, ZAR 2014, 142 (146); für die Rspr. BVerfG, Beschl. v. 08.12.2014, Az.: 2 BvR 450/11 = NVwZ 2015, 361 (363); vgl. auch *Gutmann*, NVwZ 2015, 838 (839); siehe ferner VG Düsseldorf, Urt. v. 26.05.2011, Az.: 21 K 2034/11.A = BeckRS 2015, 43233; offenlassend OVG NRW, Urt. v. 27.04.2015, Az.: 9 A 1380/12.A = DVBl 2015, 1543; a.A. BGH, Urt. v. 26.02.2015, Az.: 4 StR 233/14 = BGHSt 60, 205.

275 Siehe auch Erwägungsgrund Nr. 21 der Dublin-III-VO; dazu *Filzwieser/Sprung*, Erwägungsgründe Anm. K23. NK-AuslR/*Fahlbusch*, AufenthG § 95 Rn. 248, liest demgegenüber aus Art. 3 Abs. 2 Dublin-III-VO ein Selbsteintrittsrecht eines Mitgliedstaats heraus. Dieses ist jedoch in Art. 3 Abs. 2 Dublin-II-VO vorgesehen gewesen und jetzt mit Art. 17 Abs. 1 Dublin-III-VO erfasst.

3 Dublin-III-VO.[276] Wird infolgedessen im Rahmen der materiellen Prüfung Art. 16a GG geprüft, kann der Einreise eines Ausländers aus Griechenland nicht entgegengehalten werden, dass der Schutz des Asylgrundrechts auf Tatbestandsebene aufgrund von Abs. 2 ausgeschlossen sei. Vielmehr müssen die zur Anwendung des Art. 3 Abs. 2 Dublin-III-VO führenden Umstände berücksichtigt werden, sprich, dass der Einreisende aus einem Land kommt, das (aktuell) keine Mindeststandards gewährleisten kann, von denen Art. 16a Abs. 2 GG ausgeht. Gerade auch vor dem Hintergrund des one-chance-only-Prinzips ist somit einem Ausländer, der unmittelbar aus einem „Dublin-Staat“ einreist, der systemimmanente Missstände aufweist, vorbehaltlich der in Art. 16a Abs. 1 GG enthaltenen Voraussetzungen ein Asylrecht zu gewähren.[277]

Auch wenn diese beiden Wege, die die Prüfung eines Asylantrags durch die Bundesrepublik Deutschland aufgrund einer Zuständigkeitsumverteilung ermöglichen, von nicht unerheblicher Bedeutung sein dürften, vermögen sie nicht das Gesamtbild zu verändern, dem zufolge es in den meisten Fällen gar nicht erst zur Prüfung bzw. zur Anwendung nationalen (Verfassungs-)Rechts kommt. Denn wie bereits erwähnt lässt die Zuständigkeit eines Mitgliedstaates die Prüfung der materiellen Voraussetzungen eines Asylantrags nicht entfallen, was angesichts der geographischen Lage Deutschlands in allen Konstellationen der Einreise über den Landweg einem Ausschluss des Asylgrundrechts gemäß Art. 16a Abs. 2 GG gleichkommt. Dies gilt auch für die ohnehin nur in Ausnahmefällen primär bestehende Zuständigkeit nach Dublin-III-VO. Zum Ersten führen die Art. 7ff. Dublin-III-VO nur in Ausnahmefällen zur primären Zuständigkeit der Bundesrepublik[278], so dass eine Prüfung nationalen (Verfassungs-) Rechts gar nicht erst erfolgt; zum Zweiten schließt Art. 16a Abs. 2 GG angesichts der geopolitischen Lage Deutschlands das Asylgrundrecht in allen Konstellationen der Einreise über den Landweg aus, sofern kein Wertungswiderspruch (s.o.) zum Europarecht erkennbar ist.

Sofern die hier vertretene Auffassung dazu führt, dass das Asylgrundrecht vorbehaltlich der in Art. 16a Abs. 1 GG genannten Voraussetzungen gewährt werden muss, ist Art. 16a GG (grundsätzlich) nur noch dann bedeutsam für

---

276 Siehe dazu etwa VG Berlin, Urt. v. 13.12.2016, Az.: 3 K 509.15 A = BeckRS 2016, 112208.

277 Generell verdrängt die Zuständigkeit der Bundesrepublik nach der Dublin-III-VO die Möglichkeit eines Ausschlusses des Asylgrundrechts nach Art. 16a Abs. 2 GG nicht, vgl. OVG NRW, Urt. v. 27.04.2015, Az.: 9 A 1380/12.A, Rn. 50 = DVBl 2015, 1543.

278 *Peukert/Hillgruber/Foerste/Putzke*, ZAR 2016, 131 (132).

die Schleusungskriminalität, wenn Asylsuchende per Flugzeug einreisen oder aber – weniger wahrscheinlich – per Schiff aus internationalen Gewässern das Küstenmeer[279] der Bundesrepublik Deutschland erreichen.[280]

bb. Art. 31 Abs. 1 GFK

Scheidet eine Straffreiheit wegen des Asylgrundrechts aus, könnte die unerlaubte Einreise des Ausländers gleichwohl wegen Art. 31 Abs. 1 GFK, auf den § 95 Abs. 5 AufenthG verweist, ohne strafrechtliche Folge bleiben. Unter der Voraussetzung, dass sie sich unverzüglich bei den Behörden melden und Gründe darlegen, die ihre unrechtmäßige Einreise „rechtfertigen", sind Flüchtlinge (vgl. Art. 1 GFK) von der Strafandrohung des § 95 Abs. 1 Nr. 3 AufenthG wegen unerlaubter Einreise befreit. Problematisch ist die für die deutsche Fassung der GFK gewählte Formulierung, dass die angegebenen Gründe die „unrechtmäßige Einreise [...] *rechtfertigen*" können.[281] Sie gibt Anlass, Art. 31 Abs. 1 GFK als Rechtfertigungsgrund anzusehen, mit dessen Vorliegen die Einreise eines Flüchtlings nach deutschem Strafrecht also tatbestandsmäßig, aber gerechtfertigt wäre.

Die Auffassung, die die Klassifikation von Art. 31 Abs. 1 GFK als Rechtfertigungsgrund vertritt, führt an, dass der völkerrechtliche Strafbefreiungstatbestand auf der Vorstellung gründe, dass der Flüchtling sich in einer notstandsähnlichen Situation befinde.[282] Demjenigen, der sein Leben schützen wolle, könne nicht entgegengehalten werden, er verletze das weniger bedeutsame Rechtsgut der verwaltungsrechtlichen Ordnungssysteme.[283] Die Einordnung als

279 Siehe bereits Fn. 179.

280 Für weitere ungeschriebene Einschränkungen von Art. 16a Abs. 1 GG, etwa den Ausschluss wegen der begründeten Annahme einer Beteiligung an Kriegsverbrechen oder Verbrechen gegen die Menschlichkeit, siehe ausführlich Dreier/*Wittreck*, Art. 16a Rn. 74ff.

281 Zutreffend weist *Aurnhammer* darauf hin, dass diese Textpassage untechnisch zu verstehen ist, S. 162f.; ebenso BGH, Urt. v. 15.03.1999, Az.: 1 StR 344/98 = NStZ 1999, 409.

282 AG Korbach, Urt. v. 13.08.2012, Az.: 4 Cs 1620 Js 8985/12 = InfAuslR 2013, 43; siehe aber AG Korbach, Urt. v. 02.05.2013, Az.: 4 Cs 1620 Js 8985/12 = juris, Rn. 13; *Fischer-Lescano/Horst*, ZAR 2011, 81 (90); Huber/*Hörich*, AufenthG § 95 Rn. 275; NK-AuslR/*Fahlbusch*, AufenthG § 95 Rn. 253; darstellend *El-Ghazi/Fischer-Lescano*, StV 2015, 386 (388); ebenfalls von einer „notstandsähnliche[n] Unmöglichkeit oder Unzumutbarkeit" ausgehend BVerfG, Beschl. v. 08.12.2014, Az.: 2 BvR 450/11 = NVwZ 2015, 361. *Kanein*[1], GFK Art. 31 Anm. B 4, gibt lediglich den Wortlaut der Regelung wieder, sodass in Anbetracht der Fn. 281 unklar bleibt, ob er diese Ansicht vertrat.

283 *El-Ghazi/Fischer-Lescano*, StV 2015, 386 (388).

Rechtfertigungsgrund hätte zudem den Vorteil, dass die Grundsätze des Erlaubnistatbestandsirrtums anwendbar wären, falls sich der Ausländer im Irrtum über seine Identität als Flüchtling befinde;[284] dies fordere Art. 31 Abs. 1 GFK, der auch denjenigen schütze, der kein Flüchtling sei, aber in gutem Glauben handele.[285] Der Mindeststandard, den Art. 31 Abs. 1 GFK festschreibe und der wegen der Völkerrechtsfreundlichkeit des deutschen Rechts effektiv umzusetzen sei, würde nicht erreicht, wenn das Flüchtlingsprivileg – anders als das Grundrecht aus Art. 16a Abs. 1 GG – nicht als Rechtfertigungsgrund behandelt und damit die Irrtumsregeln zulassen würde. Überdies sei die Annahme, dass die Rechtsstellung eines Ausländers nach Art. 16a GG anders als nach Art. 31 GFK unbedingt sei, nicht mehr tragfähig, da Art. 31 GFK ins Unionsrecht inkorporiert sei und ein Individualrecht gewähre.[286]

Diese Sichtweise verkennt jedoch, dass Art. 31 Abs. 1 GFK besondere Voraussetzungen auf Rechtsfolgenseite (namentlich die Meldeauflage und die Pflicht zur Darlegung von Fluchtgründen) vorsieht, die Straffreiheit des einreisenden Ausländers somit sehr wohl bedingt ist.[287] Zum Ersten lässt die GFK ausweislich des Wortlauts von Art. 31 Abs. 1 GFK Fälle zu, in denen Ausländer trotz ihrer Flüchtlingseigenschaft wegen ihrer Einreise bestraft werden können. Insofern wird neben dem Flüchtlingsschutz auch das staatliche Interesse an einer Registrierung aller Einreisenden gewahrt. Zum Zweiten besteht aus der Fluchtsituation heraus kein Bedürfnis, über den Zeitraum des entschuldigten Verzögerns hinaus nicht bei einer Behörde vorstellig zu werden. Eine Ausnahme ist nur dann zu machen, wenn im Einzelfall eine Meldung unmöglich oder unzumutbar ist. Flüchtlingsschutz und Ahndung der unerlaubten Einreise stehen in keinem strengen Exklusivitätsverhältnis.

Entscheidend dürfte sein, dass Rechtfertigungsgründe dogmatisch der Prämisse unterliegen, dass sie das tatbestandsmäßige Unrecht bereits im Zeitpunkt der Tat rechtfertigen.[288] Zu dem Zeitpunkt, in dem die Straffreiheit des Flüchtlings

284 *El-Ghazi/Fischer-Lescano*, StV 2015, 386 (392).

285 *El-Ghazi/Fischer-Lescano*, StV 2015, 386 (389) mit Verweis auf BVerfG, Beschl. v. 08.12.2014, Az.: 2 BvR 450/11 = NVwZ 2015, 361 sowie BVerwG, Urt. v. 15.05.1984, Az.: 1 C 59/81 = NVwZ 1984, 591 und OVG Berlin, Beschl. v. 13.02.1996, Az.: 7 S 5.95 = BeckRS 1996, 13471; allesamt nehmen diese Entscheidungen zu Irrtumskonstellationen bei Art. 31 Abs. 1 GFK jedoch keinen Bezug, sondern urteilen zum Flüchtlingsstatus vor dessen formeller Anerkennung.

286 *El-Ghazi/Fischer-Lescano*, StV 2015, 386 (389).

287 So auch Bergmann/Dienelt/*Winkelmann/Stephan*, AufenthG § 95 Rn. 115.

288 *El-Ghazi/Fischer-Lescano*, StV 2015, 386 (388); *Jäger*, FS Jung, S. 345 (354f.); MüKo-StGB/*Ambos*, § 8 Rn. 3; NK-StGB/*Böse*, § 8 Rn. 1.

feststeht (der Zeitpunkt der Meldung bei einer Behörde), ist das tatbestandliche Unrecht – die Gefährdung der verwaltungsrechtlichen Ordnungssysteme durch die Einreise ohne deren Registrierung durch die Behörden – jedoch schon vollständig verwirklicht. Bereits vollständig verwirktes Unrecht kann nicht mehr beseitigt werden.[289] Die Rechtsfigur des Rechtfertigungsgrundes eignet sich mithin nicht dazu, Art. 31 Abs. 1 GFK in die strafrechtliche Dogmatik einzubetten.

Mithin ist der herrschenden Meinung dahingehend zu folgen, Art. 31 Abs. 1 GFK als persönlichen Strafaufhebungsgrund[290] zu verstehen. Auf die Schleusungskriminalität hat der Flüchtlingsstatus des Geschleusten somit keine Auswirkung.

e. *Minderjährige Täter*

Wie § 19 StGB deutlich werden lässt, sind Minderjährige bis zur Vollendung des vierzehnten Lebensjahres nicht schuldfähig, können durchaus aber vorsätzlich und rechtswidrig handeln. Grundsätzlich hat das Kindesalter des einreisenden Ausländers somit keine Auswirkung auf die Strafbarkeit des Schleusers. Davon geht – im Ausgangspunkt zu Recht – auch der Gesetzgeber aus, wenn er von der „Anstiftung und Beihilfe eines Minderjährigen" spricht.[291] Anders als der Gesetzgeber offenbar meint, ist dies jedoch nicht in allen Fällen unproblematisch.

Unter den eingeschleusten Minderjährigen befinden sich nämlich Personen, die so jung sind, dass sie noch keinen Handlungswillen bilden können. In diesen Fällen fehlt es also schon an der Einreise im strafrechtlichen Sinne. Eine in Rechtsprechung und Literatur vertretene Ansicht spricht Personen, die das siebente Lebensjahr noch nicht vollendet haben, in generalisierender Weise die Handlungsfähigkeit ab, da sich eine entsprechende Wertung aus §§ 104 Nr. 1,

---

289 BGH, Urt. v. 15.03.1999, Az.: 1 StR 344/98 = NStZ 1999, 409; *Aurnhammer*, S. 163.

290 BVerfG, Beschl. v. 08.12.2014, Az.: 2 BvR 450/11 = NVwZ 2015, 361 (362); BGH, Urt. v. 15.03.1999, Az.: 1 StR 344/98 = NStZ 1999, 409; BGH, Urt. v. 26.02.2015, Az.: 4 StR 233/14 = BGHSt 60, 205; BGH, Urt. v. 04.05.2017, Az.: 3 StR 69/17 = NStZ 2018, 286 (287); OLG München, Beschl. v. 29.03.2010, Az.: 5 St RR (II) 79/10 = BeckRS 2010, 08696; AG Kehl, Beschl. v. 26.04.2016, Az.: 3 Cs 208 Js 14124/14; *Aurnhammer*, S. 163; Erbs/Kohlhaas/*Senge*, 199. EL Juli 2014, AufenthG § 95 Rn. 68; GK-AufenthG/*Mosbacher*, 28. EL Juli 2008, § 95 Rn. 84; Kluth/Heusch/*Hohoff*, AufenthG § 95 Rn. 106; *Kretschmer*, NJW 2017, 1625 (1626); MüKo-StGB/*Gericke*, AufenthG § 95 Rn. 123; *Schott*, S. 195f.

291 Siehe RegBegr. zum Familiennachzugsneuregelungsgesetz, BT-Drucks. 19/2438, S. 26 (Begründung des Regierungsentwurfs zu § 96 Abs. 2 Satz 2 AufenthG).

828 Abs. 1 BGB entnehmen lasse.[292] Dem wird entgegengehalten, dass die §§ 104 Nr. 1, 828 Abs. 1 BGB nicht die Handlungsfähigkeit einer Person ausschließen, sondern diese hinsichtlich ihrer Handlungen von der Verantwortung freisprechen würden.[293] Auch der Geschäftsunfähige bzw. der von der deliktischen Haftung Befreite könne durchaus einen Handlungswillen bilden. Überdies sei dem Strafrecht eine statische Beurteilung der Handlungsfähigkeit fremd, da diese unabhängig von Lebensalter und Geisteszustand vorliege bzw. nicht vorliege.[294] Infolgedessen unterliege die Frage, ob Kleinkinder im strafrechtlichen Sinne eingereist seien, einer Einzelfallprüfung.[295]

Der zuletzt genannten Meinung ist zunächst zugutezuhalten, dass Altersgrenzen im Strafrecht durchaus bekannt sind (§ 19 StGB, § 1 Abs. 2 JGG), hinsichtlich der Handlungsfähigkeit jedoch eine entsprechende Norm fehlt. Dieser Umstand kann zumindest als Indiz dafür herangezogen werden, dass der Gesetzgeber auf eine starre Grenze verzichten wollte.

Des Weiteren fordert der in der Praxis überwiegend herangezogene natürliche Handlungsbegriff[296] nicht mehr als die im Willen manifestierte subjektive Bestätigung des nach außen erkennbaren Verhaltens, im Falle der unerlaubten Einreise also lediglich den Willen zu gehen bzw. sich in ein Transportmittel zu begeben und sich transportieren zu lassen – weitere Merkmale wie etwa das Wissen und Wollen des Grenzübertritts sind schon Teil des vom Handlungswillen abzugrenzenden Vorsatzwillens[297]. So muss stark bezweifelt werden, dass ein sechsjähriges Kind dazu generell (noch) nicht in der Lage ist.

---

292 So ausdrücklich BayObLG, Beschl. v. 31.03.2003, Az.: 4 St RR 18/03 = NStZ-RR 2003, 275 (276); MüKo-StGB/*Gericke*, AufenthG § 96 Rn. 3; *Schott*, S. 120; *Schott*, StV 2007, 156 (157); *Westphal/Stoppa*, NJW 1999, 2137 (2143); ohne Verweis auf das BGB *Kretschmer*, § 4 Rn. 186; NK-AuslR/*Fahlbusch*, AufenthG § 96 Rn. 14.

293 Huber/*Bergmann*, AufenthG Vorbem. zu §§ 96f. Rn. 11.

294 Huber/*Bergmann*, AufenthG Vorbem. zu §§ 96f. Rn. 11.

295 Ausdrücklich eine Altersgrenze ablehnend *Cantzler*, S. 153 Fn. 444; Hdb. StA/*Ziegler*, 2. Teil 5. Kapitel Rn. 134; Huber/*Bergmann*, AufenthG Vorbem. zu §§ 96f. Rn. 11; Oberhäuser/*Kabis*, § 25 Rn. 53; ohne konkrete Altersgrenze auch BGH, Beschl. v. 24.10.2018, Az.: 1 StR 212/18 = NJW 2018, 3658 (3659); BayObLG, Beschl. v. 19.10.1999, Az.: 4 St RR 205/99 = StV 2000, 366; *Aurnhammer*, S. 157 Fn. 22; *Cannawurf*, S. 81; Erbs/Kohlhaas/*Senge*, 199. EL Juli 2014, AufenthG § 96 Rn. 4; *Heinrich*, ZAR 2003, 166 (173); Bergmann/Dienelt/*Winkelmann/Stephan*, AufenthG § 96 Rn. 7.

296 Siehe dazu etwa *Fischer*, Vor § 13 Rn. 7; LK/*Walter*, Vor § 13 Rn. 30.

297 Zum Vorsatz des geschleusten Ausländers siehe Abschnitt B.II.1.c. (S. 77).

Die Ablehnung einer starren Altersgrenze hat gewiss zur Folge, dass im Einzelfall die Handlungsfähigkeit eines geschleusten Kindes einer zeitintensiven und kostspieligen Untersuchung eines Sachverständigen unterzogen werden müsste. Mit Blick auf die derzeitige Gesetzeslage ist dies allerdings hinzunehmen.[298] Denkbar erscheint allenfalls, die von der ersten Ansicht vorgeschlagene Altersgrenze als Indiz für die Handlungsunfähigkeit im Sinne einer „weichen Grenze" heranzuziehen.

Außerdem wird man sich – losgelöst von dogmatischen Einzelfragen – wohl regelmäßig darauf stützen können, dass der Tatvorsatz des Kindes fehlt. Je jünger der geschleuste Ausländer ist, desto wahrscheinlicher liegt keine vorsätzlich begangene rechtswidrige Haupttat vor.[299]

Dies ist sowohl für den Grundtatbestand der Schleusung im Sinne des § 96 Abs. 1 AufenthG als auch für den 2018 neu eingeführten[300] Qualifikationstatbestand des § 96 Abs. 2 Satz 2 AufenthG maßgeblich. Letzterer nimmt ausdrücklich auf den Grundtatbestand Bezug, so dass die dort geltenden Grundsätze übernommen werden und dementsprechend die Strafbarkeit des Schleusers entfällt, wenn der unbegleitete Minderjährige unvorsätzlich oder gerechtfertigt die Grenze zur Bundesrepublik überquert hat.[301] Aufgrund des insoweit eindeutigen Wortlauts muss hingenommen werden, dass die Geltung der Grundsätze der limitierten Akzessorietät den hinter der Gesetzesänderung von 2018 stehenden gesetzgeberischen Erwägungen, dass „gerade Minderjährige, die sich ohne den Schutz ihrer Eltern oder einer anderen Person, deren Fürsorge oder Obhut sie anvertraut wurden oder sich selbst anvertraut haben, auf die lange Reise in die Bundesrepublik Deutschland begeben, [...] auf dieser Reise einer besonders hohen Gefahr für Leib oder Leben ausgesetzt" seien und das Schleusen eines unbegleiteten Minderjährigen als „besonders verwerflich" gelte, in einigen Fällen ihre Durchschlagskraft raubt. Angesichts der Schutzbedürftigkeit gerade handlungsunfähiger oder unvorsätzlich handelnder Minderjähriger erscheint dies unbefriedigend.

---

298 Insbesondere kann auch hier nicht vom Akzessorietätsprinzip abgewichen werden, vgl. *Geisler*, ZRP 2001, 171 (173).

299 Allgemein fordert der Bundesgerichtshof, dass der Tatvorsatz von Jugendlichen und Kindern „kritisch zu prüfen" sei, BGH, Beschl. v. 24.10.2018, Az.: 1 StR 212/18 = NJW 2018, 3658 (3659); siehe auch LG Weiden, Urt. v. 05.02.2019, Az.: 1 KLs 23 Js 2015/18 = BeckRS 2019, 29107 Rn. 478.

300 Art. 1 Nr. 11 Familiennachzugsneuregelungsgesetz, BGBl. I 2018 Nr. 28, S. 1147.

301 *Kretschmer*, ZAR 2019, 263 (265).

2. „Haupttaten“ im Sinne des § 96 Abs. 4 AufenthG

Ausweislich des eindeutigen Wortlauts werden von § 95 Abs. 1 Nr. 3 AufenthG allein unerlaubte Einreisen in die Bundesrepublik Deutschland berücksichtigt. Dies greift zu kurz, da die Bundesrepublik gemäß Art. 1 Abs. 1 lit. a SchleuserRL verpflichtet ist, Personen angemessen zu sanktionieren, die Drittstaatsangehörigen vorsätzlich dabei helfen, unter Verletzung der jeweils einschlägigen nationalen Vorschriften in das Hoheitsgebiet *eines Mitgliedstaats*[302] einzureisen.[303] Deswegen soll § 96 Abs. 4 AufenthG den Anwendungsbereich der deutschen Strafnorm zur Einschleusung von Ausländern auf im Ausland stattfindende Taten erweitern, wozu auch Grenzüberquerungen von Deutschland in einen anderen Mitgliedstaat zählen.[304]

a. Einordnung der Anknüpfungsnorm

Voraussetzung ist, wie Art. 1 SchleuserRL bereits erkennen lässt, stets, dass das jeweils einschlägige nationale Recht eines Mitgliedstaates verletzt wird. § 96 Abs. 4 Nr. 1 AufenthG definiert die Verletzungen als „Zuwiderhandlungen [...] [, die] den in § 95 Abs. 1 Nr. 2 oder 3 oder Abs. 2 Nr. 1 bezeichneten Handlungen entsprechen“. Die Rechtsvorschrift, deren Handlungsbeschreibung dem

---

302 Der Leserlichkeit geschuldet bezieht sich der Begriff „Mitgliedstaat“ in den Ausführungen dieses Abschnitts auf sämtliche EU-Mitgliedstaaten und Schengen-Staaten im Sinne des § 96 Abs. 4 AufenthG.

303 In ähnlicher Form war die Bundesrepublik Deutschland bereits vorher auf Grundlage des Art. 27 Abs. 1 SDÜ zur Normierung einer Sanktion verpflichtet. Dieser sah vor, dass angemessene Sanktionen nur gegen diejenigen Personen vorgesehen werden sollen, die Drittstaatenausländern zu Erwerbszwecken bei der *Einreise* helfen. Insofern unterscheiden sich diese Vorgaben von denen der SchleuserRL, die in Art. 1 Abs. 1 ausdrücklich nur noch bei der Hilfe zum *Aufenthalt* Gewinnzwecke berücksichtigt. Unterstrichen wird diese Änderung durch Aufhebung des Art. 27 Abs. 1 SDÜ durch Art. 5 SchleuserRL (vgl. Graf/Jäger/Wittig/*Mosbacher*, AufenthG § 96 Rn. 21; *Kretschmer*, ZAR 2011, 384; irreführend insoweit MüKo-StGB/*Gericke*, AufenthG § 96 Rn. 40). Dass die Sanktionierungspflicht auch für Einreisekonstellationen gilt, in denen Erwerbszwecke bei der Mitwirkung bei Einreisen in einen der Mitgliedstaaten fehlen, spiegelt sich seit der entsprechenden Gesetzesänderung (Art. 1 Nr. 77 G v. 19.08.2007 m.W.v. 28.08.2007, BGBl. 2007 I Nr. 27, S. 1970) auch in § 96 Abs. 1 Nr. 1 lit. a, Abs. 4 AufenthG wider. Siehe dazu RegBegr. zum Umsetzungsgesetz, BT-Drucks. 16/5065, S. 200.

304 BGH, Beschl. v. 08.11.2000, Az.: 1 StR 447/00 = NStZ 2001, 157.

deutschen Recht entsprechen muss, bezieht sich somit auf die Einreise des Ausländers und nicht auf die Mitwirkung des Schleusers.[305]

Weder die SchleuserRL noch § 96 Abs. 4 AufenthG lassen bereits durch den Wortlaut erkennen, um welche Art von Rechtsvorschrift es sich handeln muss. Insbesondere ist unklar, ob die Norm eine Strafvorschrift sein muss.

Die Passage „Rechtsvorschriften über die Einreise und den Aufenthalt von Ausländern" ist zu allgemein gehalten, um bereits aus dem Wortlaut eine Tendenz für oder gegen das Erfordernis einer Strafvorschrift zu ermitteln. Zweifelsohne sind Strafvorschriften, die die unerlaubte Einreise sanktionieren, „Rechtsvorschriften". Allerdings verlangt die sog. „Entsprechungsklausel" in § 96 Abs. 4 Nr. 1 AufenthG nicht, dass die ausländische Rechtsvorschrift wie § 95 Abs. 1 Nr. 3 AufenthG Strafcharakter aufweisen muss, sondern nimmt ausschließlich auf die von § 95 Abs. 1 Nr. 3 AufenthG bezeichnete Handlung Bezug. Hierin lässt sich durchaus die Absicht herauslesen, von einem Verweis allein auf ausländische *Straf*vorschriften abzusehen.[306] Dies entspricht der Rechtsprechung des Bundesgerichtshofs, der sich weite Teile der Literatur angeschlossen haben.[307]

Fraglich ist allerdings, ob nicht mit Blick auf die systematische Ausgestaltung des § 96 Abs. 4 AufenthG geboten ist, „Rechtsvorschriften" gleichwohl im Sinne von Strafvorschriften auszulegen. Nach Maßgabe der Vorschrift sind „Abs. 1 Nr. 1 Buchstabe a, Nr. 2 [u.a.] auf [die im Folgenden bezeichneten] Zuwiderhandlungen [...] anzuwenden".[308] Dieser Verweis ist ein unmissverständlicher

305 Statt aller NK-AuslR/*Fahlbusch*, AufenthG § 96 Rn. 84; a.A. wohl nur BGH, Beschl. v. 05.08.2001, Az.: 3 StR 174/01 = NStZ 2002, 33 (34).

306 *Cantzler*, S. 176.

307 BGH, Beschl. v. 08.11.2000, Az.: 1 StR 447/00 = NStZ 2001, 157 (158); BGH, Beschl. v. 05.08.2001, Az.: 3 StR 174/01 = NStZ 2002, 33 (34); BayObLG, Beschl. v. 18.06.1999, Az.: 4 St RR 51/99 = BayObLGSt 1999, 113 (116); Bergmann/Dienelt/*Winkelmann/Stephan*, AufenthG § 96 Rn. 32; Erbs/Kohlhaas/*Senge*, 199. EL Juli 2014, AufenthG § 96 Rn. 32; GK-AufenthG/*Mosbacher*, 28. EL Juli 2008, § 96 Rn. 53; *Hailbronner*, 63. EL April 2009, AufenthG § 96 Rn. 39; Kluth/Heusch/*Hohoff*, AufenthG § 96 Rn. 24; *Kretschmer*, ZAR 2011, 384 (385f.); MüKo-StGB/*Gericke*, AufenthG § 96 Rn. 41; krit. NK-AuslR/*Fahlbusch*, AufenthG § 96 Rn. 84; a.A. GK-AuslR/*Franke*, 58. EL Januar 2000, AuslG § 92a Rn. 20.

308 Umformuliert würde etwa § 96 Abs. 4 AufenthG in Verbindung mit Abs. 1 Nr. 1 lit. a lauten: „Bestraft wird, wer einen Ausländer, der nicht die Staatsangehörigkeit eines Mitgliedstaates der Europäischen Union oder eines anderen Vertragsstaates des Abkommens über den Europäischen Wirtschaftsraum besitzt, zu einer § 95 Abs. 1 Nr. 3 AufenthG entsprechenden Zuwiderhandlung gegen Rechtsvorschriften über die Einreise [...] von Ausländern in das Hoheitsgebiet der Mitgliedstaaten der

Hinweis darauf, dass die (deutsche) Grundkonzeption der Einschleusung von Ausländern im Sinne des Abs. 1 auch im Rahmen des Abs. 4 maßgeblich ist. Folglich wird eine etwaige Strafbarkeit neben den „schleusereigenen“ Tatbestandsmerkmalen wie dem Erhalt eines Vorteils auch von den Tathandlungsumschreibungen „Anstiften“ und „Hilfeleisten“ bestimmt.[309]

Prima facie geht damit die Anwendung der zur Teilnahme entwickelten Grundsätze auf Abs. 4 einher[310], so dass es einer vorsätzlich begangenen rechtswidrigen Tat bedarf, wobei eine „Tat“ die Erfüllung des Tatbestandes eines Strafgesetzes darstellt, vgl. § 11 Abs. 1 Nr. 5 StGB. Ergo müssten es sich auch bei ausländische Rechtsnormen um „Strafgesetze“ im Sinne der Definition handeln. Dies würde jedoch nicht nur dazu führen, dass die Teilnahmestrafbarkeit aufgrund der Bezugnahme der §§ 26f. StGB auf § 11 Abs. 1 Nr. 5 StGB stets universell anzuwenden wäre und etwaige inländische Anknüpfungspunkte entgegen dem völkerrechtlichen Interventionsverbot[311] entbehrlich würden. Darüber hinaus wäre das Teilnahmeunrecht aufgrund seiner Unrechtsakzessorietät vom Unwerturteil eines ausländischen Rechtssetzungsorgans bestimmt. Ein „Strafgesetz“ im Sinne des § 11 Abs. 1 Nr. 5 StGB ist zwingend ein deutsches Strafgesetz.[312]

Dieser Widerspruch lässt sich nur durch die Annahme lösen, dass § 96 Abs. 4 AufenthG die allgemeine Regelung des § 11 Abs. 1 Nr. 5 StGB wegen des Anwendungsvorrangs des EU-Rechts als *lex specialis* verdrängt und die „Haupttat“ keinem Verstoß gegen eine Strafvorschrift entsprechen muss. Die Ansicht der

---

Europäischen Union oder eines Schengen-Staates *anstiftet* oder ihm dazu *Hilfe leistet* und dafür einen Vorteil erhält oder sich versprechen lässt.“

309 *Cantzler*, S. 175; Erbs/Kohlhaas/*Senge*, 199. EL Juli 2014, AufenthG § 96 Rn. 32; *Hailbronner*, 63. EL April 2009, AufenthG § 96 Rn. 41; a.A. NK-AuslR/*Fahlbusch*, AufenthG § 96 Rn. 83, und *Schott*, S. 353f. (siehe aber *Schott*, StV 2007, 156 (163)), die wegen des Wortlauts von Art. 1 SchleuserRL und von § 96 Abs. 4 Nr. 2 AufenthG die Tathandlungsumschreibung hinsichtlich des Schleusers im Begriff „Unterstützen“ sehen und nur Fälle der Beihilfe berücksichtigen wollen. Aufgrund der neutral gehaltenen Gesetzesbegründung („Mitwirkung“) ist allerdings anzunehmen, dass der Begriff des „Unterstützens“ der Leserlichkeit halber verwendet wurde, siehe RegBegr. zum Gesetz zum Schengener Übereinkommen, BT-Drucks. 12/2453, S. 9. Im Ergebnis kann ein Streitentscheid aber dahinstehen, da *Fahlbusch* und *Schott* von der Beihilfe im technischen Sinne sprechen und somit ebenfalls die Grundsätze der Teilnahmelehre anwenden.

310 Vgl. Abschnitt B.I.2. (S. 51).

311 Vgl. NK-StGB/*Böse*, § 9 Rn. 20.

312 LK/*Werle/Jeßberger*, § 9 Rn. 48; SK-StGB/*Stein/Deiters*, § 11 Rn. 79.

herrschenden Meinung findet auch insoweit im Ergebnis ihre Berechtigung, als nicht jede der Rechtsordnungen der Mitgliedstaaten eine § 95 Abs. 1 Nr. 3 AufenthG vergleichbare Strafvorschrift (wohl aber administrative Vorschriften zur (rechtswidrigen) Einreise) vorsieht[313], so dass § 96 Abs. 4 AufenthG im Falle des Erfordernisses eines ausländischen Strafgesetzes als Anknüpfungsnorm zumindest teilweise ins Leere ginge. Insofern wäre ein Verstoß gegen das Gebot einer effektiven Umsetzung europäischen Sekundärrechts gemäß Art. 4 Abs. 3 EUV, Art. 288 EUV zu befürchten.

b. Bruch mit der Akzessorietät

Der Verzicht auf einen Verstoß des „Haupttäters“ gegen ein ausländisches Strafgesetz erinnert an die Norm des § 9 Abs. 2 Satz 2 StGB.[314] Diese Regelung greift auch bzw. gerade dann, wenn die deutsche Rechtsordnung einen Sachverhalt regelt, zu dem die Rechtsordnung des ausländischen Ortes der „Haupttat“ schlicht schweigt. Da der Teilnehmer gleichwohl einer unrechtsangemessenen Sanktion zugeführt werden muss, werden die Unrechtswertungen des deutschen Rechts mit der Folge herangezogen[315], dass eine im Inland begangene Haupttat fingiert wird.[316] Stimmen in der Literatur sehen durch dieses inländische Unwerturteil die Systematik der §§ 26, 27 Abs. 1 StGB (wieder-)hergestellt, so dass § 9 Abs. 2 Satz 2 StGB den Akzessorietätsgrundsatz nicht durchbreche.[317] Sofern man diese Argumentation auf § 96 Abs. 4 AufenthG übertragen kann, bestünde kein Widerspruch zu den Teilnahmegrundsätzen innerhalb des § 96 Abs. 1 AufenthG.

§ 96 Abs. 4 AufenthG ist aber gerade nicht mit § 9 Abs. 2 Satz 2 StGB vergleichbar. Sogenannte „Schengen-Schleusungen“ sind nicht strafbar, „auch wenn die [der in § 95 Abs. 1 Nr. 3 AufenthG bezeichneten Handlung entsprechenden]

---

313 Siehe etwa §§ 114 Abs. 5, 120 FPG (Österreich) oder Art. 5 Abs. 1 des Immigration Act von Malta.

314 Wegen der Verselbstständigung zur Täterschaft bestimmt sich der Ort der Tat im Sinne des § 96 Abs. 1 AufenthG stets nach § 9 Abs. 1 StGB, siehe BGH, Urt. v. 11.07.2003, Az.: 2 StR 31/03 = NStZ 2004, 45; Graf/Jäger/Wittig/*Rotsch*, StGB § 9 Rn. 22; NK-StGB/*Böse*, § 9 Rn. 17; SSW/*Satzger*, § 9 Rn. 11; a.A. BGH, Urt. v. 11.02.2000, Az.: 3 StR 308/99 = NJW 2000, 1732 (1736).

315 *Gribbohm*, JR 1998, 177 (178); *Jung*, JZ 1979, 325 (328).

316 Vgl. Lackner/Kühl/*Heger*, § 9 Rn. 3; LK/*Werle/Jeßberger*, § 9 Rn. 50; *Magnus*, NStZ 2015, 57 (62).

317 *Jung*, JR 1979, 325 (328); SSW/*Satzger*, § 9 Rn. 13; a.A. Graf/Jäger/Wittig/*Rotsch*, StGB § 9 Rn. 27; *Magnus*, NStZ 2015, 57 (62); MüKo-StGB/*Ambos*, § 9 Rn. 39 m.w.N.

Tat nach dem Recht des Tatorts nicht mit Strafe bedroht ist", sondern lediglich dann, wenn die Handlung Einreisebestimmungen eines Mitgliedstaates zuwiderläuft. Der Gesetzgeber ordnet damit für die Bewertung der Einreise in einen Mitgliedstaat einen verbindlichen Maßstab an, so dass für die Heranziehung des deutschen Strafrechts bzw. eine Fiktion kein Raum bleibt. Da dieser Maßstab jedoch – wie soeben festgestellt – nicht strafrechtlicher Art ist, wird die Akzessorietät der Teilnahme im Rahmen des § 96 Abs. 4 AufenthG zugunsten einer selbstständigen Strafbarkeit durchbrochen.

Obwohl sich die „Entsprechungsklausel" des § 96 Abs. 4 Nr. 1 AufenthG auf die Handlung (Einreise ohne Pass, Passersatz oder Aufenthaltstitel) und nicht auf die Strafvorschrift des § 95 Abs. 1 Nr. 3 AufenthG bezieht und somit dem Wortlaut nach bereits Vorschriften erfasst, die die entsprechende Handlung ohne Unrechtswertung beschreiben (wie etwa §§ 3, 4 AufenthG), wird verbreitet explizit gefordert[318], dass die ausländische Rechtsvorschrift die Zuwiderhandlung gegen Einreisebestimmungen zumindest als Verwaltungsunrecht, sprich als Ordnungswidrigkeit einordnet. Allenfalls – gedanklich – konstruierbar wäre somit eine „modifizierte Akzessorietät" in Form einer Abhängigkeit der Teilnahme von einer vorsätzlich begangenen, nach der ausländischen Rechtsordnung nicht gerechtfertigten Ordnungswidrigkeit. Dass diese Form der Akzessorietät aber nicht ins geltende Ordnungsgefüge zwischen Strafrecht und Ordnungswidrigkeitenrecht passt, bedarf keiner weiteren Erklärung.

Im Ergebnis muss der Vorschrift des § 96 Abs. 4 AufenthG daher – trotz der Bezugnahme auf den akzessorisch ausgestalteten § 96 Abs. 1 AufenthG – eine eigene selbstständige Systematik zugrunde gelegt werden.

III. Versuchsstrafbarkeit als Korrektiv?

Schließt einer der genannten Gründe die Vollendung der von § 96 Abs. 1 AufenthG in Verbindung mit §§ 26, 27 Abs. 1 StGB vorausgesetzten vorsätzlich begangenen rechtswidrigen Haupttat aus, bietet die Versuchsstrafbarkeit im Sinne des § 96 Abs. 3 AufenthG eine Möglichkeit, die daraus entstehende Strafbarkeitslücke zu schließen. Ob sie jedoch in der Weise ein Korrektiv darstellen

---

318 BayObLG, Beschl. v. 18.06.1999, Az.: 4 St RR 51/99 = BayObLGSt 1999, 113 (116); Bergmann/Dienelt/*Winkelmann/Stephan*, AufenthG § 96 Rn. 32; GK-AufenthG/*Mosbacher*, 28. EL Juli 2008, § 96 Rn. 53; *Hailbronner*, 63. EL April 2009, AufenthG § 96 Rn. 39; Kluth/Heusch/*Hohoff*, AufenthG § 96 Rn. 24; MüKo-StGB/*Gericke*, AufenthG § 96 Rn. 41.

kann, dass sie die Strafbarkeitslücken auf praktisch seltene Fälle reduziert und etwaigen Reformbestrebungen ihre argumentative Grundlage entzieht, muss stark bezweifelt werden. Gleich aus zwei Gründen wird die Versuchsstrafbarkeit dieser Aufgabe nur unzureichend gerecht.

1. Tatentschluss

Die einschneidendste Einschränkung für die Eignung der Versuchsstrafbarkeit als „Lückenbüßerin" liegt in der Subjektivität ihrer Beurteilungsgrundlage[319] – nur derjenige wird bestraft, der mit dem erforderlichen Vorsatz auf die Tatbestandsverwirklichung hinwirkt (vgl. § 22 StGB: „nach seiner Vorstellung der Tat").

Im Ausgangspunkt bedeutet dies in Bezug auf die Einschleusung von Ausländern, dass im Wege des § 96 Abs. 3 AufenthG (nur) die Tätervorstellung bestraft wird, der zufolge der geschleuste Ausländer durch seine Einreise tatbestandsmäßig im Sinne des § 95 Abs. 1 Nr. 3 AufenthG handelt.[320] Ein Schleuser, der aufgrund seiner asyl-, aufenthalts- oder strafrechtlichen Kenntnisse weiß, dass die Einreise des von ihm unterstützen Ausländers aus zumindest einem der in Abschnitt B.II. genannten Gründe nicht tatbestandsmäßig oder rechtswidrig ist, fasst hingegen keinen entsprechenden Tatentschluss, so dass er dadurch gegenüber den übrigen Schleusern bevorteilt wird. So besteht nicht nur die Möglichkeit, sich zur Verteidigung auf eine entsprechende Kenntnis zu berufen, sondern auch die Gefahr, dass Schleuser zum aktiven Hinwirken auf die Straffreiheit des Ausländers motiviert werden und den Ausländer etwa mittels eines Betäubungsmittels vorübergehend seiner Handlungsfähigkeit berauben und dann über die Grenze transportieren könnten.[321]

Daneben ist zu berücksichtigen, dass die Umstände, die zur Straffreiheit des Ausländers nach § 95 Abs. 1 Nr. 3 AufenthG führen, in dessen Person liegen und vom Schleuser nicht beeinflusst werden können. Der Tatentschluss wird somit auf eine Person (als Haupttäter) konkretisiert, deren Anstiftung oder Unterstützung aus rechtlicher Sicht nicht zur Vollendung des § 96 Abs. 1 AufenthG führen kann, so dass der Anwendungsbereich des § 23 Abs. 3 StGB (ggf. über § 30 Abs. 1 Satz 3 StGB[322]) eröffnet ist.

---

319 Vgl. *Roxin*, AT/II, § 29 Rn. 5.

320 Vgl. Huber/*Bergmann*, Vorbem. zu §§ 96f. Rn. 13.

321 Beispiel nach *Schott*, S. 109.

322 Siehe dazu den nachfolgenden Abschnitt B.III.2.a.

Zugegebenermaßen wird dies jedoch angesichts der unübersichtlichen Rechtslage zur Einreise von Ausländern in den allermeisten Fällen nicht von Relevanz sein, da regelmäßig nicht anzunehmen sein wird, dass der Schleuser „aus grobem Unverstand" die Untauglichkeit seines Versuchsobjekts (Ausländer) wegen nationaler, europäischer oder völkerrechtlicher Normen verkannte. Auch hinsichtlich der übrigen Umstände wie des Alters oder des Geisteszustands des Ausländers ist bei der Annahme von grobem Unverstand im Sinne des § 23 Abs. 3 StGB Zurückhaltung geboten.[323]

2. Strafmilderung

Auch wenn für die Beurteilung der Strafbarkeit des Delinquenten ein untauglicher Versuch im Sinne des § 23 Abs. 3 StGB im Einzelfall nicht in Frage kommt, könnten die für den Versuch der Einschleusung maßgeblichen Regeln des Allgemeinen Teils (§ 23 StGB oder § 30 StGB; dazu sogleich) immerhin dazu führen, dass dieser milder bestraft wird. Dies würde wiederum dazu führen, dass die Versuchsstrafbarkeit des § 96 Abs. 3 AufenthG Strafbarkeitslücken, die in der Sphäre des Ausländers begründet sind, nicht gänzlich auffangen könnte. Während im Rahmen der fakultativen Strafmilderung noch die Möglichkeit verbleibt, den Täter aufgrund des für die Tatvollendung vorgesehenen Strafrahmens voll zu bestrafen, bleibt die Strafe zwangsläufig hinter der für die Tatvollendung vorgesehenen zurück, wenn das Gesetz eine obligatorische Strafmilderung vorsieht.

a. Fakultative oder obligatorische Strafmilderung – was gilt?

Der Frage, welchen der beiden Arten der Versuchsstrafbarkeit – entweder die allgemeinen Regeln zum Versuch im Sinne der §§ 23f. StGB oder die für die Beteiligung in §§ 30f. StGB enthaltenen Sondernormen – auf Fälle des § 96 Abs. 3 AufenthG anzuwenden ist, wurde noch nicht abschließend entschieden. Ihre Lösung kann nur gelingen, wenn man das der Frage zugrundeliegende Problem klärt, also abwägt, wie mit der „Zwitterkonstruktion" des § 96 Abs. 1 AufenthG zu verfahren ist: Legt man den Schwerpunkt auf die qualifizierte Form der Teilnahme oder auf die Stellung der Einschleusung von Ausländern als eigenständig geregeltem Straftatbestand? Mit anderen Worten: Ist der Schleuser nach der Konzeption der Strafnorm eher Täter oder Teilnehmer?

Hierzu stechen vor allem zwei Entscheidungen des Bundesgerichtshofs heraus, auf deren Grundlage sich Tendenzen in beide Richtungen herauslesen

323 Vgl. *Roxin*, AT/II, § 29 Rn. 364.

lassen. Dem Ersten Strafsenat zufolge gelten im Rahmen des § 96 Abs. 3 AufenthG „keine anderen Grundsätze als bei § 30 StGB“[324], während der Vierte Strafsenat der Auffassung ist, dass „die allgemein zur Versuchsstrafbarkeit entwickelten Grundsätze (§§ 22ff. StGB)“ heranzuziehen seien. Für die Prüfung des unmittelbaren Ansetzens könne aber ergänzend die Rechtsprechung zu § 30 Abs. 1 StGB herangezogen werden.[325]

Auf der einen Seite sind die materiellen, unrechtsbezogenen Charakteristika der Strafvorschrift nicht außer Acht zu lassen. Der Tatbestand der Einschleusung von Ausländern birgt die Schwierigkeit, dass er einerseits selbstständige Unrechtsmerkmale wie etwa den Erhalt eines Vorteils enthält, andererseits aber das durch ihn formulierte Unwerturteil wesentlich von der „fremden“ Unrechtsverwirklichung abhängt, mithin unselbstständig ist. Dies hat zur Folge, dass die Grenzen zwischen selbstständiger Pönalisierung und unselbstständiger Strafausdehnung[326], die im Allgemeinen Teil durch die §§ 25ff. StGB gezogen werden, im Rahmen des § 96 Abs. 1 AufenthG verschwimmen.

In formeller Hinsicht ist die Einschleusung aber ein eigener Tatbestand und stellt insofern eine täterschaftliche Handlung dar, so dass die Anwendung des § 30 StGB als besondere Teilnahmevorschrift Bedenken begegnet, zumal die Einschleusung schon gar kein Verbrechen im Sinne des § 12 Abs. 1 StGB darstellt. Ferner veranschaulichen Rechtsakte sowohl auf globaler als auch auf europäischer Ebene Bestrebungen, der Schleusungskriminalität angemessen und abschreckend (vgl. Art. 3 SchleuserRL) entgegenzutreten. Daneben steht die bewusste Entscheidung des Gesetzgebers, die Einschleusung als Täterschaft auszugestalten, um sie gegenüber der unerlaubten Einreise – anders als dies §§ 26, 27 Abs. 2 StGB zuließen – schwerwiegender im Rahmen des Unwerturteils berücksichtigen zu können.[327] Mithin lassen sich durchaus gewichtige

---

324 BGH, Urt. v. 25.03.1999, Az.: 1 StR 344/98 = NStZ 1999, 409; ebenso BGH, Beschl. v. 26.03.2012, Az.: 5 StR 86/12 = juris; Erbs/Kohlhaas/*Senge*, 199. EL Juli 2014, AufenthG § 96 Rn. 29; *Kretschmer*, § 4 Rn. 194; MüKo-StGB/*Gericke*, AufenthG § 96 Rn. 42.

325 BGH, Beschl. v. 06.06.2012, Az.: 4 StR 144/12 = NJW 2012, 2821 (2822); ebenso BGH, Beschl. v. 13.01.2015, Az.: 4 StR 378/14 = NStZ 2015, 399 (401); BGH, Beschl. v. 03.09.2015, Az.: 3 StR 236/15 = BGHR AufenthG § 96 Abs. 3 Unmittelbares Ansetzen 1; Bergmann/Dienelt/*Winkelmann/Stephan*, AufenthG § 96 Rn. 30; Huber/*Bergmann*, AufenthG § 96 Rn. 66; Kluth/Heusch/*Hohoff*, AufenthG § 96 Rn. 22; NK-AuslR/*Fahlbusch*, AufenthG § 96 Rn. 78.

326 Vgl. LK-StGB/*Schünemann*, § 30 Rn. 1.

327 Zur Legitimation des für § 96 Abs. 1 AufenthG vorgesehenen Strafrahmens siehe Abschnitt B.V. (S. 110).

Argumente dafür finden, den Schwerpunkt auf die Eigenständigkeit des Schleusungstatbestandes zu legen und somit in § 96 Abs. 3 AufenthG eine eigenständige Strafausdehnung zu erkennen.[328]

Bis der Gesetzgeber das Problem der eigentümlichen Konstruktion des Schleusungsstraftatbestandes eindeutig zugunsten eines der Deutungsansätze klärt, sprechen die besseren Gründe dafür, sich auf die Ausgestaltung der Einschleusung als eigener Straftatbestand zu stützen und im Rahmen des § 96 Abs. 3 AufenthG eine lediglich fakultative Strafmilderung im Sinne der §§ 23 Abs. 2, 49 Abs. 1 StGB anzunehmen. Falls dennoch die Alternative der obligatorischen Strafmilderung bevorzugt werden sollte, hat dies zur Folge, dass die Strafbarkeit gemäß § 96 Abs. 3 AufenthG in keinem denkbaren Fall den eigentlich für die Einschleusung vorgesehenen Strafrahmen abzubilden vermag, der oft nur deswegen nicht anwendbar ist, weil in der Sphäre des Ausländers bestehende Umstände das Vorliegen einer Haupttat missen lassen.

b. Reichweite der Strafbarkeit wegen Vollendung

Im Allgemeinen sind Anstiftung und Beihilfe bereits dann vollendet, wenn der Täter der Haupttat während oder in Folge der Beteiligungshandlung das (strafbare) Versuchsstadium erreicht hat, da auch dann eine Beteiligung an entstandenem Unrecht vorliegt.[329] Die Anstiftung zum Versuch ist somit keine versuchte Anstiftung, die Beihilfe zum Versuch keine (straflose) versuchte Beihilfe.

Nach Maßgabe dessen wäre das Gericht im Falle der versuchten Einschleusung nur dann zu einer Strafmilderung wegen der Einordnung der Schleusung als Versuch berechtigt (§ 23 Abs. 2 StGB), wenn die Einreise des Ausländers nicht ins strafbare Versuchsstadium gelangt ist, im Übrigen aber an den Strafrahmen des § 96 Abs. 1 AufenthG gehalten.[330]

Der Bundesgerichtshof macht die Vollendung der Einschleusung jedoch nicht vom Versuchsunrecht des Ausländers, sondern davon abhängig, ob der tatbestandsmäßige Erfolg des § 95 Abs. 1 Nr. 3 AufenthG eingetreten ist.[331] Er behilft

328 So im Ergebnis auch BGH, Beschl. v. 09.09.2003, Az.: 4 StR 269/03 = NStZ-RR 2004, 23f., der § 23 Abs. 2 StGB anwendet.

329 BGH, Beschl. v. 20.06.1994, Az.: 3 StR 150/94 = NStZ 1994, 501; *Fischer*, § 26 Rn. 2, § 27 Rn. 3; *Jakobs*, 22. Abschn. Rn. 20; LK/*Schünemann*, § 26 Rn. 38; MüKo-StGB/*Joecks/Scheinfeld*, § 26 Rn. 8, § 27 Rn. 4; NK-StGB/*Schild*, § 26 Rn. 1; *Roxin*, AT/II, § 26 Rn. 2.

330 So *Kretschmer*, § 4 Rn. 194; *Kretschmer*, NStZ 2013, 570 (577).

331 BGH, Beschl. v. 12.09.2002, Az.: 4 StR 163/02 = NJW 2002, 3642 (3643).

sich insoweit mit einem Kriterium, das zur Abgrenzung von Vollendung und Versuch einer Täterschaft herangezogen wird. Da sich der in § 96 Abs. 1 AufenthG enthaltene Verweis zwar auf § 95 Abs. 1 und Abs. 2 AufenthG, nicht aber auf die Versuchsvorschrift des § 95 Abs. 3 AufenthG beziehe, könne die Einschleusung von Ausländern nur dann vollendet sein, wenn auch die Haupttat vollendet sei.[332] Diese Auffassung scheint der Gesetzgeber auf den ersten Blick mit dem zuletzt eingeführten § 96 Abs. 2 Satz 2 AufenthG zu bestätigen: so verweist der Wortlaut auf die (vollendete) Einreise des minderjährigen Ausländers. Der Bundesgerichtshof setzt jedoch mit seiner Ansicht die Anstiftung bzw. Hilfestellung zur versuchten unerlaubten Einreise letzten Endes der versuchten Einschleusung gleich[333], so dass der Anwendungsbereich der Versuchsregeln im Ergebnis eine Ausdehnung erfährt und in der Folge umfassender eine Strafmilderung nach §§ 23 Abs. 2, 49 Abs. 1 StGB erwogen werden muss.

Man mag sich streiten, ob § 96 Abs. 1 AufenthG nicht zumindest indirekt auf § 95 Abs. 3 AufenthG Bezug nimmt.[334] Im eigentlichen Kern geht es – wie zuvor bei der Strafmilderung – auch hier um das Verhältnis zwischen der Teilnahme-Konstruktion als solcher und ihrer Heraufstufung zur Täterschaft. Sicherlich ist die Argumentation *Kretschmers* allein mit Blick auf die Tathandlungsbeschreibungen konsequent, wenn er mit Verweis auf die allgemeinen Teilnahmegrundsätze betont, dass die Einschleusung bereits bei der versuchten unerlaubten Einreise eines Ausländers vollendet sei, da auch der strafbare Versuch ein Verstoß gegen ein Strafgesetz im Sinne des § 11 Abs. 1 Nr. 5 StGB und damit eine (Haupt-)Tat darstelle.[335] Auch die Rechtsprechung betont durchweg,

332 BGH, Beschl. v. 12.09.2002, Az.: 4 StR 163/02 = NJW 2002, 3642 (3643) (zu § 92a Abs. 3 AuslG); siehe auch LG Hof, Urt. v. 20.04.2017, Az.: 5 KLs 354 Js 1442/16 = juris, Rn. 73.

333 Siehe BGH, Beschl. v. 12.09.2002, Az.: 4 StR 163/02 = NJW 2002, 3642 (3643); BGH, Beschl. v. 01.08.2012, Az.: 4 StR 266/12 = juris, Rn. 3; BGH, Beschl. v. 13.01.2015, Az.: 4 StR 378/14 = NStZ 2015, 399 (400f., Rn. 10); lediglich zur Beihilfe Stellung beziehend BGH, Beschl. v. 06.06.2012, Az.: 4 StR 144/12 = NJW 2012, 2821 (2822, Rn. 4); vgl. auch BGH, Beschl. v. 05.09.2001, Az.: 3 StR 174/01 = NStZ 2002, 33 (34); zustimmend Bergmann/Dienelt/*Winkelmann/Stephan*, AufenthG § 96 Rn. 30; Erbs/Kohlhaas/*Senge*, 199. EL Juli 2014, AufenthG § 96 Rn. 29; Huber/*Bergmann*, AufenthG § 96 Rn. 67; Kluth/Heusch/*Hohoff*, AufenthG § 96 Rn. 22; MüKo-StGB/*Gericke*, AufenthG § 96 Rn. 42; NK-AuslR/*Fahlbusch*, AufenthG § 96 Rn. 78; *Schott*, S. 347f.; *Westphal/Stoppa*, S. 755.

334 So *Schott*, S. 348; *Westphal/Stoppa*, S. 741.

335 *Kretschmer*, NStZ 2013, 570 (577).

dass die Teilnahmegrundsätze im Rahmen des § 96 AufenthG zu berücksichtigen seien[336]. Auf der anderen Seite kann die herrschende Meinung für sich beanspruchen, dass die Einschleusung von Ausländern zumindest formell als Täterschaft ausgestaltet ist, was konsequent zu Ende gedacht die Folge hat, dass es zur Tatvollendung eines tatbestandlichen Erfolges bedarf.

Letzten Endes wird einmal mehr offenbar, dass sich die Ausgestaltung einer Teilnahmekonstruktion als Täterschaft als ein unzureichendes, da dogmatisch nicht widerspruchsfrei in den Griff zu bekommendes Mittel zur Bekämpfung der Schleusungskriminalität darstellt. Stellt man die Folgen der vertretenen Ansichten gegenüber, stellt die herrschende Meinung die für den Schleuser günstigere dar, da sie den Anwendungsbereich der Versuchsstrafbarkeit ausdehnt und die konkrete Tathandlung damit eher der Strafmilderung unterliegt.

3. Ergebnis

Gerade gegen diejenigen, die eine Einschleusung von Ausländern in die Wege leiten und wissen, dass die erforderliche Haupttat nicht vorliegen wird, weil entweder schon keine Tat im strafrechtlichen Sinne gegeben ist oder die Tat unvorsätzlich begangen oder gerechtfertigt sein wird, bietet die Versuchsstrafbarkeit keine Handhabe. Im Gegenteil könnten sich Schleuser, die das Erfordernis einer vorsätzlich begangenen rechtswidrigen Haupttat kennen, dazu ermutigt sehen, die zu schleusenden Ausländer vor Tatbeginn über die Umstände des Geschehensablaufs wie etwa den Grenzverlauf zu täuschen oder sie gar in einen handlungsunfähigen Zustand (z.B. Bewusstlosigkeit) zu versetzen. Die in Abschnitt B.II. behandelten Problemkreise und die damit zusammenhängenden Strafbarkeitslücken im Rahmen der Schleusungskriminalität erweisen sich somit keineswegs als Bagatellprobleme.[337]

---

336 Statt aller BGH, Beschl. v. 13.01.2015, Az.: 4 StR 378/14 = NStZ 2015, 399 (400) m.w.N.

337 Im Übrigen handelt es sich auch nicht um zu vernachlässigende Einzelfälle. Im Jahre 2015 reisten rund 42.300 Minderjährige ohne Begleitung einer sorgeberechtigten Person nach Deutschland ein, einige weitere Zehntausend dürften durch Angehörige oder Bekannte begleitet worden sein. Siehe dazu Statistisches Bundesamt, Pressemitteilung Nr. 268 v. 02.08.2016, abrufbar unter https://www.destatis.de/DE/Presse/Pressemitteilungen/2016/08/PD16_268_225.html (zuletzt abgerufen am 30.09.2020).

IV. Qualifizierende Merkmale des § 96 Abs. 1 AufenthG

Neben den Problemfeldern der unerlaubten Einreise als Haupttat, die sich aufgrund des Akzessorietätsprinzips unmittelbar auf die Strafbarkeit von Einschleusungen auswirken, sind im Folgenden die Tatbestandsmerkmale in die Untersuchung einzubeziehen, die zwar „selbstständige Schleusungsmerkmale" darstellen, aber gleichwohl durch ihre Bezugnahme auf die Person des eingeschleusten Ausländers möglicherweise vom Vorliegen einer vorsätzlich begangenen rechtswidrigen Haupttat abhängig zu sein.

1. Einschleusen mehrerer Ausländer

§ 96 Abs. 1 Nr. 1 lit. b AufenthG erfüllt, wer „zugunsten von mehreren Ausländern handelt". Diese Passage ist aus § 92a Abs. 1 Nr. 2 AuslG a.F. übernommen worden und wird erfüllt, wenn sich die Schleusungshandlung auf zumindest zwei Personen bezieht.[338]

Umstritten ist, ob dabei alle Ausländer Täter der Haupttat im Sinne der limitierten Akzessorietät sein müssen, also eine Einschleusung mehrerer Ausländer im teilnahmedogmatischen Sinne vorliegen muss, oder ob es ausreicht, wenn zumindest ein Ausländer vorsätzlich und rechtswidrig unerlaubt eingereist ist. Dem Wortlaut zufolge wird bestraft, wer bei der Tatausführung der Einschleusung zugunsten mehrerer Ausländer *handelt*. Die herrschende Meinung[339] schlussfolgert aus der Differenzierung zwischen den Tathandlungsvarianten „Anstiften" und „Hilfeleisten" einerseits und der Bezeichnung „Handeln" andererseits, dass letztere keine Akzessorietät voraussetzt. „Anstiften" bzw. „Hilfeleisten" beziehe

---

338 BGH, Urt. v. 11.07.2003, Az.: 2 StR 31/03 = NStZ 2004, 45; BGH, Urt. v. 14.11.2019, Az.: 3 StR 561/18 = NStZ-RR 2020, 184 (185); Bergmann/Dienelt/*Winkelmann/Stephan*, AufenthG § 96 Rn. 16; Erbs/Kohlhaas/*Senge*, 199. EL Juli 2014, AufenthG § 96 Rn. 8; Huber/*Bergmann*, AufenthG § 96 Rn. 25; MüKo-StGB/*Gericke*, AufenthG § 96 Rn. 19; *Schott*, S. 334. Ursprünglich wies der Wortlaut anstatt „mehrerer" die Worte „von mehr als fünf" auf. Diese sog. Sechserbandenklausel wurde jedoch bereits 1997 gestrichen (Art. 1 Nr. 24 G v. 29.10.1997 m.W.v. 01.11.1997, BGBl. 1997 I Nr. 72, S. 2584). Zehn Jahre später wurde das Merkmal der Einschleusung mehrerer Ausländer zudem auf Fälle der unerlaubten Einreise beschränkt (Art. 1 Nr. 77 G v. 19.08.2007 m.W.v. 28.08.2007, BGBl. 2007 I Nr. 42, S. 1970).

339 *Böse*, ZStW 116 (2004), 680 (700, Fn. 88); *Cannawurf*, S. 81; Huber/*Stoppa*[1], AufenthG § 96 Rn. 35, 78; MüKo-StGB/*Gericke*, AufenthG § 96 Rn. 19; ohne Begründung Bergmann/Dienelt/*Winkelmann/Stephan*, AufenthG § 96 Rn. 16; *Westphal/Stoppa*, S. 741; krit. BGH, Beschl. v. 24.10.2018, Az.: 1 StR 212/18 = juris, Rn. 18.

sich nur auf „*einen* anderen [Ausländer]". Die Ansicht hat zur Folge, dass der Anwendungsbereich des § 96 Abs. 1 Nr. 1 lit. b Alt. 2 AufenthG auf Fälle ausgedehnt wird, in der bis auf eine geschleuste Person im akzessorischen Sinne alle weiteren Personen Kleinkinder sind oder sich in einem die freie Willensbildung ausschließenden Zustand befinden.

Für die Gegenauffassung spricht die historische Entwicklung des heutigen § 96 Abs. 1 Nr. 1 lit. b AufenthG. Die hierin beschriebene Tathandlung („wer einen anderen anstiftet oder ihm [...] Hilfe leistet, [...] und [...] zugunsten von mehreren Ausländern handelt") ist nicht in einem Guss verabschiedet worden, sondern nach und nach durch Gesetzesnovellierungen entstanden. Deshalb liegt, wie *Aurnhammer* anmerkt, die Vermutung nahe, dass der verwendete Begriff „Handeln" keine eigenständige Bedeutung neben „Anstiften" und „Hilfeleisten" hat, sondern einem ökonomischen Gesetzgebungsstil geschuldet ist.[340] Es dürfte einleuchten, dass die Formulierung „wer einen anderen anstiftet oder ihm [...] Hilfe leistet, [...] und wiederholt oder zugunsten von mehreren Ausländern anstiftet oder Hilfe leistet" nicht leserfreundlich ist. Dass „Handeln" keine eigenständige Bedeutung hat, zeigt außerdem die erste Alternative des § 96 Abs. 1 Nr. 1 lit. b AufenthG: Hier wird unbestreitbar das mehrfache, aber zeitlich versetzte Anstiften oder Hilfeleisten bestraft (selbiges gilt auch für die weiteren Verwendungen des Begriffes „Handeln" in § 96 Abs. 2 Satz 1 Nr. 1 und 2 und Satz 2 AufenthG).[341]

Dies leitet zum nächsten Argument über: Wenn im Falle der ersten Alternative von § 96 Abs. 1 Nr. 1 lit. b AufenthG unstreitig die mehrfache Verwirklichung von Unrecht erforderlich ist, und dieses Zusammentreffen mehrerer jeweils unrechtsbegründender Handlungen als besonders verwerflich angesehen wird, entspricht es nur systematischer Konsequenz, eine entsprechende besondere Verwerflichkeit, also das Zusammentreffen mehrerer jeweils unrechtsbegründender Handlungen, auch im Rahmen der zweiten Alternative des lit. b vorauszusetzen.[342]

---

340 *Aurnhammer*, S. 158.

341 BGH, Urt. v. 26.05.1999, Az.: 3 StR 122/99 = NJW 1999, 2829; Erbs/Kohlhaas/*Senge*, 199. EL Juli 2014, AufenthG § 96 Rn. 7; GK-AufenthG/*Mosbacher*, 28. Juli 2008, § 96 Rn. 33; Huber/*Bergmann*, AufenthG § 96 Rn. 22; Kluth/Heusch/*Hohoff*, AufenthG § 96 Rn. 9; *Kretschmer*, § 4 Rn. 255; MüKo-StGB/*Gericke*, AufenthG § 96 Rn. 19; *Schott*, S. 342; *Westphal/Stoppa*, S. 745. NK-AuslR/*Fahlbusch*, AufenthG § 96 Rn. 28 nimmt darüberhinausgehend mit Verweis auf BGH, Beschl. v. 16.03.2000, Az.: 4 StR 655/09 = juris, an, dass bereits die Ersttat „Schleusungsqualität" haben müsse.

342 Huber/*Bergmann*, AufenthG § 96 Rn. 27; *Kretschmer*, ZAR 2019, 263 (265); i.E. auch Kluth/Hund/Maaßen/*Mosbacher*, § 10 Rn. 37.

Mit anderen Worten kann diese Regelung, die eine Teilnahme an der unerlaubten Einreise bei höherer Strafandrohung zur Täterschaft erhebt, nur dann legitimiert werden, wenn begründet werden kann, dass bzw. inwiefern die von ihr beschriebene Tatkonstellation gegenüber der einfachen Teilnahme im Sinne des § 95 Abs. 1 Nr. 3 AufenthG in Verbindung mit §§ 26, 27 Abs. 1 StGB ein gesteigertes Unrecht hervorruft.[343] Diese Begründung misslingt jedoch, wenn der zweite Ausländer unvorsätzlich unerlaubt einreist, das ihm vorwerfbare tatbestandliche Unrecht gerechtfertigt ist oder in Fällen der Schleusung von Bewusstlosen oder Säuglingen nicht einmal eine Handlung im strafrechtlichen Sinne vorliegt. In diesen Fällen geht die Akzessorietät des Unrechts der Schleusungshandlung ins Leere. Es ließe sich allerdings überlegen, ob hiergegen nicht eingewendet werden könnte, dass der Schleuser immerhin versucht habe, den zweiten Ausländer zur unerlaubten Einreise anzustiften oder diesbezüglich Hilfe zu leisten, und damit (selbst) Unrecht begründet habe, das neben das Teilnahmeunrecht hinsichtlich des ersten Ausländers trete. Dieser mögliche Einwand soll anhand der folgenden Beispiele kritisch überprüft werden.

Beispiel 1: S, der bisher nicht wegen Einschleusung in Erscheinung getreten ist, verhilft den Drittstaatsangehörigen A und B, beide ohne Ausweisdokumente und Visa, gegen ein Entgelt von 10.000 € über die Grenze. B ist wenige Wochen alt und wird von A als personensorgeberechtigter Person begleitet.

Prüft man die Strafbarkeit des S wegen seiner Mitwirkung an der Einreise von A und B separat, kommt bezüglich der Hilfeleistung gegenüber A eine Strafbarkeit nach § 96 Abs. 1 Nr. 1 lit. a AufenthG, bezüglich B eine Strafbarkeit nach § 96 Abs. 1 Nr. 1 lit. a, Abs. 3 AufenthG, § 30 Abs. 1 Satz 1 StGB in Betracht. Dabei hängt die Versuchsstrafbarkeit davon ab, ob der Schleuser einen entsprechenden Tatentschluss gefasst hat.[344] Da das mit der Sache befasste Gericht die Strafe für die Mitwirkung an der Einreise von B gemäß § 30 Abs. 1 Satz 2 oder Satz 3 StGB mildern könnte, der Strafrahmen für die Mitwirkung an der Einreise von A aber unverändert bliebe, wäre letzterer voraussichtlich für die Bestimmung der Strafe maßgeblich, § 52 Abs. 2 Satz 1 StGB. Im Rahmen der Strafzumessung wäre dann verschärfend zu berücksichtigen, dass S zweimal gegen das Verbot der Einschleusung von Ausländern verstoßen hat, wenngleich ebenso in die

---

343 Aurnhammer, S. 158f; GK-AufenthG/*Mosbacher*, 28. EL Juli 2008, § 96 Rn. 33f.; Huber/*Bergmann*, AufenthG Vorbem. §§ 96f. Rn. 14. Plakativ formuliert bedarf es einer „Teilnahme an einer unerlaubten Einreise *plus x*".

344 Vgl. Abschnitt B.III.1. (S. 97).

Strafzumessung einfließen müsste, dass die Einschleusung von B nicht über das Versuchsstadium hinausgekommen ist.[345]

Käme nun mit der herrschenden Meinung eine Strafbarkeit von § 96 Abs. 1 Nr. 1 lit. b Alt. 2 AufenthG in Betracht, würde sich auf den ersten Blick wenig ändern, da der maßgebliche Strafrahmen gleichbliebe. Zusätzlich wäre im Rahmen der Strafzumessung allerdings verschärfend zu berücksichtigen, dass hier gleich mehrere Fälle des § 96 Abs. 1 AufenthG (namentlich lit. a und lit. b Alt. 2) vollendet würden. Dass sich das letztendlich festzulegende Strafmaß insoweit weiter in Richtung der Strafobergrenze verschiebt, steht im Einklang mit der eben angeführten systematischen Erwägung: Das Zusammentreffen mehrerer jeweils unrechtsverwirklichender Beteiligungen zeigt eine besondere Verwerflichkeit des Verhaltens des Schleusers an.[346]

Anders liegt der Fall jedoch, wenn der Tatentschluss des S in Bezug auf die versuchte Einschleusung des B zu verneinen ist, da er um die Straflosigkeit des Einschleusens von Kleinkindern weiß. Dann begründet für sich betrachtet lediglich das Mitwirken an der Einreise des A Unrecht, so dass keine mehrfache Unrechtsverwirklichung vorliegt, die eine besondere Verwerflichkeit anzeigen würde. Indem die herrschende Meinung gleichwohl eine Strafbarkeit gemäß § 96 Abs. 1 Nr. 1 lit. b Alt. 2 AufenthG bejaht, übergeht sie diese Differenzierung. Zwar wird seitens der herrschenden Auffassung eingewendet, dass auch handlungsunfähige Personen der Passbesitzpflicht unterliegen und das von unerlaubter Einreise und Schleusung geschützte Rechtsgut der administrativen Ordnungssysteme unabhängig von der Handlungsfähigkeit des Einreisenden beeinträchtigt werde.[347] Gerade diese Rechtsgutsbeeinträchtigung wertet das derzeit geltende Recht bei einzelner Betrachtung jedoch weder als originäres Unrecht des Ausländers noch als abgeleitetes Unrecht des Teilnehmers/Schleusers. Von „mehr Unrecht" oder einer „Multiplikatorwirkung" kann hier insofern keine Rede sein.[348]

Beispiel 2: S, der innerhalb der letzten Wochen schon mehrfach Ausländer über die Grenze geschleust hat, verhilft den Drittstaatsangehörigen A und B, beide ohne Ausweisdokumente

---

345 Zur strafschärfenden Berücksichtigung mehrfacher Tatbestandserfüllung siehe nur LK/*Rissing-van Saan*, § 52 Rn. 41; MüKo-StGB/*v. Heintschel-Heinegg*, § 52 Rn. 113; S/S/*Sternberg-Lieben/Bosch*, § 52 Rn. 33.

346 Zur Legitimation des Strafrahmens im Zusammenhang mit der Einschleusung zugunsten mehrerer Ausländer siehe auch Abschnitt B.V.2.b. (S. 117).

347 *Schott*, S. 340; diesbezüglich spricht *Cannawurf* von einer Multiplikatorwirkung, S. 133.

348 So aber *Cannawurf*, S. 133.

und Visa, über die Grenze, ohne dafür einen Vorteil zu erhalten oder sich versprechen zu lassen. B ist wenige Wochen alt und wird von A als personensorgeberechtigter Person begleitet.

Ähnliches gilt hier. Der Annahme einer Strafbarkeit nach § 96 Abs. 1 Nr. 1 lit. b Alt. 2 AufenthG durch die herrschende Meinung ist nur insoweit zuzustimmen, als schon allein durch die Unterstützung der Einreise von B Unrecht verwirklicht werden würde. Fehlt es daran, ist kein Grund ersichtlich, eine besondere Verwerflichkeit des Handelns des S wegen mehrfacher Unrechtsverwirklichung und damit einen Strafgrund im Sinne des § 96 Abs. 1 Nr. 1 lit. b Alt. 2 AufenthG anzunehmen.

Beispiel 3: S, der bisher nicht wegen Einschleusung in Erscheinung getreten ist, verhilft den Drittstaatsangehörigen A und B, beide ohne Ausweisdokumente und Visa, über die Grenze, ohne dafür einen Vorteil zu erhalten oder sich versprechen zu lassen. B ist wenige Wochen alt und wird von A als personensorgeberechtigter Person begleitet.

Noch deutlicher dürften Konstellationen sein, in denen der Schleuser an der unerlaubten Einreise zweier Ausländer teilnimmt, ohne ein qualifizierendes Merkmal des § 96 Abs. 1 AufenthG (etwa das Annahme eines Vorteils) zu erfüllen. Denn nach der herrschenden Ansicht ist § 96 Abs. 1 Nr. 1 lit. b Alt. 2 AufenthG auch dann erfüllt, wenn sich der Täter durch dieselbe Handlung zweimal „nur" gemäß § 95 Abs. 1 Nr. 3 AufenthG i.V.m. §§ 26, 27 Abs. 1 StGB strafbar gemacht hat. Um im vorliegenden Fall eine zweifache Unrechtsverwirklichung bejahen zu können, müsste hinsichtlich des Säuglings immerhin eine Versuchsstrafbarkeit vorliegen. Diese sieht das Gesetz jedoch für die Beihilfe überhaupt nicht, und für die Anstiftung in diesem Falle (vgl. § 95 Abs. 1 AufenthG sowie §§ 12 Abs. 1, 30 Abs. 1 StGB) nicht vor. Mithin verbleibt ausschließlich das verwirklichte Unrecht des Ausländers A übrig, an das die akzessorische Strafbarkeit des S anknüpfen kann.

Die Ausweitung des Anwendungsbereichs von § 96 Abs. 1 Nr. 1 lit. b Alt. 2 AufenthG durch die herrschende Ansicht auf die Schleusung mehrerer Ausländer, von denen nur einer die Voraussetzungen einer vorsätzlich begangenen rechtswidrigen Haupttat erfüllt, ist nach alledem nicht nachvollziehbar. Sie ist, wie die Beispiele gezeigt haben, undifferenziert und nicht zu legitimieren. Richtigerweise kann die Schleusung handlungsunfähiger Ausländer mit dem Bayerischen Obersten Landesgericht allenfalls im Rahmen der Strafzumessung als Folge der Tat im Sinne des § 46 Abs. 2 StGB berücksichtigt werden.[349]

---

349 BayObLG, Beschl. v. 31.03.2003, Az.: 4St RR 18/03 = NStZ-RR 2003, 275.

2. Personeller Schutzumfang von § 96 Abs. 2 Satz 1 Nr. 5 AufenthG und der Erfolgsqualifikation des § 97 Abs. 1 AufenthG

Die Abhängigkeit des Schutzumfangs von der unerlaubten Einreise als Haupttat ist des Weiteren bei der Qualifikation des § 96 Abs. 2 Satz 1 Nr. 5 AufenthG sowie der der Erfolgsqualifikation des § 97 Abs. 1 AufenthG[350] wiederzufinden. Dort wird mit dem Begriff des „Geschleusten" derjenige Personenkreis umschrieben, auf den sich der Schutzbereich der Qualifikationstatbestände erstreckt. Wie weit der intendierte personelle Schutz allerdings im Einzelnen reicht, ist nicht geklärt.

Unstreitig ist zunächst, dass derjenige Geschleuster ist, der vorsätzlich und rechtswidrig unerlaubt in die Bundesrepublik Deutschland einreist. Obwohl der Gesetzgeber diesen Begriff zweimal im AufenthG verwendet, wird jedoch nicht zweifelsfrei deutlich, ob die Bezeichnung „Geschleuster" im Zusammenhang mit § 96 Abs. 1 AufenthG auch sonstige Personen einschließt, die tatsächlich durch die konkrete Schleusung betroffen werden.[351]

Gericke hebt hervor, dass der Wortlaut von §§ 96 Abs. 2 Satz 1 Nr. 5, 97 Abs. 1 AufenthG gegenüber § 96 Abs. 1 AufenthG den Begriff des „Geschleusten" und nicht den des „Ausländers" verwende, womit darauf zu schließen sei, dass der von § 97 Abs. 1 AufenthG geschützte Personenkreis weiter als der Täterkreis des § 95 Abs. 1 Nr. 3 AufenthG zu fassen sei und alle tatsächlich über die Grenze gebrachten Personen erfasse.[352] Nach Maßgabe dessen müsste der in § 97 Abs. 1 AufenthG enthaltene Verweis auf § 96 Abs. 1 AufenthG lediglich als eine Umschreibung der vom Schleuser vorgenommenen Tathandlung verstanden werden. Diese Überlegung gleicht der Ausführung *Bergmanns*, der eine unmittelbare Verbindung zwischen dem „Geschleusten" und § 96 Abs. 1 AufenthG vermisst.[353]

Neben der Wortlautanalyse werden außerdem teleologische Erwägungen für ein derart weites Begriffsverständnis herangezogen. Dessen Folge, mit

350 Ausweislich der Gesetzesbegründung (RegBegr. zum Zuwanderungsgesetz, BT-Drucks. 15/420, S. 98) orientiert sich § 97 Abs. 1 AufenthG an §§ 227 Abs. 1, 235 Abs. 5 StGB, so dass zur Vertiefung auf die entsprechende Literatur zurückgegriffen werden kann.

351 Der Gesetzgeber hat zu dieser Frage keine Stellung bezogen, vgl. RegBegr. zum Zuwanderungsgesetz, BT-Drucks. 15/420, S. 98.

352 MüKo-StGB/*Gericke*, AufenthG § 97 Rn. 5; zustimmend BGH, Urt. v. 14.11.2019, Az.: 3 StR 561/18 = juris, Rn. 24; *Mitsch*, NStZ 2019, 285.

353 Huber/*Bergmann*, AufenthG § 96 Rn. 60.

Kleinkindern und sonst Handlungsunfähigen gerade diejenigen Personen in den Schutz der Qualifikationstatbestände fallen zu lassen, die am meisten Schutz bedürfen[354], wäre rechtspolitisch wünschenswert, zumal dies wohl dem Ziel von Art. 6 Abs. 3 lit. a UN-Schleusungsprotokoll entspricht, eine in personeller Hinsicht umfassende[355] Kriminalisierung von lebens- oder sicherheitsgefährdenden Schleusungen in allen ratifizierenden Staaten zu etablieren. Für die Erfassung von Kleinkindern und handlungsunfähigen Personen durch §§ 96 Abs. 2 Satz 1 Nr. 5, 97 Abs. 1 AufenthG wird außerdem auf der Rechtsfolgenseite vorgebracht, dass Schleuser enthemmter und skrupelloser handeln würden, wenn sie etwa im Falle des Todes eines Kleinkindes nicht eine Freiheitsstrafe von drei bis fünfzehn Jahren (§ 97 Abs. 1 AufenthG, § 38 Abs. 2 StGB), sondern nur eine Geld- oder Freiheitsstrafe bis zu fünf Jahren (§ 222 StGB) zu erwarten hätten.[356]

Diesem in rechtspolitischen Auseinandersetzungen regelmäßig verwendeten Argument ist allerdings entgegenzuhalten, dass die Schwere der Sanktion nach kriminologischen Erkenntnissen keine bzw. kaum eine Abschreckungswirkung beim Täter erzielt, die ihn von der Tatbegehung abhalten würde.[357]

Die entgegenstehende Ansicht bezweifelt zudem, dass dem in § 97 AufenthG enthaltenen Verweis auf § 96 Abs. 1 AufenthG jegliche systematische Bedeutung abzusprechen ist. Die Bezugnahme auf den Grundtatbestand der Schleusung führe klar vor Augen, dass die Systematik – man berücksichtige die sprachliche Nähe von „Geschleuste" zu den amtlichen Überschriften der §§ 96f. AufenthG[358] – zum Ausdruck bringe, dass es sich bei dem „Geschleusten" um einen

354 Huber/*Bergmann*, AufenthG § 96 Rn. 60; MüKo-StGB/*Gericke*, AufenthG § 96 Rn. 35; *Schott*, S. 374.

355 Der Präambel des UN-Schleusungsprotokolls zufolge zielt der Schutz auf alle „migrants involved" – „betroffenen Migranten" – ab.

356 MüKo-StGB/*Gericke*, AufenthG § 97 Rn. 5.

357 *Göppinger*, § 30 Rn. 57; *Kaiser*, S. 81; *Kaiser/Schöch/Kinzig*, Fall 7 Rn. 45; *Schneider*, S. 392. Allgemein zur kriminalpolitischen Entwicklung siehe *Göppinger*, § 30 Rn. 1ff.: „Die Gesetzesmaterialien der jeweiligen Änderungsgesetze [geben] darüber Aufschluss, dass sich zumindest der Gesetzgeber durch die Stimmungslage und Diskussionskultur in der Bevölkerung beeinflussen lässt und auf medial dramatisierte Einzelereignisse mit Strafschärfung reagiert." (Rn. 4).

358 Zu weit geht es, anzunehmen, dass „Geschleuste" bereits umgangssprachlich Personen seien, die unter den in § 96 Abs. 1 AufenthG genannten Voraussetzungen angestiftet werden bzw. denen Hilfe geleistet wird, so aber Huber/*Bergmann*, AufenthG § 76 Rn. 60; NK-AuslR/*Fahlbusch*, AufenthG § 96 Rn. 76. Die Umgangssprache ist eine im täglichen Leben verwendete Sprache und unterhalb der Standardsprache anzusiedeln,

(Haupt-)Täter der unerlaubten Einreise handeln müsse. Da prinzipiell Einigkeit darüber besteht, dass Kleinkinder keine unerlaubte Einreise begehen können und damit als Haupttäter des § 95 Abs. 1 Nr. 3 AufenthG ausscheiden[359], im Kontext der §§ 95ff. AufenthG somit unbeteiligte Personen seien, müsse etwa im Todesfall auf § 222 StGB zurückgegriffen werden, solange keine entsprechende gesetzgeberische Reaktion auf diese Lücke erfolge.[360]

Der zuerst genannten Ansicht ist außerdem vorzuhalten, dass sie bei konsequenter Anwendung ihres weiten Begriffsverständnisses in Bedrängnis gerät, die Strafbarkeit nach § 96 Abs. 2 Satz 1 Nr. 5 AufenthG bzw. § 97 Abs. 1 AufenthG zu begründen, wenn der handlungsunfähige oder sonst nicht tatbestandsmäßig oder rechtswidrig einreisende Ausländer die einzige von der konkreten Schleusungshandlung betroffene Person ist. Es liegt auf der Hand, dass der Schleuser nicht nach dem Grundtatbestand des § 96 Abs. 1 AufenthG, sondern allenfalls auf Grundlage des § 96 Abs. 3 AufenthG bestraft werden kann, selbst wenn er die geschleuste Person einer Lebensgefahr aussetzt oder ihren Tod verursacht. Ist in dieser Fallkonstellation kein Tatentschluss gefasst, fehlt sogar jegliches strafrechtlich relevantes Schleusungsverhalten, so dass das letztlich strafwürdige Unrecht allein durch § 224 Abs. 1 Nr. 5 StGB und § 222 StGB abgedeckt wäre. Ferner lassen sich die §§ 96 Abs. 2 Satz 1 Nr. 5, 97 Abs. 1 AufenthG nicht als Mittel verwenden, im Rahmen der tatbestandlichen Anknüpfung an die unerlaubte Einreise (§ 96 Abs. 1 AufenthG) entstandene Versäumnisse zu umgehen. Entgegen des im UN-Schleusungsprotokoll verbrieften Ziels eines umfassenden Schutzes sind somit nach derzeitiger Rechtslage nur diejenigen Personen „Geschleuste", die zumindest tatbestandsmäßig und rechtswidrig in die Bundesrepublik Deutschland eingereist sind.[361]

V. Legitimation des Strafrahmens

Ein weiteres Problem, das die Konstruktion einer zur Täterschaft verselbstständigten Teilnahme in § 96 AufenthG zwangsläufig mit sich bringt, betrifft das für die Einschleusung von Ausländern vorgesehene Strafmaß. Die hier für den „teilnehmenden Täter" vorgesehene Strafobergrenze übersteigt diejenige

weshalb sie fachliche Einfärbungen oder Wertungen nicht aufzunehmen vermag, vgl. *Bußmann*, S. 759 „Umgangssprache"; Duden, S. 1827 „Umgangssprache".

359 Siehe bereits Abschnitt B.II.1.e. (S. 89).

360 Kluth/Heusch/*Hohoff*, AufenthG § 97 Rn. 4; *Kretschmer*, § 4 Rn. 329; NK-AuslR/*Fahlbusch*, AufenthG § 96 Rn. 76, § 97 Rn. 3f.; *Schott*, S. 375.

361 So auch BGH, Urt. v. 04.12.2018, Az.: 1 StR 255/18 = juris, Rn. 26.

des Haupttäters mindestens um das Fünffache, zudem ist die Verhängung einer Geldstrafe nicht möglich. Dies widerspricht nicht nur der von § 26 StGB vorgegebenen Orientierung an dem für den Haupttäter geltenden Strafrahmen, sondern verkehrt überdies die in der obligatorischen Strafmilderung für den Gehilfen gemäß § 27 Abs. 2 Satz 2 StGB enthaltene Wertung in ihr Gegenteil.[362] Die Frage nach der Legitimation einer solchen gesetzgeberischen Bewertung als verwirklichtes Unrecht drängt sich geradezu auf.

1. Gesetzgeberische Begründung

Der Gesetzgeber begründete 1981 die Einführung des bis dahin nicht existenten Schleusungsstraftatbestandes mit der Erwägung, dass Ausländer in den seltensten Fällen aus eigenem Antrieb und selbstständig in die Bundesrepublik einreisten, sondern regelmäßig durch organisierte „Schlepper“ dazu veranlasst worden seien. Bis dahin konnten die Strafverfolgungsbehörden dieser Personen nur über die Teilnahmestrafbarkeit nach §§ 26, 27 StGB in Verbindung mit § 47 Abs. 1 Nr. 1 und 2 AuslG a.F. habhaft werden, was dazu führte, dass die Strafandrohung von bis zu einem Jahr Freiheitsstrafe gemäß § 47 Abs. 1 AuslG a.F. nach § 26 StGB nicht überschritten werden durfte und entsprechend § 27 Abs. 2 Satz 2 StGB gar gemildert werden musste. Aufgrund der Rolle des Schleppers als demjenigen, der die wesentliche Organisation der unerlaubten Einreise regelmäßig in den Händen halte, sei dieser Strafrahmen zu niedrig.[363] Die Organisation überwiege gegenüber der unerlaubten Einreise durch den Ausländer, zumal die wirtschaftliche Notsituation und Unwissenheit der unerlaubt einreisenden Ausländer ausgenutzt werde und diese zur Bewältigung der Schleusungskosten in die illegale Beschäftigung getrieben würden. Zudem sei die Einführung einer Versuchsstrafbarkeit erforderlich, da Schleuser meist vor Vollendung der Tat aufgegriffen würden.[364]

---

362 Vgl. *Böse*, ZStW 116 (2004), 680 (683).

363 Siehe auch BT-Drucks. 9/975, S. 27, wonach die damalige Erhöhung der Strafobergrenze von zwei auf drei Jahre „angebracht“ erschien.

364 Zu alledem Begr. von SPD/FDP zum BillBG, BT-Drucks. 9/800, S. 11; 9/847, S. 12; vgl. auch BGH, Urt. v. 21.02.1989, Az.: 1 StR 631/88 = BGHSt 36, 124; *Cannawurf*, S. 34; *Cantzler*, S. 73.

a. *Beeinträchtigung verwaltungsrechtlicher und sozialer Ordnungssysteme*

Wie schon die Bezeichnung des den § 47a AuslG a.F. einführenden Gesetzes[365] erkennen lässt, bestand das primäre Anliegen des Gesetzgebers zunächst im Schutz der Wirtschaft vor den Folgen der illegalen Beschäftigung. Insbesondere sollten die Garantie einer sozialen Sicherung für Arbeitnehmer, die vollumfängliche Aufrechterhaltung des Steuersystems und der Sozialversicherungsbeiträge, die Erhaltung und Besserung von Arbeits- und Lohn-Standards und die Lauterkeit des Wettbewerbes gewährleistet werden.[366]

So berechtigt diese Erwägungen auch sein mögen, tritt ohne Weiteres zu Tage, dass die vom Gesetzgeber aufgezählten Interessen in erster Linie dadurch beeinträchtigt werden, dass der Ausländer tatsächlich unerlaubt einreist. Zwar wird die unerlaubte Einreise in der Praxis in einem nicht unerheblichen Umfang durch die Mitwirkung des Schleusers verursacht, allerdings beeinträchtigt dieser die sozialen oder verwaltungsrechtlichen Ordnungssysteme lediglich mittelbar. Da der in Bezug auf diese Beeinträchtigung durch § 96 AufenthG erhobene Tatvorwurf somit dem in § 95 AufenthG vertypten Unrecht entspricht, kann jedenfalls die Beeinträchtigung des Rechtsguts der sozialen oder auch verwaltungsrechtlichen Ordnungssysteme[367] als solche nicht die deutliche Anhebung des Strafrahmens rechtfertigen.

b. *Schutz vor (finanzieller) Ausbeutung*

Zu Recht weist *Böse*[368] darauf hin, dass auch das Vorbringen des Gesetzgebers, der Ausländer müsse vor finanzieller Ausbeutung geschützt werden[369], den

365 Gesetz zur Bekämpfung der illegalen Beschäftigung (BillBG), siehe bereits Fn. 31.

366 Begr. von SPD/FDP zum BillBG, BT-Drucks. 9/800, S. 7; 9/975, S. 21.

367 Siehe im Einzelnen *Aurnhammer*, S. 76ff.

368 *Böse*, ZStW 116 (2004), 680 (685ff.); so auch MAH Strafverteidigung/*Jung*, § 52 Rn. 55; MüKo-StGB/*Gericke*, AufenthG § 96 Rn. 1; a.A. *Lorenz*, NStZ 2002, 640 (641).

369 RegBegr. zum BillBG, BT-Drucks. 9/847, S. 12; Siehe dazu auch Begr. des BR zur Bekämpfung des Schlepperunwesens, BT-Drucks. 12/5683, S. 12: „Die von den Banden geforderten Schleuserlöhne können in der Regel von den Opfern nicht unmittelbar entrichtet werden, so daß diese in finanzielle Abhängigkeit von den Schleusern geraten und gezwungen sind, deren Anordnungen zu befolgen. Ausländische Frauen werden auf solche Weise zur Prostitution, ausländische Männer zu Diebstählen, Einbrüchen, Drogenhandel und anderen Straftaten genötigt.“ Vgl. auch *Arzt*, FS Gössel (2002), S. 389 (390).

erhöhten Strafrahmen des § 96 Abs. 1 AufenthG nicht legitimieren kann, da das Leisten eines (Vermögens-)Vorteils nicht automatisch zu einer finanziellen Abhängigkeit bzw. Notlage führt[370] – man denke an die vor den Gefahren kriegerischer Auseinandersetzungen oder einer Verfolgung fliehende soziale Oberschicht. Es ist nicht einmal erforderlich, dass der Ausländer selbst den Vorteil gewährt.[371]

Auch der Wortlaut des § 96 Abs. 1 AufenthG lässt das Erfordernis eines entsprechenden Abhängigkeitsverhältnisses oder eines wucherähnlichen Moments schlichtweg nicht erkennen.[372] Ein solches könnte der Gesetzgeber leicht durch die Implementierung der Passage „unter Ausnutzung ihrer persönlichen oder wirtschaftlichen Zwangslage“ aus §§ 232 Abs. 1, 232a Abs. 1, 232b Abs. 1, 233 Abs. 1 StGB oder eines § 291 Abs. 1 Satz 1 StGB vergleichbaren Zusatzes herstellen.[373] Bisher hat er jedoch, anders als er es sonst oft praktiziert (vergleiche etwa § 96 Abs. 2 Satz 1 AufenthG), darauf verzichtet, dem Strafrecht bereits bekannte Wortpassagen in den Schleusungsstraftatbestand zu übernehmen.

Schließlich zeigt der Tatbestand des § 96 Abs. 1 Nr. 1 lit. b AufenthG, der gänzlich auf das Vorliegen eines Vorteils verzichtet, deutlich, dass der gegenüber dem Haupttäter im Sinne des § 95 AufenthG erhöhte Strafrahmen nicht auf eine eventuell entstehende finanziellen Notlage zurückzuführen sein kann.[374]

Allein der gute Wille genügt jedenfalls nicht, dem Tatbestand eine entsprechende Schutzrichtung zuzuschreiben. Vorgabe der gesetzgeberischen

---

370 MüKo-StGB/*Gericke*, AufenthG § 96 Rn. 1; NK-AuslR/*Fahlbusch*, AufenthG § 96 Rn. 3.

371 BGH, Urt. v. 21.02.1989, Az.: 1 StR 631/88 = NJW 1989, 1435 (1436); BayObLG, Beschl. v. 15.12.1988, Az.: RReg 4 St 217/88 = BeckRS 1988, 5608 Rn. 7; Bergmann/Dienelt/*Winkelmann/Stephan*, AufenthG § 96 Rn. 17; MüKo/*Gericke*, AufenthG § 96 Rn. 1; NK-AuslR/*Fahlbusch*, AufenthG § 96 Rn. 27.

372 *Arzt*, FS Gössel (2002), S. 389 (390f.), der davor warnt, kriminalpolitische Bedürfnisse durch den Kinder- und Frauenhandel betonende Öffentlichkeitsarbeit zu verwischen und „Menschenschmuggel [...] zur schwersten Kriminalität [hinaufzureden]“; *Böse*, ZStW 116 (2004), 680 (687); a.A. *Aurnhammer*, S. 82.

373 Vgl. *Böse*, ZStW 116 (2004), 680 (685ff.), der darüber hinaus Ausführungen zu den Tatbestandsmerkmalen des § 291 Abs. 1 Nr. 3 StGB macht.

374 Ausführlich *Böse*, ZStW 116 (2004), 680 (685ff.), der eine Legitimation des Grundtatbestands des § 92a Abs. 1 AuslG (nunmehr § 96 Abs. 1 AufenthG) ferner aufgrund der häufig während der Schleusung bestehenden Gefährdung des Lebens oder der körperlichen Unversehrtheit oder aufgrund einer Privilegierung der Ausländer m.E. uneingeschränkt zustimmungswürdig ablehnt, da das Gesetz an dieser Stelle nicht auf diese Rechtsgüter eingeht.

Rechtsetzung muss sein, den anvisierten Schutzzweck durch Wortlaut und Systematik in der Weise in die bereits bestehende (Teil-)Rechtsordnung einfließen zu lassen, dass er schon allein daraus ermittelbar wird.[375] Gerade im Strafrecht sei vor dem Hintergrund von Art. 103 Abs. 2 GG davor gewarnt, den Tatbestand mit aller Macht dahingehend umzubiegen, dass er die gesetzgeberische Intention vollumfänglich wiedergibt.[376]

Somit bleibt die Annahme, dass § 96 Abs. 1 AufenthG (auch) zum Schutz geschleuster Ausländer vor finanzieller oder persönlicher Ausbeutung bestimmt ist, rechtspolitisches Wunschdenken. Es liegt jedoch auf der Hand, dass das Tatbestandsmerkmal des erhaltenen oder versprochenen Vorteils damit für die Strafwürdigkeit nicht gänzlich bedeutungslos ist, sondern die (besonders verwerfliche) Eigennützigkeit des Schleusers indiziert, was eine höhere Strafe rechtfertigen kann.[377]

c. Legitimation qua täterschaftlicher Stellung?

Dem Legitimationsversuch des Gesetzgebers ist jedoch insoweit zuzustimmen, als der Schleuser bei äußerer Betrachtung eher Täter als Teilnehmer ist und die Schleusung in aller Regel gemäß seinen Anweisungen stattfindet. Im Regelfall hat er allein schon aufgrund mangelnder Sprach- und Ortskenntnisse des Ausländers die Herrschaftsmacht über den Geschehensablauf.[378]

Fraglich ist allerdings, ob die tatbestandliche Struktur der §§ 95f. AufenthG die Bestimmung des Täters anhand der Grundsätze der Tatherrschaftslehre zulässt. Die Pflicht, grundsätzlich nur im Besitz eines Passes oder einer Aufenthaltsgenehmigung in die Bundesrepublik einzureisen, obliegt allein dem Ausländer, so dass der Täterkreis der unerlaubten Einreise gemäß § 95 Abs. 1 Nr. 3 AufenthG begrenzt ist. Da bei einer Verletzung höchstpersönlicher Pflichten wie der unerlaubten Einreise mittelbare Täterschaft und Mittäterschaft ausgeschlossen sind[379], folgert *Klesczewski*, dass der Schleuser stets Teilnehmer bliebe, möge seine Tatherrschaft noch so ausgeprägt sein; sein Tun könne dogmatisch nicht

---

375 BVerfG, Beschl. v. 23.06.2010, Az.: 2 BvR 2559/08 = NJW 2010, 3209 (3210 Rn. 72).

376 Vgl. BVerfG, Beschl. v. 23.06.2010, Az.: 2 BvR 2559/08 = NJW 2010, 3209 (3211 Rn. 78).

377 Dazu ausführlich Abschnitt B.V.2.a. (S. 116).

378 So auch *Böse*, ZStW 116 (2004), 680 (698f.).

379 Statt vieler *Brocke*, NStZ 2009, 546 (551); *Heinrich*, ZAR 2005, 309 (310). Allgemein zum Ausschluss der mittelbaren Täterschaft bei (echten) Sonderdelikten siehe etwa Lackner/Kühl/*Kühl*, § 25 Rn. 3 m.w.N.

als Täterschaft begriffen werden.[380] Mit Blick auf die Tathandlungsbeschreibungen des § 96 Abs. 1 AufenthG scheint die Verletzung der verwaltungsrechtlichen Pflicht des Ausländers tatsächlich im Mittelpunkt der Einschleusung zu stehen, da der in ihnen enthaltene unmissverständliche Hinweis auf die Teilnahmelehre einen deutlichen Hinweis auf ihren unrechtsakzessorischen Charakter enthält.

Wie *Klesczewski* jedoch selbst einräumt[381], erschöpft sich der Unrechtsgehalt der Einschleusung – anders als in Fällen der „einfachen Teilnahme" im Sinne der §§ 26f. StGB in Verbindung mit § 95 Abs. 1 Nr. 3 AufenthG – nicht bereits im tatbestandlichen Erfolg der unerlaubten Einreise als Pflichtverstoß des Ausländers, sondern wird durch die weiteren Merkmale der Eigennützigkeit[382] und der potentiellen Multiplikatorwirkung[383] erhöht.

Da der Schleuser das Tatgeschehen bei äußerer Betrachtung regelmäßig in den Händen hält, spricht sich *Böse* dafür aus, den Schleuser dogmatisch als Täter einzuordnen.[384]

Er weist unter Berufung auf die Ausführungen *Roxins* darauf hin, dass anhand der Umstände, die der Gesetzgeber aufgrund seiner Wertentscheidung als wesentlich für das tatbestandliche Unrecht anerkenne, zu prüfen sei, ob ein Pflicht- oder ein Herrschaftsdelikt vorliege.[385] „Wird der Strafwürdigkeitsgehalt des Delikts durch [die außerstrafrechtliche Pflicht] nach [der Meinung des Gesetzgebers] wesentlich beeinflusst, so wird er den Pflichtigen ohne Rücksicht auf den Handlungsverlauf im Zentrum des Geschehens sehen und die Strafbarkeit Außenstehender erheblich einschränken. Ist er anderer Ansicht, so wird er die Herrschaftsstruktur vorziehen und damit das Gewicht auf die Dominanz im äußeren Verhalten legen"[386] – von einer Einschränkung des Täterkreises durch eine außerstrafrechtliche Pflichtenbindung also absehen.

Wie bereits die Gesetzesmaterialien des ersten Schleusungsstraftatbestandes von 1981 zeigen[387], hebt der Gesetzgeber in seinen Gesetzesbegründungen

380 *Klesczewski*, StV 1999, 257.

381 Vgl. *Klesczewski*, StV 1999, 257.

382 Dazu noch Abschnitt B.V.2.a. (S. 116).

383 Dazu noch Abschnitt B.V.2.b. (S. 117).

384 *Böse*, ZStW 116 (2004), 680 (699).

385 *Böse*, ZStW 116 (2004), 680 (699) verweist auf *Sánchez-Vera*, S. 27, der seinerseits *Roxin*, TuT, S. 385f. wiedergibt.

386 *Roxin*, TuT, S. 386 (Ergänzungen durch den Verfasser).

387 Begr. der SPD/FDP zum BillBG, BT-Drucks. 9/800, S. 11; RegBegr. zum BillBG, BT-Drucks. 9/847, S. 12; statt vieler außerdem Begr. der CDU/CSU/SPD zum Asylverfahrensbeschleunigungsgesetz, BT-Drucks. 18/6185, S. 51.

seit jeher Umstände einer Einschleusung hervor, die das äußere Verhalten des Schleusers charakterisieren.[388] Auch im Tatbestand des § 96 Abs. 1 AufenthG findet sich diese Wertung wieder, da der dort angelegte Strafrahmen deutlich von demjenigen divergiert, der im Falle einer „einfachen Teilnahme“ anzuwenden wäre. Somit ist der zuerst genannten Auffassung, dass der Schleuser im Sinne des § 96 AufenthG aus dogmatischer Sicht kein Täter sein könne, nicht zu folgen.[389]

2. Schleusereigene Unrechtsmerkmale

Mit der Verwerfung der Ansicht *Klesczewskis* soll allerdings nicht die Annahme einhergehen, dass damit der Gegenauffassung von *Böse* uneingeschränkt zu folgen ist. Denn es bleibt zu prüfen, ob die über die Konstellation der „einfachen Teilnahme“ im Sinne des § 95 Abs. 1 Nr. 3 AufenthG in Verbindung mit §§ 26, 27 Abs. 1 StGB hinausgehenden Merkmale der Eigennützigkeit oder der (potentiellen) Multiplikatorwirkung die Strafrahmenerhöhung in dem von § 96 Abs. 1 AufenthG skizzierten Ausmaß legitimieren.[390]

a. Eigennützigkeit

Handelt ein Täter aus Eigennutz, kommt dadurch zum Ausdruck, dass er bereit ist, in der Rechtsordnung wiedergegebene Allgemein- bzw. Fremdinteressen seiner eigenen Besserstellung unterzuordnen.[391] Der Erhalt oder das Versprechenlassen eines Vorteils birgt außerdem die Gefahr, dass beim Schleuser der Wille heranreift, die tatbestandsmäßige Handlung erneut zu begehen. Erschwerend berücksichtigt werden muss, dass sich diese Motivation nahezu beliebig reproduzieren lässt.[392] Damit ist die Eigennützigkeit im Ergebnis eine Vorstufe der Qualifikation der Gewerbsmäßigkeit der Einschleusung, die sich vom Grundtatbestand lediglich darin unterscheidet, dass der Schleuser in letzterer Konstellation (noch) nicht zum relevanten Tatzeitpunkt von der Motivation

388 Ausführlich dazu Abschnitt E.III.3.c.aa. (S. 218).

389 So aber *Klesczewski*, StV 1999, 257; zur Lehre von den Pflichtdelikten im Allgemeinen siehe *Jakobs*, 21. Abschn. Rn. 115ff.; MüKo-StGB/*Joecks/Scheinfeld*, § 25 Rn. 53ff.; *Roxin*, TuT, S. 384ff.

390 So wohl *Böse*, ZStW 116 (2004), 680 (699).

391 So bereits RG, Urt. v. 06.04.1908, Az.: III 164/08 = RGSt 41, 225.

392 *Böse*, ZStW 116 (2004), 680 (696).

getragen worden sein muss, durch die Tatbegehung eine nicht nur vorübergehende Einnahmequelle von einigem Gewicht zu schaffen.[393]

Die Eigennützigkeit vermag somit im Grunde eine Legitimation für eine erhöhte Strafe zu vermitteln.[394]

b. Wiederholte Einschleusung bzw. Einschleusung zugunsten mehrerer

Der Einschleusung aus Eigennutz stehen, wie die Gesetzessystematik zeigt, diejenigen Fälle gleich, in denen ein Schleuser wiederholt bzw. zugunsten mehrerer Ausländer handelt.[395] *Böse* stellt fest, dass der erhöhte Unrechtsgehalt dieser Tatvariante darin liege, dass der Schleuser im Gegensatz zu dem unerlaubt einreisenden Ausländer – wenn auch mittelbar – vielfach auf das geschützte Rechtsgut einwirke.[396] In Anbetracht des Umstandes, dass der Schleuser dadurch in den Mittelpunkt der Unrechtsverwirklichung rücke, sei sein Verhalten gravierender als die Einreise des einzelnen Ausländers.[397] Der Schleuser handele als „Multiplikator", dessen zentrale Stellung eine erhöhte Bestrafung zu legitimieren vermöge.[398] Der Gesetzgeber führt in diesem Kontext aus, dass durch Schleusungen „vor allem auch das staatliche System einer kontrollierten Zuwanderung unterlaufen und damit die dahinter stehenden Interessen insbesondere an der Funktionsfähigkeit des Arbeitsmarktes und der Finanzkraft der Steuer- und Sozialsysteme beeinträchtigt [würden]. Massenhafte Durchbrechungen des staatlichen Kontrollregimes [könnten] letztlich dazu führen, dass der soziale Frieden im Land gefährdet werde."[399]

Diese Ausführungen sind in erster Linie auf Fälle gemünzt, in denen organisiert handelnde Schleuser ganze Gruppen in die Bundesrepublik einschleusen

---

393 *Böse*, ZStW 116 (2004), 680 (696).

394 BGH, Urt. v. 21.02.1989, Az.: 1 StR 631/88 = BGHSt 36, 124 (126); *Aurnhammer*, S. 154f.; *Böse*, ZStW 116 (2004), 680 (696).

395 Zur Frage, inwieweit die Strafbarkeit der Unterstützung des Grenzübertritts mehrerer Ausländer (vgl. § 96 Abs. 1 Nr. 1 lit. b Alt. 2 AufenthG) überhaupt legitimiert werden kann, wenn nur ein Ausländer Haupttäter im Sinne des § 95 Abs. 1 Nr. 3 AufenthG ist, siehe bereits Abschnitt B.IV.1. (S. 103).

396 *Böse*, ZStW 116 (2004), 680 (696f.).

397 *Böse*, ZStW 116 (2004), 680 (697).

398 *Böse*, ZStW 116 (2004), 680 (698); demgegenüber sieht Huber/*Bergmann*, AufenthG Vorbem. §§ 96f. Rn. 26, den Geschleusten als die im Zentrum stehende Person an.

399 Begr. von CDU/CSU/SPD zum Asylverfahrensbeschleunigungsgesetz, BT-Drucks. 18/6185, S. 51.

und sich innerhalb der Gruppendynamik als Leitungsperson definieren. Im Rahmen dessen fällt es auch nicht schwer, dem Schleuser eine im Verhältnis zum Ausländer „besondere Rechtsfeindschaft [...] oder eine besondere Sozialschädlichkeit“[400] zu attestieren.[401] Oft gestalten sich die Fälle sogar in der Weise, dass der Schleuser derart im Mittelpunkt des Geschehens steht, dass die Geschleusten ohne seine Logistik oder seine Anleitung die unerlaubte Einreise gar nicht begehen würden oder könnten.

3. Eigene Bewertung

Liest man die in § 96 Abs. 1 Nr. 1 lit. a und b AufenthG herausgehobenen „schleusereigenen“ Merkmale vor dem Hintergrund des gesetzgeberischen Leitbildes eines organisiert handelnden, „skrupellosen Schleusers“[402], erscheint eine Freiheitsstrafe von drei Monaten bis zu fünf Jahren legitimierbar. Die für die Frage der Legitimation des Strafrahmens erforderliche Gesamtbetrachtung muss jedoch auch alle weiteren Fälle in den Blick fassen, in denen der Tatbestand verwirklicht wurde. Denn § 96 Abs. 1 AufenthG erfasst eben nicht nur den vom Gesetzgeber herausgegriffenen „skrupellosen“ Schleuser, sondern aufgrund der Tathandlungsbeschreibungen auch denjenigen, der lediglich einen trivialen Beitrag zur Tatverwirklichung der unerlaubten Einreise leistet.[403]

In Hinblick auf die Konstruktion des § 96 Abs. 1 AufenthG muss außerdem berücksichtigt werden, dass auf die Einschleusung von Ausländern trotz einzelner täterschaftlicher Elemente gleichwohl die Grundsätze der Teilnahmelehre Anwendung finden. Für die Beurteilung des Strafmaßes von § 96 Abs. 1 AufenthG hat dies zweierlei zur Folge: Gemäß § 26 StGB wird der Anstifter „gleich einem Täter bestraft“, da das Initiieren der Tatbegehung überhaupt erst zu einem (zumindest versuchten) Rechtsgutsangriff führt. Der gesetzgeberischen

400 *Aurnhammer*, S. 155; vgl. auch Begr. von CDU/CSU/SPD zum Asylverfahrensbeschleunigungsgesetz, BT-Drucks. 18/6185, S. 51; Erbs/Kohlhaas/*Senge*, 199. EL Juli 2014, AufenthG § 96 Rn. 7.

401 So erfasste § 92a Abs. 1 Nr. 2 AuslG a.F. Personen, die „zugunsten von mehr als fünf Ausländern handelt[en].“ Diese „Sechserbandenklausel“ wurde gestrichen, da Schleuser zur Umgehung größere Gruppen auf mehrere Transportmittel verteilten, vgl. Begr. von CDU/CSU/FDP zum Verbrechensbekämpfungsgesetz, BT-Drucks. 12/6853, S. 32. In § 84 Abs. 2 Satz 1 Nr. 2 AsylG gilt sie allerdings fort.

402 Vgl. Begr. von CDU/CSU/SPD zum Asylverfahrensbeschleunigungsgesetz, BT-Drucks. 18/6185, S. 51f.

403 Vgl. Abschnitt B.I.2. (S. 51).

Vorstellung nach vermag dies den Umstand, dass der Anstifter nicht selbst Täter ist und insofern nicht dieselbe Nähe zur Tat hat, noch vollständig zu kompensieren.[404]

Angesichts des § 27 Abs. 2 Satz 2 StGB muss jedoch außerdem die dieser Norm zugrundeliegende Wertung überwunden werden, dass der Gehilfe geringer zu bestrafen ist als der Täter. Dadurch, dass er sich von Tatentschluss und -ausführung des Täters abhängig macht[405], ist die Mitwirkung des Gehilfen weiter vom tatbestandlichen Erfolg entfernt als die des Täters oder des Anstifters als Auslöser des Rechtsgutsangriffs.[406] Vor dem Hintergrund dieses grundlegenden Verhältnisses zwischen Täter, Anstifter und Gehilfen ist für die erhebliche Strafrahmenerhöhung durch § 96 Abs. 1 AufenthG ein hoher Begründungsaufwand einzufordern. Das schleusereigene Unrecht muss das aus der Haupttat abgeleitete Unrecht deutlich übersteigen, denn der Strafrahmen ist nur dann tragbar, wenn auf seiner Grundlage eine Strafe gebildet werden kann, die sich innerhalb der Grenzen der Schuldangemessenheit (§ 46 Abs. 1 StGB) bewegt.

Zwar wird die Problematik der Legitimation seit dem Jahre 2015 dadurch entschärft, dass § 96 Abs. 1 AufenthG einen geminderten Strafrahmen für Konstellationen vorsieht, in denen die Verwirklichung eines schleusereigenen Merkmals keine dominante Rolle bei der Bestimmung des Tatunrechts einnimmt.[407] Ausweislich der Gesetzesbegründung soll ein minder schwerer Fall, bei dem die reguläre Strafuntergrenze von drei Monaten Freiheitsstrafe unterschritten und alternativ eine Geldstrafe verhängt werden darf, etwa vorliegen, wenn der Schleuser altruistisch handelt und dabei lediglich zwei Personen über die Grenze transportiert.[408] Weitere denkbare Fälle liegen beispielsweise vor, wenn der

---

404 NK-StGB/*Schild*, § 27 Rn. 4, 6; siehe auch *Roxin*, AT/II, § 26 Rn. 182, der allerdings zu bedenken gibt, dass in manchen Fällen die Anstiftung der Beihilfe näher als der Täterschaft steht, die gesetzgeberische Entscheidung aber gleichwohl hinnimmt.

405 Vgl. NK-StGB/*Schild*, § 27 Rn. 6.

406 RegBegr. zum StGB E 1962, BT-Drucks. IV/650, S. 151; BGH, Beschl. v. 03.07.1981, Az.: 3 StR 268/81 = NStZ 1981, 394 („untergeordnete Bedeutung"); *Jescheck/Weigend*, S. 696; NK-StGB/*Schild*, § 27 Rn. 6; *Roxin*, AT/II, § 26 Rn. 287; siehe auch LG Hamburg, Beschl. v. 16.01.1981, Az.: (90) 3/80 Ks - 147 Js 8/75 = NStZ 1981, 141 (142), wonach die obligatorische Strafminderung „allseits als richtig, angemessen und gerecht [empfunden]" werde.

407 Vgl. Asylverfahrensbeschleunigungsgesetz v. 20.10.2015 m.W.v. 24.10.2015, BGBl. 2015 I Nr. 40, S. 1722.

408 Begr. von CDU/CSU/SPD zum Asylverfahrensbeschleunigungsgesetz, BT-Drucks. 18/6185, S. 52; siehe dazu Huber/*Bergmann*, AufenthG § 96 Rn. 35.

erhaltene Vorteil einem geringfügigen Wert[409] entspricht, oder – entsprechend § 96 Abs. 1 Nr. 1 lit. b Alt. 1 AufenthG – zwei „einfache" Verstöße gegen § 95 Abs. 1 Nr. 3 AufenthG, §§ 26f. StGB vorliegen, die in keinem schuldrelevanten Zusammenhang stehen[410], so dass der Unrechtsgehalt der vom Schleuser begangenen Handlungen vollständig auf der Summe des jeweils aus der Haupttat abgeleiteten (fremden) Unrecht beruht.

Aufgrund des geringen Tatunrechts dieser Beispielsfälle erscheint verwunderlich, dass der Gesetzgeber die Strafobergrenze von fünf Jahren Freiheitsstrafe auch für den minder schweren Fall beibehalten hat, da hier die Umkehrung des in der Konstruktion der Teilnahme angelegten Verhältnisses von Täter zu Anstifter und Gehilfen umso schwerer zu rechtfertigen sein wird. In der Praxis dürfte die um ein Fünffaches erhöhte Strafobergrenze somit nicht annähernd erreicht werden. Im Übrigen bestehen gegen die Legitimation des Strafrahmens jedoch keine Bedenken, da die beiden vom Gesetz vorgesehenen Optionen des Regel- und des geminderten Strafrahmens ausreichen, um auf die konkrete Ausprägung der Verwirklichung von schleusereigenen Merkmalen im Einzelfall schuldangemessen reagieren zu können.

409 Hier bietet sich eine Orientierung an §§ 243 Abs. 2, 248a StGB an, Huber/*Bergmann*, AufenthG § 96 Rn. 35.

410 *Aurnhammer*, S. 155.

C. Zwischenfazit

I. Wesentliche Ergebnisse der Bestandsaufnahme

Die Untersuchung der als Einschleusung von Ausländern normierten qualifizierten Teilnahme an der unerlaubten Einreise eines Ausländers führt für die deutsche Rechtslage zu folgenden Ergebnissen:

1. Der Gesetzgeber hat zur Ahndung der Schleusungskriminalität durch das Gesetz zur Neuregelung des Ausländerrechts aus dem Jahre 1990 einen in dieser Form einzigartigen Tatbestand geschaffen, der täterschaftliche Elemente mit den Grundsätzen der Teilnahmelehre verknüpft.[411] Da diese Kombination in Bezug auf ein und dieselbe Person im allgemeinen Strafrecht nicht vorgesehen ist, der allgemeine Teil des Strafgesetzbuchs aber nichtsdestotrotz auf den Schleusungstatbestand angewendet wird, sind systematische Widersprüche unumgänglich. Wie die Untersuchung des § 96 AufenthG gezeigt hat, ist diese Einordnung nicht ausschließlich von dogmatischem Interesse, sondern wirkt sich auch auf die Rechtspraxis aus, namentlich die Anwendung und Auslegung einzelner Passagen des Straftatbestandes.
   a. Die Kombination von Elementen der Täterschaft einerseits und der Teilnahme andererseits wirft Fragen in Bezug auf die Reichweite und die Rechtsfolgen der Versuchsstrafbarkeit auf, die nicht zweifelsfrei geklärt werden können. Legt man den Schwerpunkt auf die teilnahmeähnliche Tatbestandsstruktur, liegt die Anwendung des § 30 Abs. 1 Satz 2 StGB nahe mit der Folge, dass die Versuchsstrafbarkeit im Sinne des § 96 Abs. 3 AufenthG stets zu mildern wäre. Die besseren Gründe sprechen nicht zuletzt wegen des gesetzgeberischen Willens, in der Festlegung des Strafrahmens nicht durch Teilnahmevorschriften begrenzt zu sein, allerdings dafür, den Schwerpunkt auf die Ausgestaltung als eigenen Tatbestand zu legen und infolgedessen die allgemeinen Versuchsregeln, mithin § 23 Abs. 2 StGB (fakultative Strafmilderung) auf die Versuchsstrafbarkeit anzuwenden. Auch unabhängig davon bestehen insofern Ungewissheiten, als die Versuchsstrafbarkeit nach der herrschenden Meinung

411 Zutreffend *Mitsch*, NStZ 2019, 285 („eigenartiges strafrechtsdogmatisches Konstrukt“).

entgegen der allgemeinen Strafrechtslehre auch dann einschlägig ist, wenn die zugrundeliegende Haupttat der unerlaubten Einreise nicht vollendet, aber versucht wurde.

b. Die Umsetzung der in der SchleuserRL festgelegten Pflicht zur europaweiten Verfolgung von Schleusungshandlungen in § 96 Abs. 4 AufenthG steht im Widerspruch zur akzessorischen Ausgestaltung des Grundtatbestandes der Einschleusung von Ausländern im Sinne des § 96 Abs. 1 AufenthG. Um Schleusungen von Ausländern gleichwohl europaweit verfolgen zu können, muss § 96 Abs. 4 AufenthG nach der gegenwärtigen Rechtslage trotz des Verweises auf § 96 Abs. 1 AufenthG eine eigene selbstständige Systematik zugrunde gelegt werden.

2. Die Abhängigkeit der Schleusungsstrafbarkeit von der unerlaubten Einreise eines Ausländers birgt den Nachteil, dass die Schleuserhandlung aus Gründen, die in keinem näheren Zusammenhang mit dem Schleuser stehen, straffrei bleibt.

a. Mag man zwar einigen Fallkonstellationen, die zum Ausschluss der Tatbestandsmäßigkeit oder Rechtswidrigkeit der unerlaubten Einreise führen, aus praktischer Sicht – zu Recht – eine geringe Bedeutung beimessen, darf dabei jedoch nicht übergangen werden, dass die Teilnahmekonstruktion im Einzelnen zu rechtspolitisch nicht tragbaren Ergebnissen führt. Ins Auge zu fassen sei etwa der Fall, dass einem Ausländer aufgrund humanitärer Erwägungen die Einreise in das Bundesgebiet gestattet wird (§ 18 Abs. 4 Nr. 2 AsylG). Selbst wenn grundsätzlich eine Versuchsstrafbarkeit des Schleusers in Betracht kommt, führt das Akzessorietätsprinzip dazu, dass auch er faktisch in den Genuss dieser humanitären Wertung gelangt.[412] Zudem stellt die Anwendung der Versuchsregeln diejenigen Täter von Strafe frei, die Kenntnis vom Ausschluss der Tatbestandsmäßigkeit oder der Rechtswidrigkeit der unerlaubten Einreise haben. Schleuser könnten sich deshalb dazu animiert fühlen, Säuglinge ohne Begleitperson über die Grenze zu bringen und im Übrigen auf das Fehlgehen der Haupttat – etwa durch den Einsatz von Betäubungsmitteln – hinzuwirken.

412 Vgl. *Geisler*, ZRP 2001, 171 (173): „So ist schlechterdings nicht einzusehen, weshalb die entscheidende Frage nach der Strafbarkeit des Schleusers von einem doch eher peripheren und mit dem Normzweck des § 92a AuslG in keinem unmittelbaren Zusammenhang stehenden Kriterium, wie der Handlungsfähigkeit des Geschleusten (!), stehen und fallen sollte.“

Das Ziel einer effektiven Bekämpfung der Schleusungskriminalität wird dadurch offensichtlich konterkariert.

b. Die Abhängigkeit der Einschleusung von Ausländern im Sinne des § 96 Abs. 1 AufenthG hat nach der hier vertretenen Ansicht außerdem zur Folge, dass der in § 96 Abs. 2 Satz 1 Nr. 5 AufenthG und § 97 Abs. 1 AufenthG gewährleistete Schutz des Lebens und der körperlichen Unversehrtheit sowie vor einer unmenschlichen oder erniedrigenden Behandlung nur denjenigen Ausländern zugutekommt, die vorsätzlich und rechtswidrig nach Deutschland eingereist sind. Die übrigen Ausländer, die von den besonderen Gefahren einer Einschleusung betroffen sein können (hierzu zählen insbesondere auch Kleinkinder), erfahren lediglich über die §§ 224 Abs. 1 Nr. 5 und 222 StGB einen strafrechtlichen Schutz.

II. Reformbedürftigkeit des deutschen Schleusungsstrafrechts

Angesichts der vorgenannten Ergebnisse scheint eine Reform des deutschen Schleusungsstrafrechts – wie bereits mehrfach in der Literatur gefordert[413] – unumgänglich. Zuletzt hat auch der Bundesgerichtshof zu erkennen gegeben, dass er die Auflösung der Täter-Teilnahme-Konstruktion des § 96 AufenthG für angezeigt hält: „Das Problem der schwer zu belegenden Vorsatzerfordernisse bei den Geschleusten (insbesondere minderjährigen Personen) ist Folge des gesetzgeberischen Konzepts der sogenannten limitierten Akzessorietät, auch im Rahmen von § 96 Abs. 2 nF AufenthG [...]. Es ließe sich durch die Schaffung eines eigenständigen Tatbestands sachgerecht vermeiden.“[414]

1. Akzessorischer Charakter der Einschleusung von Ausländern europarechtlich geboten?

Dies bedingt allerdings, dass der akzessorische Charakter der Strafbarkeit der Beteiligung an der unerlaubten Einreise nicht europarechtlich vorgeschrieben ist.

413 *Böse*, ZStW 116 (2004), 680 (701); *Geisler*, ZRP 2001, 171 (173); *Hörich/Bergmann*, ZRP 2014, 109 (111); i.E. auch *Pintaske*, S. 311.

414 BGH, Beschl. v. 24.10.2018, Az.: 1 StR 212/18 = juris, Rn. 18.

a. *Richtlinienwortlaut*

Gemäß Art. 1 Abs. 1 SchleuserRL soll sanktioniert werden, wer einer Person, die nicht Angehöriger eines Mitgliedstaats ist, vorsätzlich dabei *hilft*, in das Hoheitsgebiet eines Mitgliedstaates unter Verletzung der Rechtsvorschriften des betreffenden Staates über die Einreise oder die Durchreise von Ausländern einzureisen oder durch dessen Gebiet zu reisen bzw. sich dort aufzuhalten. Die Richtlinie bezeichnet dieses Verhalten als „*Beihilfe* zur unerlaubten Ein- oder Durchreise und zum unerlaubten Aufenthalt".[415] Der Richtlinientext weist insofern eine große Ähnlichkeit zur Begrifflichkeit des Teilnahmestrafrechts (*in concreto* § 27 StGB) auf.[416]

Ein Blick in weitere nationale Bestimmungen europäischer Staaten, die die Teilnahmestrafbarkeit festlegen, zeigt, dass sie ebenfalls eine sprachliche Ähnlichkeit zum Richtlinientext aufweisen und damit die soeben vorangestellte Annahme zu unterstützen scheinen:

Die Richtlinie ist in englischer Fassung mit „Council Directive [...] defining the facilitation of unauthorised entry [...]" überschrieben und fordert in Artikel 1 die Sanktionierung von „any person who intentionally *assists* a person [...]". Gleichzeitig gilt in England, Nordirland und Wales gemäß Section 8 Accessories and Abettors Act 1861[417] als „Accessor", „whosoever shall aid, abet, counsel, or procure the commission of any indictable offence, whether the same be an offence at common law or by virtue of any Act passed or to be passed, shall be liable to be tried, indicted, and punished as a principal offender" – dabei wird unter „aiding" die unmittelbare Hilfeleistung und Unterstützung für den Haupttäter bei der Tatbegehung („*assisting* the principal to commit the offence") verstanden.[418]

---

415 Soweit sich auf die SchleuserRL berufen oder diese zitiert wird, wird ebenfalls einheitlich der Terminus der Beihilfe gebraucht, siehe etwa EuGH, Urt. v. 06.10.2016, Az.: C-218/15 = BeckEuRS 2016, 484871, Rn. 17, 33ff.; EuStrafR/*Kilchling/Herz*, § 22 Rn. 20; *Schott*, StV 2007, 156 (157).

416 Vgl. EuStrafR/*Kilchling/Herz*, § 22 Rn. 3: „Schleuserkriminalität [...]bezieht sich auf strafrechtliche Definitionen von Teilnahmehandlungen an der unerlaubten Ein- und Durchreise und am unerlaubten Aufenthalt."

417 An Act to consolidate and amend the Statute Law of England and Ireland relating to Assessories and Abettors of indictable Offences, 1861 Chapter 94 24 and 25 Vict.

418 *R. v. Brainbridge*, [1960] 1 Q.B. 129, 131; Sieber/Cornils/*Forster*, S. 59; Simester and Sullivan's Criminal Law, § 7.4(i)(a).

Noch deutlicher zeigt sich die Begriffskongruenz im französischen Sprachraum. In der „Directive [...] définissant *l'aide* à l'entrée, au transit et au séjour irréguliers“ heißt es in Artikel 1: „Chaque État membre adopte des sanctions appropriées: (a) à l'encontre de quiconque *aide* sciemment une personne [...]“. Daneben bestimmt Article 121-7 CP[419], dass als „complice d'un crime ou d'un délit“ bestraft wird, wer „sciemment, par *aide* ou assistance, en a facilité la préparation ou la consommation.“

Es erscheint allerdings zweifelhaft, ob die sprachliche Nähe des Richtlinienwortlauts zu den nationalen Teilnahmebestimmungen für sich die Annahme rechtfertigen kann, dass die SchleuserRL das Verhältnis zwischen weiterem Beteiligten und Ausländer als das eines Teilnehmers zum Haupttäter des entsprechenden Delikts verbindlich definiert. Führt man Richtlinien und andere Formen europäischer Rechtssetzung der Auslegung zu, ist stets zu beachten, dass diese einem autonomen Verständnis unterliegen.[420] Begriffe, die dem jeweiligen Rechtsanwender aus seiner einzelstaatlichen Rechtsordnung bekannt sind, können im europäischen Kontext durchaus eine andere Bedeutung haben – gleich Lautendes muss nicht Gleiches bedeuten. Daher bietet der Wortlaut kaum Grundlage eines belastbaren Arguments für die Qualifikation der Teilnahmekonstruktion als richtlinienrechtliche Vorgabe.[421] Die sprachliche Ähnlichkeit der Richtlinie zu national geprägten Rechtsbegriffen der einzelnen Mitgliedstaaten ist somit vorbehaltlich weiterer Anhaltspunkte ohne weitere Bedeutung.

Die durch Auslegung ermittelbaren, im Folgenden aufgeführten Anhaltspunkte sprechen aber eindeutig gegen die eingangs am Richtlinienwortlaut entwickelte These:

b. Die SchleuserRL im Kontext des UN-Schleusungsprotokolls

Die SchleuserRL ist am 28. November 2002 und damit zu einem Zeitpunkt erlassen worden, in dem die illegale Migration und ihre Ursachen sowie Ansätze zur Kriminalitätsbekämpfung bereits über Jahrzehnte im Fokus der Politik standen und Gegenstand vieler Debatten und Maßnahmen waren.[422] Dies lässt vermuten,

---

419 Code Pénal v. 22.07.1992 m.W.v. 01.03.1994.

420 Allg. M., siehe etwa EuGH, Urt. v. 17.12.1980, Az.: Rs 149/79 = Slg. 1980, 3881 (3903, Rn. 19); Calliess/Ruffert/*Wegener*, EUV Art. 19 Rn. 13.

421 Vgl. Calliess/Ruffert/*Wegener*, EUV Art. 19 Rn. 13; zur Uneinheitlichkeit der auf europäischer Ebene für die verschiedenen Beteiligungsformen verwendeten Begriffe siehe EnzEuR-StrafR/*Stuckenberg*, § 10 Rn. 36f.

422 Vgl. nationale Gesetze, etwa in Frankreich bereits seit 1945 (Art. 21 Ordonnance Nr. 45-2658 v. 02.11.1945 relative aux conditions d'entrée et de séjour des étrangers

dass mit Hilfe der europäischen Rechtssetzung weniger neue Leitlinien für die Bekämpfung der illegalen Einwanderung vorgegeben, sondern die bis dahin auf nationaler und internationaler Ebene entwickelten Rechtsgrundsätze ergänzt und bereits partiell geltende und als effektiv empfundene Regelungen jedenfalls im europäischen Raum für allgemeinverbindlich erklärt werden sollten.[423]

In besonderem Maße dürfte im Kontext dessen das UN-Schleusungsprotokoll von Relevanz sein, das zwei Jahre zuvor von der UN-Generalversammlung verabschiedet wurde.[424] Die daran anschließende Unterzeichnung[425] sowie die im Nachgang folgende Genehmigung[426] des zur Palermo-Konvention zugehörigen Zusatzprotokolls durch die Europäische Gemeinschaft zeigt, dass zwischen diesem und der SchleuserRL nicht nur ein zeitlicher, sondern auch ein inhaltlicher Zusammenhang besteht.[427] In Anbetracht dessen erscheint es unwahrscheinlich,

---

en France), in der Schweiz seit 1949 (Art. 23 Abs. 1 Nr. 5 ANAG (Bundesgesetz über Aufenthalt und Niederlassung der Ausländer in der Fassung vom 21.03.1949, AS 1949 I 221)), in Österreich seit 1990 (§ 14 FPG in der Fassung BGBl. Nr. 190/1990). Zur Kriminalitätsbekämpfung auf internationaler Ebene siehe Art. 27 SDÜ a.F.; im Fokus der Vereinten Nationen seit dem 20.12.1993, siehe UN-Generalversammlung, Dokument-Nr. A/RES/48/102. Vgl. ferner Punkt 1.2. der Begründung der dem Erlass der SchleuserRL vorausgegangenen Initiative der Französischen Republik, Dokument-Nr. 10771/00 DROIPEN 34 MIGR 61 COMIX 593: „Auf nationaler Ebene haben die meisten Mitgliedstaaten bereits Maßnahmen ergriffen, mit denen Beihilfe zur illegalen Einwanderung unter Strafe gestellt wird."

423 Siehe etwa die dem Erlass der SchleuserRL vorausgegangene Initiative der Französischen Republik (Übermittlungsvermerkt des Rates v. 30.06.2000, Dokument Nr. 9892/00 DROIPEN 23 MIGR 50), die sprachlich weitgehend auf der damaligen französischen Vorschrift zur Schleuserkriminalität beruht: „Chaque État membre prend les mesures nécessaires pour s'assurer que soit considérée comme une infraction, le fait de *faciliter*, intentionnellement, *par aide directe ou indirecte, l'entrée, la circulation ou le séjour irréguliers sur son territoire d'un étranger* non ressortissant d'un État membre de l'Union européenne." – Art. 21 Ordonnance Nr. 45-2658 v. 02.11.1945 relative aux conditions d'entrée et de séjour des étrangers en France (in der zwischen dem 12.05.1998 und dem 01.01.2002 geltenden Fassung): „Toute personne qui, alors qu'elle se trouvait en France, aura, *par aide directe ou indirecte, facilité* ou tenté de faciliter *l'entrée, la circulation ou le séjour irréguliers, d'un étranger* en France sera punie d'un emprisonnement de cinq ans et d'une amende de 200 000 F."

424 UN-Generalversammlung, Dok-Nr. A/RES/55/25.

425 Beschluss 2001/87/EG v. 08.12.2000, ABl. EG L 30/44 v. 01.02.2001.

426 Beschluss 2006/616/EG v. 24.07.2006, ABl. EU L 262/24 v. 22.09.2006; Beschluss 2006/617/EG v. 24.07.2006, ABl. EU L 262/34 v. 22.09.2006.

427 Siehe dazu Mitteilung der Kommission an den Rat und das Europäische Parlament v. 15.11.2001, KOM(2001) 672 endgültig.

dass auf europäischer Ebene mit der SchleuserRL Vorgaben gemacht werden sollen, die von denen des UN-Schleusungsprotokolls abweichen.[428]

Art. 3 lit. a UN-Schleusungsprotokoll definiert die durch Art. 6 Abs. 1 lit. a UN-Schleusungsprotokoll kriminalisierte „Schleusung von Migranten“ als „Herbeiführung der illegalen Einreise einer Person in einen Vertragsstaat, dessen Staatsangehörigkeit sie nicht besitzt oder in dem sie keine Berechtigung zum ständigen Aufenthalt hat, mit dem Ziel, sich unmittelbar oder mittelbar einen finanziellen oder sonstigen materiellen Vorteil zu verschaffen“. Zum Ersten ist mit „Herbeiführung“[429] bereits eine Begrifflichkeit gewählt, die sich den nationalen Ausgestaltungen des Teilnahmestrafrechts nicht ohne Weiteres zuordnen lässt, zum Zweiten setzt Art. 3 lit. b UN-Schleusungsprotokoll für die „illegale Einreise“ lediglich das Überschreiten der Grenze voraus. Einen Hinweis auf weitere Voraussetzungen wie etwa das Erfordernis eines vom Grenzübertretenden gefassten Vorsatzes enthält das Protokoll – anders als in Bezug auf Schleusungshandlung (siehe Art. 6 Abs. 1 UN-Schleusungsprotokoll) – nicht. Demzufolge ist auch die Herbeiführung einer unvorsätzlichen Grenzüberschreitung von der Kriminalisierungspflicht erfasst.[430] Neben dem Wortlaut des UN-Schleusungsprotokolls indiziert schließlich auch der in Art. 2 dargelegte Zweck, dass keine weiteren als die von Art. 3 und 6 UN-Schleusungsprotokoll genannten Voraussetzungen an die Kriminalisierung geknüpft werden sollen, um „*wirksame* Maßnahmen zur Verhütung und Bekämpfung der Schleusung von Migranten“ zu gewährleisten.[431] Akzessorietätsmerkmale, wie sie das Teilnahmestrafrecht je nach nationaler Rechtsordnung in unterschiedlicher Qualität voraussetzt, finden nach alledem im Rahmen des UN-Schleusungsprotokolls keine Berücksichtigung.

Ausgehend von diesen völkerrechtlichen Vorgaben besteht für die Annahme eines dogmatischen Hinweises auf eine Teilnahmekonstruktion weder auf Grundlage des Titels der SchleuserRL noch auf Grundlage ihres Art. 1 Raum.

---

428 Vgl. *Schloenhardt*, S. 85: „Article 1(1)(a) of the Council Directive refers to the procurement of the illegal entry of the smuggled migrants as assisting [...]. This phrase reflects [...] elements of the definition in Article 3(a) of the Smuggling of Migrants Protocol.“ Ferner *Schloenhardt*, S. 89 („largely identical“).

429 Englisch: „the procurement“; Französisch: „le fait d'assurer“.

430 *Pintaske*, S. 311.

431 Art. 2 UN-Schleusungsprotokoll lautet: „The purpose of this Protocol is to prevent and combat the smuggling of migrants, [...].“

c. *Pflichten aus den europäischen Verträgen*

Wäre „Beihilfe" im strafrechtsdogmatischen Sinne, mithin als Hinweis auf die Teilnahmeform zu verstehen, sähen sich außerdem diejenigen Mitgliedstaaten, die die Beteiligung an Straftaten auf dem Einheitstätersystem basierend verfolgen[432], vor das praktisch kaum zu lösende Problem einer sinnvollen Richtlinienumsetzung gestellt. Entweder müssten sie eine entsprechende Regelung offensichtlich systemwidrig in ihre Strafrechtsordnung implementieren, oder aber die Einheitslehre aufgeben und sodann ihr gesamtes Strafrechtssystem an die Vorgabe der Richtlinie anpassen. Ein rechtstechnisches Verständnis von „Beihilfe" im Sinne der SchleuserRL hätte zur Folge, dass die Europäische Union unzumutbare Pflichten für diese Mitgliedstaaten aufstellen und damit sowohl das Gebot der loyalen Zusammenarbeit als auch das der Rücksichtnahme (Art. 4 Abs. 3 Uabs. 1 EUV) untergraben würde.[433] Zudem wäre die Effektivität der Bekämpfung der illegalen Einwanderung erheblich gemindert, wenn zumindest manche Mitgliedstaaten vorab umfassende Gesetzesnovellierungen vorzunehmen hätten.

Nicht zuletzt deshalb bestimmte Art. 249 EGV (nunmehr Art. 288 AEUV) – wie auch der für den SchleuserRB Anwendung findende Art. 34 Abs. 2 lit. b EUV-Nizza –, dass den „innerstaatlichen Stellen" der Mitgliedstaaten die Wahl der Form und der Mittel zur Umsetzung der Vorgaben überlassen blieben.

d. *Zwischenergebnis*

Die Vorgaben der SchleuserRL beziehen weder zugunsten des Teilnahme- noch zugunsten des Einheitstätersystems Stellung.[434] Insbesondere wird keine Akzessorietät im Sinne der §§ 26ff. StGB für die Strafbarkeit von Beteiligten am illegalen Grenzübertritt vorausgesetzt.[435] Die Begriffe der „Beihilfe" und der

---

432 So etwa Italien, vgl. Art. 110 c.p. (codice penale), und Österreich, vgl. § 12 öStGB. Siehe dazu die Antwort der BReg. auf eine Große Anfrage der CDU/CSU-Fraktion zur Beteiligungsstrafbarkeit in Europa, BT-Drucks. 14/4991, S. 15f.: „Von einem ‚Grundkonsens' im Hinblick auf Täterschaft und Teilnahme kann angesichts der dargestellten Unterschiede nicht gesprochen werden."

433 Explizit heben Calliess/Ruffert/*Calliess/Kahl/Puttler*, EUV Art. 4 Rn. 110, hervor, dass die EU „bei der Ausarbeitung von Rechtsakten auch im Rahmen des Möglichen und Zumutbaren zur Rücksichtnahme auf tatsächliche und rechtliche Schwierigkeiten der Mitgliedstaaten [...] verpflichtet [ist]".

434 Allgemein dazu EuStrafR/*Killmann*, § 11 Rn. 24.

435 So auch *Hörich/Bergmann*, ZRP 2014, 109 (111); Huber/*Bergmann*, AufenthG Vorbem. §§ 96 Rn. 30.

„vorsätzlichen Hilfe“ enthalten keine dogmatische Vorgabe für die nationale Gesetzgebung. Vielmehr deutet die Formulierung des Art. 3 lit. a und b UN-Schleusungsprotokoll – wie *Pintaske* herausstellt[436] – sogar daraufhin, dass eine völkerrechtliche Pflicht zur strafrechtlichen Sanktionierung einer Beteiligung an einem unvorsätzlichen Grenzübertritt besteht.

2. Verstoß gegen das Gebot einer effektiven Schleusungskriminalitätsbekämpfung

Aus dieser Feststellung ergibt sich, dass die mit der Akzessorietät der Schleusungsstrafbarkeit zwingend einhergehenden Strafbarkeitslücken ihre Grundlage nicht im supranationalen Recht finden, sondern originär der deutschen Gesetzgebung entspringen. Da das deutsche Schleusungsstrafrecht hinter den Rechtssetzungsvorgaben des UN-Schleusungsprotokolls und der SchleuserRL zurückbleibt und deren tatsächliche Zielsetzung nicht hinreichend gewährleistet[437], verstoßen die §§ 96f. AufenthG gegen das Gebot der effektiven Bekämpfung der Schleusungskriminalität.[438]

Wenn damit im Grundsatz die Reformbedürftigkeit des derzeitigen deutschen Schleusungsstrafrechts feststeht, ist fraglich, welche konkrete Ausgestaltung die Neufassung insbesondere des Grundtatbestandes des § 96 Abs. 1 AufenthG haben sollte.

Als Vorbild könnten die Strafvorschriften des U.S.-amerikanischen Ausländerrechts dienen.

---

436 *Pintaske*, S. 311.

437 Vgl. EuGH, Urt. v. 09.09.1999, Az.: C-217/97 (Kommission/Deutschland), Rn. 31 = EuZW 1999, 763 (765); Calliess/Ruffert/*Calliess/Kahl/Puttler*, EUV Art. 4 Rn. 56.

438 So auch Huber/*Bergmann*, AufenthG Vorbem. zu §§ 96f. Rn. 30; *Hörich/Bergmann*, ZRP 2014, 109 (111).

D. Das U.S.-amerikanische Schleusungsstrafrecht

Wie die Geschichte der Vereinigten Staaten von Amerika zeigt, sind sie seit dem frühen 17. Jahrhundert und damit schon Jahrzehnte vor der Existenz ihres Staatengebildes das Ziel von Einwanderern. Vielen gelten sie – mitunter aufgrund der in diesem Zusammenhang gerne genannten „unbegrenzten Möglichkeiten" sowie der Rolle als ökonomischer „Global Player" – als das Einwanderungsland schlechthin. Dass sich die politischen Entscheidungsträger seit jeher dieser Rolle bewusst waren, zeigt der Umstand, dass die Einwanderung bereits in der vorkonstitutionellen Phase Gegenstand von Begrenzungsbemühungen war, die in kommunale, einzelstaatliche und später in bundesstaatliche Regelungen mündeten.[439] Die wesentlichen Einreise- und Aufenthaltsbestimmungen auf Bundesebene wurden 1952 im Immigration and Nationality Act („INA")[440] zusammengetragen. Dort finden sich neben einigen Bestimmungen administrativrechtlicher Art auch Strafgesetze, die sowohl die rechtswidrige Einreise als auch die Beteiligung an dieser Einreise sanktionieren.

I. Überblick über die einschlägigen Rechtssetzungsakte

1. Systematik der Straftatbestände des INA

Der INA enthält in seinem achten Kapitel gleich eine ganze Reihe an Vorschriften, die Sanktionen für die Beteiligung an einer illegalen Einreise eines Ausländers in die Vereinigten Staaten vorsehen. In erster Linie bedeutsam ist INA § 274(a)[441], der wiederum in mehrere Absätze, die jeweils eine andere Tatvariante regeln, untergliedert ist. Des Weiteren enthalten die Tatbestände der INA §§ 277, 278 strafrechtliche Verbote, die unmittelbar an Personen gerichtet sind, die nicht identisch mit dem die Grenze überquerenden Ausländer sind, sich aber

439 *Lane*, 39 Pepp. L. Rev. 483, 490ff. (2012); *Orchowski*, S. 17; ausführlich zu Regelungen bis 1875 *Neuman*, 93 Colum. L. Rev. 1833 (1993).

440 Immigration and Nationality Act of 1952, Pub. L. 82-414 v. 27.06.1952, 66 Stat. 163. Als Bundesrecht sind die Vorschriften des INA auch im United States Code (U.S.C.) enthalten, siehe daher auch 8 U.S.C. §§ 1101ff.

441 In Gerichtsentscheidungen wird regelmäßig die Parallelzitierung 8 U.S.C. § 1324(a) verwendet.

an der Tat beteiligen.[442] Schließlich in den Blick zu nehmen ist die Sanktionierung der Beteiligung an einem illegalen Grenzübertritt über INA § 275 in Verbindung mit 18 U.S.C. § 2(a).

Obwohl sich die genannten Bestimmungen auf Handlungen beziehen, die ihrem äußeren Erscheinungsbild nach große Ähnlichkeiten aufweisen, gibt es im INA keine Norm, die deren wesentlichen Eckpunkte in einem Grundtatbestand zusammenfasst. Vielmehr stellen sie nebeneinanderstehende Straftatbestände dar, die erst in der Zusammenschau die lückenlose Ahndung von Verstößen gegen das U.S.-amerikanische Einwanderungsrecht gewährleisten (sollen). Die im Einzelnen bestehenden Unterschiede zeigen sich bereits anhand der Sprachfassungen, derer sich der U.S.-Kongress zur Umschreibung der Tathandlung bedient hat. Ihnen zufolge lassen sich die Strafbestimmungen in zumindest drei Gruppen einteilen: Während in INA § 274(a)(1)(A)(i) und INA § 274(a)(2) von „Bring to“[443] die Rede ist, wird in INA § 277 die tatbestandsmäßige Handlung mit „Aiding or Assisting“ umschrieben; in eine (zumindest sprachlich) ähnliche Richtung gehend ahndet 18 U.S.C. § 2(a) das „Aiding, Abetting, Counseling, Commanding, Inducing or Procuring“ einer gegen die Vereinigten Staaten gerichteten Tat. Schließlich enthält INA § 278 „Importation“ als Tathandlungsumschreibung. Soweit nicht schon diese objektiven Merkmale Anhaltspunkte dafür beinhalten, inwieweit die Strafbarkeit des Schleusers von der Mitwirkung des eingeschleusten Ausländers abhängt, zeigen die weiteren Voraussetzungen der jeweiligen Vorschriften den Umfang dieser Abhängigkeit auf.

2. Der U.S.-amerikanische Ausländerbegriff

Sämtliche der im achten Kapitel des INA beschriebenen Tatbestände eint, dass die Bezugsperson der durch sie erfassten Handlungen als „alien“ bezeichnet wird. „Alien“ bzw. Ausländer ist, wer weder Staatsbürger („citizen“) noch Staatsangehöriger („national“) der Vereinigten Staaten ist, INA § 101(a)(3). Während jeder Staatsbürger zugleich auch Staatsangehöriger ist, tragen den Status eines Staatsangehörigen ferner diejenigen Personen, die sich – so die Definition in INA § 101(a)(22) wörtlich – den Vereinigten Staaten gegenüber zu dauerhafter

442 Vgl. CRS Report for Congress, RL34501 (2009); *U.S. v. Solis-Campozano*, 312 F.3d 164 (5th Cir. 2002); siehe ferner INA § 237(a)(1)(E) = 8 U.S.C. § 1227(a)(1)(E).

443 Während im Wortlaut der jeweiligen Absätze unisono „Bringing to“ verwendet wird, bezeichnen die Überschriften der INA §§ 272, 273, 274(a) die Tathandlung als „Bringing in“ bzw. „Bringing into“. Dazu sogleich in Abschnitt D.II.2. (S. 137).

Loyalität verpflichten.[444] Legt man dem mit der herrschenden Meinung ein formelles Verständnis zugrunde, ist eine Person „national“, wenn sie das Verfahren zur Verleihung der Staatsangehörigkeit (vgl. INA § 101(a)(23)) erfolgreich durchlaufen hat, da man erst dann glaubhaft seine Loyalität gegenüber den Vereinigten Staaten bekundet hat.[445] In der Praxis hat diese Unterscheidung dem U.S. Supreme Court zufolge allerdings lediglich noch für Einwohner von Amerikanisch-Samoa und Swains Island eine Bedeutung.[446]

Völkerrechtliche Verträge, die den U.S.-amerikanischen Ausländerbegriff modifizieren, so wie dies im deutschen Recht der Fall ist, gibt es – soweit ersichtlich – nicht.[447]

II. Die sogenannten „Bring to-offenses“

Die Strafbestimmungen des INA, die das Phänomen der Schleusung im Wesentlichen adressieren, sind INA § 274(a)(1)(A)(i) und INA § 274(a)(2).

1. Schwerpunkt des Tatgeschehens als Leitmaßstab für „Bring to“

Beide Abschnitte beschreiben die Beteiligung an einem illegalen Grenzübertritt mit „bring or attempt to bring to the United States in any manner whatsoever [an alien]“.

---

444 Die Fragen, welche Anforderungen die Begriffe „a person who [...] *owes permanent allegiance* to the United States“ im Einzelnen an die Staatsangehörigkeit stellen, bereiteten sowohl der Rechtsprechung als auch der Literatur in der Vergangenheit Schwierigkeiten, siehe etwa *Hampton v. Mow Sun Wong*, 426 U.S. 88, 126 (1976); *Koessler*, 56 Yale L.J. 58, 67ff. (1946); siehe auch 3 Immigration Law Service 2d § 14:57.

445 Ausführlich *Perdomo-Padilla v. Ashcroft*, 333 F.3d 964 (9th Cir. 2003); zustimmend *Salim v. Ashcroft*, 350 F.3d 307, 309 (3rd Cir. 2003); *U.S. v. Jimenez-Alcala*, 353 F.3d 858, 861 (10th Cir. 2003); *Daly v. Gonzales*, 129 Fed.Appx. 837, 842 (4th Cir. 2005); *Abou-Haidar v. Gonzales*, 437 F.3d 206, 207 (1st Cir. 2006); *Omolo v. Gonzales*, 452 F.3d 404, 409 (5th Cir. 2006); a.A. noch *U.S. v. Morin*, 80 F.3d 124, 126f. (4th Cir. 1996) (bereits der Antrag auf Verleihung der Staatsangehörigkeit genügt).

446 *Miller v. Albright*, 523 U.S. 420, 467 (1998); siehe auch *U.S. v. Jimenez-Alcala*, 353 F.3d 858, 862 (10th Cir. 2003); *Hashmi v. Mukasey*, 533 F.3d 700, 703 (8th Cir. 2008).

447 Angesichts des INA § 101(a)(22) scheint die Feststellung des U.S. Supreme Courts, dass auf den Philippinen geborene „nationals“ seit dem Tag der Unabhängigkeit der Philippinen (04.07.1946) als Ausländer zu behandeln sind, rein deklaratorisch, *Rabang v. Boyd*, 353 U.S. 427 (1957).

Die Rechtsprechung der U.S.-Bundesgerichte verfolgt die Leitlinie, die Auslegung des Begriffs „to bring" eng an seiner ursprünglichen Wortbedeutung auszurichten, wie dies auch in Bezug auf „to carry" im Rahmen von Betäubungsmitteldelikten praktiziert wird.[448] „Bring" bedeute demnach befördern, anführen, begleiten, tragen oder jemanden zum Mitkommen bewegen, nicht aber schicken oder initiieren eines Grenzübertritts.[449] Allem Anschein nach drückt die Verwendung dieses Wortes aus, dass der Täter zur Tatbestandsverwirklichung eine aktive Handlung vornehmen muss, die die Art und Weise der Erreichung des anvisierten Ziels – der Ankunft des Ausländers in den Vereinigten Staaten – wesentlich bestimmt. In diese Richtung argumentierte jedenfalls bereits der Sixth Circuit in *McFarland v. U.S.*: Mittels des Begriffs „bring to" werde Bezug auf ein Tatgeschehen genommen, dessen Verlauf primär von der aktiven Handlung des Schleusers bestimmt werde, während der einreisende Ausländer überwiegend passiv bleibe.[450] Während nach Maßgabe dessen das Transportieren[451] eines Ausländers über die Grenze das Merkmal des „to bring" erfülle, könne das Ermutigen zur Einreise oder eine darauf gerichtete

448 *U.S. v. Assadi*, 23 F.Supp.2d 208, 210 (D. D.C. 2002); siehe auch *U.S. v. Yoshida*, 303 F.3d 1145, 1151 (9th Cir. 2002) mit Verweis auf *Federal Deposit Insurance Corporation v. Meyer*, 510 U.S. 471 (1994); im Allgemeinen vgl. nur *Perrin v. U.S.*, 444 U.S. 37, 42 (1979): „A fundamental canon of statutory construction is that, unless otherwise defined, words will be interpreted as taking their ordinary, contemporary, common meaning." Ferner *LaFave*, § 2.2(d).

449 *U.S. v. Assadi*, 23 F.Supp.2d 208, 210 (D. D.C. 2002); *U.S. v. Yoshida*, 303 F.3d 1145, 1151 (9th Cir. 2002), jeweils mit Verweis auf Webster's Third International Dictionary 278 (1976): „‚Bring' means ‚to convey, lead, carry or cause to come along from one place to another... to escort [or] accompany. [...] It does not mean ‚send' or ‚launch'." Vgl. auch Shorter Oxford Dictionary 238 (1973): „1. To cause to come along with oneself; to fetch; [...] 2. To escort (a person) on his way"; ferner *U.S. v. Whittington*, 241 Fed. Appx. 388, 390 (9th Cir. 2007).

450 *McFarland v. U.S.*, 19 F.2d 805, 806 (6th Cir. 1927): „From its context this language seems to refer to persons who are like the master of a vessel, although by the words 'or otherwise' it reaches to other conveyances. The verbs in question are appropriate to a relatively active conduct which affects a relatively passive immigrant." Siehe auch *U.S. v. Washington*, 471 F.2d 402, 405 (5th Cir. 1973); *U.S. v. Garcia-Paulin*, 627 F.3d 127, 133 (5th Cir. 2010); Immigr. Law & Crimes, § 7:16.

451 Für das Führen eines Kraftfahrzeuges siehe *U.S. v. Harding*, 432 F.2d 1218 (9th Cir. 1970); für das Steuern eines Bootes siehe *Campbell v. U.S.*, 47 F.2d 70 (5th Cir. 1931); für das Steuern eines kleinen Flugzeuges siehe *Bland v. U.S.*, 299 F.2d 105 (5th Cir. 1962).

Hilfestellung nur mit einem hohen Begründungsaufwand noch unter das Handlungsmerkmal subsumiert werden.[452]

Diese Herausstellung des Erfordernisses eines „active conduct“, also eines aktiven Verhaltens, das einen (wesentlichen) Einfluss auf den Tatverlauf hat, ist seit jeher vielfach von anderen Circuit Courts aufgegriffen worden.[453] Allerdings wurden insofern Zweifel an der Entscheidung des Sixth Circuit laut, als diese „to bring“ dem Transport einer Person nahezu gleichgestellt habe und damit der Norm in ihrer Gesamtheit nicht gerecht würde, die Norminterpretation des Sixth Circuits also zu eng bemessen sei.[454] Die Rechtsprechung hat deshalb spätere Entscheidungen zum Anlass genommen, die Anforderungen an den für das Merkmal „to bring“ zu erbringenden „active conduct“ herabzusetzen und zu konkretisieren.

a. *Kein eigenständiger Transport von Ausländern erforderlich*

In erster Linie wurde darauf abgestellt, dass der Transport eines Ausländers in die Vereinigten Staaten zwar den Tatbestand erfülle, aber nicht vom Merkmal „to bring“ vorausgesetzt werde. Anlass dazu gaben Reformen des Gesetzgebers, durch die – teilweise schon in den Jahren vor *McFarland v. U.S.* – die gesetzlichen Anforderungen an den Tatbeitrag des Schleusers herabgestuft wurden: Ursprünglich hatte § 6 Immigration Act of 1891[455] bestimmt, dass der Ausländer per Schiff bzw. Fahrzeug oder auf sonstige Weise in die Vereinigten Staaten gebracht werden müsse: „Any person who shall bring into or land in the United States by vessel or otherwise, or who shall aid to bring into or land in the United States shall be deemed guilty of a misdemeanor“. Die vorübergehenden Erweiterungen der Passage durch § 8 Immigration Act of 1917[456] („any person, including the master, agent, owner, or consignee of any vessel“)

452 *McFarland v. U.S.*, 19 F.2d 805, 806 (6th Cir. 1927).

453 Siehe bereits Fn. 450 sowie die Darstellung in den folgenden Abschnitten.

454 Immigr. Law & Crimes, § 7:16; In *McFarland v. U.S.* ist das Gericht zu der Überzeugung gelangt, dass der Angeklagte, der seinen Sohn auf einer Überfahrt mit der Fähre in die Vereinigten Staaten begleitete und ihn zum Vorzeigen von Dokumenten, die nicht auf ihn ausgestellt waren, anhielt, diesen nicht „gebracht“ habe, da der Schwerpunkt der Handlung auf dem Vorstelligwerden des Sohnes vor dem Immigration Officer gelegen habe.

455 Act of March 3, 1891, Sess. II Ch. 551, 26 Stat. 1084, betitelt mit „An act in amendment to the various acts relative to immigration and the importation of aliens under contract or agreement to perform labor“.

456 Immigration Act of 1917, Pub. L. 64-301 v. 05.02.1917, 39 Stat. 874.

und § 274 Immigration and Nationality Act of 1952 („bring into [...] by any means of transportation or otherwise“) sowie die vollständige Streichung durch den Immigration Reform and Control Act of 1986[457] (seitdem „any person [...] brings to [...] in any manner whatsoever“) wurden von den Bundesgerichten zum Anlass genommen, bei der Auslegung zunehmend nicht nur den vom Täter selbst vorgenommenen Transport zu berücksichtigen, sondern eine weitgehendere Subsumtion vorzunehmen, was angesichts des stetig steigenden Angebots öffentlicher Verkehrsmittel als notwendig angesehen wurde.[458] Ihre Rechtsauslegung haben die Gerichte dahingehend gefestigt, dass eine Selbstvornahme des Transports nicht erforderlich sei, um den Tatbestand des INA § 274(a)(1)(A)(i) bzw. seiner Vorgänger zu erfüllen. Vielmehr handele der Täter schon tatbestandsmäßig, wenn er die Einreise der Ausländer in ihren konkreten Zügen plant und leitet.[459] Ebenso wenig bedürfe es eines Transports über die Grenze; zur Strafbarkeit genüge bereits die Anleitung einreisewilliger Ausländer, die zu Fuß die Grenze überqueren.[460]

b. Physische Präsenz im Grenzgebiet

Die Ausdehnung des „Bring to“-Merkmals auf Sachverhalte, in denen der Täter den bzw. die Ausländer nicht transportiert, führt naturgemäß dazu, dass die in *McFarland v. U.S.* angelegte Grundprämisse, die Tathandlung am jeweiligen Einfluss des Verhaltens der Beteiligten auf das Tatgeschehen zu messen, verwässert wird. Um Fallgestaltungen, die in den Anwendungsbereich von INA § 274(a)(1)(A)(i) und den anderen entsprechenden Bestimmungen fallen sollen, von „einfachen“ Hilfestellungen abzugrenzen, bei denen die Handlung des Ausländers überwiegt, fordern die Bundesgerichte mit Hinweis auf den Gesetzeswortlaut deshalb, dass einreisewillige Ausländer beim Grenzübertritt begleitet werden

457 Siehe § 112 Immigration Reform and Control Act 1986, Pub. L. 99-603 v. 06.11.1986, 100 Stat. 3359.

458 Siehe allein *U.S. v. Washington*, 471 F.2d 402 (5th Cir. 1973). Dort hat die Angeklagte mehrere Ausländer auf einem öffentlichen Flug in die Vereinigten Staaten begleitet.

459 *Carranza-Chaidez v. U.S.*, 414 F.2d 503, 505 (9th Cir. 1969); *U.S. v. Washington*, 471 F.2d 402, 405 (5th Cir. 1973); *U.S. v. Yoshida*, 303 F.3d 1145, 1152 (9th Cir. 2002).

460 *Carranza-Chaidez v. U.S.*, 414 F.2d 503 (9th Cir. 1969); allgemein zur Rspr. siehe *U.S. v. Washington*, 471 F.2d 402, 405 (5th Cir. 1973); *U.S. v. Wishart*, 582 F.2d 236 (2nd Cir. 1978); *U.S. v. Yoshida*, 303 F.3d 1145 (9th Cir. 2002); ferner 3 Immigration Law Service, § 17:50.

müssen; „Bring to" erfordere über das Unterstützen hinaus die Begleitung, das Anleiten oder das Treffen von Ausländern an der Grenze.[461]

Ebenso wenig wie der Transport von Ausländern ist allerdings auch das physische Begleiten des Ausländers durch den Schleuser eine unumstrittene Voraussetzung für die Verwirklichung des „Bring to"-Merkmals. Denn dem Ninth Circuit zufolge indiziert die Anwesenheit in Grenznähe verbunden mit weiteren Anweisungen in der Regel, dass der Schleuser hinsichtlich der Herrschaft über den Geschehensablauf eine herausgehobene Stellung gegenüber dem Ausländer einnehme; falls der Schleuser außerdem schon vorab alle Vorkehrungen und Planungen für den Verlauf der Einreise der Ausländer getroffen habe, komme es auf eine physische Begleitung der Ausländer über die Grenze nicht mehr an.[462]

2. Die Einreise des Ausländers als Voraussetzung der Tat: „Bring into" – „Bring to"

Die Normenzitate im vorigen Abschnitt haben bereits gezeigt, dass in der Vergangenheit wie heutzutage unterschiedliche Präpositionen hinter „bring" verwendet werden. Während die eigentlichen Normtexte allesamt die Formulierung „bring *to* the United States" aufweisen, heißt es in den Überschriften von INA §§ 272, 274 „Bringing *in* […] aliens" und in der von INA § 273 „Bringing of aliens *into* the United States". Diesem vermeintlichen Widerspruch ist allerdings keine rechtliche Bedeutung beizumessen; vielmehr handelt es sich lediglich um ein Zeugnis unsauber umgesetzter Gesetzesreformen.

---

461 *U.S. v. Assadi*, 23 F.Supp.2d 208, 210 (D. D.C. 2002): „‚[B]ringing to' correctly charges persons who not only help, but also accompany aliens, or lead them, or meet them at the border."; daran anschließend *U.S. v. Garcia-Paulin*, 627 F.3d 127, 132f. (5th Cir. 2010) („We have found no case where a defendant has been convicted under clause (i) of this statute for ‚bringing' an alien into the United States except where the defendant accompanied or arranged to have the alien accompanied (as in a smuggling operation) across the border into the United States"), mit Verweis auf die Fallgestaltungen in *Carranza-Chaidez v. U.S.*, 414 F.2d 503, 505 (9th Cir. 1969); *U.S. v. Washington*, 471 F.2d 402, 405 (5th Cir. 1973); *U.S. v. Yoshida*, 303 F.3d 1145, 1151f. (9th Cir. 2002).

462 In dem der Entscheidung *U.S. v. Whittington*, 241 Fed.Appx. 388, 390 (9th Cir. 2007), zugrundeliegenden Sachverhalt haben Schleuser die Ausländer in einem Hotel in Mexiko untergebracht, eine Taxifahrt zum Grenzgebiet organisiert, die Ausländer weiter ins Grenzgebiet hinein begleitet und sie rund 100 Meter vor der Grenze auf eine bestimmte, in Sichtweite liegende Stelle auf der U.S.-amerikanischen Seite hingewiesen, an der der Angeklagte (als weiterer Beteiligter) die Weiterfahrt durchführen sollte.

Die erste bundesstaatliche Vorschrift, die die Beteiligung an einer illegalen Einreise mit einer Strafsanktion belegte (§ 6 Immigration Act of 1891), enthielt die Passage „bring into or land in the United States". Diese Formulierung, die in den darauffolgenden rund 95 Jahren nicht verändert wurde[463], setzte nach Auffassung der Gerichte voraus, dass der geschleuste Ausländer in das Hoheitsgebiet der Vereinigten Staaten eingereist sein muss („entry").[464] „Entry" erforderte nach nicht gänzlich unumstrittener Ansicht[465] im Kontext von Schleusungen, dass die geschleuste Person die Staatsgrenze zu den Vereinigten Staaten überschritten und sich möglichen behördlichen Maßnahmen entzogen haben muss (sog. „Official Restraint Doctrine"[466]).[467]

Der Rechtsausschuss des Repräsentantenhauses folgte der Auffassung, dass der Tatbestand des „bring into" erfordere, dass die geschleusten Ausländer gemäß der „Official Restraint Doctrine" in die Vereinigten Staaten einreisen müssten. Dementsprechend sei während der Mariel-Bootskrise[468], im Rahmen

---

463 INA §§ 271, 272, 273 führen schon seit jeher die Bezeichnung „bring to". Die folgende Darstellung betrifft somit nur die Straftatbestände in INA § 274(a).

464 *U.S. v. Bunker*, 532 F.2d 1262, 1264 (9th Cir. 1976); *U.S. v. Anaya*, 509 F.Supp. 289, 295ff. (S.D. Florida 1980); *U.S. v. Zayas-Morales*, 685 F.2d 1272, 1275 (11th Cir. 1982); *U.S. v. Aguilar*, 883 F.2d 662, 681f. (9th Cir. 1989); vgl. ferner Darstellung in *U.S. v. Gonzalez-Torres*, 309 F.3d 594, 599 (9th Cir. 2002).

465 Statt vieler siehe Ausführungen der Anklagebehörden in *U.S. v. Anaya*, 509 F.Supp. 289, 295ff. (S.D. Florida 1980); *U.S. v. Hanna*, 639 F.2d 194, 196 (5th Cir. 1981); *U.S. v. Zayas-Morales*, 685 F.2d 1272 (11th Cir. 1982).

466 Ausführlich dazu *U.S. v. Franco-Lopez*, 709 F.Supp.2d 1152 (D. New Mexico 2010); siehe auch *U.S. v. Gonzalez-Torres*, 309 F.3d 594, 599 (9th Cir. 2002); dazu noch ausführlicher in Abschnitt D.IV.2.a. (S. 181).

467 Siehe *Kaplan v. Tod*, 267 U.S. 288 (1925); *U.S. v. Vasilatos*, 209 F.2d 195, 197 (3rd Cir. 1954); *In re Dubbiosi*, 191 F.Supp. 65, 66 (E.D. Virginia 1961); *U.S. v. Oscar*, 496 F.2d 492, 493f. (9th Cir. 1974); *U.S. v. Martin-Plascencia*, 532 F.2d 1316, 1317 (9th Cir. 1976); *U.S. v. Aguilar*, 883 F.2d 662, 681f. (9th Cir. 1989).

468 Englisch: „Mariel Boatlift", oftmals auch „Freedom Flotilla". Im April 1980 ersuchte eine Gruppe von Kubanern in der peruanischen Botschaft in Havanna Schutz vor politischer Verfolgung (zur Vorgeschichte siehe *Hawk/Villella/Leyva de Varona/Cifers*, Chapter 4). Da diese Gruppe innerhalb weniger Tage auf ca. 10.800 Personen anwuchs, gab der damalige U.S.-Präsident Jimmy Carter bekannt, dass die Schutzsuchenden in den Vereinigten Staaten willkommen seien und finanzielle Ressourcen für sie bereitgestellt würden (siehe Presidential Determination 80-16 v. 14.04.1980, 45 Fed.Reg. 28079). Die daraufhin errichtete Luftbrücke wurde von der kubanischen Regierung um Fidel Castro jedoch schon drei Tage später gestoppt, sodass sich die Kubaner in der Folgezeit per Schiff, meist vom Hafenort Mariel aus startend, auf den Weg in Richtung

derer Ausländer vielfach auf direktem Wege zu einer offiziellen Einreisestelle gebracht und dort ausländerrechtlich behandelt worden seien und deshalb nicht im Rechtssinne eingereist wären, regelmäßig die Strafbarkeit des Schleusers gemäß INA § 274(a) entfallen. Eine Analyse der diese Subsumtion bestätigenden Gerichtsentscheidungen[469] zeigte nach Ansicht des Rechtsausschusses eindrücklich, dass das (damalige) Bundesrecht eine Strafbarkeitslücke enthalten habe: [470] Bereits das Bringen von einreisewilligen Ausländer auf direktem Wege zu einer offiziellen Einreisestelle verursache einen hohen Kosten- und Personalaufwand für die Anhörung der vorstellig werdenden Ausländer sowie andere ausländerrechtliche Maßnahmen. Diese Kosten könne man nur dann effektiv begrenzen, wenn derjenige, der die Ausländer zur Grenze der Vereinigten Staaten bringe, eine strafrechtliche Sanktion zu fürchten hätte.[471] Aufgrund dessen wurde die Tathandlungsbeschreibung des „bring into“ durch „bring to“ ersetzt, siehe § 112 Immigration Reform and Control Act of 1986.

Seitdem wenden die U.S.-Bundesgerichte die „Official Restraint Doctrine“ nicht mehr auf INA § 274(a) an, so dass der Tatbestand auch dann vollendet sein kann, wenn die Ausländer nicht im Rechtssinne eingereist sind.[472]

3. Beendigung der Tat – *U.S. v. Lopez* (2007)

Dies führt zu den Fragen, zu welchem Zeitpunkt alle objektiven Merkmale der „bring to-offense“ nach der derzeitigen Rechtslage vorliegen und wann von der Beendigung der Tat ausgegangen werden kann. Allgemein ist eine Tat dann vollendet, wenn alle Merkmale der Tat erfüllt sind.[473] Dies trifft auf Tatbestände, die

---

der Küste des U.S.-Bundesstaates Florida machten. Innerhalb weniger Monate siedelten rund 125.000 Personen über. Siehe dazu *U.S. v. Frade*, 709 F.2d 1387, 1389f. (11th Cir. 1983); *Marlowe*, 17 Ga. J. Int'l & Comp. L. 153 (1987); *Mastin*, 2 Scholar 137, 142f. (2000); für Einzelheiten der Mariel-Bootskrise siehe *Hawk/Villella/Leyva de Varona/Cifers*, Part II.

469 Explizit Erwähnung finden *U.S. v. Anaya*, 509 F.Supp. 289, 295ff. (S.D. Florida 1980); *U.S. v. Zayas-Morales*, 685 F.2d 1272, 1275 (11th Cir. 1982).

470 H.R. Rep. 99-682(I), 1986 U.S.C.C.A.N. 5649, 5669; zur Mariel-Bootskrise als Auslöser der Gesetzgebung siehe auch *Mohabir*, 10 Seton Hall Cir. Rev. 409, 413 (2014).

471 H.R. Rep. 99-682(I), 1986 U.S.C.C.A.N. 5649, 5670.

472 *U.S. v. Gonzalez-Torres*, 309 F.3d 594, 600 (9th Cir. 2002); *U.S. v. Munoz*, 412 F.3d 1043, 1048 (9th Cir. 2005); 3C Am. Jur. 2d Aliens and Citizens § 2583; 3 Immigration Law Service, § 17:50; *Phelps*, 136 A.L.R. Fed. 511, § 7.

473 *U.S. v. Debrin*, 557 F.2d 1316, 1333 (9th Cir. 1977); *U.S. v. Smith*, 740 F.2d 734, 736 (9th Cir. 1984); *U.S. v. Lopez*, 484 F.3d 1186, 1192 (9th Cir. 2007).

„bring to" als Handlungsbeschreibung enthalten, zu, wenn der geschleuste Ausländer die Grenze zu den Vereinigten Staaten erreicht oder überquert.[474]

Grundsätzlich geht mit dem Vorliegen aller Tatmerkmale die Beendigung der Tat einher, so dass dann die Verjährungsfrist für die Tat zu laufen beginnt.[475] Die Bundesgerichte betonen jedoch, dass das „Bringen" von Ausländern zum Zeitpunkt der Grenzüberquerung regelmäßig noch nicht abgeschlossen ist. Vielmehr handele es sich um eine „continuing offense"[476], also um eine Tat, deren Handlung über die Vollendung hinaus andauert oder fortwirkt.[477] Zwar erlaube die 1986 vorgenommene Änderung des Wortlauts für sich genommen eine Lesart, der zufolge die Tat bereits bei der Überquerung der Grenze durch den Ausländer beendet sei. Allerdings war für die Vollendung der ehemaligen „bring into-offense" die Vornahme eines Teilakts auf U.S.-amerikanischen Boden erforderlich und aus der Gesetzesbegründung zum Immigration Reform and Control Act of 1986 gehe deutlich hervor, dass der Anwendungsbereich des INA § 274(a) uneingeschränkt ausgedehnt werden sollte.[478]

Zunächst sei das „Bringen" von Ausländern eine Handlung, die nicht in einem kurzen Moment oder an einem bestimmten Ort erfolge, sondern über einen längeren Zeitraum und eine längere Distanz vollzogen werde.[479] Falls der Transport des Ausländers über die Grenze zu den Vereinigten Staaten andauere und dabei mehrere Districts (Gerichtsbezirke) durchquert würden, müsse die Kategorisierung von INA § 274(a)(1)(A)(i) und INA § 274(a)(2) als „continuing offense" zudem schon vor dem Hintergrund von 18 U.S.C. § 3237(a)[480] erfolgen,

---

474 *U.S. v. Lopez*, 484 F.3d 1186, 1192 (9th Cir. 2007); demgegenüber spricht Circuit Judge *Moore* in *U.S. v. Noriega-Perez*, 670 F.3d 1033, 1043 (9th Cir. 2012), nur noch von „crossing the border".

475 *U.S. v. Jones*, 676 F.Supp.2d 500, 518 (W.D. Texas 2009).

476 *U.S. v. Lopez*, 484 F.3d 1186, 1194 (9th Cir. 2007); 2B Fed. Jury Prac. & Instr. § 61:03.

477 Der Beginn der Verjährungsfrist verlagert sich dann auf den Zeitpunkt, indem der letzte zur Tat gehörende Teilakt abgeschlossen wird, siehe *U.S. v. Yashar*, 166 F.3d 873, 879 (7th Cir. 1999): „[...] the limitations period does not begin to run until the defendant commits the last predicate act in furtherance of the offense."; ferner *U.S. v. Jones*, 676 F.Supp.2d 500, 518 (W.D. Texas 2009); *Rosenberg*, 26 No. 12 WJCODL 2, 2 (2010).

478 *U.S. v. Lopez*, 484 F.3d 1186, 1192 (9th Cir. 2007).

479 *U.S. v. Lopez*, 484 F.3d 1186, 1192f. (9th Cir. 2007).

480 „[...] Any offense involving [...] the importation of an object or a person into the United States is a continuing offense and, except otherwise expressly provided by enactment of Congress, may be inquired of and prosecuted in any district from, through, or into which [...] imported object or person moves."

da der Kongress in dieser Norm habe deutlich werden lassen, dass Taten, die in mehreren Districts vorgenommen werden, als „continuing offenses" in jedem dieser Districts verfolgt werden können.[481] Ferner impliziere das gewöhnliche Wortverständnis des Begriffes „(to) bring to", dass jemand zu einem bestimmten Zielort und nicht lediglich an dessen äußere Grenze gebracht werde.[482] Letztlich sei die „bring to offense" nicht schon mit der Grenzüberquerung des Ausländers beendet, da Ausländer im Rahmen von Schleusungen regelmäßig bis zu einem gewissen Abstand von der Grenze in die Vereinigten Staaten gebracht würden und man diesen einheitlichen Tatvorgang nicht rechtlich in „Bringing to" und „Transporting within" (im Sinne des INA § 274(a)(1)(A)(ii))[483] unterteilen dürfe.[484]

Nach Ansicht des Ninth Circuit in *U.S. v. Lopez* endet die „bring to-offense" erst dann, wenn derjenige, der den Ausländer in die Vereinigten Staaten „bringt", seinen Transport beendet und den Geschleusten an einem bestimmten Ort absetzt.[485] Damit weicht der Ninth Circuit von der Rechtsprechung anderer Circuits ab, die im Interesse der Einheit der Rechtsordnung die gleichen Maßstäbe wie beim Schmuggeln von Waren anwenden wollen und die Tat demzufolge erst dann als beendet ansehen, wenn die Ware bzw. der Ausländer seinen Zielort erreicht hat[486]. Für diese Ansicht finde sich – so der Ninth Circuit – kein Anhaltspunkt im Gesetz, weder in INA § 274(a) noch in dem oben genannten 18 U.S.C. § 3237(a).[487]

---

481 *U.S. v. Lopez*, 484 F.3d 1186, 1193 (9th Cir. 2007).

482 *U.S. v. Lopez*, 484 F.3d 1186, 1193 (9th Cir. 2007); a.A. Circuit Judge *Bea* in *U.S. v. Lopez*, 484 F.3d 1186, 1202 (9th Cir. 2007), dessen Ansicht zufolge sich die Tat im Transport eines Ausländers über die Grenze erschöpfe; jedweder weitere Transport sei von INA § 274(a)(1)(A)(ii) erfasst.

483 Zum Verhältnis von INA § 274(a)(1)(A)(ii) und INA § 274(a)(2) siehe *U.S. v. Aslam*, 936 F.2d 751, 754f. (2nd Cir. 1991).

484 *U.S. v. Lopez*, 484 F.3d 1186, 1193f. (9th Cir. 2007); siehe aber abweichende Auffassung des Circuit Judges *Bea* in Fn. 482.

485 *U.S. v. Lopez*, 484 F.3d 1186, 1191 (9th Cir. 2007); *U.S. v. Hernandez-Orellana*, 539 F.3d 994, 1004 (9th Cir. 2008); *U.S. v. Reyes-Bosque*, 596 F.3d 1017, 1036 (9th Cir. 2010); *U.S. v. Noriega-Perez*, 670 F.3d 1033, 1040 (9th Cir. 2012).

486 Vgl. die abweichende Auffassung der Circuit Judges *Callahan, Clifton, Rawlinson* und *Tallman* in *U.S. v. Lopez*, 484 F.3d 1186, 1202ff. (9th Cir. 2007), sowie die frühere Rspr., *U.S. v. Aslam*, 936 F.2d 751, 755 (2nd Cir. 1991); *U.S. v. Angwin*, 271 F.3d 786, 804f. (9th Cir. 2001); *U.S. v. Ramirez-Martinez*, 273 F.3d 903, 912 (9th Cir. 2001); außerdem 3C Am. Jur. 2d Aliens and Citizens § 2583.

487 *U.S. v. Lopez*, 484 F.3d 1186, 1194 (9th Cir. 2007).

Insgesamt legt der Ninth Circuit in *U.S. v. Lopez* ausführlich dar, warum Tatbeendigung und Tatvollendung zeitlich und örtlich weit auseinanderfallen können. Gleichzeitig warnt er aber auch davor, das Verständnis des „Bring to" auf lange Sicht zu weit auszudehnen.

4. Weitere Strafausdehnung über die Versuchsstrafbarkeit

Während die Straftatbestände der INA § 274(a)(1)(A)(i) und INA § 274(a)(2) nach *U.S. v. Lopez* auf der einen Seite weit über das Vorliegen aller Tatbestandsmerkmale hinauswirken können, gewährleistet der Normtext mit der Passage „attempt to bring to" auf der anderen Seite, dass die potentielle Strafbarkeit des Schleusers bereits in das Versuchsstadium hineinreicht.

Ein Täter gelangt im Allgemeinen bei der Tatausführung ins Versuchsstadium, wenn er auf Grundlage seines Willens zur Tatbestandverwirklichung einen wesentlichen Zwischenschritt vornimmt; als wesentlicher Zwischenschritt gilt ein Verhalten, das den Willen zur Tatvollendung deutlich bestärkt.[488] Darunter fallen jedoch keine bloßen Vorbereitungshandlungen, vielmehr muss aus der Tatausführung zweifelsfrei hervorgehen, dass sie – abgesehen davon, dass sie durch vom Täter unabhängige Umstände verhindert wird – zur Vollendung führt.[489]

Problematisch ist allerdings, dass dafür angesichts des grenzüberschreitenden Charakters der Einschleusung in erster Linie Handlungsverläufe in Betracht kommen, die außerhalb des U.S.-amerikanischen Hoheitsgebiets[490] vorgenommen werden. Den Strafverfolgungsbehörden könnte nicht nur die Befugnis

488 *U.S. v. Buffington*, 815 F.2d 1292, 1301 (9th Cir. 1987): „A conviction for attempt requires the government to prove (1) culpable intent, and (2) conduct constituting a substantial step toward commission of the crime that is in pursuit of that intent. [...] A substantial step consists of conduct that is strongly corroborative of the firmness of a defendant's criminal intent." Ebenso *U.S. v. Mandujano*, 499 F.2d 370, 375ff. (5th Cir. 1974); *U.S. v. Snell*, 627 F.2d 186, 187 (9th Cir. 1980); *U.S. v. Plummer*, 221 F.3d 1298, 1303 (11th Cir. 2000); *U.S. v. Erickson*, 2012 WL 4194504 (D. Nevada 2012).

489 *U.S. v. Nelson*, 66 F.3d 1036, 1042 (9th Cir. 1995); *U.S. v. Goetzke*, 494 F.3d 1231, 1237 (9th Cir. 2007); *U.S. v. Palato*, 2011 WL 2790200 (C.D. California 2011); siehe ferner *U.S. v. Taylor*, 716 F.2d 701, 712 (9th Cir. 1983); *U.S. v. Buffington*, 815 F.2d 1292, 1301 (9th Cir. 1987).

490 Soweit im INA von „United States" die Rede ist, umfasst dieser Terminus grundsätzlich das zusammenhängende U.S.-amerikanische Festland, Alaska, Hawaii, Puerto Rico, Guam, die Amerikanischen Jungferninseln und den Commonwealth der Nördlichen Marianen, INA § 101(a)(38).

fehlen, entsprechende strafbare Versuche zu verfolgen, sondern die Reichweite des Bundesstrafrechts könnte bereits auf materieller Ebene an der Grenze enden, so dass Taten keinen strafbaren Versuch im Sinne des U.S.-Rechts darstellen können.

Prinzipiell kann das U.S.-amerikanische Bundesstrafrecht nur Anwendung finden, soweit die staatliche Souveränität der Vereinigten Staaten reicht.[491] Grundsätzlich stimmt dieser Bereich mit dem Hoheitsgebiet eines Staates überein, so dass in der Regel nur solche Handlungen, die im Hoheitsgebiet der Vereinigten Staaten begangen werden, deren Gesetzesvorschriften unterliegen (Territorialitätsprinzip).[492]

Die U.S.-amerikanische Rechtsprechung erkennt allerdings schon seit geraumer Zeit Fälle an, in denen Strafnormen des Bundes über das Territorium der Vereinigten Staaten hinaus angewendet werden, um Handlungen, die außerhalb der internationalen Grenzen begangen werden, einer rechtlichen Bewertung zuführen zu können. Der Ausnahmecharakter dieser Kompetenz erfordert jedoch, dass der Kongress der (von den Gerichten im Rahmen der Auslegung unterstellten) Vermutung zur territorialen Anwendung eines Gesetzes[493] entgegenwirkt, indem er seinen Willen zur extraterritorialen Rechtsanwendung deutlich zum Ausdruck bringt.[494] Da weder die Vorschriften des INA, insbesondere INA § 274(a), eine dahingehende ausdrückliche Regelung noch die Gesetzesmaterialien zu den Vorgängervorschriften einen derartigen Hinweis auf die extraterritoriale Anwendung enthalten, hat der Ninth Circuit in *Yenkichi Ito v. U.S.* entschieden, dass nur diejenigen Handlungen einen strafbaren Versuch im

---

491 Vgl. *Yenkichi Ito v. U.S.*, 64 F.2d 73, 75 (9th Cir. 1933).

492 *LaFave*, § 4.2; *Podgor*, 35 U.C. Davis L. Rev. 267, 289 (2002); siehe auch *American Banana Co. v. United Fruit Co.*, 213 U.S. 347 (1909).

493 So genannte „Presumption against Extraterritoriality“, dazu etwa *Clopton*, 67 N.Y.U. Ann. Surv. Am. L. 137, 147ff. (2011); vgl. auch Nachweise in Fn. 494.

494 *U.S. v. Bowman*, 260 U.S. 94, 98 (1922); *Yenkichi Ito v. U.S.*, 64 F.2d 73, 75 (9th Cir. 1933); siehe ferner *Foley Bros. Inc. v. Filardo*, 336 U.S. 281, 285 (1949); *Sale v. Haitian Centers Council, Inc.*, 509 U.S. 155, 188 (1993); siehe auch *U.S. v. Delgado-Garcia*, 374 F.3d 1337, 1344 (D.C. Cir. 2004): „Because Congress's primary arena of sovereignty is the territorial United States, it makes sense to presume, absent other evidence, that its commands linguistically apply only there. Therefore, we presumptively read the text of congressional statutes not to apply extraterritorially, unless there are contextual reasons for reading the text otherwise.“

Sinne des Bundesrechts darstellen können, die im Hoheitsgebiet der Vereinigten Staaten, zumindest also im Küstenmeer, begangen werden.[495]

Auch im Bereich der Versuchsstrafbarkeit hat der Immigration Reform and Control Act of 1986, dessen § 112 die Erweiterung der Schleuserdelikte bezweckte, jedoch zu einer Richtungsänderung der Rechtsprechung geführt. Die Argumentation baut im Wesentlichen auf der Entscheidung des U.S. Supreme Courts in *U.S. v. Bowman* auf. Das Gericht war der Auffassung, dass das Erfordernis einer ausdrücklichen Anordnung einer extraterritorialen Anwendung durch den Kongress entbehrlich sei, wenn es sich um ein Delikt handele, das bereits seiner Natur nach eine solche erweiterte Anwendung erfordere: „But the same rule of interpretation should not be applied to criminal statutes which are, as a class, not logically dependent on their locality for the government's jurisdiction, but are enacted because of the right of the government to defend itself [...]. Some such offenses can only be committed within the territorial jurisdiction of the government because of the local acts required to constitute them. Others are such that to limit their locus to the strictly territorial jurisdiction would be greatly to curtail the scope and usefulness of the statute and leave open a large immunity [...]. In such cases, Congress has not thought it necessary to make specific provision in the law that the locus shall include the high seas and foreign countries, but allows it to be inferred from the nature of the offense."[496]

In Bezug auf den Versuch einer „Bring to-offense" wird zunächst die Bedeutung des Grenzschutzes für die nationale Sicherheit und die Außenpolitik der Vereinigten Staaten hervorgehoben; INA § 274(a) wohne ein ausgeprägtes internationales Element inne.[497] Außerdem setze die seit 1986 geltende Fassung der Strafvorschrift lediglich voraus, dass der Ausländer die Grenze zu den Vereinigten Staaten erreiche. Der Versuch der Tat spiele sich deshalb regelmäßig im Ausland ab, was die Schlussfolgerung zulasse, dass sich auch der Täter meist im Ausland befinde.[498]

Entgegen der früheren Rechtsprechung in *Yenkichi Ito v. U.S.* wird aufgrund dessen vertreten, dass auch Handlungen, die sich zum Teil weit vor der

---

495 So *Yenkichi Ito v. U.S.*, 64 F.2d 73, 75 (9th Cir. 1933); vgl. auch Auffassung des Circuit Judges *Rogers* in *U.S. v. Delgado-Garcia*, 374 F.3d 1337, 1351ff. (D.C. Cir. 2004).

496 *U.S. v. Bowman*, 260 U.S. 94, 98 (1922); daran anschließend *U.S. v. Liang*, 224 F.3d 1057, 1060 (9th Cir. 2000).

497 *U.S. v. Delgado-Garcia*, 374 F.3d 1337, 1345 (D.C. Cir. 2004).

498 *U.S. v. Delgado-Garcia*, 374 F.3d 1337, 1347 (D.C. Cir. 2004); siehe auch *U.S. v. Fleming*, 2004 WL 1773865, p. 1 (D. Northern Mariana Islands 2004).

U.S.-amerikanischen Küste zutragen, einen strafbaren Versuch im Sinne des INA § 274(a) darstellen können – die in INA § 274(a) geregelte Versuchsstrafbarkeit findet extraterritoriale Anwendung.[499] In der Praxis wirkt sich dies in erster Linie auf Konstellationen mit Flüchtlingsbooten aus, die teilweise in mehr als 100 Meilen Entfernung zur (west-)amerikanischen Küste von der U.S.-Küstenwache aufgegriffen werden.[500]

5. Ausländerbezogene objektive Merkmale der INA §§ 274(a)(1)(A)(i) und (a)(2)

INA § 274(a)(1)(A)(i) und INA § 274(a)(2) unterscheiden sich im Wesentlichen dadurch, dass sie unterschiedliche und einander ergänzende Anforderungen an die Illegalität der vom Schleuser anvisierten Einreise des Ausländers stellen, die jeweils unrechtskonstituierend sind: Während nach der ersten Vorschrift das Bringen eines Ausländers „at a place other than a designated port of entry or place other than as designated by the Commissioner[501], regardless of whether such alien has received prior official authorization to come to, enter, or reside in the United States“ ahndet, stellt letztere das Bringen eines Ausländers, der nicht über eine vorab erteilte Einreise- oder Aufenthaltserlaubnis verfügt, unter Strafe. Im Folgenden wird dargestellt, welche objektiven Tatelemente für die Verwirklichung der jeweiligen Straftat erforderlich sind.

Hinsichtlich des im INA geltenden Ausländerbegriffs kann auf die obigen Ausführungen verwiesen werden.[502] In den Mittelpunkt der weiteren Betrachtung

---

499 *U.S. v. Liang*, 224 F.3d 1057 (9th Cir. 2000); *U.S. v. Feng*, 25 Fed.Appx. 635 (9th Cir. 2002); *U.S. v. Delgado-Garcia*, 374 F.3d 1337 (D.C. Cir. 2004); *U.S. v. Fleming*, 2004 WL 1773865 (D. Northern Mariana Islands 2004); *Robinson*, 2010 Army Law 20, 21; 3C Am. Jur. 2d., § 2583; im Ergebnis auch 3 Immigration Law Service, § 17:50.

500 Siehe Fallgestaltungen in *U.S. v. Liang*, 224 F.3d 1057, 1060 (9th Cir. 2000); *U.S. v. Feng*, 25 Fed.Appx. 635 (9th Cir. 2002); *U.S. v. Delgado-Garcia*, 374 F.3d 1337, 1347 (D.C. Cir. 2004); *U.S. v. Fleming*, 2004 WL 1773865 (D. Northern Mariana Islands 2004).

501 Mit „Commissioner“ ist der Commissioner of Immigration and Naturalization gemeint, INA § 101(a)(8). Der Immigration and Naturalization Service (INS), dem der Commissioner vorstand, wurde allerdings durch den Homeland Security Act of 2002 (Pub. L. 107-296 v. 25.11.2002, 116 Stat. 2135) durch die U.S. Citizenship and Immigration Services (USCIS), einer Unterbehörde des Department of Homeland Security (DHS), ersetzt, 6 U.S.C. §§ 251, 271(b); siehe dazu 2B Fed. Jury Prac. & Instr. § 61:03 (6th ed.).

502 Abschnitt D.I.2. (S. 132).

treten somit die übrigen von INA § 274(a)(1)(A)(i) und INA § 274(a)(2) genannten objektiven Voraussetzungen.

a. INA § 274(a)(1)(A)(i)

Bereits mit Blick auf den Wortlaut von INA § 274(a)(1)(A)(i) wird deutlich, dass weder eine etwaige den Ausländer begünstigende vorab erteilte behördliche Erlaubnis noch der Aufenthaltsstatus des Ausländers bzw. dessen an die Einreise anknüpfende ausländerrechtliche oder strafrechtliche Behandlung[503] Relevanz für die Strafbarkeit des Schleusers haben. Maßgeblich ist allein, dass der Ausländer die Grenze zu den Vereinigten Staaten an einem Ort überquert, der weder als Grenzübergangsstelle[504] noch anderweitig vom Commissioner als Einreiseort deklariert worden ist.

b. INA § 274(a)(2)

aa. Allgemeines

Ebenso wie zuvor spielen auch im Rahmen von INA § 274(a)(2) etwaige ausländerrechtliche Maßnahmen, die zugunsten oder zu Lasten des eingereisten Ausländers getroffen werden, keine Rolle. Für diese zweite „Bring to-offense" ist vielmehr von Bedeutung, ob der Ausländer über eine *vorab erteilte offizielle (also behördliche) Erlaubnis* verfügt, in den Vereinigten Staaten anzukommen, diese im Rechtssinne zu betreten oder sich dort aufzuhalten.

Weder INA § 274(a)(2) selbst noch die in INA § 101 aufgelisteten für das Einreiserecht relevanten Definitionen enthalten einen näheren Hinweis darauf, unter welchen Umständen eine solche „vorab erteilte behördliche Erlaubnis" vorliegt. Die Textpassage zielt ausweislich des Wortlauts in erster Linie auf Ausländer ab, die entweder keine oder aber gefälschte Einreisedokumente vorzeigen

---

503 Bereits vor Aufnahme der Textpassage „regardless of any future official action which may be taken with respect to such alien" in den Normwortlaut wirkten sich behördliche Maßnahmen in Bezug auf den Ausländer nicht auf die Strafbarkeit des Schleusers aus, siehe dazu *U.S. v. Hanna*, 639 F.2d 194, 196 (5th Cir. 1981); *U.S. v. Pierre*, 688 F.2d 724, 725f. (11th Cir. 1982); zum Verhältnis der alten Rechtslage zur Genfer Flüchtlingskonvention siehe auch *U.S. v. Merkt*, 794 F.2d 950, 964 (5th Cir. 1986) mit Verweis auf *I.N.S. v. Stevic*, 467 U.S. 407, 417f. (1984); ferner *Bertrand v. Sava*, 684 F.2d 204, 218 (2nd Cir. 1982).

504 Die offiziellen Grenzübergangsstellen können auf der Internetseite der U.S. Customs and Border Protection (CBP) eingesehen werden, https://www.cbp.gov/contact/ports (zuletzt abgerufen am 30.09.2020).

(können). Mit Hinweis auf den Immigration Reform and Control Act of 1986, dessen Ziel die Bekämpfung der illegalen Einwanderung gewesen sei, kommt der Fifth Circuit des U.S. Court of Appeals in *U.S. v. Gasanova* außerdem zu dem Schluss, dass auch Visa, die aufgrund eines Irrtums behördlicherseits ausgestellt oder durch betrügerisches Verhalten von einer Behörde erlangt worden sind, keine vorab erteilte behördliche Erlaubnis darstellen können. Ansonsten, so die Auffassung des Gerichts, würden diejenigen straffrei gestellt, die zugunsten eines Ausländers, dessen Antrag auf Zustimmung zu seiner Einreise zuvor abgelehnt worden ist, ein Visum von einer offiziellen Stelle entwenden und es diesem zum Vorzeigen an der Grenzübergangsstelle überlassen.[505] Der Fifth Circuit trifft damit eine Entscheidung, die im Einklang mit der früheren Rechtsprechung steht. Diese hat auf Grundlage des vorherigen Wortlauts[506] entschieden, dass das „Bringen“ von Ausländern die Strafnorm erfüllte, wenn der Ausländer seine Einreise- bzw. Aufenthaltserlaubnis durch Angabe eines unzutreffenden Einreisezwecks erschlichen hatte, etwa, wenn er sein Touristenvisum dazu genutzt hatte, einer vergüteten Arbeit nachzugehen[507] oder eine auf die Dauer von 72 Stunden und eine Entfernung von 25 Meilen zur Grenze beschränkte Aufenthaltserlaubnis für einen zweieinhalb-monatigen Aufenthalt im Bundesstaat Utah verwendet hatte[508].

bb. Insbesondere: Der Status als Asylsuchender bzw. Flüchtling

Bisher nicht explizit gerichtlich entschieden ist, ob einer Verurteilung auf Grundlage von INA § 274(a)(2) der Umstand entgegensteht, dass der eingeschleuste Ausländer die Vereinigten Staaten um Schutz vor politischer Verfolgung ersucht bzw. ersuchen wird.

Der Wortlaut von INA § 274(a)(2) bietet *prima facie* zwei Möglichkeiten, die Anerkennung eines Flüchtlingsstatus oder die Gewährung von Asyl zu erfassen: Entweder es handelt sich um eine „prior official authorization“ des Betretens der Vereinigten Staaten durch den Ausländer, die ausweislich des Wortlauts für

---

505 *U.S. v. Gasanova*, 332 F.3d 297, 299 (5th Cir. 2003); *U.S. v. Calhelha*, 456 F.Supp.2d 350, 358f. (D. Conneticut 2006).

506 Die entscheidende Passage in INA § 274(a)(1) in der vor der Gesetzesnovelle von 1986 geltenden Fassung lautete: „not duly admitted by an immigration officer or not lawfully entitled to enter or reside within the United States under the terms of this act or any other law relating to immigration or expulsion of aliens“.

507 *U.S. v. Mount Fuji Japanese Steak House, Inc.*, 435 F.Supp. 1194, 1198 (E.D. New York 1977).

508 *U.S. v. Bunker*, 532 F.2d 1262, 1265f. (9th Cir. 1976).

die Strafbarkeit des Schleusers relevant ist, oder um eine „official action which may later be taken", die nach dem Normtext keine Auswirkung auf die Strafbarkeit des Schleusers hat. Im Einzelfall ist somit entscheidend, zu welchem Zeitpunkt die behördliche Maßnahme durchgeführt wird, anders formuliert, ob die behördliche Maßnahme vor oder nach dem Grenzübertritt als Zeitpunkt der Tatvollendung vorgenommen wird.[509]

Diesen Subsumtionsvorgaben entsprechend unterfällt die Anerkennung eines Flüchtlingsstatus regelmäßig in die erste Kategorie und hat damit eine Auswirkung auf die Strafbarkeit des Schleusers, während das Asylverfahren in die zweite Kategorie fällt: Das U.S.-amerikanische Recht unterscheidet den Status eines Asylsuchenden von dem eines Flüchtlings auf formelle Weise, nämlich danach, an welchem Ort sich der Antragsteller zum Zeitpunkt der Antragstellung aufhält: Ersucht der Ausländer außerhalb der Vereinigten Staaten um Schutz, d.h. vor seiner Einreise, wird ihm – das Vorliegen der Eigenschaft eines „Refugee"[510]

509 So jedenfalls differenziert der Eleventh Circuit in *U.S. v. Dominguez*, 661 F.3d 1051, 1070 (11th Cir. 2011), in Bezug auf den CAA und die „Wet-Food/Dry-Food Policy" (siehe dazu noch Fn. 537).

510 Die Definition von „refugee" in INA § 101(a)(42) lautet: „The term ‚refugee' means (A) any person who is outside any country of such person's nationality or, in the case of a person having no nationality, is outside any country in which such person last habitually resided, and who is unable or unwilling to return to, and is unable or unwilling to avail himself or herself of the protection of, that country because of persecution or a well-founded fear of persecution on account of race, religion, nationality, membership in a particular social group, or political opinion, or (B) in such special circumstances as the President after appropriate consultation (as defined in section 207(e) of this title) may specify, any person who is within the country of such person's nationality or, in the case of a person having no nationality, within the country in which such person is habitually residing, and who is persecuted or who has a well-founded fear of persecution on account of race, religion, nationality, membership in a particular social group, or political opinion. The term ‚refugee' does not include any person who ordered, incited, assisted, or otherwise participated in the persecution of any person on account of race, religion, nationality, membership in a particular social group, or political opinion. For purposes of determinations under this chapter, a person who has been forced to abort a pregnancy or to undergo involuntary sterilization, or who has been persecuted for failure or refusal to undergo such a procedure or for other resistance to a coercive population control program, shall be deemed to have been persecuted on account of political opinion, and a person who has a well founded fear that he or she will be forced to undergo such a procedure or subject to persecution for such failure, refusal, or resistance shall be deemed to have a well founded fear of persecution on account of political opinion."

unterstellt – eine Einreisebewilligung im Sinne des INA § 207 erteilt; demgegenüber setzt INA § 208, der den Asylantrag regelt, voraus, dass der Asylsuchende unmittelbar vorher in den Vereinigten Staaten angekommen sein oder sich dort bereits aufhalten muss, INA § 208(a)(1).

6. Die innere Tatseite – *mens rea*

Sowohl INA § 274(a)(1)(A)(i) als auch INA § 274(a)(2) enthalten explizite Angaben darüber, welche Tatumstände der Täter bei der Ausführung seiner Handlung kennen muss. Hierbei werden verschiedene Formen der subjektiven Tatseite verwendet: Während im Rahmen der ersten Tat dem Wortlaut zufolge „Knowledge“ in Hinblick auf die Ausländereigenschaft der an die Grenze gebrachten Person vorausgesetzt wird, genügt im zweiten Fall bereits, dass der Täter „in reckless disregard of the fact“ handelt, dass dem Ausländer die Einreise bzw. der Aufenthalt vorab nicht seitens der zuständigen Behörde erlaubt worden ist.

Der Terminus „Knowledge“ bzw. „knowing that“ bedeutet zunächst lediglich, dass der Täter einen bestimmten oder mehrere Umstände, deren Vorliegen zur Tatbestandsverwirklichung führt, kennen muss.[511] Ob dem Täter außerdem bewusst sein muss, dass er mit seiner Tat gegen U.S.-amerikanische Einreisebestimmungen verstößt, wird später erörtert.[512]

a. „Recklessness“ als subjektive Tatseite von INA § 274(a)(2)

Schwieriger zu greifen ist die Verschuldensform der „Recklessness“. Der Model Penal Code (MPC) [513] bestimmt in § 2.02(2)(c), dass „rücksichtslos“ handelt, wer bewusst das erhebliche und unvertretbare Risiko des Vorliegens oder der Verwirklichung eines Tatbestandmerkmals durch seine Handlung außer Acht lässt. Dabei muss das Außer-Acht-Lassen des Risikos in Anbetracht der Tathandlung und der dem Täter bekannten Tatumstände in grober Weise von dem Verhalten

511 Vgl. *Bryan v. U.S.*, 524 U.S. 184, 193 (1998); *U.S. v. Pitrone*, 115 F.3d 1, 6 (1st Cir. 1997); *U.S. v. Dominguez*, 661 F.3d 1051, 1068 (11th Cir. 2011); *LaFave*, § 5.2(b).

512 Siehe Abschnitt D.II.6.c. (S. 155).

513 Der Model Penal Code ist ein vom American Law Institute ausgearbeitetes und am 24.05.1962 angenommenes Musterstrafgesetzbuch. Als Modellgesetz entfaltet der MPC keine rechtsbindende Wirkung, bietet den U.S.-amerikanischen Gesetzgebungsorganen auf Staaten- sowie auf Bundesebene aber die Möglichkeit, strafrechtliche Regelungen zu reformieren und einander anzugleichen, vgl. Vorwort des Direktors des American Law Institutes *Wechsler* zur 1985 veröffentlichten Fassung des MPC.

einer gesetzestreuen Person in der Rolle des Täters abweichen. [514] Wenngleich der MPC keine rechtliche Bindung entfaltet, hat ihn der U.S. Supreme Court in *Farmer v. Brennan* (neben weiteren Quellen) zur Auslegung von „reckless" herangezogen und ist zu der Überzeugung gelangt, dass das U.S.-amerikanische Strafrecht erfordere, dass dem Täter das Risiko der Verwirklichung eines Tatelementes bzw. des Taterfolges bei der Tatausführung bewusst sein müsse; es genüge nicht, dass er die Umstände kenne, die dieses Risiko begründen: The criminal law, however, generally permits a finding of recklessness only when a person disregards a risk of harm of which he is aware".[515] Der Ninth Circuit hat 2015 weitergehend ausgeführt, dass – wie auch MPC § 2.02(2)(c) bestimmt – die Missachtung des Risikos einer Tatbestandsverwirklichung in Anbetracht der Tathandlung und der dem Täter bekannten Tatumstände in grober Weise vom durchschnittlichen Verhalten einer gesetzestreuen Person in der Rolle des Täters abweichen müsse[516]; diesbezüglich sei ein objektiver Maßstab anzulegen.[517]

Überträgt man diese Grundsätze auf INA § 274(a)(2), muss der Täter in grober Weise Umstände missachten, die bei vernünftiger Berücksichtigung und Gewichtung ein erhebliches und unvertretbares Risiko indizieren, dass der Ausländer nicht über eine vorab erteilte behördliche Einreiseerlaubnis verfügt, und außerdem im Bewusstsein dieses Risikos handeln.[518]

---

514 MPC § 2.02(2) lautet:
„(2) Kinds of Culpability Defined.
[...]
(c) Recklessly.
A person acts recklessly with respect to a material element of an offense when he consciously disregards a substantial and unjustifiable risk that the material element exists or will result from his conduct. The risk must be of such a nature and degree that, considering the nature and purpose of the actor's conduct and the circumstances known to him, its disregard involves a gross deviation from the standard of conduct that a law-abiding person would observe in the actor's situation.
[...]"

515 *Farmer v. Brennan*, 511 U.S. 825, 836f. (1994); ebenso mit Verweis auf den MPC bei der Auslegung von Straftatbeständen *U.S. v. Karlic*, 997 F.2d 564, 569 (9th Cir. 1993); *U.S. v. Mottweiler*, 82 F.3d 769, 771 (7th Cir. 1996); *U.S. v. Albers*, 226 F.3d 989, 995 (9th Cir. 2000); hinsichtlich anderer Vorsatzformen bezieht sich der U.S. Supreme Court ebenfalls auf den MPC, *Leary v. U.S.*, 395 U.S. 6, 46 (1969); *Turner v. U.S.*, 396 U.S. 398, 416 (1970).

516 *U.S. v. Rodriguez*, 790 F.3d 951, 958 (9th Cir. 2015); ferner *U.S. v. Rodriguez*, 880 F.3d 1151, 1161 (9th Cir. 2018) m.w.N., sowie Nachweise in Fn. 515.

517 *U.S. v. Rodriguez*, 880 F.3d 1151, 1161 (9th Cir. 2018).

518 Vgl. *U.S. v. Rodriguez*, 880 F.3d 1151, 1161 (9th Cir. 2018), zu INA § 274(a)(1)(A)(ii).

Eine dazu gegenläufige Ansicht scheinen jedoch der Tenth und der Eleventh Circuit zu vertreten, da sie zwar ebenso klarstellen, der Täter müsse die Tathandlung in bewusster Gleichgültigkeit hinsichtlich der Umstände vornehmen, die bei vernünftiger Berücksichtigung und Gewichtung mit an Sicherheit angrenzender Wahrscheinlichkeit indiziert hätten, dass die Einreiseerlaubnis fehlt. Darüber hinaus führen sie aber nicht aus, dass der Täter das Risiko der Tatbestandsverwirklichung als solches erkannt und ihm Gleichgültig gegenübergestanden haben muss: „The phrase ‚in reckless disregard of the fact‘ [...] means deliberate indifference *to facts* which, if considered and weighed in a reasonable manner, indicate the highest probability that the alleged aliens were in fact aliens and were in the United States unlawfully“.[519]

Auffällig an ihrer Argumentation ist jedenfalls, dass diese Circuits ausdrücklich darauf abstellen, dass die Textpassage von INA § 274(a)(2) vollständig „reckless in disregard *of the facts*“ lautet, während der Ninth Circuit durchweg die Bedeutung der Worte „reckless disregard“ prüft. Dies könnte darauf hindeuten, dass der Tenth und der Eleventh Circuit tatsächlich für entbehrlich halten, dass der Täter das Risiko der Tatbestandsverwirklichung erkennt, sodass demnach strafbar wäre, wer bewusst gleichgültig gegenüber dem Umstand handelt, dass der Ausländer keinerlei Einreisepapiere hat, aber verkennt und deshalb nicht gleichgültig in Bezug darauf handelt, dass die Einreise des Ausländers illegal ist.

Der Ninth Circuit hat dem Tenth und dem Eleventh Circuit diese Gesetzesinterpretation zuletzt unterstellt und angemahnt, die Auslegung von „reckless disregard“ an der Rechtsprechung des U.S. Supreme Court (*Farmer v. Brennan*) auszurichten; die Entscheidungen des Tenth und des Eleventh Circuit seien fehlerhaft.[520] Auf den Umstand, dass der Wortlaut der Norm - wie von den anderen Gerichten herausgearbeitet - ausdrücklich auf den Zusatz „of the facts“ abstellt, ist der Ninth Circuit allerdings wiederum nicht eingegangen.

Unstreitig ist demnach lediglich, dass der Schleuser in grober Weise ihm bekannte Umstände, die bei vernünftiger Berücksichtigung und Gewichtung das Fehlen einer vorab erteilen behördlichen Einreiseerlaubnis indizieren,

---

519 *U.S. v. Uresti-Hernandez*, 968 F.2d 1042, 1046 (10th Cir. 1992); ebenso *U.S. v. Zlatogur*, 271 F.3d 1025, 1029 (11th Cir. 2001); *U.S. v. Perez*, 443 F.3d 772, 781 (11th Cir. 2006); ähnlich *U.S. v. Kendrick*, 682 F.3d 974, 984 (11th Cir. 2012); *U.S. v. Kalu*, 791 F.3d 1194, 1209 (10th Cir. 2015); ferner *Mohabir*, 10 Seton Hall Cir. Rev. 409, 416 (2014).

520 *U.S. v. Rodriguez*, 880 F.3d 1151, 1163 (9th Cir. 2018): „None of these decisions addresses the correctness of the definition in light of Farmer or on any other reasoned basis, despite failure of the definition to require awareness of risk.“

missachtet haben muss. Die Klärung der Fragen, inwieweit und mit welchem Ergebnis die Argumentation des Ninth Circuits, der Schleuser müsse neben den Umständen auch das Risiko als solches kennen, oder die Überlegung, ob der Zusatz „of the fact" dieser Argumentation entgegensteht, hängt letztendlich von zukünftigen richterlichen Entscheidungen ab.[521]

b. Erstreckung der Elemente der subjektiven Tatseite auf alle objektiven Tatmerkmale

Von der grammatikalischen Struktur von INA § 274(a)(1)(A)(i) und INA § 274(a)(2) ausgehend beziehen sich die jeweils genannten Verschuldensformen („Knowing" und „in reckless disregard of the fact") nur auf ausgewählte Tatbestandselemente; die der Vorgabe der Verschuldensform folgende Konjunktion „that" sowie der anschließende, diese Tatelemente enthaltende Halbsatz sind insoweit eindeutig vom übrigen Normtext abgrenzbar. Der Wortlaut der beiden Normen enthält somit keinen Hinweis darauf, ob dem Täter etwa der Grenzverlauf der Vereinigten Staaten oder die Qualifizierung eines bestimmten Ortes als Grenzübergangsstelle bekannt sein muss oder ob die eingangs genannten subjektiven Anforderungen auch an das „Bringen" des Ausländers zu stellen sind.

Der U.S. Supreme Court betont in ständiger Rechtsprechung, dass aus dem Schweigen eines Normtextes zur *mens rea* nicht ohne Weiteres geschlossen werden könne, dass der Kongress einen bestimmten Tatbestand vom Nachweis eines subjektiven Merkmals loslösen wollte.[522] Denn die Existenz einer *mens rea*-Voraussetzung entspreche einem der Grundprinzipien des Strafrechts: „The contention that an injury can amount to a crime only when inflicted by intention is no provincial or transient notion. It is as universal and persistent in mature systems of law as belief in freedom of the human will and a consequent ability and duty of the normal individual to choose between good and evil. A relation between some mental element and punishment for a harmful act is almost as instinctive as the child's familiar exculpatory ‚But I didn't mean to,' and has afforded the rational basis for a tardy and unfinished substitution of deterrence and reformation in place of retaliation and vengeance as the motivation for public

521 Dies gilt gerade auch in Bezug auf die weiteren Tatbestände in INA § 274, die „reckless disregard of the fact" verwenden.

522 *U.S. v. Balint*, 258 U.S. 250, 251f. (1922); *Staples v. U.S.*, 511 U.S. 600, 605 (1994).

prosecution.“[523] Weiter heißt es in der Grundsatzentscheidung *U.S. v. Morissette*: „As the state codified the common law of crimes, even if their enactments were silent on the subject, their courts assumed that the omission did not signify disapproval of the principle but merely recognized that intent was so inherent in the idea of the offense that it required no statutory affirmation. Courts, with little hesitation or division, found an implication of the requirement as to offenses that were taken over from the common law.“[524]

Wie der Wortlaut der Entscheidung bereits erkennen lässt, gehen die Grundsätze aus dem Common Law hervor und sind dessen Straftatbeständen inhärent. Mit Beginn der Industrialisierung sind daneben jedoch weitere Straftaten getreten, in deren Rahmen allein eine bestimmte Handlung die Strafbarkeit begründet.[525] Grundlage dieser sogenannten „strict liability offenses“ ist die Annahme, dass es bestimmte Handlungen gibt, die als solche zwar nicht von der Allgemeinheit als moralisch verwerflich bewertet werden, aber gleichwohl eine größere Anzahl von Menschen gefährden oder beeinträchtigen können; allein die möglichen Folgen dieser Handlungen (und nicht auch der Vorwurf subjektiver Verantwortlichkeit gegenüber dem Täter) sollen eine Strafsanktion als schärfste staatliche Reaktion rechtfertigen.[526]

Die Strafrechtspraxis wird damit vor das Problem gestellt, dass es nun einerseits Straftatbestände gibt, die auf die Nennung eines *mens rea*-Merkmals verzichten, weil ein solches als selbstverständlich angesehen wird, andererseits aber auch Normentexte ohne eine bestimmte *mens rea*-Voraussetzung existieren, weil bewusst darauf verzichtet wurde. Der U.S. Supreme Court verfolgt die Linie, grundsätzlich weiterhin den Rechtssätzen des Common Law zu folgen; Straftatbestände, die keine *mens rea*-Elemente enthalten, seien nur ausnahmsweise zu billigen.[527] Zwar obliege dem Kongress als Legislativorgan die Definition von

---

523 *U.S. v. Morissette*, 342 U.S. 246, 250 (1952); *U.S. v. U.S. Gypsum Co.*, 438 U.S. 422, 436 (1978); *Liparota v. U.S.*, 471 U.S. 419, 425 (1985); siehe auch *U.S. v. Balint*, 258 U.S. 250, 251f. (1922); *Dennis v. U.S.*, 341 U.S. 494, 500 (1951).

524 *U.S. v. Morissette*, 342 U.S. 246, 252 (1952).

525 Zum rechtshistorischen Entwicklung der „strict liability offenses“ siehe *U.S. v. Morissette*, 342 U.S. 246, 253ff. (1952); *Dressler*, § 11.01(c); *Sayre*, 33 Colum. L. Rev. 55, 62ff. (1933).

526 Vgl. *U.S. v. Morissette*, 342 U.S. 246, 254f. (1952); *Dressler*, § 11.01(c); krit. *Sayre*, 33 Colum. L. Rev. 55, 68f. (1933); zu *mala in prohibita*-Straftaten siehe auch *Hall*, 89 U. of Pa. L. Rev. 549, 563 (1941).

527 Siehe nur *U.S. v. U.S. Gypsum Co.*, 438 U.S. 422, 438 (1978); *Liparota v. U.S.*, 471 U.S. 419, 424 (1985).

Tatbeständen und ihren einzelnen Elementen, allerdings müsse der Kongress einen Verzicht auf ein *mens rea*-Element ausdrücklich anordnen oder durch die Gesetzesmaterialien erkennbar machen.[528] Falls Zweifel bestehen blieben, müsse die für den Angeklagten günstigere Variante gewählt, also von einem *mens rea*-Element ausgegangen werden.[529]

Diese in der Grundsatzentscheidung *U.S. v. Morissette* dargelegte Vermutung hat der U.S. Supreme Court in anschließenden Entscheidungen bestätigt und fortgeführt.[530] Wie das Gericht in *U.S. v. X-Citement Video, Inc.* betont, „widerstrebe" es den Richtern geradezu, bei der Auslegung eines Strafgesetzes ausschließlich dessen Wortlaut zu beleuchten.[531] Vielmehr gelte vor dem historischen Hintergrund der *mens rea*-Voraussetzung bis zu ihrer Widerlegung die Vermutung, dass eine Strafsanktion den Nachweis einer subjektiven Tatkomponente erfordere.[532] Diese Vermutung führe daher auch dazu, dass eine bestimmte in einem Straftatbestand angegebene *mens rea*-Form für sämtliche objektiven Tatmerkmale gelte, selbst wenn der grammatikalische Aufbau der Norm den Anschein erwecke, dass sie sich nur auf einzelne Elemente beziehe.[533]

Diese Rechtsprechung vorangestellt hat der Eleventh Circuit in *U.S. v. Dominguez* entschieden, dass der Täter nicht nur hätte erkennen müssen (im Sinne des „reckless disregard"), dass es sich bei dem Eingeschleusten um einen Ausländer handelt, sondern auch hätte wissen müssen, dass er Ausländer in die Vereinigten

528 *U.S. v. Hudson*, 7 Cranch 32 (1812); *Liparota v. U.S.*, 471 U.S. 419, 424 (1985); *Staples v. U.S.*, 511 U.S. 600, 604 (1994); *Dixon v. U.S.*, 548 U.S. 1, 2 (2006).

529 Statt aller *Bell v. U.S.*, 349 U.S. 81, 83 (1955); *Rewis v. U.S.*, 401 U.S. 808, 811 (1971); *Liparota v. U.S.*, 471 U.S. 419, 427 (1985).

530 *U.S. v. U.S. Gypsum Co.*, 438 U.S. 422, 436 (1978); *Staples v. U.S.*, 511 U.S. 600, 605 (1994); *U.S. v. X-Citement Video, Inc.*, 513 U.S. 64, 70 (1994); vorher bereits *U.S. v. Balint*, 258 U.S. 250, 251f. (1922); *Dennis v. U.S.*, 341 U.S. 494, 500 (1951); siehe auch *U.S. v. Figueroa*, 165 F.3d 111, 115 (2nd Cir. 1998).

531 *U.S. v. X-Citement Video, Inc.*, 513 U.S. 64, 70 (1994); ferner *U.S. v. U.S. Gypsum Co.*, 438 U.S. 422, 438 (1978).

532 Siehe allerdings *U.S. v. Martinez-Morel*, 118 F.3d 710, 716 (10th Cir. 1997): „Courts have found the Immigration and Nationality Act, and specifically section 1326, to be a regulatory measure. Such a finding indicates a presumption of strict liability."

533 *U.S. v. X-Citement Video, Inc.*, 513 U.S. 64, 70 (1994), mit Verweis auf *U.S. v. Morissette*, 342 U.S. 246, 271 (1952). Der dieser Entscheidung zugrundeliegende Tatbestand bestimmte: „Whoever embezzles, steals, purloins, or knowingly converts [government property] […]". Der U.S. Supreme Court befand, dass sich das Element „knowingly" auch auf die Eigentümerstellung der Vereinigten Staaten beziehe.

Staaten *bringt*, um auf der Grundlage von INA § 274(a)(2) verurteilt werden zu können.[534]

c. Bewusstsein von der Rechtswidrigkeit der Tat erforderlich?

Die Möglichkeit des Kongresses, bei der Verabschiedung von Tatbeständen auf eine subjektive Tatkomponente verzichten zu können, und die daraus resultierende Unsicherheit[535] beim Umgang mit Strafgesetzen, die nicht aus dem Common Law hervorgegangen sind (hierzu zählen vor allem Tatbestände des U.S.-Bundesstrafrechts[536]), hat über die Bindung einer *mens rea*-Voraussetzung an einzelne objektive Tatbestandsmerkmale hinaus zu der in den letzten Jahren intensiv diskutierten Frage geführt, ob INA § 274(a)(1)(A)(i) und INA § 274(a)(2) erfordern, dass dem Täter bewusst sein muss, dass er durch seine Handlung gegen U.S.-amerikanische Einreisebestimmungen verstößt. Relevant wird dies in Fällen wie *U.S. v. Dominguez*, wenn der Täter zwar weiß, dass der Ausländer keine Einreisedokumente besitzt, ihm der Rechtsbruch aber nicht bewusst ist, weil er irrig annimmt, dass der Ausländer aufgrund bilateraler Verträge der Vereinigten Staaten gleichwohl einreisen dürfe.[537]

Im Einzelnen vertreten die U.S.-Bundesgerichte Folgendes:

---

534 *U.S. v. Dominguez*, 661 F.3d 1051, 1068 (11th Cir. 2011).

535 Die Auslegung eines Straftatbestandes wird des Weiteren dadurch erschwert, dass keine einheitlichen Begriffe verwendet werden, um auf ein Vorsatzmerkmal oder das Unrechtsbewusstsein einzugehen, siehe *Dressler*, § 10.06; *LaFave*, § 5.2(e). Geläufig sind etwa „criminal intent", „general intent", specific intent" oder „constructive intent". Siehe auch die Aufzählung in *U.S. v. Morissette*, 342 U.S. 246, 252 (1952). Im Folgenden wird stets die Bezeichnung „general intent" verwendet, um auf die Vorstellung des Täters, sich rechtsbrüchig zu verhalten, Bezug zu nehmen.

536 Vgl. *Liparota v. U.S.*, 471 U.S. 419, 424 (1985): „The definition of the elements of a criminal offense is entrusted to the legislature, particularly in the case of federal crimes, which are solely creatures of statute."

537 So die Einlassung des Angeklagten in *U.S. v. Dominguez*, 661 F.3d 1051, 1067 (11th Cir. 2011). Ihm wurde zur Last gelegt, versucht zu haben, Kubaner illegal in die Vereinigten Staaten zu bringen. Mit seinem erfolglosen Einwand argumentierte er, die Kubaner müssten aufgrund des Cuban Adjustment Acts (CAA), dem zufolge auch ohne Dokumente eingereiste Kubaner einen dauerhaften Aufenthaltstitel beantragen können, sobald sie zwei Jahre lang in den Vereinigten Staaten waren, einen legalen Status haben. Dem hielt das Gericht entgegen, dass die Vorteile des CAA zum Ersten keine „prior official authorization" waren und der CAA zum Zweiten keine Anwendung auf Kubaner findet, die in Gewässern aufgegriffen werden (sog. „Wet-Foot/Dry-Foot"-Policy).

aa. INA § 274(a)(1)(A)(i)

In Hinblick auf INA § 274(a)(1)(A)(i) hat der Ninth Circuit in *U.S. v. Nguyen* die Auffassung vertreten, dass die Verurteilung erfordere, dass der Täter in dem Bewusstsein handelt, dass sein „Bringen" von Ausländern einen Gesetzesverstoß darstellt.[538] Dies gehe zunächst aus der rechtshistorischen Entwicklung des Tatbestandes hervor. Die umfassende Gesetzesreform durch den Immigration Reform and Control Act of 1986 sei im Wesentlichen von dem Bestreben getragen worden, den Anwendungsbereich der bis dahin in INA § 274 enthaltenen Straftaten zu erweitern.[539] Dies bedeute allerdings nicht, dass – wie die Anklagebehörde vorgetragen hatte – der Kongress auf den „general intent" als *mens rea*-Merkmal verzichten wollte, um die Personen ahnden zu können, die während der Mariel-Bootskrise einreisewillige Ausländer zur Grenzübergangsstelle Key West, Florida, brachten.[540] Vielmehr sei die Erweiterung dadurch erfolgt, dass INA § 274(a)(1)(A)(i) auf objektiver Seite nunmehr lediglich erfordere, dass der Ausländer zu einem anderen Ort als einer Grenzübergangsstelle gebracht werde.[541] Überdies zweifelt das Gericht schon aufgrund der Rechtsfolge der Strafbarkeit an der Stichhaltigkeit des Vortrags der Anklagebehörde: Es sei schlichtweg unvorstellbar, dass der Kongress längere Haftstrafen[542] auch für jene Personen vorsehen wollte, die im Glauben handeln, sich rechtmäßig zu verhalten.[543]

Im Ergebnis bekräftigt das Gericht damit die Rechtsprechung zum vor 1986 geltenden INA § 274, die den Nachweis eines „general intent" ebenfalls voraussetzte.[544]

Obgleich für eine Tat nach INA § 274(a)(1)(A)(ii) eine ähnlich hohe Strafandrohung vorgesehen ist[545], kommt der Second Circuit dort in Bezug auf das

---

538 *U.S. v. Nguyen*, 73 F.3d 887, 893 (9th Cir. 1995).

539 *U.S. v. Nguyen*, 73 F.3d 887, 892 (9th Cir. 1995).

540 *U.S. v. Nguyen*, 73 F.3d 887, 892 (9th Cir. 1995).

541 *U.S. v. Nguyen*, 73 F.3d 887, 892 (9th Cir. 1995), mit Verweis auf die Begr. des Kongresses, H.R. Rep. 99-682(I), 1986 U.S.C.C.A.N. 5649, 5670: „Without the threat of criminal prosecution, there is no effective way to deter potential transporters from *inundating U.S. ports of entry with undocumented aliens.*" (Hervorhebungen durch das Gericht).

542 Gemeint ist die Androhung einer Haftstrafe von bis zu zehn Jahren pro geschleuster Person, siehe INA § 274(a)(1)(B)(i).

543 *U.S. v. Nguyen*, 73 F.3d 887, 894 (9th Cir. 1995).

544 *U.S. v. Zayas-Morales*, 685 F.2d 1272, 1278 (11th Cir. 1982).

545 Vgl. INA § 274(a)(1)(B)(i) – der erhöhte Strafrahmen ist allerdings erst dann anzuwenden, wenn die weitere Voraussetzung eines geldwerten Vorteils erfüllt ist.

mens rea-Element in *U.S. v. Mussaleen* zu einem gegenteiligen Ergebnis: Die Strafvorschrift in INA § 274(a)(1)(A)(ii) enthalte – anders als etwa 31 U.S.C. § 5322(a) („willful violating") – keinen Hinweis darauf, dass der Täter Kenntnis von der Illegalität seiner Handlung haben müsse.[546] Vielmehr habe der Kongress durch die ausdrückliche Regelung der Kenntnis der Ausländereigenschaft der eingeschleusten Person bzw. der „Recklessness" abschließend die Reichweite des *mens rea*-Elements bestimmt, weshalb allein das Handeln „in reckless disregard" hinsichtlich der objektiven Tatmerkmale für eine Verurteilung ausreiche.[547]

bb. INA § 274(a)(2) und seine Unterabschnitte

Ein echter „Circuit Split", also ein Auseinanderfallen der zu demselben Tatbestand ergangenen Rechtsprechung verschiedener U.S. Courts of Appeals, besteht gar hinsichtlich des *mens rea*-Elements in INA § 274(a)(2)(B)(i-iii). Zur Erläuterung ist zunächst ein Blick auf den in INA § 274(a)(2) enthaltenen Grundtatbestand notwendig.

(1) Der Grundtatbestand des INA § 274(a)(2)(A)

Anders als bei INA § 274(a)(1)(A)(i), der eine „felony offense" konstituiert, handelt es sich bei INA § 274(a)(2) im Ausgangspunkt um eine „misdemeanor offense",[548] die als solche (im Allgemeinen) eine Höchststrafe von bis zu einem Jahr vorsehen kann und dies für den konkreten in INA § 274(a)(2) umrissenen Fall auch anordnet.[549] Über das fahrlässige Verkennen der Einreiseerlaubnis im Sinne des „reckless disregard" hinaus werden keine weiteren Anforderungen an die subjektive Tatseite erhoben. Der Verzicht auf einen „general intent" wird

---

546 *U.S. v. Mussaleen*, 35 F.3d 692, 698 (2nd Cir. 1994).

547 *U.S. v. Mussaleen*, 35 F.3d 692, 698 (2nd Cir. 1994); so auch *U.S. v. De Jesus-Batres*, 410 F.3d 154, 162 (5th Cir. 2005); siehe aber abweichende Auffassung des Circuit Judges *Tjoflat* in *U.S. v. Dominguez*, 661 F.3d 1051, 1093 (11th Cir. 2011), mit Verweis auf *U.S. v. Merkt*, 764 F.2d 266, 272 (5th Cir. 1985); *U.S. v. Morales-Rosales*, 838 F.2d 1359, 1360 (5th Cir. 1988); *U.S. v. 1982 Ford Pick-Up*, 873 F.2d 947, 951 (6th Cir. 1989); *U.S. v. Hernandez*, 913 F.2d 568, 569 (8th Cir. 1990); *U.S. v. Medina-Garcia*, 918 F.2d 4, 7 (1st Cir. 1990); *U.S. v. Diaz*, 936 F.2d 786, 788 (5th Cir. 1991); *U.S. v. Chavez-Palacios*, 30 F.3d 1290, 1294 (10th Cir. 1994); *U.S. v. Parmlee*, 42 F.3d 387, 390 (7th Cir. 1994).

548 *U.S. v. Nguyen*, 73 F.3d 887, 893 (9th Cir. 1995); *U.S. v. Barajas-Montiel*, 185 F.3d 947, 951 (9th Cir. 1999); *U.S. v. Stowbunenko-Saitschenko*, 304 Fed.Appx. 576, 577 (9th Cir. 2008); abweichende Auffassung des Circuit Judges *Tjoflat* in *U.S. v. Dominguez*, 661 F.3d 1051, 1082 (11th Cir. 2011).

549 Vgl. Black's Law Dictionary (10th ed. 2014), „misdemeanor"; *LaFave*, § 1.6(a).

zunächst damit begründet, dass INA § 274(a)(2) mit einer Höchstfreiheitsstrafe von einem Jahr pro geschleuster Person nicht nur eine gegenüber den „felony offenses" in INA § 274(a)(1)(A) erheblich geringere Strafandrohung vorsehe.[550] Vor allem wird hervorgehoben, dass dieser Tatbestand die unmittelbare Reaktion des Kongresses auf die Mariel-Bootskrise[551] sei, und deshalb die Anforderungen an die Strafbarkeit – ganz im Sinne der Erweiterung der Anwendungsbereiche der Strafgesetze – nicht derart hoch gesteckt werden sollten, dass auch *mens rea*-Elemente erforderlich werden, die nicht explizit vom Wortlaut vorausgesetzt werden.[552]

(2) Die Unterabschnitte in INA § 274(a)(2)(B)(i-iii)

Daran anknüpfend ist der Eleventh Circuit in *U.S. v. Dominguez* zu der Überzeugung gelangt, dass das Schweigen des Kongresses bezüglich der *mens-rea*-Elemente in den Unterabschnitten in lit. (B) dahingehend auszulegen sei, dass er in INA § 274(a)(2) einheitliche Maßstäbe für den gesamten Abschnitt festlegen wollte.[553] Auch die Unterabschnitte setzen nach der Ansicht des Gerichts deshalb lediglich die Kenntnis bzw. das fahrlässige Verkennen des Fehlens der vorab erteilten behördlichen Einreiseerlaubnis voraus.[554] Nehme man an, dass darüber hinaus der Nachweis eines Bewusstseins des Rechtsverstoßes erforderlich sei, überginge man die Entscheidung des Gesetzgebers, schon das Handeln „in reckless disregard" für eine Strafbarkeit nach einer der in INA § 274(a)(2) genannten Taten genügen zu lassen. Das Unrechtsbewusstsein des Täters könne nur dann eine Bedeutung für die Strafbarkeit des Täters erlangen, wenn der Kongress dies unter Zuhilfenahme des Begriffs „willfully" explizit anzeige; andernfalls bleibe es bei dem strafrechtlichen Grundsatz, dass „Unwissenheit nicht vor Strafe schützt": „If the ancient maxim that 'ignorance of the law is no excuse' has any residual validity, it indicates that the ordinary intent requirement – mens rea – of the criminal law does not require knowledge that an act is illegal, wrong, or blameworthy".[555]

---

550 *U.S. v. Nguyen*, 73 F.3d 887, 893 (9th Cir. 1995).

551 Siehe dazu bereits Fn. 468.

552 Vgl. *U.S. v. Nguyen*, 73 F.3d 887, 893 (9th Cir. 1995); im Ergebnis auch *U.S. v. Chkuaseli*, 2018 WL 1919954 (11th Cir. 2018).

553 *U.S. v. Dominguez*, 661 F.3d 1051, 1068 (11th Cir. 2011).

554 *U.S. v. Dominguez*, 661 F.3d 1051, 1069 (11th Cir. 2011); *U.S. v. Kendrick*, 682 F.3d 974, 984 (11th Cir. 2012); *U.S. v. Hepburn*, 713 Fed.Appx. 958, 961 (11th Cir. 2017).

555 *U.S. v. Dominguez*, 661 F.3d 1051, 1068 (11th Cir. 2011), mit Verweis auf Justice Brennan, concurring in *U.S. v. Feed*, 401 U.S. 601, 612 (1971).

Demgegenüber merkt der Ninth Circuit in *U.S. v. Barajas-Montiel* an, dass sich INA § 274(a)(2) und seine Unterabschnitte erheblich voneinander unterscheiden: Während der Grundtatbestand eine „misdemeanor offense" darstelle, führten die in den einzelnen Unterabschnitten genannten erschwerenden Tatumstände dazu, dass diese Taten als „felony offenses" zu kategorisieren seien. So ist der Strafrahmen im Höchstmaß nicht auf ein Jahr, sondern auf bis zu 15 Jahre begrenzt, vgl. INA § 274(a)(2)(B). Da die einzelnen Abschnitte in INA § 274(a)(2)(B)(i-iii) somit dieselbe Konzeption wie die „felony offenses" in INA § 274(a)(1)(A) aufwiesen und außerdem INA § 274(a)(1)(A)(i) und INA § 274(a)(2)(B)(iii) nahezu dieselbe Tat ahnden würden, müsse auch für die hier in Rede stehenden Unterabschnitte das *mens rea*-Element in Form eines „general intents" Voraussetzung der Strafbarkeit sein, auch wenn der Wortlaut des INA § 274(a)(2) dies nicht hergebe.[556] Dies müsse – mit Verweis auf *U.S. v. Nguyen* – vor allem auch deswegen gelten, weil der Kongress wohl kaum derart hohe Haftstrafen für Personen, die sich des Unrechts ihrer Tat nicht gewiss sind, habe vorsehen wollen.[557]

Stimmen in der Literatur zufolge zeigt der Circuit Split deutlich auf, dass der Kongress seiner Aufgabe, eine unmissverständliche Vorschrift zu verabschieden, nur unzureichend nachgekommen ist und dadurch die Gefahr einer uneinheitlichen Rechtsanwendung heraufbeschwört hat.[558] Deshalb wird der Kongress dazu aufgerufen, eine klarstellende Gesetzesänderung vorzunehmen.[559] Nach dem gegenwärtigen Stand tendiert die Literatur zu der Annahme, dass der U.S. Supreme Court das Vorliegen eines „general intents" im Rahmen der Straftaten des U.S.-amerikanischen Einwanderungsrechts für entbehrlich halten wird, sollte er zu dieser Thematik angerufen werden, da es dem Angeklagten sonst leicht gemacht werden würde, sich auf Gutgläubigkeit zu berufen.[560]

---

556 *U.S. v. Barajas-Montiel*, 185 F.3d 947, 953 (9th Cir. 1999); ebenso *U.S. v. Dixon*, 201 F.3d 1223, 1231 (9th Cir. 2008); abweichende Auffassung des Circuit Judges *Tjoflat* in *U.S. v. Dominguez*, 661 F.3d 1051, 1089 (11th Cir. 2011).

557 *U.S. v. Barajas-Montiel*, 185 F.3d 947, 953 (9th Cir. 1999); siehe zum Ganzen auch die ausführliche abweichende Auffassung des Circuit Judges *Tjoflat* in *U.S. v. Dominguez*, 661 F.3d 1051, 1089 (11th Cir. 2011); zur Schutzfunktion des *mens rea*-Elements siehe *Smith*, 46 Am. Crim. L. Rev. 127, 129f. (2009).

558 *Sabbag*, 35 Suffolk Transnat'l L. Rev. 493, 503 (2012); *Mohabir*, 10 Seton Hall Cir. Rev. 409, 429 (2014).

559 *Sabbag*, 35 Suffolk Transnat'l L. Rev. 493, 503 (2012); *Mohabir*, 10 Seton Hall Cir. Rev. 409, 431 (2014).

560 *Sabbag*, 35 Suffolk Transnat'l L. Rev. 493, 502 (2012); siehe ferner *Mohabir*, 10 Seton Hall Cir. Rev. 409, 431 (2014).

III. Das Ermutigen zur Ankunft in den oder zum Betreten der Vereinigten Staaten

Einen weiteren Tatbestand, dessen Tathandlung einen unmittelbaren Bezug zum Grenzübertritt des Ausländers hat, stellt INA § 274(a)(1)(A)(iv) dar.

1. „Encouraging“ und „Inducing“

a. Allgemeines

Den vom Täter zu erbringenden Tatbeitrag beschreibt INA § 274(a)(1)(A)(iv) mit den Begriffen „to encourage“ und „to induce“. Da das Gesetz keine Legaldefinitionen aufweist, bedienen sich die U.S.-Bundesgerichte – ebenso wie schon in Bezug auf das „Bringing to“ – im Ausgangspunkt der allgemein gängigen Wortbedeutung, um die Tathandlungsbeschreibungen einer konkreteren Auslegung zuzuführen.[561] „Encouraging“ bedeutet dementsprechend, jemanden anzustiften, zu einer Handlung anzustacheln, zu ermutigen oder ihm zu helfen (zu letzterem sogleich)[562], wobei in Teilen der Rechtsprechung betont wird, dass der Täter als Auslöser für die andere Tat fungiert haben muss, der andere die Handlung also ohne das Zutun des Täters wohl nicht begangen hätte.[563] Die Gegenansicht verneint jegliches Kausalelement, da der Wortlaut der Norm darauf hindeute, dass nicht die Tat des „Alien“, sondern nur die Tat des Schleusers Gegenstand der Tatbestandsverwirklichung sei.[564]

„Inducing“ wird als das Anleiten einer Person kraft seiner Überzeugungskraft oder als Einwirkung, Bewirken eines Ereignisses oder Verursachen verstanden.[565]

---

561 Zu „encourage“ und „induce“ siehe etwa *U.S. v. He*, 245 F.3d 954, 959f. (7th Cir. 2001); *U.S. v. Lopez*, 590 F.3d 1238, 1249 (11th Cir. 2009); *DelRio-Mocci v. Connolly Properties Inc.*, 672 F.3d 241, 248 (3rd Cir. 2012). Vgl. ferner Nachweise in Fn. 448.

562 Vgl. Black's Law Dictionary (10th ed. 2014): „Criminal law. To instigate; to incite in action; to embolden; to help“; Webster's Third New International Dictionary 747 (1993): „To give courage to, to spur on, to give help or patronage, to call forth“.

563 *U.S. v. Lopez*, 590 F.3d 1238, 1249 (11th Cir. 2009): „catalyst or trigger“; *DelRio-Mocci v. Connolly Properties Inc.*, 672 F.3d 241, 248f. (3rd Cir. 2012).

564 *U.S. v. Sineneng-Smith*, 910 F.3d 461, 477 (9th Cir. 2018).

565 Shorter Oxford Dictionary 1060 (1973): „To lead (a person) by persuasion or influence to some action, condition, belief, etc.; to move, influence, prevail upon (any one) to do something“; Webster's Third New International Dictionary 1154 (1993): „To move and lead (as by persuasion or influence), to inspire, call forth or bring about by influence or stimulation“.

b. Der Begriff „to help" als Auslegungshilfe

Der Umstand, dass sich die U.S.-Bundesgerichte allesamt denselben oder ähnlichen Wörterbuchdefinitionen als Auslegungshilfe bedienen, erlaubt allerdings nicht die Schlussfolgerung, dass die Begriffe einheitlich interpretiert würden. Vielmehr besteht – in erster Linie hinsichtlich der Beschreibung „to encourage", für deren Auslegung teilweise auf „to help" zurückgegriffen wird – zumindest teilweise Dissens.[566] Den Ausgangspunkt bildet die Entscheidung *U.S. v. Lopez*, in deren Rahmen sich der Eleventh Circuit mit der Einlassung des Angeklagten auseinandersetzen musste, dass „to help" ein für die Definition von „Encouraging" unzulässiger Begriff sei, da er den Anwendungsbereich unzulässig weit ausdehne und (unter anderem) die Vorschrift von INA § 274(a)(1)(A)(i)[567] überflüssig werden lasse.[568]

Teile des Gerichts stimmten der Auffassung des Angeklagten zu. So räumte Circuit Judge *Barkett* ein, dass der Begriff „to help" zwar durchaus in den gängigen Wörterbüchern als Definitionsvorschlag für „to encourage" zu finden, dort allerdings stets an letzter und damit an zuletzt vorzugswürdiger Stelle aufgeführt sei.[569] Überdies stelle „to help" im Vergleich zu den weiteren Wörterbuchdefinitionen die am wenigsten sinnvolle, noch zulässige Interpretation von „to encourage" dar, weil der Begriff überaus allgemein und somit kaum gewinnbringend sei.[570] Zudem laufe die Heranziehung von „to help" dem Gebot zuwider, einzelnen Begriffen oder Passagen eines Gesetzestextes nicht durch Auslegung ihre Bedeutung zu entziehen bzw. einzelne Merkmale gegenstandslos werden zu lassen.[571] Daneben bestätige sich die Befürchtung des Angeklagten, dass der Rückgriff auf „to help" darauf hinausliefe, dass INA § 274(a)(2) gegenstandslos würde: Der der Entscheidung zugrundeliegende Tatvorwurf beschränkte

566 Dazu ausführlich *Allen*, 60 B.C. L. Rev. 1205, 1215ff. (2019).

567 Das Gericht weist darauf hin, dass das Spannungsverhältnis, auf das der Angeklagte hinweisen will, in erster Linie zu INA § 274(a)(2) bestünde, siehe *U.S. v. Lopez*, 590 F.3d 1238, 1251 (11th Cir. 2009), Fn. 11.

568 Siehe *U.S. v. Lopez*, 590 F.3d 1238, 1249 (11th Cir. 2009).

569 Abweichende Auffassung von Circuit Judge *Barkett* in *U.S. v. Lopez*, 590 F.3d 1238, 1259 (11th Cir. 2009).

570 Abweichende Auffassung von Circuit Judge *Barkett* in *U.S. v. Lopez*, 590 F.3d 1238, 1259 (11th Cir. 2009).

571 Abweichende Auffassung von Circuit Judge *Barkett* in *U.S. v. Lopez*, 590 F.3d 1238, 1259 (11th Cir. 2009); ähnlich *DelRio-Mocci v. Connolly Properties Inc.*, 672 F.3d 241, 249 (3rd Cir. 2012), jeweils m.w.N.

sich darauf, dass der Angeklagte ein mit Ausländern besetztes Boot durch internationale Gewässer in Richtung der Vereinigten Staaten steuerte. Stellte dieses „bloße" Transportieren eine Form von „to encourage" dar, sei INA § 274(a)(1)(A)(iv) in diesen Fällen stets inhaltsgleich mit INA § 274(a)(2).[572] Eine Gesamtschau auf INA § 274(a) führe somit zu dem Ergebnis, dass „to encourage" ein Mehr gegenüber dem Helfen, mithin eine Handlung erfordere, die wesentlich dazu beiträgt, dass ein anderer ein bestimmtes Verhalten in Gang setzt, das er anderenfalls wohl nicht vorgenommen hätte.[573] Zurückzugreifen sei somit auf die übrigen in den Wörterbüchern genannten Definitionen.[574]

Die Mehrheit der an der Entscheidung *U.S. v. Lopez* beteiligten Richter gelangte demgegenüber zu der Auffassung, dass sowohl INA § 274(a)(1)(A)(i) als auch INA § 274(a)(2) schon deshalb nicht gegenstandslos werden können, da sie weitere Tatbestandsmerkmale enthielten. INA § 274(a)(1)(A)(i) setze etwa voraus, dass die Ausländer zu einem Ort gebracht werden, der keine offizielle Grenzübergangsstelle ist. INA § 274(a)(2) setze voraus, dass der einreisewillige Ausländer nicht über eine vorab erteilte Einreiseerlaubnis verfügt, und sei damit strenger als der Tatbestand des „Encourage or induce", der lediglich die Illegalität der Einreise erfordere.[575] Aufgrund dessen spräche – wie nicht zuletzt weitere Entscheidungen der U.S. Courts of Appeal zeigten – nichts dagegen, „to help" für die Auslegung von „to encourage" zu verwenden.[576]

---

572 Abweichende Auffassung von Circuit Judge *Barkett* in *U.S. v. Lopez*, 590 F.3d 1238, 1259 (11th Cir. 2009); so im Ergebnis auch *DelRio-Mocci v. Connolly Properties Inc.*, 672 F.3d 241, 249 (3rd Cir. 2012): „If we define ‚encourage' merely as ‚to help', then the particular conduct that is prohibited in subsections (i)-(iii) is subsumed by the general prohibition against helping an undocumented person to ‚come to, enter, or reside in' the United States in subsection (iv)."

573 Abweichende Auffassung von Circuit Judge *Barkett* in *U.S. v. Lopez*, 590 F.3d 1238, 1259 (11th Cir. 2009): „an affirmative act that serves as a catalyst or trigger that drives, motivates, or spurs another individual to embark on a course of action that he might not have otherwise"; siehe auch *DelRio-Mocci v. Connolly Properties Inc.*, 672 F.3d 241, 249 (3rd Cir. 2012); zustimmend *U.S. v. Henderson*, 857 F.Supp.2d 191, 207 (D. Massachusetts 2012); ferner *U.S. v. Oloyede*, 982 F.2d 133, 137 (4th Cir. 1992): „‚[E]ncourage' relates to actions taken to convince the illegal alien to come to this country".

574 Abweichende Auffassung von Circuit Judge *Barkett* in *U.S. v. Lopez*, 590 F.3d 1238, 1260 (11th Cir. 2009).

575 *U.S. v. Lopez*, 590 F.3d 1238, 1251 (11th Cir. 2009), Fn. 11.

576 Zum Ganzen *U.S. v. Lopez*, 590 F.3d 1238, 1249 (11th Cir. 2009), mit Verweis auf *U.S. v. He*, 245 F.3d 954, 957 (7th Cir. 2001); ferner *U.S. v. Fujii*, 301 F.3d 535, 540 (7th Cir. 2002); *U.S. v. Yoshida*, 303 F.3d 1145, 1150 (9th Cir. 2002) (siehe aber *U.S. v. Thum*,

Zuletzt scheint der Ninth Circuit einen Mittelweg eingeschlagen zu haben. Zwar teilt er grundsätzlich die Auffassung, dass „to help“ eine zulässige Auslegungshilfe darstelle[577], allerdings hat er in *U.S. v. Thum* zu erkennen gegeben, dass die Anforderungen an „to encourage“ aus seiner Sicht nicht zu weit herabgesetzt werden dürften, weil ansonsten die Aufgabe der Eigenständigkeit von INA § 274(a)(1)(A)(iv) neben den anderen Tatbeständen zu befürchten sei. Erforderlich sei deshalb, dass zumindest ein Teilakt innerhalb eines Geschehensablaufs Unterabschnitt (iv) erfülle, ohne gleichzeitig einen der anderen Abschnitte ((i-iii) bzw. (a)(2)) zu verwirklichen.[578]

c. *Unzulässige Einschränkung der Redefreiheit im Sinne des 1. Zusatzartikels?*

In jüngster Zeit hat die Auslegung von INA § 274(a)(1)(A)(iv) eine verfassungsrechtliche Dimension bekommen.[579] Der Ninth Circuit hatte in seiner Entscheidung *U.S. v. Sineneng-Smith*[580] vom Dezember 2018 zu beurteilen, inwieweit nicht nur Handlungen, die auf die illegale Einreise des Ausländers hinwirken, sondern auch das gesprochene Wort von der Strafvorschrift erfasst sind und die Strafvorschrift in ihrer aktuellen Fassung gegen den 1. Zusatzartikel der U.S.-amerikanischen Verfassung (u.a. „freedom of speech“) verstößt. Da weder ein Verstoß gegen U.S.-Einwanderungsgesetze unmittelbar bevorstehen noch das „Encouraging“ den illegalen Grenzübertritt des Ausländers wahrscheinlich werden lassen müsse, sei der Täter – so das Gericht – bereits bei Ratschlägen allgemeiner Art mit Strafe bedroht.[581] Strafbar seien demnach bereits gewöhnliche Konversationen des Alltags, aber auch Aussagen, die der öffentlichen Meinungsbildung in Bezug auf die Einwanderungspolitik als viel diskutiertem gesellschaftlichen Thema zuträglich sind. Gerade die zuletzt genannten Redeinhalte stünden jedoch auf der höchsten Stufe der gemäß des 1. Zusatzartikels der U.S.-Verfassung geschützten Redefreiheit, so dass die durch vom Gesetzgeber in

749 F.3d 1143, 1147 (9th Cir. 2014)); *Edwards v. Prime, Inc.*, 602 F.3d 1276, 1295 (11th Cir. 2010); krit. *U.S. v. Delgado-Ovalle*, 2013 WL 6858499 (D. Kansas 2013).

577 *U.S. v. Yoshida*, 303 F.3d 1145, 1150 (9th Cir. 2002).

578 Siehe *U.S. v. Thum*, 749 F.3d 1143, 1146ff. (9th Cir. 2014).

579 Dazu ausführlich *Allen*, 60 B.C. L. Rev. 1205ff. (2019).

580 *U.S. v. Sineneng-Smith*, 910 F.3d 461, 479f. (9th Cir. 2018).

581 *U.S. v. Sineneng-Smith*, 910 F.3d 461, 480 (9th Cir. 2018); zustimmend *Allen*, 60 B.C. L. Rev. 1205, 1235 (2019).

INA § 274(a)(1)(A)(iv) geschaffene Beschränkung schwer wiege und im Ergebnis nicht zu rechtfertigen sei.[582]

Der Ninth Circuit gibt hiermit zu erkennen, dass er – wenngleich er 2014 in *U.S. v. Thum* anknüpfend an die Heranziehung des Begriffes „to help" als Auslegungshilfe angemahnt hat, die Tatbestandsmerkmale des INA § 274(a)(1)(A)(iv) nicht zu weit auszulegen – im Großen und Ganzen an seiner gegenüber anderen U.S. Courts of Appeals weiten Auslegung des Straftatbestandes festhält.[583]

Zuletzt hat der U.S. Supreme Court die Entscheidung *U.S. v. Sineneng-Smith* aufgehoben und den Fall zur erneuten Entscheidung an den Ninth Circuit zurückverwiesen.[584] Die Aufhebung beruhte darauf, dass die Richter des Ninth Circuits ihre Bewertung der Verfassungswidrigkeit des INA § 274(a)(1)(A)(iv) (unzulässigerweise) auf eingeholte Stellungnahmen dreier Einwanderungs- bzw. Strafverteidigerverbände gestützt hätten, während der im Zivil- und Strafrecht geltende Beibringungsgrundsatz („principle of party presentation") erfordert hätte, sich mit dem Vortrag der Angeklagten auseinanderzusetzen.[585]

Da der U.S. Supreme Court gleichzeitig anmahnte, dass es sich bei dem Einwand der Verfassungswidrigkeit wegen eines Verstoßes gegen die Redefreiheit um ein scharfes Schwert handele, von dem nur zurückhaltend Gebrauch zu machen sei[586], ist ein Festhalten des Ninth Circuit an der Verfassungswidrigkeit wohl unwahrscheinlich.

2. Weitere objektive Voraussetzungen der Tatbestandsverwirklichung

a. Tatsubjekt und -objekt

Zur Ausländereigenschaft der Person, die ermutigt oder verleitet werden soll, gilt das oben Gesagte.[587] Der allgemeine Strafbefreiungstatbestand für Personen, die aufgrund religiöser Motive Handlungen im Sinne des INA § 274(a)(1)(A)(iv)

---

582 *U.S. v. Sineneng-Smith*, 910 F.3d 461, 483f. (9th Cir. 2018).

583 Vgl. die vorigen Abschnitte D.III.1.a. (S. 160) und insbesondere D.III.1.b. (S. 161).

584 *U.S. v. Sineneng-Smith*, 140 S.Ct. 1575 (2020).

585 *U.S. v. Sineneng-Smith*, 140 S.Ct. 1575, 1579ff. (2020).

586 *U.S. v. Sineneng-Smith*, 140 S.Ct. 1575 (2020): „Invalidation for [First Amendment] overbreadth is ‚strong medicine' that is not to be ‚casually employed'."

587 Vgl. Abschnitt D.I.2. (S. 132).

begehen, findet keine Anwendung auf Sachverhalte, die eine Grenzüberschreitung beinhalten, vgl. INA § 274(a)(1)(C)[588].

b. Reichweite des Tatbestandes

Ebenso wie schon bei den „Bring to-offenses" schlägt sich außerdem auch im Rahmen der „Encourage or induce-offense" die Tendenz des Immigration Reform and Control Act of 1986 nieder, die Straftaten des INA zugunsten einer Stärkung der Maßnahmen gegen (legal oder illegal) in die Vereinigten Staaten reisende Ausländer zu erweitern: Setzte die Vorgängernorm von INA § 274(a)(1)(A)(iv) noch das Ermutigen zum „entry into the United States" voraus, zeigt die Ergänzung des Passus hin zu „encourages or induces an alien *to come to*, to enter [...]", dass ebenso wie bei den „Bring to-offenses" fortan auf die Einreise des Ausländers im Rechtssinne als Tatbestandsvoraussetzung verzichtet werden soll.[589] Die „Official Restraint Doctrine"[590] findet somit auch hier keine Anwendung. Demgemäß setzt „to come to the United States" lediglich voraus, dass der Ausländer zur physischen Überquerung der Grenze zu den Vereinigten Staaten ermutigt werden muss muss.[591]

Da das von der Handlung anvisierte Ziel, der illegale Grenzüberschritt bzw. die illegale Einreise eines Ausländers, eine Handlung im U.S.-amerikanischen Hoheitsgebiet darstellt und das Ermutigen somit im Ergebnis die Kontroll- und Regelungshoheit der U.S.-Behörden über die Einwanderung gefährdet, erklären die Gerichte INA § 274(a)(1)(A)(iv) in ständiger Rechtsprechung auch dann für anwendbar, wenn im Ausland bzw. in internationalen Gewässern zur rechtswidrigen Einreise ermutigt wird.[592]

---

588 INA § 274(a)(1)(C) lautet: „It is not a violation of clauses (ii) or (iii) of subparagraph (A), or of clause (iv) of subparagraph (A) *except where a person encourages or induces an alien to come to or enter the United States*, for a religious denomination having a bona fide nonprofit, religious organization in the United States [...] to encourage, invite, call, allow, or enable an alien who is present in the United States [...]."

589 Vgl. *Phelps*, 137 A.L.R. Fed 227, § 7(a).

590 Vgl. Fn. 466.

591 Für „to come to the United States" genügt jedoch nicht bereits, dass sich der Ausländer der Grenze zu den Vereinigten Staaten annähert, da er dazu keine vorher erteilte behördliche Erlaubnis benötigt. Siehe dazu *U.S. v. Munoz*, 412 F.3d 1043, 1049 (9th Cir. 2005); *U.S. v. Macias*, 740 F.3d 96, 104 (2nd Cir. 2014).

592 *U.S. v. Williams*, 464 F.2d 599, 601 (2nd Cir. 1972); *U.S. v. Castillo-Felix*, 539 F.2d 9, 11ff. (9th Cir. 1976); *U.S. v. Beliard*, 618 F.2d 886, 887 (1st Cir. 1980); *U.S. v. Nunez*,

c. *Rechtswidrigkeit der Einreise des Ausländers*

Ebenso wie im Kontext von INA § 274(a)(2) wirkt es sich nicht zugunsten des Schleusers aus, wenn der Ausländer im Anschluss an seinen Grenzübertritt einen Asylantrag stellt. Allerdings ist der Begründungsaufwand hierfür, genauso wie für die Rechtswidrigkeit der Einreise im Übrigen, höher, da der Wortlaut vergleichsweise allgemein gehalten ist: „[The] coming to, entry or residence [must be] *in violation of law*" – diese Terminologie ist ebenfalls in INA § 274(a)(1)(A)(ii)-(iii) enthalten.

Wie bereits dargestellt, ist die Einreise mit durch Täuschung erlangten Einreisedokumenten sowie mit gefälschten Einreisedokumenten illegal.[593] Ebenso selbstverständlich sein dürfte, dass Ausländer, denen aufgrund ihres Flüchtlingsstatus vorab die Einreise erlaubt worden ist, nicht zur rechtswidrigen Einreise ermutigt werden können. Schwieriger zu beurteilen ist hingegen, ob noch von der Rechtswidrigkeit im Sinne des INA § 274(a)(1)(A)(iv) ausgegangen werden kann, wenn dem zur Einreise ermutigten Ausländer im Nachhinein ein Schutzstatus zugesprochen wird oder ihm auf sonstige Weise von der Behörde die Einreise im Rechtssinne oder der Aufenthalt erlaubt wird. Die Beurteilung wird zunächst dadurch erleichtert, dass es ausreicht, wenn eine der drei Einwanderungsphasen (coming to, entry, residence) rechtswidrig ist.[594] Demgemäß genügt es, dass nachträglich vorgenommene behördliche Maßnahmen wie etwa eine vorläufige Aufenthaltsgenehmigung, die während der Bearbeitung eines Asylantrags ausgesprochen wird, nicht auf den Grenzübertritt (das „Coming to") zurückwirken.

Darüber hinaus haben die U.S.-Bundesgerichte den Vorträgen verschiedener Angeklagter, sie könnten nicht verurteilt werden, da die Bewilligung eines Asylantrags rein deklaratorisch sei und die Asylgründe schon beim Grenzüberschritt des Ausländers vorgelegen hätten, wiederholt eine Absage erteilt.[595] Der Umstand, dass Ausländern zur Bearbeitung ihres Asylantrags Zutritt zum

---

668 F.2d 10, 12f. (1st Cir. 1981); siehe auch H.R. Rep. 99-682(I), 1986 U.S.C.C.A.N. 5649, 5716.

593 Vgl. *Vijendira v. U.S.*, 35 F.3d 573 (9th Cir. 1994). Zum alten Normtext („not duly admitted [...] or not lawfully entitled to enter") siehe *U.S. v. Mount Fuji Japanese Steak House, Inc.*, 435 F.Supp. 1194, 1198 (E.D. New York 1977).

594 Dies verdeutlicht bereits der Wortlaut. Siehe dazu *U.S. v. Esparza*, 882 F.2d 143, 145f. (5th Cir. 1989) m.w.N.

595 Vgl. etwa *U.S. v. Pereira-Pineda*, 721 F.2d 137, 139 (5th Cir. 1983); *U.S. v. Chkuaseli*, 2018 WL 1919954 (11th Cir. 2018).

Hoheitsgebiet der Vereinigten Staaten gestattet wird, dürfe Schleusern nicht zum Vorteil gereichen; die Argumentation des (jeweiligen) Angeklagten liefe auf einen Missbrauch dieses Vorgehens (des „parole concept“[596]) hinaus.[597] Der Eleventh Circuit hat sogar geurteilt, dass der Asylgesuch eines eingeschleusten Ausländers schon deshalb keine Auswirkung auf die Strafbarkeit des Schleusers haben könne, da der Wortlaut keine Möglichkeit der Berücksichtigung dieses Asylgesuchs einräume.[598]

Der Fifth Circuit hat in *U.S. v. Merkt* ferner ausgeführt, dass auch die Genfer Flüchtlingskonvention die Rechtswidrigkeit des Grenzübertritts des Ausländers nicht berühre. Die Vereinigten Staaten seien zwar, wie der U.S. Supreme Court festgestellt habe, wie auch die übrigen Unterzeichner der Genfer Flüchtlingskonvention an Art. 2-34 GFK, mithin auch an Art. 31 GFK gebunden. Allerdings habe das nationale Einwanderungs- und Flüchtlingsrecht, so die Argumentation des Gerichts, diesen Verpflichtungen bereits entsprochen, weshalb das nationale Recht im Wesentlichen nicht reformiert werden musste, und im Übrigen begründe die Unterzeichnung der GFK keine neuen subjektiven Rechte, da deren Vorschriften nicht „self-executing“ seien.[599] Daraus folgert der Fifth Circuit, dass der Flüchtlingsstatus eines Ausländers nicht dazu führen könne, dass dessen Aufenthalt im Hoheitsgebiet der Vereinigten Staates als rechtmäßig anzusehen sei, wenn ihm nach nationalem Recht keine

596 Siehe dazu *Leng May Ma v. Barber*, 357 U.S. 185, 190 (1958): „The parole of aliens seeking admission is simply a device through which needless confinement is avoided while administrative proceedings are conducted. It was never intended to affect an alien's status [...].“

597 *U.S. v. Kavazanjian*, 623 F.2d 730, 737 (1st Cir. 1980); *U.S. v. Hanna*, 639 F.2d 194, 196 (5th Cir. 1981); *U.S. v. Pierre*, 688 F.2d 724, 726 (11th Cir. 1982); *U.S. v. Pereira-Pineda*, 721 F.2d 137, 139 (5th Cir. 1983). Sämtliche hier zitierte Entscheidungen ergingen zur Vorgängervorschrift, deren Passage lautete: „[Aliens] not duly admitted by an immigration officer or not entitled to enter or reside within the United States under the terms of this Act or any other law relating to the immigration or expulsion of aliens“.

598 *U.S. v. Chkuaseli*, 2018 WL 1919954 (11th Cir. 2018): „Nothing in this text permits a person to bring an unauthorized alien into the United States to seek asylum.“

599 *U.S. v. Merkt*, 794 F.2d 950, 964 (5th Cir. 1986) mit Verweis auf *I.N.S. v. Stevic*, 467 U.S. 407, 417f. (1984); siehe ferner *Bertrand v. Sava*, 684 F.2d 204, 218 (2nd Cir. 1982); *Haitian Refugee Center, Inc. v. Baker*, 949 F.2d 1109, 1110 (11th Cir. 1991); *U.S. v. Malenge*, 294 Fed.Appx. 642, 644 (2nd Cir. 2008); *U.S. v. Munoz*, 2017 WL 4922047 (D. Arizona 2017); *U.S. v. Rojas-Marcano*, 2018 WL 1033200 (D. New Mexico 2018); *U.S. v. Guevara-Medina*, 2018 WL 3970092 (S.D. California 2018).

Aufenthaltserlaubnis zustünde; anderweitig würden Sinn und Zweck von INA § 274(a) gefährdet.[600]

Unabhängig davon knüpfen die U.S.-Bundesgerichte die Anwendung von Art. 31 GFK außerdem an mehrere Voraussetzungen und führt diese – soweit ersichtlich – im Allgemeinen einem sehr strengen Maßstab zu: Art. 31 GFK finde nur Anwendung, wenn (1) der Einreisende dem Flüchtlingsbegriff unterfalle, (2) er unmittelbar aus dem Land, aus dem er geflohen ist, in die Vereinigten Staaten einreise, (3) ohne zu verantwortende Verzögerung bei den Behörden vorstellig werde und (4) einen guten Grund für seine illegale Einreise vorbringen könne.[601] So soll die erforderliche Unmittelbarkeit der Anreise aus dem Herkunftsland fehlen, wenn sich der Einreisende auf seiner Flucht in einem anderen Staat als seinem Herkunftsland befunden hat.[602]

Nach diesen Maßstäben wird die Vorschrift des Art. 31 GFK der Rechtswidrigkeit der Einreise eines Flüchtlings und damit dessen Strafbarkeit[603] sowie der Strafbarkeit weiterer Beteiligter im Regelfall nicht entgegenstehen.

3. Das *mens rea*-Element hinsichtlich der Rechtswidrigkeit der Einreise

Entsprechend seiner bereits dargestellten Maßstäbe[604] nimmt der Eleventh Circuit auch in Hinblick auf INA § 274(a)(1)(A)(iv) an, dass für eine Verurteilung die Rücksichtslosigkeit („Recklessness") des Täters gegenüber Tatumständen genügt, die bei vernünftiger Berücksichtigung und Gewichtung mit an Sicherheit angrenzender Wahrscheinlichkeit indiziert hätten, dass die Einreise des Ausländers rechtswidrig ist.[605] Die Kenntnis oder das Kennenmüssen (im Sinne des „reckless disregard") der Rechtswidrigkeit der Einreise sei demgegenüber

---

600 *U.S. v. Merkt*, 794 F.2d 950, 964 (5th Cir. 1986); nach *U.S. v. Ramirez-Ortiz*, 370 F.Supp.3d. 1151, 1155f. (S.D. California 2019), steht Art. 31 GFK auch nicht einer Strafbarkeit des Einreisenden gemäß INA § 275(a) entgegen.

601 *U.S. v. Rojas-Marcano*, 2018 WL 1033200 (D. New Mexico 2018).

602 *U.S. v. Rojas-Marcano*, 2018 WL 1033200 (D. New Mexico 2018); siehe auch *U.S. v. Vasquez-Hernandez*, 314 F.Supp.3d 744, 758 (W.D. Texas 2017) („imminent threat caused him or her to cross into the United States").

603 Dazu noch Abschnitt D.IV.2.d. (S. 184).

604 Siehe Abschnitt D.II.6.a. (S. 149).

605 *U.S. v. Kendrick*, 682 F.3d 974, 984 (11th Cir. 2012); *U.S. v. Chkuaseli*, 2018 WL 1919954 (11th Cir. 2018).

nicht Voraussetzung der Strafbarkeit, so dass INA § 274(a)(1)(A)(iv) keinen „general intent“[606] voraussetze.[607]

Wiederum teilen nicht alle Circuits des U.S. Court of Appeals diese Auffassung. Beispielsweise ist im Zuständigkeitsbereich des Fourth Circuit eine Verurteilung auf der Grundlage von INA § 274(a)(1)(A)(iv) wegen der *stare decisis*-Regel[608] nur möglich, wenn dem Täter auch ein „general intent“ nachgewiesen werden kann.[609]

4. Das Verhältnis zu den „Bring to“-Tatbeständen

INA § 274(a)(1)(A)(iv) stellt gegenüber den „Bring to-offenses“ einen eigenständigen Straftatbestand dar. Die U.S.-Bundesgerichte weisen auf die Unterschiedlichkeit der Tathandlungen hin und folgern, dass eine jeweils voneinander abweichende Beweisführung durch die Strafverfolgungsbehörde zu leisten sei, weshalb es sich um verschiedene Straftatbestände handele („same evidence test“)[610].[611] Zwar könne eine „Bring to-offense“ auch Handlungen des Schleusers erfassen, die wie ein Ermutigen oder Anstiften auf den Ausländer wirken, allerdings setze dieser Tatbestand eine solche Handlung nicht zwingend voraus.

Es kann deshalb gegen eine Person auf der Grundlage des INA § 274(a)(1)(A)(iv) prozessiert werden, auch wenn diese Person im Vorhinein im Rahmen

606 Vgl. dazu Abschnitt D.II.6.c.aa. (S. 156).

607 *U.S. v. Chkuaseli*, 2018 WL 1919954 (11th Cir. 2018). Der Ninth Circuit hat zuletzt betont, dass er ebenfalls dieser Auffassung folge, wenngleich seine früheren Entscheidungen missverständlich formuliert gewesen sein mögen, siehe dazu *U.S. v. Sineneng-Smith*, 910 F.3d 461, 472f. (9th Cir. 2018) mit Bezug auf *U.S. v. Yoshida*, 303 F.3d 1145, 1149 (9th Cir. 2002), mit Verweis auf *U.S. v. Nguyen*, 73 F.3d 887, 893 (9th Cir. 1995).

608 Siehe dazu bereits Abschnitt A.II.2. (S. 32).

609 Vgl. *U.S. v. Oloyede*, 982 F.2d 133, 137 (4th Cir. 1992): „guilty knowledge is a material element of the offense“; *U.S. v. Hendricks*, 210 F.3d 363 (4th Cir. 2000).

610 Alternativ wird die Frage formuliert, ob beide in Betracht kommenden Tatbestände dieselben Elemente enthalten („same elements test“). Siehe *Blockburger v. U.S.*, 284 U.S. 299, 304 (1932); dazu *Stuckenberg*, ZStW 113 (2001), 146 (151ff.).

611 *U.S. v. Callahan*, 445 F.2d 552, 554 (9th Cir. 1971); *U.S. v. Narvaez-Granillo*, 119 F.Supp. 556, 560 (S.D. California 1954); im Ergebnis auch *U.S. v. Hanna*, 639 F.2d 192, 194 (5th Cir. 1980).

eines sich auf eine „Bring to"-Tat beziehenden Strafverfahrens freigesprochen worden ist.[612]

IV. Das „Aiding and Abetting" einer rechtswidrigen Einreise

Obwohl INA § 275(a) eine Straftat umschreibt, die unmittelbar lediglich durch den Ausländer begangen werden kann, können mittelbar auch weitere Beteiligte auf der Grundlage dieser Norm für schuldig befunden werden. Dies ermöglicht 18 U.S.C. § 2(a), eine Teilnahmevorschrift des U.S.-Strafrechts, die auf alle Bundesstraftaten Anwendung findet, soweit der Kongress nicht ausdrücklich etwas anderes regelt.[613]

1. Die Beteiligung an der Tat eines anderen – „Aiding and Abetting an offense"

18 U.S.C. § 2(a) bestimmt: „Whoever commits an offense against the United States or aids, abets, counsels, commands, induces or procures its commission, is punishable as a principal." Die letzten drei Wörter legen den Ausgangspunkt der weiteren Betrachtung fest, da sie Anlass zu der Untersuchung der Frage geben, ob der weitere Beteiligte tatsächlich als „Täter", also unabhängig vom Tatnächsten bestraft wird oder aber sich hinter dem Gesetzeswortlaut die Geltung der Akzessorietät der Strafbarkeit des Tatnächsten verbirgt und der Gesetzeswortlaut demgemäß als „wie ein Täter", mithin lediglich als Strafrahmenverweisung zu verstehen ist.

a. Die Teilnahmevorschrift in ihrem historischen Kontext

Nach dem herkömmlichen Verständnis, d.h. nach dem Common Law, unterschied man – lediglich für die Deliktskategorie der „felony offenses"[614] – vier mögliche Konstellationen, auf die Begehung einer Straftat Einfluss zu

---

612 *U.S. v. Narvaez-Granillo*, 119 F.Supp. 556, 560 (S.D. California 1954); zum Verbot doppelter Strafverfolgung „desselben" Delikts siehe *Stuckenberg*, S. 23ff.; *ders.*, ZStW 113 (2001), 146 (151ff.).

613 Vgl. *Standefer v. U.S.*, 447 U.S. 10, 20 (1980); *U.S. v. Jones*, 678 F.2d 102, 105 (9th Cir. 1982); *U.S. v. Pino-Perez*, 870 F.2d 1230, 1233 (7th Cir. 1989); *Kurland*, 57 S.C. L. Rev. 85, 94 (2005).

614 In Fällen, in denen es um eine „misdemeanor offense" ging, galt jeder Beteiligte als „principal"; statt aller *Standefer v. U.S.*, 447 U.S. 10, 16 (1980).

nehmen: (1) principal in the first degree, (2) principal in the second degree, (3) accessory before the fact und (4) accessory after the fact.[615] Während „principal in the first degree“ der unmittelbare Täter einer Tat war, wurde mit „principal in the second degree“ die Person bezeichnet, die den Täter bei der Tatausführung unterstützte oder ihn dazu bzw. dabei anleitete. Zur dritten Gruppe gehörten die Personen, die den unmittelbaren Täter ebenfalls während der Tat unterstützten oder ihn zur Tat ermutigten oder unterstützen, allerdings hielten diese sich – anders als die Personen der zweiten Gruppe – nicht in Nähe des Tatortes auf, so dass bei ihnen nicht das Risiko bestand, dass sie gegebenenfalls in die Tatausführung eingreifen können. Wer einen Beitrag zu einer Straftat leistete, die bereits begangen war, galt als „accessor after the fact“ – diese vierte Beteiligungsvariante stellte nach dem Common Law-Verständnis keine Beteiligung an einer Straftat im eigentlichen Sinne dar.

Die Unterscheidung zwischen „Principals“ und „Accessories“, insbesondere zwischen der oben dargestellten zweiten und dritten Gruppe, stellte die Praxis vor mehrere Probleme:[616] Zum Ersten gab es für die Ahndung von „Principals“ andere Regelungen für die gerichtliche Zuständigkeit als für „Accessories“, so dass die Zuständigkeit eines Gerichts stets davon abhängig war, ob der Beteiligte in Tatortnähe und damit „Principal“ war oder nicht. Zum Zweiten konnte ein Strafgericht die Grundlage einer Anklage eines Beteiligten nach Common Law nicht abändern, so dass freigesprochen werden musste, wer als „Principal“ angeklagt war, im Prozess aber lediglich Beweise für eine Beteiligung als „Accessory“ erbracht werden konnten. Zum Dritten empfand man es mit der Zeit zunehmend als unbefriedigend, dass die Verurteilung als „Accessory“ nach Common Law stets die Verurteilung eines „Principal“ voraussetzte; konnte der „Principal“ einem Prozess nicht zugeführt werden, weil er sich auf der Flucht befand oder bereits verstorben war, oder wurde dieser freigesprochen, seine Verurteilung später aufgehoben oder er begnadigt, konnte die Verurteilung des „Accessory“ weder Bestand haben noch bestandskräftig werden.[617]

---

615 *Standefer v. U.S.*, 447 U.S. 10, 15 (1980); ferner *LaFave*, § 13.1; 1 Wharton's Criminal Law § 29 (15th ed.), jeweils m.w.N.

616 Folgendes galt nur für die Unterscheidung „Principal“/„Accessory before the fact“, nicht für die Unterscheidung „Principal in the first degree“/„Principal in the second degree“.

617 Zum Ganzen siehe *Standefer v. U.S.*, 447 U.S. 10, 16ff. (1980): „In every way an accessory followed, like a shadow, his principal.“; *Kurland*, 57 S.C. L. Rev. 85, 100f. (2005); *Dressler*, p. 460ff.; *LaFave*, § 13.1(d); 1 Wharton's Criminal Law § 34 (15th ed.); *O'Connor*, 32 W. New Eng. L. Rev. 245, 248ff. (2010); *Weiss*, 70 Fordham L. Rev. 1341, 1356 ff. (2002), jeweils m.w.N.

Heutzutage existiert deshalb in allen U.S.-Bundesstaaten[618] sowie – in 18 U.S.C. § 2[619] – auf Bundesebene eine ausdrückliche gesetzliche Regelung, die die Unterscheidung der Beteiligungsformen „Principal“ und „Accessory before the fact“ aufhebt.[620] Da die eben angesprochenen Problemkreise allesamt die Prozessführung gegen den „Accessor“ betrafen, ist die Gleichsetzung des „Aider and Abettor“ mit dem „Principal“ in 18 U.S.C. § 2(a) („punishable as a principal“) auch nur als eine prozessrechtliche Reform zu verstehen; die materiell-rechtlichen Voraussetzungen der Strafbarkeit des „Accessor“ bzw. nunmehr „Aider and Abettor“ sollten unberührt bleiben. Wie sogleich dargestellt wird, ist dementsprechend nach wie vor erforderlich, dass eine andere Person als der „Aider and Abettor“ eine Straftat begeht: „To be sure, there must be a guilty principal before there can be an aider and abettor“.[621]

b. Die Voraussetzungen von 18 U.S.C. § 2(a)

18 U.S.C. § 2(a) setzt im Einzelnen voraus, dass der Delinquent die Tatbestandsverwirklichung einer Straftat mittels physischer oder psychischer Einwirkung unterstützt und dabei die Tatvollendung bezweckt: „In order to establish aiding and abetting, the government must prove that the substantive offense has been committed. [...] Evidence must demonstrate that the defendant committed overt acts or affirmative conduct to further the offense, and intended to facilitate the commission of the crime.“[622]

---

618 *LaFave*, § 13.1(e).

619 Diese Regelung bzw. ihre Vorgänger existieren seit 1909, siehe § 332 of the Act of March 4, 1909, Sess. II Ch. 321, 35 Stat. 1152; zu Einzelheiten siehe *Kurland*, 57 S.C. L. Rev. 85, 101 (2005).

620 Zum Zweck von 18 U.S.C. § 2 siehe exemplarisch *Standefer v. U.S.*, 447 U.S. 10, 15ff. (1980), mit Verweis auf die Gesetzesmaterialien des Kongresses, S.Rep. No. 10, 60th Congress, Sess. I, p. 13 (1908).

621 *U.S. v. Staten*, 581 F.2d 878, 887 (D.C. Cir. 1978); siehe auch *U.S. v. Standefer*, 610 F.2d 1076, 1087 (3rd Cir. 1979); *Dressler*, p. 476; *Kurland*, 57 S.C. L. Rev. 85, 92 (2005); *LaFave*, § 13.3(c).

622 *U.S. v. Dolt*, 27 F.3d 235, 238 (6th Cir. 1994); ebenso *Nye & Nissen v. U.S.*, 336 U.S. 613, 619 (1949); *U.S. v. Peoni*, 100 F.2d 401, 402 (2nd Cir. 1938); *U.S. v. Dixon*, 658 F.2d 181, 189 (3rd Cir. 1981); *U.S. v. Menesses*, 962 F.2d 420, 427 (5th Cir. 1992); *U.S. v. Frorup*, 963 F.2d 41, 43 (3rd Cir. 1992); *U.S. v. Camacho*, 233 F.3d 1308, 1317 (11th Cir. 2000). Ebenso geläufig ist der folgende Wortgebrauch: A person aids or abets a crime if he „associate[s] with the venture in some way and participate[s] in it as something [he] wishes to bring about and seek[s] by his actions to make the venture succeed“ (grundlegend *U.S. v. Peoni.*, a.a.O.).

aa. Personeller Anwendungsbereich

Seit der Änderung des Wortlauts von 18 U.S.C. § 2(a) im Jahre 1951[623], im Wege derer die Passage „is a principal“ durch „is punishable as a principal“ ersetzt wurde, besteht Einigkeit darüber, dass die Teilnahmevorschrift des U.S.-amerikanischen Bundesstrafrechts eine bestimmte Eigenschaft oder die Zugehörigkeit zu einer bestimmten Personengruppe, die das Gesetz für den „Principal“ vorsieht, nicht auch in Person des „Aider and Abettor“ erfordert.[624] Für die Beteiligung an einer illegalen Einreise in die Vereinigten Staaten bedeutet dies, dass der „Aider and Abettor“ nicht zwingend ein Ausländer sein muss.

bb. Das Vorliegen einer Tat eines anderen

Da der Verurteilung eines „Aider and Abettor“ keine originäre Straftat zugrundeliegt, sondern sich dessen strafrechtliche Verantwortung von der Tat eines anderen ableitet[625], muss im Prozess nachgewiesen werden, dass die Tat des „Principal“ Unrecht begründet hat, sei es durch eine Handlung, die sämtliche objektive Merkmale erfüllt oder durch einen entsprechenden Versuch[626]. Auf den ersten Blick bedeutet dies, dass der „Principal“ selbst strafrechtlich verantwortlich für seine Tat sein muss.

Wie eine Reihe von Gerichtsentscheidungen zeigen, ist die Verurteilung eines „Aider and Abettor“ jedoch nicht immer von der strafrechtlichen Verantwortlichkeit des „Principal“ abhängig. Wie bereits erwähnt, war mit der Einführung des 18 U.S.C. § 2(a) beabsichtigt, eine Verurteilung des „Aider and Abettor“ auch im Falle eines Freispruchs des „Principal“ aussprechen zu können. Die

---

623 § 17b of the Act to amend certain titles oft he United States Code, and for other purposes v. 31.10.1951, Pub. L. 82-248, 65 Stat. 710.

624 Bis 1951 hatten Angeklagte immer wieder versucht, einer Strafe durch den Hinweis, sie gehörten der im Straftatbestand der Haupttat geforderten Personengruppe nicht an, zu entkommen. Allerdings hatte die Rechtsprechung bereits davor durchblicken lassen, dass diese persönliche Voraussetzung nicht für den „Aider and Abettor“ gelte; vgl. Nachweise bei *O'Connor*, 32 W. New Eng. L. Rev. 245, 250, Fn. 33 (2010). Der Kongress beabsichtigte schließlich, jegliche Zweifel hinsichtlich dieser Frage auszuräumen, siehe *Standefer v. U.S.*, 447 U.S. 10, 18 (1980); *O'Connor*, 32 W. New Eng. L. Rev. 245, 250f. (2010).

625 Dazu ausführlich *Kadish*, 73 Calif. L. Rev. 323, 337ff. (1985) m.w.N.

626 Zur Strafbarkeit des „Aiding and Abetting“ zu einem Versuch siehe *U.S. v. Washington*, 106 F.3d 983, 1004f. (D.C. Cir. 1997); ferner *U.S. v. Valencia*, 907 F.2d 671, 679ff. (7th Cir. 1990); *U.S. v. Matlock*, 109 F.3d 1313, 1318 (8th Cir. 1997); *U.S. v. Moreland*, 2016 WL 4224971 (E.D. Pennsylvania 2016).

U.S.-Bundesgerichte haben diese Intention aufgegriffen und sind zu der Überzeugung gelangt, einen „Aider and Abettor“ selbst dann verurteilen zu können, wenn zwar feststand, dass eine Tat begangen wurde, aber die Identität des Täters (also des „Principal“) gar nicht oder nur mit Zweifeln behaftet ermittelt werden konnte.[627]

Ferner ist der „Aider and Abettor“ unter bestimmten Umständen strafbar, wenn ein „Principal“ einer Verurteilung aufgrund eines ihm zustehenden Verteidigungsmittels („defense“) entgeht. Dabei ist allerdings zu unterscheiden: Handelt es sich um einen Umstand, der zwar nicht das Unrecht einer Tat aufhebt, aber dazu führt, dass den „Principal“ keine subjektive Verantwortlichkeit trifft („excuse defense“), ist der „Aider and Abettor“ strafbar; entfällt die Verurteilung des „Principal“ hingegen aufgrund eines Umstandes, der das Unrecht der Tat aufhebt („justification defense“), muss auch der „Aider and Abettor“ – aufgrund der derivativen Natur seiner Verantwortlichkeit – freigesprochen werden.[628] Allerdings bleibt im zweiten Fall zu prüfen, ob eine Verurteilung wegen Versuchs in Betracht kommt.[629]

Schließlich kommt eine Versuchsstrafbarkeit auch dann in Betracht, wenn der „Principal“ nicht alle *mens rea*-Voraussetzungen der Tat erfüllt und somit keine Haupttat vorliegt.[630]

cc. Unterstützung oder Bestimmung durch den „Aider and Abettor“

Der tatbestandsmäßige Beitrag des „Aider and Abettor“ zur Haupttat wird vom Gesetz mit „whoever [...] aids, abets, counsels, commands, induces or procures“ umschrieben. An diese Aufzählung werden von der Rechtsprechung keine

---

627 *U.S. v. Powell*, 806 F.2d 1421, 1424 (9th Cir. 1986): „The fact that the principal need not be identified or convicted has never been thought to obviate the need for proof showing that an underlying crime was committed by someone.“; ferner *U.S. v. Barfield*, 447 F.2d 85, 89 (5th Cir. 1971); *U.S. v. Campa*, 679 F.2d 1006, 1013 (1st Cir. 1982); *U.S. v. Hudson*, 717 F.2d 1211, 1214 (8th Cir. 1983) m.w.N.; *U.S. v. Mullins*, 613 F.3d 1273, 1290 (10th Cir. 2010); vgl. auch MPC § 2.06(7).

628 *U.S. v. Lopez*, 662 F.Supp 1083, 1085f. (N.D. California 1987); *Dressler*, p. 478f.; *Robinson*, 82 Colum. L. Rev. 199, 279f. (1982); krit. *Chin*, 43 U. Mich. J.L. Reform 79, 108ff. (2009), der dieser Aufteilung grundsätzlich zustimmt, aber zu bedenken gibt, dass gleichwohl eine Versuchsstrafbarkeit in Betracht kommen kann oder es weitere „Principals“ geben kann, denen eine „Defense“ fehlt.

629 *Chin*, 43 U. Mich. J.L. Reform 79, 108ff. (2009); *Robinson*, 82 Colum. L. Rev. 199, 279f. (1982).

630 Vgl. *LaFave*, § 13.3(c).

trennscharfen Anforderungen in dem Sinne gestellt, dass zur Strafbarkeit eine bestimmte Begehungsweise nachgewiesen oder sich auf eine bestimmte Begehungsweise im Schuldspruch geeinigt werden müsste.[631] Vielmehr haben die U.S.-Bundesgerichte aus einer Gesamtschau heraus Maßstäbe entwickelt, denen zufolge die Handlung des „Aider und Abettor“ als tatbestandsmäßig bewertet wird.

Exemplarisch führt der Eighth Circuit in seiner Entscheidung *Johnson v. U.S.* aus: „As the term ‚aiding and abetting‘ implies, it assumes some participation in the criminal act in furtherance of the common design, either before or at the time the criminal act is committed. It implies some conduct of an affirmative nature and mere negative acquiescence is not sufficient.“[632] Das Zitat zeigt unmissverständlich auf, dass das Gericht hier – wie auch weitere Bundesgerichte – der Grundprämisse folgt, dass der „Aider and Abettor“ keine dem Tatbeitrag des „Principal“ gleichgewichtige Handlung vornehmen müsse, sondern eine bloße Beteiligung im Sinne der Vornahme einer Handlung, die die Tat begünstigen soll, genüge.[633] Nach der Rechtsprechung ist nicht einmal erforderlich, dass der „Aider and Abettor“ zum Zeitpunkt der Tatbegehung am Tatort verweilt, weshalb auf der Grundlage von 18 U.S.C. § 2(a) in Verbindung mit INA § 275(a) auch derjenige strafbar ist, der Ausländern gefälschte Pässe oder Geburtsurkunden zukommen lässt[634].[635] Entscheidend und ausreichend für eine Verurteilung ist, dass dessen Handlung die Begehung der Haupttat erleichtert oder begünstigt, mag sie noch so trivial oder der Grad ihrer Beeinflussung des Tatverlaufes noch

---

631 Vgl. *U.S. v. Kim*, 196 F.3d 1079, 1083 (9th Cir. 1999); *U.S. v. Davis*, 306 F.3d 398, 414 (6th Cir. 2002); *U.S. v. Mitchell*, 346 Fed.Appx. 281 (9th Cir. 2009).

632 *Johnson v. U.S.*, 195 F.2d 673, 675 (8th Cir. 1952); ferner *U.S. v. Moses*, 122 F.Supp. 523, 526 (E.D. Pennsylvania 1954).

633 *Pearson v. U.S.*, 192 F.2d 681, 695 (6th Cir. 1951); *Wyatt v. U.S.*, 388 F.2d 395, 400 (10th Cir. 1968); *U.S. v. Leos-Quijada*, 107 F.3d 786, 794 (10th Cir. 1997). Allgemein zur Verwendung von „assist“ als Definition siehe *White v. U.S.*, 366 F.2d 474, 476 (10th Cir. 1966); *Grimes v. U.S.*, 379 F.2d 791, 795 (5th Cir. 1967); *U.S. v. Barnett*, 667 F.2d 835, 841 (9th Cir. 1982); zur Verwendung von „conduct designed to aid venture“ siehe *U.S. v. Colwell*, 764 F.2d 1070, 1072 (5th Cir. 1985); *U.S. v. Vasquez*, 953 F.2d 176, 183 (5th Cir. 1992); *U.S. v. Salazar*, 66 F.3d 723, 729 (5th Cir. 1995).

634 Vgl. *Donchev v. Mukasey*, 553 F.3d 1206, 1211 (9th Cir. 2009); *Barradas v. Holder*, 582 F.3d 754 (7th Cir. 2009).

635 *Collins v. U.S.*, 20 F.2d 574 (8th Cir. 1927); *Aaronson v. U.S.*, 175 F.2d 41, 44 (4th Cir. 1949); *U.S. v. Sampol*, 636 F.2d 621, 676 (D.C. Cir. 1980); *U.S. v. Pepe*, 747 F.2d 632, 665 (11th Cir. 1984); *U.S. v. Hansen*, 262 F.3d 1217, 1236 (11th Cir. 2001).

so marginal sein.[636] Insbesondere muss die Hilfestellung keine derart weitreichende Bedeutung für die Ausführung der Haupttat haben, dass der Haupttäter sie ohne Zutun der Unterstützung nicht begehen würde bzw. könnte.

Ob der „Principal" von der Hilfestellung des „Aider and Abettor" bzw. von dessen Eingriff in den Tatverlauf weiß, hat für die Strafbarkeit gemäß 18 U.S.C. § 2(a) grundsätzlich keine Bedeutung.[637] Die Kenntnis des „Principal" vom „Aiding und Abetting" wird allerdings dann relevant, wenn es sich nicht um einen physischen Tatbeitrag, sondern um psychische Unterstützung oder um Anweisungen zur Tatausführung handelt; denn selbstredend kann eine psychische Einwirkung auf den Haupttäter nicht ohne dessen Kenntnisnahme gelingen.[638] Die bloße Präsenz am Tatort wird damit erst in dem Fall relevant, wenn sie den „Principal" in seinem Vorhaben bestärken soll, die Straftat zu begehen, und sich der „Principal" auch tatsächlich bestärkt sieht.[639] Dazu ist allerdings nicht erforderlich, dass „Aider and Abettor" und der Haupttäter auf direktem Wege miteinander kommunizieren.[640]

dd. Versuchsstrafbarkeit bei fehlender „principal offense" oder fehlender Konnexität

Geht die Hilfeleistung oder das psychische Einwirken auf den „Principal" fehl, weil dieser keinen Versuch zur Tatbestandsverwirklichung unternimmt oder die Hilfestellung völlig ungeeignet ist, die Haupttat zu begünstigen (so etwa, wenn der „Principal" bestärkende Zurufe nicht wahrnimmt, weil er taub ist), kommt immerhin eine Verurteilung wegen versuchten „Aiding and Abetting" in Betracht. 18 U.S.C. § 2(a) benennt selbst zwar nicht ausdrücklich die Strafbarkeit

---

636 *U.S. v. Garguilo*, 310 F.2d 249, 253 (2nd Cir. 1962); *U.S. v. Barnett*, 667 F.2d 835, 841 (9th Cir. 1982); *U.S. v. Ritter*, 989 F.2d 318, 322 (9th Cir. 1993); *U.S. v. Leos-Quijada*, 107 F.3d 786, 794 (10th Cir. 1997); *U.S. v. Bergrin*, 2012 WL 458426 (D. New Jersey 2012); *Dressler*, § 30.04(b)(1); *Kadish*, 73 Calif. L. Rev. 323, 361f. (1985); *Mueller*, 61 S. Cal. L. Rev. 2169f. (1988).

637 *Kadish*, 73 Calif. L. Rev. 323, 364 (1985); *LaFave*, § 13.2(a).

638 *Ritter v. Smith*, 568 F.Supp. 1499, 1516 (S.D. Alabama 1983); *LaFave*, § 13.2(a), mit Verweis auf *Hicks v. U.S.*, 150 U.S. 442, 450 (1893).

639 *U.S. v. Garguilo*, 310 F.2d 249, 253 (2nd Cir. 1962); *Long v. U.S.*, 360 F.2d 829, 835 (D.C. Cir. 1966); *U.S. v. Milby*, 400 F.2d 702, 706 (6th Cir. 1968); *U.S. v. Bryant*, 671 F.2d 450, 454 (11th Cir. 1982); *U.S. v. Winston*, 687 F.2d 832, 835 (6th Cir. 1982); *U.S. v. Salazar*, 66 F.3d 723, 729 (5th Cir. 1995).

640 *Morei v. U.S.*, 127 F.2d 827, 830 (6th Cir. 1942); *White v. U.S.*, 366 F.2d 474, 476 (10th Cir. 1966); *U.S. v. Rufai*, 732 F.3d 1175, 1190 (10th Cir. 2013); *LaFave*, § 13.2(a).

des Versuchs; nach Ansicht von Teilen der Rechtsprechung rechtfertige jedoch der Umstand, dass der „Aider and Abettor“ denselben Tatbeitrag geleistet habe, aufgrund dessen er bei Vollendung der Haupttat strafbar wäre, die Grundsätze des MPC, hier insbesondere § 5.01(3) des MPC[641], in das U.S.-Bundesstrafrecht hineinzulesen.[642] In Anwendung der allgemeinen Versuchsregeln müsse der „Aider and Abettor“ mit seiner Handlung die Unterstützung der Begehung einer Straftat erstreben und dabei einen wesentlichen Schritt zur Ausführung seines Tatbeitrags geleistet haben.[643] Im Rahmen dessen sei auf die Vorstellung des Täters von den Tatumständen abzustellen.[644]

Die Gegenauffassung nimmt mangels eines expliziten Hinweises im Gesetzeswortlaut von 18 U.S.C. § 2(a) an, dass eine Versuchsstrafbarkeit hinsichtlich des „Aiding and Abetting“ ausgeschlossen sei.[645] Im Ergebnis ist damit für die Beurteilung der Strafbarkeit eines „Aider and Abettor“ die Rechtsprechung des jeweiligen Gerichtsbezirks zu untersuchen. Eine gerichtliche Entscheidung zum Versuch des „Aiding and Abetting“ eines illegalen Grenzübertritts in die Vereinigten Staaten existiert bislang nicht.

ee. *Erforderliches subjektives Tatelement*

Das subjektive Element des „Aiding and Abetting“ ist in der Rechtsprechung der U.S.-Bundesgerichte seit jeher umstritten.[646] Während es im späten 19.

---

641 MPC § 5.01(3) lautet: „Conduct Designed to Aid Another in Commission of a Crime. A person who engages in conduct designed to aid another to commit a crime that would establish his complicity under Section 2.06 if the crime were committed by such other person, is guilty of an attempt to commit the crime, although the crime is not committed or attempted by such other person.“

642 *U.S. v. Washington*, 106 F.3d 983, 1005 (D.C. Cir. 1997); *U.S. v. Partida*, 385 F.3d 546, 555f. (5th Cir. 2004).

643 *U.S. v. Mandujano*, 499 F.2d 370 (5th Cir. 1974); *U.S. v. Cartlidge*, 808 F.2d 1064 (5th Cir. 1987); *U.S. v. Washington*, 106 F.3d 983, 1005 (D.C. Cir. 1997).

644 *U.S. v. Washington*, 106 F.3d 983, 1005 (D.C. Cir. 1997).

645 *U.S. v. Samuels*, 308 F.3d 662, 669 (6th Cir. 2002); *U.S. v. Jayavarman*, 871 F.3d 1050, 1056 (9th Cir. 2017).

646 Siehe etwa *LaFave*, § 13.2(b): „Considerable confusion exists as to what the accomplice's mental state must be in order to hold him accountable for an offense committed by another.“; *Weiss*, 70 Fordham L. Rev. 1341, 1373 (2002): „In reality, the federal case law is far from ‚uniform‘ in its use of the ‚intent‘ standard. It is more accurately described as hopelessly muddled and divided, despite the sixty years that have elapsed since Judge Hand's decision in Peoni, and despite the seeming clarity of his pronouncements.“ Siehe ferner das vom U.S. Justizministerium bereitgestellte U.S. Attorneys' Manual,

Jahrhundert und in den ersten Dekaden des 20. Jahrhunderts ausschließlich darum ging, ob für eine Strafbarkeit die Kenntnis der Tatumstände und das Bewusstseins der Tatbestandsverwirklichung („knowledge")[647] oder aber Absicht („purposeful intent")[648] erforderlich sei, werden im jüngeren Bundesstrafrecht gleich sechs Lösungsansätze für die Anforderungen an die innere Tatseite des „Aider and Abettor" in Betracht gezogen. Den Übergang in die differenzierendere Betrachtung der modernen Gerichtspraxis ebnete die Entscheidung *U.S. v. Peoni* des Second Circuits[649]. Circuit Judge *Hand* führte für das Gericht aus: „It will be observed that all these definitions [of the verbs used in the precedent of 18 U.S.C. § 2(a)] have nothing whatever to do with the probability that the forbidden result would follow upon the accessory's conduct; and that they all demand that he in some sort associate himself with the venture, that he participate in it as in something that he wishes to bring about, that he seek by his action to make it succeed. All the words used – even the most colorless, ‚abet' – carry an implication of purposive attitude towards it."[650]

Der Umstand, dass sich der U.S. Supreme Court wenig später Teile dieses viel beachteten Zitats zu eigen machte[651], bedeutete jedoch nicht, dass damit die Grenzen der *mens rea* beim „Aiding and Abetting" zugunsten eines Absichtserfordernisses geklärt gewesen wären. Denn zum Ersten behandelte der Second Circuit die Voraussetzungen des „Aiding and Abetting" gar nicht, sondern ging auf das Sonderproblem ein, ob sich ein „Aider and Abettor" weitere bzw. andere vom Haupttäter begangene Taten als die von ihm geförderten Handlungen zurechnen lassen müsse.[652] Zum Zweiten ist Circuit Judge *Hand*, der die

Criminal Resource Manual (CRM), Nr. 2475 (Intent): „The intent requirement has been described in different ways."

647 *Hanauer v. Doane*, 79 U.S. 342, 347 (1870).

648 *Hicks v. U.S.*, 150 U.S. 442, 449 (1893); siehe allerdings *Weiss*, 70 Fordham L. Rev. 1341, 1367 Fn. 122 (2002), der darauf hinweist, dass der U.S. Supreme Court den Begriff „intent" möglicherweise nur aus dem Grunde wählte, um entschieden dem Anschein einer Anweisung an die Geschworenen entgegenzutreten, „Aiding und Abetting" habe kein subjektives Element.

649 *U.S. v. Peoni*, 100 F.2d 401 (2nd Cir. 1938).

650 *U.S. v. Peoni*, 100 F.2d 401, 402 (2nd Cir. 1938); siehe dazu *Weiss*, 70 Fordham L. Rev. 1341, 1447f. (2002), demzufolge der Kongress 1951 den Begriff „willfully" in 18 U.S.C. § 2(b) einfügte, um das dort erforderliche subjektive Tatelement auf eine Stufe mit Abschnitt (a) zu setzen.

651 Vgl. *Nye & Nissen v. U.S.*, 336 U.S. 613, 619 (1949).

652 *Weiss*, 70 Fordham L. Rev. 1341, 1370 (2002).

Begründung von *U.S. v. Peoni* verfasste, – ebenso wie anschließend der U.S. Supreme Court[653] – mit keinem Wort auf die rechtshistorische Entwicklung zu 18 U.S.C. § 2(a) bzw. seiner Vorgängervorschrift eingegangen. Dies hätte nach *Weiss* erfordert, sich mit der Frage auseinanderzusetzen, inwieweit die Anforderungen an die *mens rea* des „Aider and Abettor“ (vor dem Hintergrund des derivativen Unrechtscharakters des „Aiding and Abetting“) mit der des „Principal“ gleichzusetzen sind und hätte dazu geführt, einen „purposeful intent“ nur dann vorauszusetzen, wenn der entsprechende Straftatbestand der Bezugstat dies auch für den „Principal“ voraussetzte.[654]

Gerade Letzteres – die fehlende Auseinandersetzung mit der *mens rea* des „Aider and Abettor“ im Verhältnis zu derer des Haupttäters – schuf einen derart großen Deutungsspielraum für anschließende Entscheidungen, dass in der Folgezeit gleich sechs verschiedene Interpretationsansätze der Entscheidungen *U.S. v. Peoni* bzw. *Nye & Nissen v. U.S.* entwickelt wurden: (1) Es sei stets die Absicht erforderlich, dass der Tatbestand der Haupttat verwirklicht wird („purposeful intent“)[655]; (2) über diese Absicht hinaus müsse dem „Aider and Abettor“ die Rechtswidrigkeit der Tat bewusst sein („bad purpose“)[656]; (3) Kenntnis der Tatumstände bzw. Bewusstsein hinsichtlich der Tatbestandsverwirklichung reiche aus, es sei denn, dass der Anwendungsbereich des 18 U.S.C. § 2(a) im Einzelfall durch Absicht als Voraussetzung der Strafbarkeit eingeschränkt werden soll[657]; (4) grundsätzlich sei Absicht des „Aider and Abettor“ erforderlich, es sei denn, die Schwere eines Tattypus erfordere, dass Kenntnis ausreichend sein muss[658];

---

653 Vgl. *Nye & Nissen v. U.S.*, 336 U.S. 613 (1949); siehe aber *Bozza v. U.S.*, 330 U.S. 160 (1947), wo der U.S. Supreme Court noch der Auffassung war, Kenntnis (im Sinne der „knowledge“) genüge, um die Strafbarkeit des „Aider and Abettor“ zu begründen.

654 *Weiss*, 70 Fordham L. Rev. 1341, 1424f. (2002).

655 *U.S. v. Zafiro*, 945 F.2d 881, 887 (7th Cir. 1991): „desire to help the activity succeed“; ebenso *U.S. v. Irwin*, 149 F.3d 565, 570 (7th Cir. 1998); *U.S. v. Hunt*, 272 F.3d 488, 493 (7th Cir. 2001); ferner *U.S. v. Newman*, 490 F.2d 139, 143 (3rd Cir. 1974); *U.S. v. Perry*, 643 F.2d 38, 46 (2nd Cir. 1981); *U.S. v. Hill*, 55 F.3d 1197, 1204 (6th Cir. 1995); *U.S. v. Jackson*, 213 F.3d 1269, 1292 (10th Cir. 2000); *U.S. v. Samaria*, 239 F.3d 228, 234f. (2nd Cir. 2001); ausführlich zum Ganzen *Weiss*, 70 Fordham L. Rev. 1341, 1376ff. (2002).

656 *U.S. v. Horton*, 847 F.2d 313, 322 (6th Cir. 1988); *U.S. v. Brown*, 151 F.3d 476, 486 (6th Cir. 1998).

657 *U.S. v. Campisi*, 306 F.2d 308, 310f. (2nd Cir. 1962); siehe dazu *Weiss*, 70 Fordham L. Rev. 1341, 1397ff. (2002).

658 Vgl. *U.S. v. Fountain*, 768 F.2d 790, 798 (7th Cir. 1985): „when the crime is particularly grave“; wohl auch *U.S. v. Pino-Perez*, 870 F.2d 1230, 1235 (7th Cir. 1989); siehe

(5) bei geringen Tatbeiträgen des „Aider and Abettor" sei Absicht erforderlich, bei gewichtigen Tatbeiträgen genüge hingegen Kenntnis[659]; und (6) die erforderliche *mens rea* richte sich stets nach der des „Principal"[660].[661]

Insbesondere die umfangreiche, gleichwohl aber auch uneinheitliche Rechtsprechung des Seventh Circuits demonstriert, wie schwer sich die U.S.-Bundesgerichte bei der Beurteilung der erforderlichen *mens rea* in Rahmen des 18 U.S.C. § 2(a) tun.[662] Der U.S. Supreme Court hat zuletzt erneut Stellung zur erforderlichen subjektiven Tatseite des „Aiding and Abetting" beziehen müssen, dabei aber die Chance verpasst, die oben genannten Ansichten zu einer einheitlichen Linie zusammenzuführen: Zwar nahm er an, dass der „Aider and Abettor" hinsichtlich eines jeden Tatbestandmerkmals der Bezugstat „intent" haben müsse; zur Erläuterung dessen führte er allerdings aus, dass die Absicht bereits durch eine aktive Beteiligung an der Tatbestandsverwirklichung in *Kenntnis* aller Umstände erfüllt und verzichtet damit streng genommen auf den Nachweis eines voluntativen Elements.[663]

---

allerdings Nachweise des Seventh Circuits in Fn. 655. Zu den Auswirkungen der Entscheidung *U.S. v. Fountain* auf die weitere Rechtsprechung des Seventh Circuit und dessen uneinheitliche Rechtsprechung siehe *Weiss*, 70 Fordham L. Rev. 1341, 1407 (2002).

659 *Scales v. U.S.*, 367 U.S. 203, 225 (1961); *Weiss*, 70 Fordham L. Rev. 1341, 1408 (2002) zufolge hat der U.S. Supreme Court diesen Ansatz nach Fertigstellung des Model Penal Code im Jahre 1962 nicht mehr aufgegriffen, da MPC § 2.06 einen „purposeful intent" voraussetze. Nichtsdestotrotz ist der Lösungsansatz weiterhin verfolgt worden, siehe dazu *U.S. v. Greer*, 467 F.2d 1064, 1069 (7th Cir. 1972).

660 *Johnson v. U.S.*, 195 F.2d 673, 675 (8th Cir. 1952); *U.S. v. Smith*, 546 F.2d 1275, 1284 (5th Cir. 1977); *U.S. v. Longoria*, 569 F.2d 422, 425 (5th Cir. 1978); *U.S. v. Valencia*, 907 F.2d 671, 680 (7th Cir. 1990); *U.S. v. Tobin*, 480 F.3d 53, 61 (1st Cir. 2007); dieser Ansatz setzt allerdings nicht voraus, dass „Principal" und „Aider and Abettor" dieselbe Form der *mens rea* haben müssen, da es keines gemeinsamen Tatentschlusses wie bei einer „conspiracy" bedarf, siehe *U.S. v. Beck*, 615 F.2d 441, 449 (7th Cir. 1980); *U.S. v. Phillips*, 664 F.2d 971, 1010 (5th Cir. 1981).

661 Vgl. zum Ganzen *Weiss*, 70 Fordham L. Rev. 1341, 1375f. (2002); *O'Connor*, 32 W. New Eng. L. Rev. 245, 253ff. (2010).

662 Siehe Nachweise in Fn. 646.

663 *Rosemond v. U.S.*, 572 U.S. 65 (2014): „We have previously found that intent requirement satisfied when a person actively participates in a criminal venture with full knowledge of the circumstances constituting the charged offense." Siehe auch *LaFave*, § 13.2(b).

Im Ergebnis muss damit – auch für eine mögliche Strafbarkeit nach 18 U.S.C. § 2(a) in Verbindung mit INA § 275(a) – weiterhin die Rechtsprechung des jeweiligen Jurisdiktionsbereichs analysiert werden, um die für den Einzelfall maßgeblichen Anforderungen an die *mens rea* des „Aider and Abettor“ herauszufiltern.

2. Tatbestandsmerkmale des INA § 275(a)

Die Einreise in die Vereinigten Staaten ist gemäß INA § 275(a) in den folgenden Fällen strafbewehrt: (1) Der Täter – ein Ausländer[664] – reist nicht zu der von einem zuständigen Beamten vorgegebenen Zeit oder an dem von diesem bestimmten Ort ein, (2) der Täter umgeht die von einem zuständigen Beamten durchgeführte Personenkontrolle, oder (3) dem Täter wird die Einreise deswegen gewährt, weil er bei der Personenkontrolle absichtlich falsche oder irreführende Angaben gemacht oder eine Tatsache absichtlich verschwiegen hat. Im ersten und dritten Fall ist der Versuch strafbar.

a. „Entry“ als normativer Begriff

Die verschiedenen Fallkonstellationen waren ursprünglich in ihrer Reichweite dadurch erheblich eingegrenzt, dass im Rahmen von INA § 275(a) ausschließlich von „entry“ und später von „enter“ die Rede war. Zur Verwirklichung dieses Merkmals war (und ist nach wie vor) zunächst erforderlich, dass der Ausländer vom Ausland aus die Staatsgrenze zu den Vereinigten Staaten überquert.[665] Die „Official Restraint Doctrine“ erfordert jedoch darüber hinaus, dass sich der Ausländer weiteren behördlichen Maßnahmen zumindest vorübergehend entzogen hat, d.h. „untergetaucht“ ist.[666] Dem Ninth Circuit nach ist eine Person „under official restraint“, wenn sie in ihrer Freiheit beschränkt und davon abgehalten wird, sich frei innerhalb der Vereinigten Staaten zu bewegen.[667] Dies müsse nicht notwendig durch Ingewahrsamnahme geschehen, sondern könne auch durch Überwachung gewährleistet werden, selbst wenn diese verdeckt sei; denn

---

664 Zur Bedeutung von „Ausländer“ siehe bereits Abschnitt D.I.2. (S. 132).

665 Reist ein Ausländer von einem Teilgebiet der Vereinigten Staaten in ein weiteres, stellt dies keine Einreise im Rechtssinne dar, auch wenn er dabei internationales Gewässer durchquert, *U.S. v. Yong Jun Li*, 643 F.3d 1183, 1186 (9th Cir. 2011).

666 Siehe bereits Nachweise in Fn. 466; außerdem *U.S. v. Franco-Lopez*, 709 F.Supp.2d 1152, 1159ff. (D. New Mexico 2010); zu INA § 276 siehe *U.S. v. Vazquez-Hernandez*, 849 F.3d 1219, 1225 (9th Cir. 2017).

667 *U.S. v. Pacheco-Medina*, 212 F.3d 1162, 1163f. (9th Cir. 2000) m.w.N.; *U.S. v. Gonzalez-Torres*, 309 F.3d 594, 598 (9th Cir. 2002).

solange die Überwachung andauere, sei der Person die Möglichkeit verwehrt, sich „unter das Volk zu mischen".[668] Vor diesem Hintergrund gilt eine Überwachung nicht als unterbrochen oder beendet, wenn der überwachende Beamte den Ausländer für ein paar Sekunden aus den Augen verliert.[669] Auf der anderen Seite ist ein Ausländer eingereist, wenn er zum Zeitpunkt seines Aufgreifens bereits eine gewisse Zeit in den Vereinigten Staaten verweilt hat.[670]

Mit Inkrafttreten des Immigration Act of 1990[671] ist der Tatbestand durch die Einführung einer Versuchsstrafbarkeit erheblich erweitert worden.[672] Der „Attempt to enter the United States" befreit die Strafbarkeit des einreisenden Ausländers von ihrer Bindung an die „Official Restraint Doctrine", so dass sich auch diejenigen strafbar machen, die die Grenze zum Hoheitsgebiet der Vereinigten Staaten überqueren und dabei von Beginn an beobachtet werden.[673]

b. Einreise in Missachtung der vorgegebenen Zeit oder dem vorgegebenen Ort

INA § 275(a), 1. Fall, erfüllt, wer bei seiner Einreise die – so der Wortlaut – von einem zuständigen Beamten vorgegebene Zeit oder den vorgegebenen Ort

668 *U.S. v. Gonzalez-Torres*, 309 F.3d 594, 598 (9th Cir. 2002): „[H]e lacks the freedom to go at large and mix with the population"; siehe auch *U.S. v. Ruiz-Lopez*, 234 F.3d 445, 448 (9th Cir. 2000).

669 *U.S. v. Gonzalez-Torres*, 309 F.3d 594, 599 (9th Cir. 2002).

670 *U.S. v. Martin-Plascencia*, 532 F.2d 1316, 1317 (9th Cir. 1976); *U.S. v. Gonzalez-Torres*, 309 F.3d 594, 598 (9th Cir. 2002).

671 An Act to amend the Immigration and Nationality Act to change the level, and preference system for admission, of immigrants to the United States, and to provide for administrative naturalization, and for other purposes v. 29.11.1990, Pub-L. 101-649, 104 Stat. 4978.

672 2017 ist ein Gesetzesvorschlag in das Repräsentantenhaus eingebracht worden, der INA § 275(a) umfassend reformieren sollte. Der von dem republikanischen Mitglied des Repräsentantenhauses *Paul Labrador* eingebrachte Entwurf H.R. 2431 (115th Congress) sah in § 314 unter anderem vor, die bisherige Versuchsstrafbarkeit durch die Passage „enters or crosses the border into the United States" zu ersetzen. Des Weiteren sollten der rechtswidrige Aufenthalt pönalisiert und die Strafrahmen für wiederholte Vergehen erheblich angehoben werden (von maximal zwei Jahren auf bis zu 10 Jahre, in bestimmten Konstellationen sogar auf bis zu 20 Jahre). Bislang ist der Vorschlag allerdings nicht weiter behandelt worden.

673 Vgl. Fallgestaltung in *U.S. v. Aldana*, 878 F.3d 877, 878f. (9th Cir. 2017) (der Angeklagte wurde dabei beobachtet, wie er über den Grenzzaun stieg und dann im 400 Yards entfernten Unterholz ein Versteck suchte).

missachtet. Da der INA „any time or place other than as designated by immigration officers“ nicht definiert und auch im Übrigen keinen näheren Hinweis zur Bedeutung dieser Passage enthält, hat der Ninth Circuit in *U.S. v. Aldana* spiegelbildlich die Frage aufgeworfen, unter welchen Umständen die Einreise eines Ausländers legal ist. Der Immigration and Naturalization Service (INS), der mittlerweile durch das Department of Homeland Security (DHS) ersetzt wurde, hat 1951 zu dieser Frage die Regelung 8 C.F.R.[674] § 235.1(a) erlassen[675], deren aktuelle, gegenüber der ursprünglichen Version nur unwesentlich veränderte[676] Fassung lautet: „Application to lawfully enter the United States shall be made in person to an immigration officer at a U.S. port-of-entry when the port is open for inspection, or as otherwise designated in this section.“ Vor diesem Hintergrund geht der Ninth Circuit davon aus, dass INA § 275(a) jeden Ausländer ahnde, der anders als auf die von 8 C.F.R. § 235.1(a) beschriebene Weise einreise bzw. einen Einreiseversuch unternehme – „designated place“ sei demzufolge ein „port of entry“, also eine bauliche Einrichtung, die mit Beamten besetzt ist, die zuständig für die Bearbeitung von Einreisefragen sind, und „designated time“ seien die Öffnungszeiten dieser Einrichtungen.[677]

c. *Umgehung der und Täuschung bei der Einreisekontrolle*

Obwohl aus dem Wortlaut „examination und inspection by immigration officers“ heraus keine räumlich-zeitliche Begrenzung für die Personenkontrolle erkennbar ist, geht der Ninth Circuit davon aus, dass aufgrund der systematischen Stellung von INA § 275(a) nur die Personenkontrollen gemeint sind, die sich unmittelbar an die Einreise anschließen. Es handele sich also nicht um ein Dauerdelikt; die Tat sei vielmehr mit Einreise des Ausländers vollendet.[678]

Da die Einreise an einem Ort, der keine Grenzübergangsstelle ist, bereits von INA § 275(a), 1. Fall, abgedeckt ist, wird der 2. Fall nur dann praktische Bedeutung haben, wenn der Ausländer die Befragung durch die Beamten an der Grenzübergangsstelle umgeht, etwa indem er sich in einem Fahrzeug versteckt hält, das durch die Anlage gefahren wird.

Schließlich ist ein Ausländer strafbar, wenn er die Erlaubnis seiner Einreise dadurch erlangt bzw. zu erlangen versucht, dass er bei der Personenkontrolle

---

674 Code of Federal Regulations.

675 Vgl. *U.S. v. Aldana*, 878 F.3d 877, 881 (9th Cir. 2017).

676 Vg. Darstellung in *U.S. v. Aldana*, 878 F.3d 877, 881 (9th Cir. 2017).

677 *U.S. v. Aldana*, 878 F.3d 877, 882 (9th Cir. 2017).

678 *U.S. v. Rincon-Jimenez*, 595 F.2d 1192, 1193f. (9th Cir. 1979).

durch die zuständigen Beamten falsche oder irreführende Angaben macht oder eine Tatsache, die für die Befragung von Relevanz ist, weglässt, vgl. INA § 275(a), 3. Fall.

d. (Keine) Bedeutung des Flüchtlingsstatus für die Strafbarkeit

Wie schon in Bezug auf die Strafbarkeit des Schleusers im Sinne des INA § 274(a) dargestellt[679], bejaht der U.S. Supreme Court zwar einerseits die Pflicht der Vereinigten Staaten zur Befolgung der in der GFK niedergelegten Grundsätze. Auf der anderen Seite bezweifeln einige U.S.-Bundesgerichte bereits, dass Art. 31 GFK überhaupt ein subjektives Recht für Einreisende vermittelt. Die Vorschriften der GFK seien nicht „self-executing", weshalb keine aus ihr ableitbaren Rechte geltend gemacht werden könnten, solange der Kongress sie nicht in nationales Recht umgesetzt habe.[680] Im Übrigen werden im Allgemeinen strenge Anforderungen an die einzelnen Voraussetzungen des Art. 31 GFK gestellt.

Somit muss – auch in Hinblick auf die jüngere Rechtsprechung – davon ausgegangen werden, dass der Flüchtlingsstatus eines Einreisenden in vielen Fällen nicht anerkannt wird und selbst im Falle der Anerkennung des Status eine Strafverfolgung auf der Grundlage von INA § 275(a) nicht ausgeschlossen ist.[681]

e. Subjektives Element der illegalen Einreise

Seinem Wortlaut nach knüpft INA § 275(a) nur die Strafbarkeit wegen Erwirkens einer Einreiseerlaubnis durch Täuschung an ein bestimmtes *mens rea*-Element. Mit der Verwendung von „willful" bzw. „willfully" setzt der Gesetzgeber voraus, dass der Täter in der Absicht handeln muss, eine Handlung vorzunehmen, die gegen U.S.-amerikanisches Recht verstößt.[682]

Da im Übrigen bislang nur wenige Entscheidungen zu den subjektiven Anforderungen des INA § 275(a) ergangen sind, ist es schwieriger zu beurteilen,

---

679 Siehe Abschnitt D.III.2.c. (S. 166).

680 *Bertrand v. Sava*, 684 F.2d 204, 218f. (2nd Cir. 1982); *Haitian Refugee Center, Inc. v. Baker*, 949 F.2d 1109, 1110 (11th Cir. 1991); *U.S. v. Malenge*, 294 Fed.Appx. 642, 644 (2nd Cir. 2008); *U.S. v. Munoz*, 2017 WL 4922047 (D. Arizona 2017); *U.S. v. Rojas-Marcano*, 2018 WL 1033200 (D. New Mexico 2018); *U.S. v. Guevara-Medina*, 2018 WL 3970092 (S.D. California 2018).

681 So zumindest *U.S. v. Ramirez-Ortiz*, 370 F.Supp.3d 1151, 1155f. (S.D. California 2019) m.w.N.

682 *U.S. v. Bryan*, 122 F.3d 90, 91 (2nd Cir. 1997).

welche Schlüsse aus dem Umstand gezogen werden müssen, dass der Normtext kein *mens rea*-Element zur ersten und zweiten Tatvariante enthält.

In der Literatur wird vereinzelt vertreten, dass der ersten und zweiten Fallvariante aufgrund der Handlungsbeschreibungen „enter“ und „elude“ eine Absichtskomponente immanent sei, so dass auf eine entsprechende Nennung im Wortlaut verzichtet werden könne.[683] Dem steht, jedenfalls hinsichtlich des Begriffes „enter“, die Entscheidung *U.S. v. Sanchez* entgegen, der zufolge die erste Tatvariante des INA § 275(a) keine Form der Absicht – auch nicht die Absicht, behördliche Kontrollen zu umgehen – voraussetze.[684]

Unklar ist bislang auch, ob die ersten beiden Tatvarianten im Übrigen eine bestimmte subjektive Tatkomponente erfordern. Beide Möglichkeiten, nämlich entweder ein vollständiger Verzicht auf ein *mens rea*-Element oder aber das Hineinlesen einer solchen Voraussetzung, sind denkbar. Denn nach Maßgabe der bereits dargelegten Grundsätze[685] kann das Fehlen einer solchen Voraussetzung für sich zwar nicht die Annahme rechtfertigen, dass es keines Nachweises einer bestimmten Form der inneren Tatseite bedarf. Auf der anderen Seite wird bei der Auslegung in die Analyse mit einfließen, dass die erstmalige Begehung einer illegalen Einreise eine Haftstrafe von bis zu sechs Monaten nach sich zieht und es sich bei INA § 275(a) insofern grundsätzlich um eine „misdemeanor offense“ handelt, an die weniger strenge Anforderungen in Hinblick auf die subjektive Tatseite gestellt werden als an eine „felony offense“. Außerdem stellt INA § 275(a) eine Straftat dar, deren Unrechtsgehalt durch den regulatorischen Charakter der Norm bestimmt wird (*mala prohibita*), was ebenfalls für den Verzicht auf ein subjektives Tatelement spricht.[686]

Auch eine Heranziehung von Dokumenten aus der Gerichtspraxis, die INA § 275(a) erwähnen, zeichnet kein klares Bild: Während in manchen Entscheidungen, Anklageschriften oder *plea agreements* von „knowingly and unlawfully entering the United States“ die Rede ist, fehlt diese Passage in anderen Dokumenten.[687]

683 *Sevilla*, 4 Chicano L. Rev. 1, 6 (1977), mit Verweis auf *U.S. v. Oscar*, 496 F.2d 492, 494 (9th Cir. 1974).

684 *U.S. v. Sanchez*, 258 F.Supp.2d 650, 661 (S.D. Texas 2003).

685 Vgl. Abschnitt D.II.6.b. (S. 152).

686 Vgl. *U.S. v. Martinez-Morel*, 118 F.3d 710, 716 (10th Cir. 1997).

687 Vgl. *U.S. v. Issa*, 265 Fed.Appx. 801, 803 (11th Cir. 2008); *U.S. v. Lugo*, 289 F.Supp.2d 790 (S.D. Texas 2003); Plea Agreement in *U.S. v. Garcia-Chavez*, 2007 WL 7024124 (E.D. Kentucky 2007); Criminal Complaint in *U.S. v. Barrera*, 2005 WL 4896838 (D. Wyoming 2005); Criminal Complaint in *U.S. v. Kocoski*, 2006 WL 6428486 (E.D.

Allenfalls könnten die rechtspolitischen Vorhaben der U.S.-Bundesregierung unter dem ehemaligen Präsidenten Trump Aufschluss darüber geben, wie INA § 275(a) in Hinblick auf die subjektive Tatseite behandelt wird. Ein von dem ehemaligen republikanischen Mitglied des Repräsentantenhauses *Raul Labrador* eingebrachter Gesetzesentwurf zur Verabschiedung schärferer Gesetze gegen die illegale Einwanderung sieht vor, dass jeder Tatvariante des neu entworfenen INA § 275(a) der Begriff „knowingly" vorangestellt werden soll.[688] Es wäre unsinnig, auf der einen Seite schärfere Gesetze verabschieden zu wollen[689], auf der anderen Seite aber den Tatbestand der illegalen Einreise durch die Schaffung einer subjektiven Tatbestandsvoraussetzung einzuschränken. Vielmehr indiziert der Bill H.R. 2431, dass nach der Vorstellung des Gesetzgebers bereits im Rahmen der aktuellen Rechtslage ein „knowingly" in den Tatbestand gelesen wird.

3. Minderjährige als „Principal"

Gemäß 18 U.S.C. § 5031 sind Personen, die einen Straftatbestand erfüllen und zum Tatzeitpunkt das achtzehnte Lebensjahr noch nicht vollendet haben, sogenannte „Juveniles". Die Handlungen, die sie begehen, stellen nach dem U.S.-Bundesstrafrecht keine Straftaten, also weder eine „felony offense" noch eine „misdemeanor offense" dar, weshalb in einem Jugendverfahren auch keine strafrechtlichen Sanktionen ausgesprochen werden.[690] Vielmehr hat die Feststellung ihrer Tat lediglich die Einleitung eines besonderen, zivilrechtlich ausgestalteten Verfahrens[691] zur Folge, im Rahmen dessen dem Minderjährigen verschiedene Maßnahmen wie etwa eine Bewährung („probation") auferlegt werden können, siehe 18 U.S.C. § 5037(a).

Washington 2006); für die Gegenseite siehe etwa Plea Agreement in *U.S. v. Valencia-Revuelta*, 2010 WL 11011038 (E.D. California 2010); Criminal Complaint in *U.S. v. Draghici*, 2012 WL 6928821 (D. Vermont 2012).

688 Vgl. § 314 des H.R. 2431 des 115. Kongresses.

689 Siehe die Rede des ehemaligen U.S.-Justizministers *Sessions* v. 07.05.2018, Attorney General Sessions Delivers Remarks Discussing the Immigrant Enforcement Actions of the Trump Administration, abrufbar unter https://www.justice.gov/opa/speech/attorney-general-sessions-delivers-remarks-discussing-immigration-enforcement-actions (zuletzt abgerufen am 30.09.2020).

690 *U.S. v. Gonzalez-Cervantes*, 668 F.2d 1073, 1075f. (9th Cir. 1981); *U.S. v. Doe*, 53 F.3d 1081, 1083 (9th Cir. 1995); *U.S. v. A.W.*, 1997 WL 118408 (D. D.C. 1997).

691 *U.S. v. Gonzalez-Cervantes*, 668 F.2d 1073, 1075f. (9th Cir. 1981): „It is a civil rather than a criminal prosecution."

Dies bedeutet allerdings nicht, dass die tatbestandsmäßige Handlung eines Minderjährigen prinzipiell keine Tat im Sinne des 18 U.S.C. § 2(a) darstellen würde und Tatbeteiligte somit stets straffrei wären. Denn bei den 18 U.S.C. §§ 5031-5042 handelt es sich lediglich um Verfahrensvorschriften, deren Zweck allein darin liegt, dem „Juvenile“ erzieherische Hilfestellungen zu geben, ihn zu rehabilitieren und vor dem Stigma einer strafrechtlichen Verurteilung zu schützen.[692] Die verfahrensrechtliche Behandlung eines Täters als „Juvenile“ hat somit keine Auswirkung auf die materiell-rechtliche Ebene, so dass die Strafverfolgungsbehörde im Einzelfall nicht mehr, aber auch nicht weniger als die allgemeinen Voraussetzungen des 18 U.S.C. § 2(a) nachweisen muss.[693]

Mitunter wird es sich als schwierig erweisen, einem minderjährigen Delinquenten insbesondere das für die illegale Einreise im Sinne des INA § 275(a) erforderliche *mens rea*-Element nachzuweisen. Gerade in den Fällen, in denen die Umstände und das Vorgehen beim Grenzübertritt die kognitiven Fähigkeiten des Minderjährigen erheblich beanspruchen oder gar übersteigen, wird die Strafverfolgungsbehörde versuchen, gegen den weiteren Beteiligten eine Anklage wegen einer der in INA § 274(a) genannten Taten zu erheben.[694] Falls der Minderjährige nicht alleine die Grenze übertritt, sondern von einer anderen Person (z.B. seinen Eltern) begleitet wird, kommt für denjenigen, der die Begleitperson unterstützt, außerdem eine Strafbarkeit wegen „Aiding and Abetting“ einer der in INA § 274(a)(1)(A)(i-iv) genannten Taten in Betracht; diese ist in der speziellen Vorschrift des INA § 274(a)(1)(A)(v)(II) geregelt.

4. Praktische Bedeutung gegenüber INA § 274(a)

Gerichtsentscheidungen, die den Angeklagten wegen eines Transports von Ausländern über die Grenze auf der Grundlage von INA § 275(a) in Verbindung mit 18 U.S.C. § 2(a) verurteilt haben[695], demonstrieren die weitreichende

---

692 Statt vieler *U.S. v. Hill*, 538 F.2d 1072 (4th Cir. 1976); *U.S. v. Duboise*, 604 F.2d 648, 650 (10th Cir. 1979).

693 Vgl. 18 U.S.C. § 5031: „[...] ‚juvenile delinquency‘ is the violation of a law of the United States committed by a person prior to his eighteenth birthday *which would have been a crime if committed by an adult*“. Auch die weiteren Vorschriften des Abschnitts 18 U.S.C. §§ 5031-5042 verwenden die Begriffe „juvenile delinquency“ und „offense“ synonym.

694 Zum Verhältnis der Strafbarkeit gemäß INA § 275(a) in Verbindung mit 18 U.S.C. § 2(a) gegenüber einer solchen gemäß INA § 274(a) sogleich.

695 *Hernandez-Garza v. I.N.S.*, 882 F.2d 945 (5th Cir. 1989); *U.S. v. Campos-Bermudez*, 62 F.3d 1425 (9th Cir. 1995); *Santos-Sanchez v. Holder*, 744 F.3d 391 (5th Cir. 2014).

Überschneidung dieser Tatbestandsverknüpfung mit INA § 274(a)(1)(A)(i) und INA § 274(a)(2). In der Praxis dürfte den „Bring to-offenses“ die größere Bedeutung zukommen. Der Ninth Circuit ist zwar der Auffassung, dass INA § 275(a) in Verbindung mit 18 U.S.C. § 2(a) keine „lesser included offense“ von INA § 274(a) sei und somit nicht hinter den „Bring to-offenses“ zurück-, sondern neben sie trete, da eine Tat nach INA § 275(a) mit Tatvollendung auch schon beendet sei und deshalb nicht die Tatbestandselemente enthalte, die INA § 274(a) ausmachten.[696] Jedoch wird die Strafverfolgungsbehörde in einem Strafverfahren in der Regel versuchen, eine Strafbarkeit über INA § 274(a) zu konstruieren, da es sich hierbei grundsätzlich um eine „felony offense“ mit einem deutlich höheren Strafmaß als bei INA § 275 („misdemeanor offense“ – maximal sechs Monate Haftstrafe) handelt und daher die Anklage auf der Grundlage von INA § 274(a) eine bessere Ausgangsposition für mögliche Verhandlungen mit dem Angeklagten über dessen Schuldeingeständnis („guilty plea“) verspricht.[697]

Entsprechendes gilt nach nicht unumstrittener Ansicht für die Abgrenzung des „Aiding und Abetting“ vom „Encouraging“ bzw. „Inducing“ im Sinne des INA § 274(a)(1)(A)(iv), wenngleich die Abgrenzung wegen der umstrittenen Handhabung insbesondere der Tathandlungsalternative des „Encouragings“[698] schwieriger vorzunehmen sein dürfte. Einer Entscheidung des Third Circuit zufolge setzt INA § 274(a)(1)(A)(iv) eine „substantielle“ Rechtsverletzung, mithin gesteigerte Anforderungen an das „Encouraging“ in Bezug auf den Grad des Einwirkens auf den Ausländer voraus.[699]

---

696 *U.S. v. Pruitt*, 719 F.2d 975, 978 (9th Cir. 1983); siehe auch *U.S. v. Wishart*, 582 F.2d 236 (2nd Cir. 1978), wonach das Unterlassen eines Hinweises, dass es sich bei INA § 275(a) um eine „lesser included offense“ handele, keinen Rechtsfehler darstelle, auch wenn die zu erbringende Beweisführung in der besonderen der Entscheidung zugrundeliegenden Fallgestaltung für beide Delikte kongruent sei. Zum Tatbegriff der U.S.-amerikanischen Konkurrenzregeln siehe bereits Fn. 610.

697 Vgl. Immigr. Law & Crimes § 7:20; die in Fn. 695 aufgeführten Verurteilungen auf der Grundlage von INA § 275(a) und 18 U.S.C. § 2(a) sind beispielhaft für eine solche „guilty plea“.

698 Vgl. Abschnitt D.III.1.b. (S. 161).

699 *DelRio-Mocci v. Connolly Properties Inc.*, 672 F.3d 241, 248f. (3rd Cir. 2012); vgl. auch *U.S. v. Lopez*, 590 F.3d 1238, 1249 (11th Cir. 2009): „catalyst or trigger“; *U.S. v. Henderson*, 857 F.Supp.2d 191, 204ff. (D. Massachusetts 2012); a.A. mit Hinweis auf den insoweit unergiebigen Wortlaut *U.S. v. Sineneng-Smith*, 910 F.3d 461, 477 (9th Cir. 2018).

V. Exkurs: Das Unterstützen einer rechtswidrigen Einreise im Sonderfall des INA § 277

INA § 277 bestraft die Unterstützung von Ausländern, die nach den Vorschriften des INA als „inadmissible" gelten. Es handelt sich um Ausländer, denen per Gesetz die Möglichkeit einer legalen Einreise in die Vereinigten Staaten verwehrt wird. Namentlich sind dies Personen, die wegen einer schweren Straftat („aggravated felony")[700] verurteilt wurden, siehe INA § 212(a)(2), oder deren in INA § 212(a)(3)(A-D and F-G) genannte Tätigkeiten vermuten lassen, dass sie die öffentliche Sicherheit gefährden werden, etwa weil sie sich im Ausland an terroristischen Aktivitäten beteiligt haben oder Mitglied einer totalitären Partei sind. Der Umstand, dass für die Unterstützung dieser Ausländer eine Haftstrafe von bis zu zehn Jahren vorgesehen ist, während für einige der in INA § 274(a)(1)(A) genannten Taten der Grundstrafrahmen im Maximum bis fünf Jahre reicht (vgl. INA § 274(a)(1)(B)(ii)), soll den potentiellen Täter nach Ansicht der Rechtsprechung mit besonderem Nachdruck dazu anhalten, den Status des von ihm unterstützten Ausländers zu prüfen.[701]

Obwohl INA § 277 damit nicht mehr vom Umfang dieser Untersuchung umfasst ist[702], soll zumindest auf die Tathandlungsbeschreibung eingegangen werden. Denn die Begriffe „aid" und „assist" kommen in keiner weiteren Strafvorschrift des INA vor, so dass auf den ersten Blick unklar ist, inwieweit der Kongress hiermit den Anwendungsbereich des Delikts – gerade auch gegenüber den anderen Delikten – steuern wollte.

Die Rechtsprechung geht davon aus, dass das „Aiding and Assisting" ebenso auszulegen sei wie das „Aiding and Abetting" im Sinne des 18 U.S.C. § 2(a).[703] Die Begriffe erlauben mithin, eine größere Bandbreite an Handlungen in den Anwendungsbereich von INA § 277 zu fassen, als dies bei den „Bring to"-Tatbeständen des INA § 274(a) der Fall ist.[704] Auf der anderen Seite ist der

---

700 Beachte *Golicov v. Lynch*, 837 F.3d 1065 (10th Cir. 2016), wonach die in INA § 101(a)(43)(F) enthaltene Definition von „aggravated felony" zu unbestimmt und damit verfassungswidrig sei.

701 *U.S. v. Figueroa*, 165 F.3d 111, 118f. (2nd Cir. 1998).

702 Siehe auch *U.S. v. Flores-Garcia*, 198 F.3d 1119, 1122 (9th Cir. 2000), wonach INA § 274 das „baseline statue" und INA §§ 276, 277 „aggravated versions" seien.

703 *U.S. v. Chand*, 622 Fed.Appx. 780, 782 (11th Cir. 2015); siehe auch *U.S. v. Castro*, 621 F.2d 127, 129 (5th Cir. 1980); *U.S. v. Lopez*, 662 F.Supp. 1083, 1085 (N.D. California 1987) (jeweils bezüglich 18. U.S.C. § 752(a), der „Aiding und Assisting" einer Gefangenenbefreiung unter Strafe stellt).

704 Zur Handlung des „Aiding and Abetting" siehe bereits Abschnitt D.IV.1.b.cc. (S. 174).

Anwendungsbereich allerdings dadurch eingeschränkt, dass der Ausländer im Rechtssinne in die Vereinigten Staaten eingereist („enter“) sein muss.

VI. Exkurs: Das „Importieren“ eines Ausländers

INA § 278 bestimmt Folgendes zur strafrechtlich relevanten Handlung: „Whoever shall, directly or indirectly, import, or attempt to import into the United States any alien for the purpose of prostitution, or for any other immoral purpose [...]“. Obwohl die Strafnorm ihrem Regelungsgehalt nach eher dem Kriminalitätsfeld des Menschenhandels zuzuordnen ist, wird sie vereinzelt als „alien smuggling crime“[705] aufgeführt. Da sie außerdem in demselben Abschnitt des INA enthalten ist, soll zur Einordnung ihrer Tathandlungsbeschreibung zumindest überblicksweise auf sie eingegangen werden.

Soweit ersichtlich, haben U.S.-Bundesgerichte bislang keine Entscheidung zur Auslegung des vom Gesetzgeber gebrauchten Wortes „to import“ im Kontext des Grenzübertritts von Personen getroffen. Einen ersten Anhaltspunkt können – wie auch zuvor – Wörterbücher liefern, die „to import“ weitgehend mit „to bring“ gleichsetzen.[706] In diese Richtung geht auch die Rechtsprechung der Bundesgerichte bzw. des U.S. Supreme Courts, die zum Import von Waren oder Stoffen geurteilt haben: „To import means to bring into the country.“[707]

Auch ein Blick in Vorgängernormen und Gesetzesmaterialien verhilft nicht zu einem zufriedenstellenden Befund: Mit Verabschiedung des Labor Contract Act of 1885[708] beabsichtigte der Kongress, den U.S.-amerikanischen Arbeitsmarkt und insbesondere U.S.-amerikanische Arbeitnehmer vor einer größeren Anzahl

705 Siehe bereits Fn. 442.

706 Black's Law Dictionary (10th ed. 2014): „A product brought into a country from a foreign country where it originated; the process or activity of bringing foreign goods into a country“; Shorter Oxford Dictionary 1033 (1973): „To bring in; to introduce from abroad, or from one use or connection to another. To bring in (goods or merchandise) from a foreign country, in international commerce“; Webster's Third New International Dictionary 1135 (1993): „To bear or convey as purport, meaning, information, or potent; [...] to bring from a foreign or external source“.

707 Siehe etwa *Canton R. Co. v. Rogan*, 340 U.S. 511, 515 (1951); *Bristol-Myers Co. v. Erbamont Inc.*, 723 F.Supp. 1038, 1043 (D. Delaware 1989); *Largan Precision Co., Ltd. v. Genius Electronic Optical Co., Ltd.*, 86 F.Supp 3d 1105, 1116 (N.D. California 2015) m.w.N.

708 An act to prohibit the imporation and migration of foreigners and aliens under contract or agreement to perform labor in the United States, its Territories, and the District of Columbia, Sess. II Chap. 164, 48th Congress, 23 Stat. 332.

an Ausländern zu schützen, die weniger qualifiziert gewesen wären, aber dafür auch einen geringeren Lohn gefordert hätten. Ausweislich der Debatte über die Gesetzesinitiative im Repräsentantenhaus[709] sollte das Gesetz nicht die Einwanderung von Ausländern generell beschränken oder unterbinden, sondern vielmehr Unternehmer davon abhalten, mittels ins Ausland entsandter Agenten Arbeitsverträge mit ausländischen Arbeitnehmern abzuschließen und diese anschließend per Schiff in die Vereinigten Staaten zu bringen. In der Debatte ist dieses Vorgehen als „Importation“ bezeichnet worden.[710]

Ferner liefern die systematische Stellung des INA § 278 im Allgemeinen und insbesondere das systematische Verhältnis zu INA § 274 keine Erkenntnis, die eine zweifelsfreie Auslegung erlaubt. Zunächst muss bei der Betrachtung der Systematik ihre historische Entwicklung berücksichtigt werden: Die Vorgängernormen von INA § 274 und INA § 278 wurden mittels voneinander unabhängiger Rechtsakte zu verschiedenen Zeitpunkten verabschiedet[711] und die Gesetzesmaterialien indizieren, dass die jeweiligen Vorgängernormen zumindest primär unterschiedliche Zwecke verfolgten.[712] Vergleicht man neben der unterschiedlichen rechtshistorischen Entwicklung beider Tatbestände die aktuellen Sprachfassungen von INA § 274 und INA § 278 mit ihren jeweiligen Vorgängernormen und stellt deren weitreichende sprachliche Übereinstimmung fest, bestärkt dies den Verdacht, dass sich die Zusammenfassung aller Einwanderungsgesetze durch den INA in eben dieser „bloßen“ Zusammentragung erschöpfte und ein systematisches In-Bezug-Setzen der beiden Straftatbestände – jedenfalls hinsichtlich der Tathandlungsbeschreibung – nicht beabsichtigt oder überhaupt bedacht wurde und deshalb die Systematik kaum Aussagekraft besitzt. Die Systematik des Abschnitts der INA §§ 272 bis 280 schließt jedenfalls nicht aus, dem Begriff „to import“ die gleiche Bedeutung wie „to bring“ beizumessen und anzunehmen, dass die unterschiedliche Begriffswahl ausschließlich auf der (divergierenden) rechtshistorischen Entwicklung beider Normen beruht.

Vor dem Hintergrund der dominanten Rolle des Unternehmers bei der Organisation der Schiffsüberfahrt liegt der Schluss nahe, dass „to import“ im Sinne des INA § 278 ähnlich wie INA § 274 („to bring“) eine herausgehobene Stellung des Täters in Bezug auf das Tatgeschehen erfordert. Da ein solches

709 16 Cong. Rec. 5349ff. (1884).

710 Siehe 16 Cong. Rec. 5349 (1884).

711 Der erste Straftatbestand zur Einschleusung von Ausländern wurde 1891 verabschiedet, siehe bereits Abschnitt D.II.1.a. (S. 135).

712 Vgl. Nachweis in Fn. 710.

Auslegungsergebnis freilich zur Folge hätte, dass die Reichweite des INA § 278 eingeschränkt würde, kann nicht mit Sicherheit ausgeschlossen werden, dass ein U.S.-Bundesgericht diesem Ergebnis entgegentreten würde. Denkbar wäre etwa, zu argumentieren, dass der Zweck des Labor Contract Act of 1885, die einheimische Arbeitnehmerschaft vor geringer verdienenden ausländischen Arbeitskräften „zu schützen", umso effektiver gewährleistet werden könnte, je mehr Konstellationen durch „to import" erfassen würden. Dies weitergedacht würden auch Hilfestellungen trivialer Natur zur Tatbestandsverwirklichung von Einreisen in die Vereinigten Staaten genügen, die zu einem der in INA § 278 genannten „immoral purposes" unternommen werden. Bisher ergangene Entscheidungen zu INA § 278 scheinen die zuletzt genannte Möglichkeit zu bevorzugen.[713]

Eine Gewissheit in Bezug auf die Auslegung von „to import" im Sinne des INA § 278 wird es erst dann geben, wenn ein, vorzugsweise mehrere U.S.-Bundesgerichte konkret auf den Begriff eingehen.

VII. Einzelstaatliche Strafgesetze zur Einschleusung von Ausländern

Wie bereits zu Beginn dieses Teils der Bestandsaufnahme angesprochen, gab es schon zu kolonialen Zeiten vielfache Bestrebungen auf kommunaler und einzelstaatlicher Ebene, die Einwanderung in jene Kommune oder jenen U.S.-Bundesstaat mittels einer gesetzlichen Regelung zu begrenzen.[714] Obwohl ab 1875 auch auf Bundesebene entsprechende Gesetze verabschiedet wurden und spätestens mit Inkrafttreten des INA ein vollständiges administratives und strafrechtliches Regelwerk existiert, gibt es mehrere U.S.-Bundesstaaten, die nach wie vor die Einschleusung von Ausländern – ihrem weiten Verständnis nach, d.h.

---

713 In *U.S. v. Rashkovski*, 301 F.3d 1133, 1135 (9th Cir. 2002), ist bei der Sachverhaltsbeschreibung in Bezug auf INA § 278 von „help to cross illegally", in *U.S. v. Mi Kyung Byun*, 539 F.3d 982, 984 (9th Cir. 2008), von „induce", in *U.S. v. Melchor*, 360 Fed. Appx. 8 (11th Cir. 2010), von „smuggling" und in *U.S. v. Zitlalpopoca-Hernandez*, 549 Fed.Appx. 833 (9th Cir. 2012), von „harboring" die Rede. Insgesamt ist der Begriffsgebrauch allerdings eher unübersichtlich. Siehe ferner *U.S. v. Temple*, 918 F.2d 134 (10th Cir. 1990), wo der Begriff „import" im Rahmen von Überlegungen zu INA § 274 verwendet wird.

714 Oftmals wurde die Verabschiedung entsprechender Gesetze von der Britischen Regierung untersagt, siehe *Neuman*, 93 Colum. L. Rev. 1833, 1841 (1993).

die Beteiligung am Grenzübertritt oder am rechtswidrigen Aufenthalt – unter Strafe stellen.[715]

In letzter Zeit werden zunehmend Zweifel an der Verfassungskonformität dieser einzelstaatlichen Strafnormen laut. Die 1787 unterschriebene U.S.-Verfassung etabliert zwar ein Kompetenzgefüge, das eine starke dezentrale Ausprägung annimmt[716]; sofern dem Bund nicht explizit eine bestimmte Kompetenz zugewiesen ist, sind die Bundesstaaten zuständig, vgl. Zusatzartikel X.[717] Gerade in Bezug auf die Regelung der Einwanderung und des Status von Ausländern betont der U.S. Supreme Court allerdings in ständiger Rechtsprechung, dass der Bund für die Gesetzgebung zuständig ist; dies gehe zweifelsfrei aus U.S. Const. art. 1 § 8, cl. 4 („Rule of Naturalization") und der darin enthaltenen Kompetenz hervor, auswärtige Beziehungen zu kontrollieren und zu unterhalten.[718]

---

715 Folgende Beispiele sollen vorbehaltlich etwaiger Gerichtsentscheidungen, die die Verfassungswidrigkeit des Straftatbestandes feststellen bzw. festgestellt haben (dazu sogleich), vorgestellt werden: Arizona bestraft die Beteiligung am Transport von Ausländern, die die Vereinigten Staaten rechtswidrig betreten haben oder sich dort rechtswidrig aufhalten (§§ 13-2319, 13-2929 of the Arizona Revised Statutes); Florida ahndet das Transportieren von Ausländern nach Florida in dem Wissen, dass der Ausländer rechtswidrig vom Ausland in die Vereinigten Staaten einreist (§ 787.07 of the Florida Statutes); Texas bestraft jeden, der einen Ausländer durch die Gewährung einer Unterkunft oder einer Möglichkeit, sich zu verstecken, dazu anhält, die Vereinigten Staaten entgegen dem bundesstaatlichen Recht zu betreten oder sich dort aufzuhalten (§ 20.05 of the Texas Penal Code); Utah ahndet das Transportieren von Ausländern, die sich rechtswidrig in Utah aufhalten, zu kommerziellen Zwecken (§ 76-5-308(3) of the Utah Criminal Code).

716 *Reinbacher*, Strafrecht im Mehrebenensystem, S. 282.

717 Die Kompetenzen der U.S.-Bundesstaaten sind derart weitreichend, dass sie – ähnlich wie ein Nationalstaat – das öffentliche Leben selbstständig regeln können. Für das Strafrecht bedeutet dies, dass sie jeweils eine eigene Strafrechtsordnung erlassen können: „Each [State] has the power, inherent in any sovereign, independently to determine what shall be an offense against its authority and to punish such offenses, and in doing so each is exercising its own sovereignty" (*Heath v. Alabama*, 474 U.S. 82, 89f. (1985)).

718 *Henderson v. Mayor of City of New York*, 92 U.S. 259 (1875); *Chy Lung v. Freeman*, 92 U.S. 275 (1875); *Fong Yue Ting v. U.S.*, 149 U.S. 698, 714 (1893); *U.S. v. Curtiss-Wright Export Corporation*, 299 U.S. 304, 318 (1936); *Toll v. Moleno*, 458 U.S. 1, 10 (1982); *Arizona v. U.S.*, 567 U.S. 387, 394f. (2012); siehe ferner *State v. Camargo*, 112 Ariz. 50, 52 (1975): „The federal power over alien is exclusive and supreme in matters of their deportation and entry into the United States"; *Lindsay*, 45 Harv. C.R.-C.L. L. Rev. 1, 23ff. (2010); *Chin/Miller*, 61 Duke L.J. 251, 264 (2011), mit Verweis auf *Edye*

Auf der Grundlage dessen zeichnet sich momentan eine Tendenz in der Rechtsprechung ab, die solche einzelstaatlichen Rechtsnormen für unanwendbar erklärt.[719] In der weiteren Untersuchung sollen deshalb etwaige einzelstaatliche Straftatbestände keine Berücksichtigung finden.

---

v. Robertson, 112 U.S. 580, 600 (1884) (Einwanderung als Bestandteil der wirtschaftlichen Beziehungen mit ausländischen Staaten).

719 *U.S. v. South Carolina*, 720 F.3d 518, 531 (4th Cir. 2013); *Valle del Sol Inc. v. Whiting*, 732 F.3d 1006, 1022ff. (9th Cir. 2013); *Cruz v. Abbott*, 849 F.3d 594, 598 (5th Cir. 2017); *Fuentes-Espinoza v. People*, 2017 CO 98 (2017); allgemein zu einzelstaatlichen Schleuserstraftatbeständen neben dem geltenden Bundesrecht siehe *Meade*, 79 U. Colo. L. Rev. 237 (2008).

Zweiter Teil - Rechtsvergleichende Analyse und Reformüberlegungen

E. Rechtsvergleichende Analyse

I. Gemeinsames Grundmodell: Die „einfache“ und die „qualifizierte“ Beteiligung

Sowohl das Recht der Vereinigten Staaten als auch das deutsche Recht kennen im Grundsatz zwei verschiedene Beteiligungsformen – die „einfache“ und die „qualifizierte“ Beteiligung. Die „einfache“ Beteiligung zeichnet sich dadurch aus, dass die gesetzlichen Anforderungen an den Tatbeitrag des weiteren Beteiligten bereits durch einen gegenüber der Tathandlung des Ausländers geringer ausfallenden Tatbeitrag erfüllt werden und das Gesetz im Übrigen keine weiteren Tatmodalitäten voraussetzt, die im Zusammenhang mit dem weiteren Beteiligten stehen. Zur Herstellung einer gemeinsamen Vergleichsgrundlage wird mit dem Begriff der „einfachen Beteiligung“[720] also stets auf Fallgestaltungen Bezug genommen, in denen sich der Täter weder einen Vorteil versprechen oder gewähren lässt noch zugunsten mehrerer Ausländer handelt und sein Tatbeitrag physischer oder psychischer Natur ist, zum Anstoß oder zur Förderung des illegalen Grenzübertritts leistet und ihm auch subjektiv zurechenbar ist, mag dieser Beitrag auch noch so trivial sein.[721] Dies berücksichtigt der jeweilige Gesetzgeber in seiner Vorwertung des verwirklichten Unrechts, die sich im Strafmaß niederschlägt, indem er die „einfache“ Beteiligung – wenn überhaupt – bei typisierender Betrachtung auf eine Stufe mit dem illegalen Grenzübertritt durch den Ausländer als solchen stellt: In den Vereinigten Staaten bestimmt 18 U.S.C. § 2(a), dass der „Aider and Abettor“ gleich dem „Principal“ zu bestrafen ist, während in Deutschland gemäß § 26 StGB der Anstifter gleich dem Täter zu bestrafen ist; handelt es sich bei dem weiteren Beteiligten um einen Gehilfen, ist das vertypte Unwerturteil gar gemindert (§ 27 Abs. 2 Satz 2 StGB).

---

720 Alternativ „einfache“ Beteiligung.

721 Für das deutsche Recht: statt aller Hdb. StA/*Ziegler*, 2. Teil 5. Kapitel Rn. 128; MüKo-StGB/*Joecks/Scheinfeld*, § 27 Rn. 6 („bloße Erleichterung“); Oberhäuser/*Kabis*, § 25 Rn. 54 („uferlos weiter Tatbestand“). Für das U.S.-amerikanische Recht: *U.S. v. Garguilo*, 310 F.2d 249, 253 (2nd Cir. 1962); *U.S. v. Barnett*, 667 F.2d 835, 841 (9th Cir. 1982); *U.S. v. Ritter*, 989 F.2d 318, 322 (9th Cir. 1993); *U.S. v. Leos-Quijada*, 107 F.3d 786, 794 (10th Cir. 1997); *U.S. v. Bergrin*, 2012 WL 458426 (D. New Jersey 2012); *Dressler*, § 30.04(b)(1); *Kadish*, 73 Calif. L. Rev. 323, 361f. (1985); *Mueller*, 61 S. Cal. L. Rev. 2169f. (1988).

Erfüllen der Tatbeitrag des weiteren Beteiligten oder auf ihn zurückzuführende Tatmerkmale besondere vom Gesetz festgelegte Kriterien, etwa der Einflussgrad seines Tatbeitrages auf den Geschehensablauf der Tat auf der einen Seite oder seine durch den Erhalt eines Vorteils zum Vorschein kommende Eigennützigkeit oder das Handeln zugunsten mehrerer Ausländer auf der anderen Seite, ist die Beteiligung „qualifiziert". Im Rahmen der „qualifizierten" Beteiligung hat der Gleichlauf des vertypten Unwerturteils des weiteren Beteiligten und des Ausländers nicht länger Bestand. Vielmehr lassen die jeweiligen Strafrahmen erahnen, dass sowohl der deutsche als auch der U.S.-amerikanische Gesetzgeber hier von einem deutlich ausgeprägten Ungleichgewicht zulasten des weiteren Beteiligten ausgehen. Mit Blick auf die jeweils geltenden Strafrahmenobergrenzen liegt das vertypte Unwerturteil in Deutschland bei einem Verhältnis von 1:5, in den Vereinigten Staaten je nach Delikt bei 1:2 (siehe INA § 274(a)(2)(B)(i)), oder gar bei 1:20 (siehe INA § 274(a)(1)(B)(i)). Personen, die eine solche „qualifizierte Beteiligung"[722] begehen, werden in beiden Rechtskreisen – wenn nicht bereits durch das Gesetz, so doch zumindest in der Praxis – als „Schleuser" bzw. „smuggler" bezeichnet.[723]

Da die Kennzeichnungsmerkmale der „qualifizierten" Beteiligung im U.S.-amerikanischen Strafrecht mitunter erheblich von denen des deutschen Schleusungsstrafrechts abweichen, ist für ihre Betrachtung erforderlich, auch die jeweilige Bedeutung der „einfachen" Beteiligung in den Blick zu nehmen. Das Grundmodell der Unterscheidung zwischen „einfacher" und „qualifizierter" Beteiligung soll deshalb als Grundlage der weiteren Untersuchung dienen.

II. Die „einfache Beteiligung"

1. Der illegale Grenzübertritt eines Ausländers als Voraussetzung der Strafbarkeit

a. Grundsätzliche Systematik beider Regelungsmodelle

Die „einfache Beteiligung" wird in beiden Rechtsordnungen über Teilnahmevorschriften (§§ 26f. StGB bzw. 18 U.S.C. § 2(a)) strafrechtlich erfasst. Bereits auf

---

722 Alternativ „qualifizierte" Beteiligung.

723 Für „Schleuser" statt vieler BGH, Urt. v. 24.10.2018, Az.: 1 StR 212/18 = NJW 2018, 3658 (3659 Rn. 11); Bergmann/Dienelt/*Winkelmann/Stephan*, AufenthG § 96 Rn. 2; NK-AuslR/*Fahlbusch*, AufenthG § 96 Rn. 25. Für „smuggler" statt vieler *U.S. v. Kim*, 435 F.3d 182, 185 (2nd Cir. 2006); *U.S. v. Whittington*, 241 Fed.Appx. 388, 390 (9th Cir. 2007).

formeller Ebene weisen die Rechtsbestimmungen insofern große Parallelen auf, als sie auf einer ähnlichen Systematik aufbauen.

Wie bereits erläutert formuliert keines der beiden Strafrechte besondere Anforderungen an den Tatbeitrag des weiteren Beteiligten oder schließt einzelne Handlungsmodalitäten aus: Die „einfache Beteiligung“ kann durch jedwede Handlung verwirklicht werden, die in psychischer Weise auf den Grenzübertretenden einwirkt oder diesen beim Grenzübertritt physisch unterstützt. Solange feststeht, dass der Grenzübertritt begünstigt oder der Haupttäter zu seiner Durchführung angeregt wurde, muss sich der Tatbeitrag des weiteren Beteiligten nicht einmal erheblich auf den Tatverlauf auswirken oder gar den Grenzübertritt erst ermöglichen; vielmehr sind auch triviale Tatbeiträge tatbestandsmäßig.[724]

Darüber hinaus setzen beide Regelungskonzepte das Vorliegen einer (Bezugs-) Tat eines anderen voraus, die eine strafrechtliche Relevanz aufweisen muss. Die Tat des anderen, *in concreto* der illegale Grenzübertritt eines Ausländers, muss nicht nur objektiv festgestellt werden, sondern der Ausländer muss seinerseits die von der Strafvorschrift vorausgesetzten subjektiven Elemente erfüllen, damit eine Strafbarkeit des weiteren Beteiligten in Betracht kommt. Für die Kehrseite bedeutet dies, dass die Sanktionierung wegen einer Beteiligung an der Tat eines anderen sowohl auf Grundlage der deutschen als auch auf Grundlage der U.S.-amerikanischen Teilnahmevorschrift regelmäßig entfällt, wenn die Tat entweder gar nicht erst durch den Ausländer verwirklicht oder aber zumindest keinen Verstoß gegen die Rechtsordnung darstellt, namentlich, weil er seiner Strafbarkeit ein Verteidigungsmittel entgegenhalten kann.[725]

Diese in beiden Rechtsordnungen angelegte Akzessorietät der Strafbarkeit des weiteren Beteiligten führt freilich jedoch nicht dazu, dass ein nach Anwendung der deutschen Teilnahmevorschrift strafbarer Einzelfall auch nach U.S.-amerikanischen Strafrecht strafbar wäre und umgekehrt. Denn dem aus ihr resultierenden derivativen Charakter der Strafbarkeit nach der jeweiligen Teilnahmekonstruktion ist immanent, dass ein letztendliches Unwerturteil über die

724 Zum deutschen Recht vgl. MüKo-StGB/*Joecks/Scheinfeld*, § 27 Rn. 6 („bloße Erleichterung“); S/S/*Heine/Weißer*, § 27 Rn. 15. Zum U.S.-amerikanischen Recht siehe *U.S. v. Garguilo*, 310 F.2d 249, 253 (2nd Cir. 1962); *U.S. v. Barnett*, 667 F.2d 835, 841 (9th Cir. 1982); *U.S. v. Ritter*, 989 F.2d 318, 322 (9th Cir. 1993); *U.S. v. Leos-Quijada*, 107 F.3d 786, 794 (10th Cir. 1997); *U.S. v. Bergrin*, 2012 WL 458426 (D. New Jersey 2012); *Dressler*, § 30.04(b)(1); *Kadish*, 73 Calif. L. Rev. 323, 361f. (1985); *Mueller*, 61 S. Cal. L. Rev. 2169f. (1988).

725 Dazu noch ausführlich Abschnitt E.II.2. (S. 203).

Handlung des weiteren Beteiligten erst im Zusammenhang mit der „Ausfüllungsnorm“, die die Strafbarkeit des Ausländers festlegt, möglich ist.

b. Anforderungen an die Illegalität der Einreise

Die Länderberichte haben gezeigt, dass das jeweilige Delikt des illegalen Grenzübertritts im Sinne des § 95 Abs. 1 Nr. 3 AufenthG bzw. INA § 275(a) sehr unterschiedlich ausgeprägt sein kann. Nach Maßgabe des § 95 Abs. 1 Nr. 3 AufenthG in Verbindung mit § 14 Abs. 1 Nr. 1 und 2 AufenthG ist die Strafbarkeit eines Grenzübertritts nach deutschem Recht davon abhängig, ob der Einreisende die zum Grenzübertritt erforderlichen Dokumente besitzt. Der Gesetzgeber sieht die verwaltungsrechtlichen Ordnungssysteme mithin im Wesentlichen dadurch als gefährdet an, dass die Identität des Einreisenden nicht innerhalb einer angemessenen Frist festgestellt werden kann.[726] Dass die Feststellung der Identität eines Einreisenden auch dadurch erschwert oder gar verhindert werden kann, dass dieser die erforderlichen Einreisedokumente zwar besitzt, während des Grenzübertritts aber nicht beisichführt, wird in Bezug auf das Strafrecht nach der derzeitigen Rechtslage hingenommen; zumindest stuft der deutsche Gesetzgeber diese Einreise ohne Identitätsdokumente aber als Ordnungswidrigkeit ein, vgl. § 98 Abs. 3 Nr. 3 AufenthG. § 98 Abs. 3 Nr. 3 AufenthG gilt allerdings ausweislich seines Wortlauts nur, soweit Grenzübergangsstellen eingerichtet sind. Der Grenzübertritt über die „grüne Grenze“, der den Regelfall darstellt, ist als solcher mangels Grenzübergangskontrollen an EU-Binnengrenzen damit weder strafbar noch ordnungswidrig.[727]

Gegensätzlich ist dies bei Anwendung des U.S.-amerikanischen Strafrechts zu beurteilen: Hier führt der Grenzübertritt über die „grüne Grenze“ stets zur Strafbarkeit des Ausländers, selbst wenn dieser über Dokumente verfügt, die ihn zur

---

726 Dass die Identität des Einreisenden im Zeitpunkt des Grenzübertritts feststellbar sein muss, verlangt das deutsche Strafrecht nicht. Denn § 95 Abs. 1 Nr. 3 AufenthG in Verbindung mit § 14 Abs. 1 Nr. 1 und 2 AufenthG normieren eine Ausweisdokumentbesitzpflicht, nicht aber eine -mitführungspflicht. Siehe dazu Hessischer VGH, Beschl. v. 19.11.2003, Az.: 12 TG 2668/03 = NJOZ 2007, 1535 (1537); Bergmann/Dienelt/*Winkelmann/Kolber*, AufenthG § 3 Rn. 18; NK-AuslR/*Bender*, AufenthG § 3 Rn. 12; vgl. auch MüKo-StGB/*Gericke*, AufenthG § 95 Rn. 52.

727 Der Ordnungswidrigkeitentatbestand des § 98 Abs. 3 Nr. 3 Alt. 1 AufenthG ist folglich nur noch bei der Grenzüberschreitung in der Luft und auf See von Bedeutung, siehe Huber/*Bergmann*, AufenthG § 98 Rn. 68; NK-AuslR/*Fahlbusch*, AufenthG § 98 Rn. 46.

Einreise in die Vereinigten Staaten berechtigen (vgl. INA § 275(a)(1)). Auch in den beiden weiteren durch INA § 275(a) erfassten Konstellationen – dem Sich-Entziehen der Personenkontrolle an der Grenzübergangsstelle (INA § 275(a)(2)) und der durch Täuschung erwirkten Einreiseerlaubnis (INA § 275(a)(3)) – ist ohne Belang, ob der Ausländer Dokumente mitführt, denen zufolge er grundsätzlich in die Vereinigten Staaten einreisen darf.

Die Tatbeschreibungen des ersten und des zweiten Falles von INA § 275(a) haben den Vorteil, dass bei dem dort beschriebenen Tatverlauf regelmäßig keine umfangreiche rechtliche Prüfung zur Klärung der Illegalität des Grenzübertritt des Ausländers erforderlich ist, da die jeweils verwendeten formellen Kriterien meist schon bei erster Betrachtung einen Rückschluss auf die Rechtmäßigkeit des Grenzübertritts zulassen – so bedarf es keiner intensiven rechtlichen Prüfung, um zu erkennen, dass der Ausländer über die „grüne Grenze“ in die Vereinigten Staaten einreist oder sich im Kofferraum eines Fahrzeugs versteckt hält, um der Personenkontrolle an der Grenzübergangsstelle zu entgehen.

Auf den ersten Blick mag eine solche formelle Herangehensweise gewinnbringend für die praktische Rechtsanwendung und -durchsetzung erscheinen, zumal die Strafvorschrift des INA § 275(a) gewährleistet, dass die Identität einer einreisenden Person bereits im Zeitpunkt ihres Grenzübertritts festgestellt werden kann. Die Implementierung einer INA § 275(a) vergleichbaren Strafvorschrift in das deutsche Rechtssystem liefe jedoch darauf hinaus, dass die derzeit in § 98 Abs. 3 Nr. 3 AufenthG beschriebenen Handlungen als Straftatbestände umschrieben würden. Solange jedoch Art. 22 SGK mit der Maßgabe gilt, dass die deutsche Staatsgrenze zu Lande „unabhängig von der Staatsangehörigkeit [...] an jeder Stelle ohne Personenkontrollen überschritten werden [darf]“, wäre eine solche Gesetzesreform praktisch weitestgehend wirkungslos.[728] Der deutsche Gesetzgeber kommt somit gar nicht umhin, hinsichtlich des Straftatbestandes der unerlaubten Einreise an materielle Kriterien des Grenzübertritts, mithin an den Besitz eines nach Verwaltungsrecht erforderlichen Ausweisdokuments anzuknüpfen, sofern er die Migration nach Deutschland weiterhin mit strafrechtlichen Mitteln zu regulieren gedenkt.[729]

---

728 Vgl. Nachweise in Fn. 727 zur praktischen Bedeutungslosigkeit der Bußgeldvorschrift des § 98 Abs. 3 Nr. 3 AufenthG.

729 Vgl. RegBegr. zum Ausländergesetz, BT-Drucks. IV/868, S. 19: „Die zahlreichen Erleichterungen der Einreise und des Aufenthalts, die zu einem weitgehenden Verzicht auf die Ausländerüberwachung führen, machen es notwendig, größeres Gewicht auf die Einhaltung der verbliebenen Verpflichtungen des Ausländers zu legen.“

Allenfalls zu erwägen bleibt noch, die Einreise ohne das Bei-sich-Führen von Identitätsdokumenten strafrechtlich zu ahnden. Vereinzelt wird dem entgegengehalten, dass die verwaltungsrechtliche Passmitführungspflicht im Sinne des § 13 Abs. 1 Satz 2 AufenthG gegen höherrangiges Recht verstoße, da Art. 21 Abs. 1 SDÜ Drittstaatsangehörigen, die Inhaber eines von einem Mitgliedstaat ausgestellten Aufenthaltstitels sind, unter Hinzunahme der in Art. 6 SGK[730] genannten Voraussetzungen gestattet, sich bis zu 90 Tage frei im Schengen-Raum zu bewegen.[731] Diese Ansicht übergeht jedoch, dass sich die weiteren in Art. 6 SGK genannten Voraussetzungen explizit auf die Mitführung eines Ausweisdokuments beziehen, so dass die Passmitführungspflicht im Ergebnis fortbesteht.[732] Nichtsdestotrotz dürften aber in Anlehnung an die Ausführungen des Hessischen Verwaltungsgerichtshofs[733] Zweifel daran bestehen, dass die Androhung einer strafrechtlichen Sanktion eine verhältnismäßige Reaktion auf einen Verstoß gegen die Passmitführungspflicht darstellen würde. Da aufgrund des bereits in den Blick genommenen Art. 22 SGK an deutschen Landesgrenzen grundsätzlich keine Grenzübergangskontrollen mehr stattfinden, würde der durch den Straftatbestand gesicherte Vorteil einer Sicherstellung der Feststellbarkeit der Identität einer einreisenden Person kaum ins Gewicht fallen.[734] Soweit darauf abgestellt werden könnte, dass eine strafrechtliche Sanktionierung des Verstoßes gegen die Passmitführungspflicht immerhin dazu dienen würde, die Identitätsfeststellung einer sich im Inland aufhaltenden Person nachdrücklicher

---

730 Beim in Art. 21 Abs. 1 SDÜ genannten Art. 5 VO (EG) Nr. 562/2006 handelt es sich nunmehr um Art. 6 SGK, siehe Entsprechungstabelle in Anhang X zum SGK.

731 NK-AuslR/*Fränkel*, AufenthG § 13 Rn. 10 mit Verweis auf Hessischer VGH, Beschl. v. 19.11.2003, Az.: 12 TG 2668/03 = NJOZ 2007, 1535 (1538f.); siehe auch NK-AuslR/*Fahlbusch*, AufenthG § 98 Rn. 47.

732 In Art. 6 Abs. 1 lit. a SGK, auf den in Art. 21 Abs. 1 SDÜ verwiesen wird, ist zwar ausdrücklich vom „Besitz eines gültigen Reisedokuments" und nicht – wie in Art. 2 Nr. 11 SGK – von „mitführen" die Rede. Da in der englischen, französischen und italienischen Fassung des SGK jedoch gleichermaßen in Art. 2 Nr. 11 und in Art. 6 Abs. 1 lit. a SGK der Begriff „possession" bzw. „possesso" verwendet, könnte „Besitz" hier als unmittelbarer Besitz und damit im Ergebnis als „mitführen" auszulegen sein. So i.E. auch VG Frankfurt am Main, Urt. v. 21.07.2004, Az.: 1 E 2479/04 = BeckRS 2004, 151982 Rn. 6; Kluth/Heusch/*Dollinger*, AufenthG § 13 Rn. 13. Ferner Huber/*Bergmann*, AufenthG § 98 Rn. 69; Huber/*Westphal*, AufenthG § 13 Rn. 8.

733 Hessischer VGH, Beschl. v. 19.11.2003, Az.: 12 TG 2668/03 = NJOZ 2007, 1535 (1538f.).

734 Vgl. Hessischer VGH, Beschl. v. 19.11.2003, Az.: 12 TG 2668/03 = NJOZ 2007, 1535 (1538): „Das Ziel der Passmitführungspflicht geht jedoch im Wesentlichen ins Leere".

zu gewährleisten, wäre dies sinnvollerweise durch eine Reform des Delikts des unerlaubten Aufenthalts umzusetzen, da das Delikt der unerlaubten Einreise mit Vorliegen der Einreise vollendet und beendet ist.[735] Inwieweit an dieser Stelle reagiert wird, obliegt der Entscheidung des deutschen Gesetzgebers, dem ein grundsätzlich weit gezogener Gestaltungsspielraum zukommt, bei dem er die nationalen politischen Interessen, die seiner Ansicht nach bedeutsam für die Legitimation der strafrechtlichen Verfolgung eines Grenzübertritts sind, weitgehend berücksichtigen kann.[736]

2. Versuchsstrafbarkeit als Auffanglösung für das Fehlen der Bezugstat

Da die Bestrafung einer „einfachen“ Beteiligung an der Unrechtsverwirklichung eines anderen in beiden Rechtsordnungen vom Grundsatz der Akzessorietät geprägt ist, stellen sich ähnliche Fragen hinsichtlich der Strafbarkeit des weiteren Beteiligten, wenn die Tat, auf die sich die „einfache Beteiligung“ bezieht, nicht strafbar ist. Im Mittelpunkt stehen nicht nur Fälle, in denen der Ausländer vor dem Passieren der Grenze, aber im strafbewehrten Versuchsstadium aufgehalten wird, sondern bereits solche, in denen die „Haupttat“ gar keinem Unwerturteil unterliegt, weil der Ausländer entweder nicht tatbestandsmäßig handeln kann oder das Gesetz wegen besonderer Umstände das Unwerturteil aufhebt (Rechtfertigungselemente/„justification defense“).

Noch im Gleichschritt bewerten beide Rechtsordnungen die zuerst genannte Konstellation, in der der Ausländer seinen illegalen Grenzübertritt in strafbarer Weise versucht. Denn beiderseits stellt auch die Beteiligung an einer versuchten Tat strafwürdiges Unrecht dar und ist deswegen – dem Grunde nach[737] – strafbar.

Unterschiedlicher fällt die Antwort auf die Frage nach der strafrechtlichen Ahndung der „einfachen Beteiligung“ hingegen aus, wenn der Ausländer kein Unrecht verwirklicht, die Bezugstat also fehlt. Der Gesetzgeber ist jeweils vor die Aufgabe gestellt, zu begründen, inwieweit eine Ausnahme vom Grundsatz der Abhängigkeit der Strafbarkeit des Beteiligten von der Strafbarkeit des Haupttäters gerechtfertigt ist.

---

735 So zumindest die h.M., siehe dazu Abschnitt B.II.1.b.bb.(3). (S. 69).

736 Siehe bereits RegBegr. zum Ausländergesetz, BT-Drucks. IV/868, S. 9: „[Fremden Staatsangehörigen und Staatenlosen] gegenüber handelt der Staat nach Zweckmäßigkeitserwägungen, die nach politischen Zielen ausgerichtet sind.“

737 Nach *U.S. v. Washington*, 106 F.3d 983, 1004f. (D.C. Cir. 1997), ist der Beteiligte an einem strafbaren Versuch wohl nach Versuchsregeln zu bestrafen.

a. *Allgemeine Strafbarkeitsgrenze des § 30 Abs. 1 Satz 1 StGB*

Im deutschen Strafrecht sind die Grenzen einer solchen Ausnahme durch § 30 Abs. 1 Satz 1 StGB eng abgesteckt. Zwar geht die mittlerweile gefestigte herrschende Meinung davon aus, dass derjenige das hinter der Verbotsnorm stehende Schutzgut (zumindest abstrakt) gefährdet, der auf einen anderen einwirkt, um diesen zur Begehung einer rechtswidrigen Tat zu bewegen, da er einen Kausalverlauf in Gang setzt, den er selbstständig nicht mehr abbrechen und diese abstrakte Gefährdung des Rechtsguts eine Strafe legitimieren kann.[738] Da die geahndete Handlung jedoch im Allgemeinen dem Bereich der Vorfeldkriminalität zugeordnet wird, manifestiert der Gesetzgeber in § 30 Abs. 1 Satz 1 StGB die seit 1876 unveränderte[739] Wertentscheidung, dass grundsätzlich nur besonders schwer wiegende abstrakte Gefährdungen von Rechtsgütern, also versuchte Anstiftungen zu Verbrechen, strafwürdig sind. Für die versuchte Anstiftung zur unerlaubten Einreise im Sinne des § 95 Abs. 1 Nr. 3 AufenthG bedeutet diese Wertentscheidung somit, dass diese stets straffrei ist.

b. *Anknüpfung der U.S.-Rechtsprechung an das tatsächlich Begangene*

Die Rechtsprechung der U.S.-Bundesgerichte gibt, soweit sie auf dem Standpunkt steht, dass der erfolglosen (versuchten) Beteiligung an der Straftat eines anderen auf gesetzlicher Grundlage mit Mitteln des Strafrechts begegnet werden kann[740], jedoch Anlass zu der Überlegung, ob das Festhalten an der in § 30 Abs. 1 Satz 1 StGB enthaltenen Aussagen, nämlich dass (1) lediglich die versuchte Anstiftung zum *Verbrechen* strafwürdig ist und (2) die versuchte Beihilfe ungeachtet des gefährdeten Rechtsguts nie strafwürdig ist, ein sinnvolles Maß

---

738 BGH, Urt. v. 27.07.1951, Az.: 1 StR 3/51 = BGHSt 1, 305 (309); BGH, Urt. v. 29.10.1997, Az.: 2 StR 239/97 = NStZ 1998, 347 (348); BGH, Urt. v. 10.06.1998, Az.: 3 StR 113/98 = NStZ 1998, 615 (616); S/S/*Heine/Weißer*, § 30 Rn. 1f.; SK-StGB/*Hoyer*, § 30 Rn. 11; SSW/*Murmann*, § 30 Rn. 1.

739 Exemplarisch RegBegr. zum StGB E 1962, BT-Drucks. IV/650, S. 153. Im Reichstag wurde anlässlich der Einführung des damaligen § 49a StGB zwar die Ausdehnung der Strafbarkeit auf die Anstiftung zum Vergehen diskutiert (siehe etwa Verhandlungen des Reichstags, Bd. 39 v. 1875/1876, S. 852), letztendlich aber abgelehnt. Selbst die StrafrechtsangleichungsVO von 1943, durch die die Strafbarkeit der versuchten Beihilfe eingeführt wurde, ahndete lediglich die versuchte Beteiligung an einem Verbrechen, vgl. RGBl. 1943 I Nr. 57, S. 339.

740 Vgl. Gegenüberstellung der Ansichten zur Strafbarkeit der versuchten Beteiligung im U.S.-amerikanischen Strafrecht in Abschnitt D.IV.1.b.dd. (S. 176).

für die Strafbewehrung der Beteiligung an der unerlaubten Einreise darstellt. Denn das tragende Argument der U.S.-Bundesgerichte für eine Strafbarkeit, dass der Täter ungeachtet der Schwere des Eingriffs der „Haupttat“ in die Rechtsordnung denselben Tatbeitrag geleistet habe, aufgrund dessen er bei Vollendung der Haupttat strafbar wäre,[741] ist nicht von der Hand zu weisen.[742] Von Bedeutung sind insbesondere Fälle, in denen die Teilnahme an der unerlaubten Einreise nicht „erfolglos“ bleibt, weil die illegale Grenzüberschreitung nicht vom Ausländer vorgenommen wird, sondern weil sie tatsächlich begangen wird und nur aus Rechtsgründen keine strafbare Handlung darstellt. Zumeist hat der weitere Beteiligte hierauf kaum Einfluss, weil der Ausländer (noch) keinen Handlungswillen hat, ihm der Tatvorsatz fehlt oder sein Handeln gerechtfertigt ist, der Grund für das Entfallen der Strafbarkeit der Haupttat also in der Sphäre des Ausländers liegt.[743] Im Ergebnis liegt eine abstrakte Gefährdung der verwaltungsrechtlichen Ordnungssysteme auch ohne strafrechtliche Verfolgung des Einreisenden vor.

c. *Ausdehnung der Strafbarkeit der versuchten „einfachen“ Beteiligung und ihre Grenzen*

Einer vor diesem Hintergrund sinnvoll erscheinenden Ausdehnung der Versuchsstrafbarkeit stünde die in § 30 Abs. 1 Satz 1 StGB verbriefte Einschränkung auf Bezugstaten mit Verbrechenscharakter im Sinne des § 12 Abs. 1 StGB jedenfalls nicht entgegen; denn hierbei handelt es sich nicht um ein im deutschen Strafrecht unumstößliches Prinzip. Ebenso, wie in Bezug auf § 159 StGB kriminalpolitische Aspekte für die Ausdehnung der Strafbarkeit der versuchten Anstiftung angeführt werden[744], lässt sich auch in Bezug auf die versuchte Anstiftung bzw. auf die versuchte Beteiligung zur unerlaubten Einreise das soeben genannte kriminalpolitische Argument der im Ergebnis gegebenen Rechtsgutsgefährdung für eine strafrechtliche Ahndung ins Feld führen.

Gerade im Bereich der „einfachen“ Beteiligung an einem illegalen Grenzübertritt erscheint ferner das Argument, das der deutsche Gesetzgeber im Zuge der

741 *U.S. v. Washington*, 106 F.3d 983, 1005 (D.C. Cir. 1997); *U.S. v. Partida*, 385 F.3d 546, 555f. (5th Cir. 2004).

742 So auch LK-StGB/*Schünemann*, § 30 Rn. 10.

743 Vgl. LK-StGB/*Schünemann*, § 30 Rn. 10.

744 MüKo-StGB/*Müller*, § 159 Rn. 4; S/S/*Bosch/Schittenhelm*, § 159 Rn. 1/2; SK-StGB/*Zöller*, § 159 Rn. 1; SSW/*Sinn*, § 159 Rn. 1; *Thalheimer*, S. 16; krit. NK-StGB/*Vormbaum*, § 159 Rn. 5ff.

Wiederaufhebung der Strafbarkeit der versuchten Beihilfe angeführt hat, zu kurz gegriffen: Nach Auffassung des Gesetzgebers sei die Beihilfe abweichend von der Anstiftung zu behandeln, da „die Anstiftung ihrem Wesen nach grundsätzlich begangen [werde], bevor der Täter selbst [eingreife], während die Beihilfe überwiegend erst [einsetze], wenn auch der Täter schon mit strafbaren Handlungen begonnen [habe]".[745] Im Bereich der Einreisekriminalität sind jedoch viele Konstellationen denkbar, in denen der weitere Beteiligte bereits vor dem Grenzübertritt tätig wird (z.B. indem er den Grenzübertritt vorplant, Grenzposten ausspioniert oder Mittel zum erleichterten Grenzübertritt bereitstellt), so dass die „einfache" Beteiligung und insbesondere die Beihilfe zur unerlaubten Einreise jedenfalls nicht „überwiegend" erst beim Grenzübertritt ansetzt. Der deutsche Gesetzgeber hat 1981 anlässlich der Einführung des Schleusungstatbestandes selbst ausgeführt, dass die Einführung der Versuchsstrafbarkeit geboten sei, weil „die Täter in vielen Fällen vor Vollendung der Tat aufgegriffen" würden.[746]

Problematisch ist allerdings, dass eine Strafbarkeitsausdehnung auf Fälle der versuchten Teilnahme an der unerlaubten Einreise auch Fälle erfassen würde, in denen es tatsächlich nicht zu einem Grenzübertritt und damit zu keiner unmittelbaren Beeinträchtigung des von § 95 Abs. 1 Nr. 3 AufenthG geschützten Rechtsguts kommt. Einziger Anknüpfungspunkt für die Legitimation einer Strafbarkeit bliebe dann, dass es – mit den Worten des Bundesgerichtshofs – „gefährlich ist, einen selbstständig und unbeherrschbar weiter wirkenden Kausalverlauf in Gang zu setzen", da der Täter damit „in jedem Fall Kräfte in Richtung auf das angegriffene Rechtsgut in Bewegung [setzt], über die er nicht mehr die volle Herrschaft behält."[747]

Teilweise wird hierin zwar amoralisches, nicht aber strafwürdiges Verhalten gesehen und dementsprechend kritisiert, dass der Gesetzgeber die Reichweite staatlicher Strafsanktionen zu weit in das Vorfeldstadium einer Tat vorverlagert habe. Da letztendlich nicht auf das vom Straftatbestand geschützte Rechtsgut eingewirkt werde, fehle in Fällen des § 30 Abs. 1 StGB jegliches Tatunrecht als zwingende Anknüpfung für eine Strafe.[748] Des Weiteren führe die strafrechtliche Ahndung von Vorbereitungshandlungen zur Anerkennung des

745 RegBegr. zum 3. StrÄG, BT-Drucks. I/3713, S. 31.

746 Begr. von SPD/FDP zum BillBG, BT-Drucks. 9/800, S. 11.

747 BGH, Urt. v. 29.10.1997, Az.: 2 StR 239/97 = NStZ 1998, 347 (348); BGH, Urt. v. 05.02.2013, Az.: 1 StR 405/12 = NJW 2013, 1106 Rn. 7; siehe auch BGH, Urt. v. 27.07.1951, Az.: 1 StR 3/51 = juris, Rn. 13.

748 NK-StGB/*Zaczyk*, § 30 Rn. 4 m.w.N.

Gesinnungsstrafrechts; die sich ausschließlich im Privatbereich einer Person abspielende Handlung erziele ihre Wirkung aber ausschließlich in diesem Bereich. Sie könne daher nie eine Störung der Gesellschaft sein.[749]

Diese Ansicht übergeht jedoch, dass der weitere Beteiligte – insbesondere bei der versuchten Anstiftung – in der Regel diejenige Handlung vorgenommen hat, aufgrund derer er bei Vollendung der Haupttat strafbar wäre und es oft vom Zufall bzw. von seinerseits nicht beeinflussbaren Umständen abhängt, ob der Angestiftete die Haupttat zumindest versuchen wird.[750] Anders als bei Vorbereitungshandlungen des Alleintäters verlässt der weitere Beteiligte außerdem seinen Privatbereich, in dem er auf den vermeintlichen Haupttäter einwirkt, und bringt damit einen Kausalverlauf in Gang, den nur dieser jederzeit wieder abbrechen kann. [751]

Wenngleich der Vorschrift des § 30 Abs. 1 Var. 1 StGB somit nicht prinzipiell ihre Legitimation abgesprochen werden soll, bleibt für die versuchte Teilnahme am illegalen Grenzübertritt problematisch, dass sie sich am Grundsatz der Verhältnismäßigkeit messen lassen muss. Schon der Reichstagsabgeordnete *Windthorst* mahnte im Rahmen der Debatte zur Einführung des § 49a StGB a.F.[752] an, dass nicht alles strafbar sein sollte, was moralisch verwerflich sein mag.[753] Die entscheidende Frage ist, ob die Gefährdung der verwaltungsrechtlichen Ordnungssysteme als solche sowie die oben angeführten kriminalpolitischen Aspekte so schwer wiegen, dass ein strafrechtlicher Eingriff in das Vorfeldstadium der unerlaubten Einreise bei Beachtung des *ultima ratio*-Grundsatzes erforderlich erscheint. In diesem Rahmen ist nicht zu vernachlässigen, dass der Vorschrift des § 159 StGB, die eine bereits genannte Ausnahme vom Grundsatz der Erforderlichkeit des Verbrechenscharakters der Bezugstat (§ 30 Abs. 1 Satz 1 StGB) darstellt, immerhin Bezugstaten zugrunde liegen, die eine Freiheitsstrafe von bis zu drei Jahren oder Geldstrafe (§ 156 StGB) bzw. zwischen drei Monaten und fünf Jahren (§ 153 StGB) vorsehen. Der Gesetzgeber sieht das hierhinter stehende Rechtsgut insofern offenbar schutzwürdiger als das Rechtsgut der verwaltungsrechtlichen Ordnungssysteme an, deren (abstrakte) Gefährdung im Falle des § 95 Abs. 1 Nr. 3 AufenthG lediglich mit einer Freiheitsstrafe von bis zu einem Jahr bedroht wird. Dies gilt umso mehr im Rahmen der Beihilfe, bei der ausweislich des § 27 Abs. 2 Satz 2 StGB grundsätzlich von

749 *Jakobs*, ZStW 97 (1985), S. 751 (755f.).
750 Vgl. LK-StGB/*Schünemann*, § 30 Rn. 10 m.w.N.
751 LK-StGB/*Schünemann*, § 30 Rn. 4 m.w.N.
752 § 49a StGB a.F. ist die Vorgängernorm des § 30 StGB.
753 Vgl. Verhandlungen des Reichstags, Bd. 39 v. 1875/1876, S. 856.

einem geringeren Unwert als bei einer Anstiftung ausgegangen wird, zumal in den Fällen, in denen das deutsche Strafrecht den Versuch einer der Beihilfe verwandten Tatbegehung regelt (§§ 120 Abs. 1 Var. 3, Abs. 3, 258 Abs. 1, Abs. 4[754], 259 Abs. 1 Var. 4, Abs. 3 StGB, § 374 Abs. 1 Var. 4, Abs. 3 AO),[755] wiederum ein Strafrahmen vorgesehen ist, der den der unerlaubten Einreise deutlich übersteigt.

Die Erweiterung der Strafbarkeit des Versuchs der „einfachen“ Beteiligung erscheint im Ergebnis allenfalls dann vertretbar, wenn die Handlung des Delinquenten zu einem Grenzübertritt des Ausländers geführt hat; der tatsächlich „erfolglosen“ versuchten „einfachen“ Beteiligung an der unerlaubten Einreise sollte hingegen auch weiterhin nicht mit dem Strafrecht als staatlicher Reaktion begegnet werden.

3. Ahndung der missbräuchlichen Beteiligung als „qualifizierte“ Beteiligung?

Da die Strafvorschriften des U.S.-amerikanischen Rechts zur Ahndung der „einfachen“ Beteiligung am illegalen Grenzübertritt ebenso wie ihr deutsches Pendant jedoch im Grundsatz akzessorisch ausgestaltet sind, bieten die bislang ermittelten Lösungsansätze zur Reaktion auf das Fehlen einer strafwürdigen illegalen Einreise keine Handhabe gegen Fälle, in denen die Beteiligung missbräuchlich erfolgt[756], namentlich, weil der weitere Beteiligte das Fehlen der vorsätzlich begangenen rechtswidrigen Haupttat kennt und ausnutzt oder gar aktiv herbeiführt (nachfolgend als „missbräuchliche Beteiligung“ umschrieben).

Während den deutschen Strafverfolgungsbehörden aufgrund der akzessorischen Ausgestaltung des § 96 Abs. 1 AufenthG auch ein Ausweichen auf diese Strafvorschrift zur „qualifizierten“ Beteiligung verwehrt ist und ihnen deshalb in Bezug auf die Strafverfolgung des Delinquenten die Hände gebunden sind, dürfte die Frage nach der Strafbarkeit einer missbräuchlichen Beteiligung

---

754 Zur Subsumtion von Unterstützungshandlungen unter das Tatbestandsmerkmal „Vereiteln“ siehe LK-StGB/*Walter*, § 258 Rn. 156ff.; ferner NK-StGB/*Altenhain*, § 258 Rn. 23.

755 Wegen des Spannungsverhältnisses zu § 30 Abs. 1 StGB wird der Versuch der Absatzhilfe im Sinne des § 259 Abs. 1 Var. 4, Abs. 3 StGB restriktiv ausgelegt. Nach h.M. soll die Schwelle zum strafbaren Versuchsstadium erst mit dem unmittelbaren Ansetzen zum Absatz an einen Dritten überschritten sein, vgl. MüKo-StGB/*Maier*, § 259 Rn. 171; NK-StGB/*Altenhain*, § 259 Rn. 74; S/S/*Hecker*, § 259 Rn. 48; SK-StGB/*Hoyer*, § 259 Rn. 48.

756 Siehe bereits Abschnitte B.III.1. (S. 97) und B.III.3. (S. 102).

demgegenüber in den Vereinigten Staaten regelmäßig nicht mit der Straflosigkeit des weiteren Beteiligten zu beantworten sein. Allein schon aus der Motivation heraus, für einen möglichen Vergleich über das Schuldeingeständnis des Angeklagten („guilty plea“) mehr Verhandlungsspielraum zu haben, werden die U.S.-Strafverfolgungsbehörden nämlich neben der akzessorisch konstruierten Teilnahmevorschrift des 18 U.S.C. § 2(a) auch erwägen, INA § 274(a) als Grundlage für eine Anklageerhebung heranzuziehen.[757] Da die dort niedergelegte selbstständige Täterschaft zur Folge hat, dass etwaige insbesondere mit der Person des Ausländers zusammenhängende Tatumstände dem Delinquenten nicht länger zum Vorteil gereichen (können), wird auch die missbräuchliche Beteiligung erfasst. Somit ist die U.S.-amerikanische Strafvorschrift zur „qualifizierten“ Beteiligung ein probates Mittel, einem Ausnutzen des Fehlens der Rechtswidrigkeit oder gar der Tatbestandsmäßigkeit der Handlung des Ausländers vorzubeugen.

III. Das Verhältnis der „einfachen“ zur „qualifizierten“ Beteiligung

1. Die „Auffangfunktion“ von INA § 274(a)

Die soeben skizzierte „Auffangfunktion“ von INA § 274(a) für das Entfallen der Strafbarkeit nach der von akzessorischen Elementen geprägten Strafvorschrift zur „einfachen“ Beteiligung ist nicht auf die missbräuchliche Beteiligung beschränkt. Vielmehr stellt das Ausnutzen bzw. Hinwirken auf das Fehlen oder Fehlgehen der Haupttat nur eine Variante dar, in der naheliegt, dass der Delinquent im Vergleich zum Ausländer die „aktivere“ Handlung begeht.[758] Wer etwa wegen seines Alters oder seines (vorübergehenden) Geisteszustandes keine Handlung im strafrechtlichen Sinne begehen kann, wird erst recht nicht im Verhältnis zum weiteren Beteiligten die Zentralgestalt des Geschehensablaufs sein. Gleiches wird regelmäßig anzunehmen sein, wenn der Ausländer ohne Zutun des weiteren Beteiligten unvorsätzlich handelt oder seine Kenntnis von den tatbegleitenden Umständen zumindest weniger ausgeprägt ist als beim weiteren Beteiligten. Ähnlich hat zuletzt auch der deutsche Gesetzgeber anlässlich der Einführung des § 96 Abs. 2 Satz 2 AufenthG argumentiert, dass die Schleusung eines unbegleiteten Minderjährigen aufgrund dessen geringerer Lebenserfahrung, der zufolge er das Ausmaß der mit der Schleusung verbundenen Gefahren

757 Vgl. Abschnitt D.IV.4. (S. 187).
758 Vgl. Abschnitt D.II.1. (S. 133).

regelmäßig nicht wie eine erwachsene Person abschätzen könne, besonders verwerflich und höher zu ahnden sei.[759]

Da im Ergebnis in diesen Fällen, in denen der Schwerpunkt des Tatgeschehens beim weiteren Beteiligten anzusiedeln ist, nach den Maßstäben des U.S.-amerikanischen Ausländerstrafrechts jedenfalls die selbstständige Strafnorm des INA § 274(a) zur Anwendung gelangt, ist infolgedessen unerheblich, dass daneben die – zumindest denkbare – Strafbarkeit der „einfachen" Beteiligung im Sinne von 18 U.S.C. § 2(a) in Verbindung mit INA § 275(a) wegen ihres akzessorischen Charakters entfällt.

Nicht ohne Weiteres mithilfe der Auffangfunktion des INA § 274(a) zu lösen sind hingegen Fälle, in denen die Strafbarkeit des Ausländers entfällt, weil seine Handlung zwar tatbestandsmäßig, aber gerechtfertigt[760] ist, da diese Konstellationen für sich genommen kein „Gefälle" zwischen den Tatbeiträgen der verschiedenen Tatbeteiligten indizieren, wie dies seitens der U.S.-Rechtsprechung hinsichtlich des „Bring to"-Elements gefordert wird.[761] Soweit der gerechtfertigte Tatbeitrag des Ausländers den gewichtigeren darstellt, wird für die Strafbarkeit des weiteren Beteiligten an den Grundsätzen der Akzessorietät des 18 U.S.C. § 2(a) festgehalten, so dass er straffrei ist, wenn nicht sein Versuch der Beteiligung an der gerechtfertigten Einreise strafbewehrt ist.[762]

2. Originäres Täterunrecht vs. akzessorisches Teilnahmeunrecht

Die „Auffangfunktion" von INA § 274(a) für Fälle, in denen die Strafbarkeit des weiteren Beteiligten aufgrund der Ermangelung einer Haupttat entsprechend 18 U.S.C. § 2(a) entfällt, ist somit keineswegs umfassend.

Die nähere Betrachtung der systematischen Zusammenhänge zwischen INA § 274(a) auf der einen Seite und 18 U.S.C. § 2(a) in Verbindung mit INA § 275(a) auf der anderen Seite zeigen jedoch auf, dass die einzelnen Strafnormen des INA § 274(a) in erster Linie auch nicht das Auffangen von Strafbarkeitslücken bezwecken, die im Rahmen der „einfachen" Beihilfe auftreten, sondern in Abgrenzung zu 18 U.S.C. § 2(a) in Verbindung mit INA § 275(a) diejenigen

759 RegBegr. zum Familiennachzugsneuregelungsgesetz, BT-Drucks. 19/2438, S. 26.

760 Zur „justification defense" siehe bereits Abschnitt D.IV.1.b.bb. (S. 173).

761 Vgl. Abschnitt D.II.1. (S. 132), insbesondere *McFarland v. U.S.*, 19 F.2d 805 (6th Cir. 1927).

762 Vgl. Abschnitte D.IV.1.b.bb (S. 173) und D.IV.1.b.dd. (S. 176). Zur Bedeutung der Verwaltungsakzessorietät der Schleusungsstrafbarkeit siehe noch Abschnitt E.III.4.b. (S. 227).

Fälle erfassen, in denen der Schwerpunkt des allen Tatbeteiligten insgesamt vorwerfbaren Verhaltens den weiteren Beteiligten trifft. Mithin entscheidet der Schwerpunkt des vorwerfbaren Verhaltens über die anwendbaren Strafbarkeitsgrundsätze – selbstständige oder akzessorische Strafbarkeit – und damit über die Maßgeblichkeit der Haupttat. Wenn also die Verantwortlichkeit des Verwaltungsrechtsbruchs primär beim Ausländer liegt, ist der illegale Grenzübertritt „seine Tat“ und deshalb „seine“ Unrechtsverwirklichung ausschlaggebend für die Strafbarkeit aller Beteiligten, so dass dem Fehlen eines Vorsatzmerkmals oder einem rechtfertigenden Umstand Bedeutung für die Strafbarkeit des weiteren Beteiligten zukommt.[763] Ist hingegen der weitere Beteiligte in erster Linie für den Rechtsverstoß verantwortlich, gilt der illegale Grenzübertritt als „dessen“ Tat und „dessen“ Unrechtsverwirklichung ist maßgeblich.

Die oben skizzierten Fälle, in denen die Vollendungsstrafbarkeit des weiteren Beteiligten wegen der Rechtfertigung des vom Ausländer verwirklichten Unrechts entfällt, stellen somit keine Strafbarkeitslücke dar, sondern sind den vom U.S.-amerikanischen Gesetzgeber für subsidiäre Tatbeiträge eines Teilnehmers vorgenommenen Strafwürdigkeitserwägungen geschuldet.

3. Übernahme dieser Abgrenzung ins deutsche Ausländerstrafrecht?

Angesichts der tatbestandlichen Ausgestaltung des früheren („verleiten“ und „unterstützen“) und des derzeit geltenden deutschen Schleusungsstrafrechts entspräche es deutscher Gesetzgebungstradition, zukünftig wiederum auf eine weit gezogene Tathandlungsbeschreibung zurückzugreifen, die nicht nur das tatbeherrschende Verhalten, sondern auch triviale Handlungsbeiträge des weiteren Beteiligten erfasst.[764]

---

763 Siehe dazu *Kadish*, 73 Calif. L. Rev. 323, 337 (1985): „Volitional actions are the choices of the primary party. Therefore they are his acts and his alone. One who ‚aids and abets‘ him to do those acts, in the traditional language of the common law, can be liable for doing so, but not because he has thereby caused the actions of the principal or because the actions of the principal are his acts. His liability must rest on the violation of law by the principal, the legal consequences of which he incurs because of his own actions.“

764 So ist etwa *Böse*, ZStW 116 (2004), S. 682 (701), der Auffassung, dass der Gesetzgeber besser bei der ursprünglichen Fassung von 1981 geblieben wäre; zustimmend *Pintaske*, S. 311.

Fraglich ist jedoch, ob es nicht sinnvoll, wenn nicht sogar erforderlich ist, in Entsprechung der Ausgestaltung des U.S.-amerikanischen INA § 274(a) das Über-/Unterordnungsverhältnis als zwingendes Merkmal der „qualifizierten" Beteiligung im Gesetz zu verankern, also eine Tathandlungsbeschreibung in das Gesetz aufzunehmen, die zum Ausdruck bringt, dass der weitere Beteiligte Art und Weise der Tatbestandsverwirklichung des illegalen Grenzübertritts kontrolliert und demzufolge die Zentralgestalt des Tatgeschehens darstellt.[765]

a. Vereinbarkeit mit den völker- und europarechtlichen Vorgaben

Etwaige Überlegungen zur Reform des deutschen Ausländerstrafrechts entsprechend der INA §§ 274, 275 wären im Keim erstickt, wenn eine Orientierung an der Tatherrschaft im Sinne des INA § 274(a) den Begriff der Schleusungshandlung zu weit und entgegen den für die Bundesrepublik Deutschland maßgeblichen völker- und europarechtlichen Rechtssetzungsvorgaben eingrenzen würde. Sowohl bei jenen des UN-Schleusungsprotokolls als auch bei jenen der SchleuserRL handelt es sich um Mindestvorgaben, die der nationale Gesetzgeber zwingend einhalten muss; er ist nur insoweit in seiner Gesetzgebung frei, als die von ihm erlassenen Strafgesetze weitergehen können, vgl. etwa Art. 6 Abs. 4 UN-Schleusungsprotokoll.[766] Im Einzelnen bedeutet dies Folgendes:

aa. Die Vorgaben des UN-Schleusungsprotokolls

Gemäß Art. 6 Abs. 1 lit. a in Verbindung mit Art. 3 lit. a UN-Schleusungsprotokoll zwingend als Straftat zu umschreiben ist jede „Herbeiführung der illegalen Einreise einer Person in einen Vertragsstaat, dessen Staatsangehörige sie nicht ist oder in dem sie keinen ständigen Aufenthalt hat, mit dem Ziel, sich unmittelbar oder mittelbar einen finanziellen oder sonstigen materiellen Vorteil zu verschaffen."[767] Für die Festlegung einer mit dem Protokoll vereinbaren Tathandlungsbeschreibung kommt es deshalb maßgeblich darauf an, welche Handlung mit „Herbeiführen einer illegalen Einreise" (im Original: „the procurement of the illegal entry") umschrieben ist.

765 Vgl. Vorschlag von *Hörich/Bergmann*, ZRP 2014, 109 (111).

766 Art. 6 Abs. 4 UN-Schleusungsprotokoll lautet: „Dieses Protokoll hindert einen Vertragsstaat nicht, Maßnahmen gegen eine Person zu ergreifen, deren Handlungen nach seinem innerstaatlichen Recht eine Straftat darstellen." Siehe außerdem *Aljehani*, J. Crim. L. 2015, 79(2), 122, 126.

767 Übersetzung in Anlehnung an *Pintaske*, S. 302.

Nach einer vereinzelt vertretenen Ansicht fallen hierunter lediglich Tatbeiträge, die unmittelbar zum Grenzübertritt des Ausländers führen. Die in Art. 6 Abs. 1 UN-Schleusungsprotokoll genannte Aufzählung verschiedener zu ahndender Handlungen erfordere eine enge Auslegung, da ansonsten Überschneidungen zu den weiteren Regelungen des Art. 6 zu befürchten seien und einzelne Regelungen (insbesondere Art. 6 Abs. 1 lit. b UN-Schleusungsprotokoll zur Herstellung von gefälschten Identitätsdokumenten) gar überflüssig werden könnten.[768] Außerdem werde aus Art. 6 Abs. 4 UN-Schleusungsprotokoll deutlich, dass es sich bei den Vorgaben lediglich um Mindestvorgaben handele; wenn Art. 6 Abs. 1 lit. a UN-Schleusungsprotokoll aber bereits alle Formen der Beteiligung an einer illegalen Einreise erfasse, bleibe kein Raum mehr für über das Zusatzprotokoll hinausgehende Rechtssetzungen.[769]

Diese Ansicht übergeht jedoch, dass Art. 6 Abs. 1 lit. b UN-Schleusungsprotokoll seinem Wortlaut nach nicht nur auf Personen abzielt, die zugleich auch Täter des lit. a sind. Folglich könnte es sich hierbei um eine Vorgabe zur Ausdehnung der Strafbarkeit in das Vorfeldstadium der Schleusung (Übermittlung gefälschter Papiere als Vorbereitung der eigentlichen Schleusungsoperation) handeln. Des Weiteren ist ebenso denkbar, dass der Verweis auf die Möglichkeit der Regelung weitergehender Strafvorschriften in Art. 6 Abs. 4 UN-Schleusungsprotokoll nicht auf die Tathandlung, sondern auf die weiteren in Art. 3 lit. a UN-Schleusungsprotokoll genannten Voraussetzungen, namentlich die Absicht, einen Vorteil aus der Tat zu erlangen, gerichtet ist. Maßgeblich für eine weite Auslegung des Begriffs „procurement" spricht, dass die Erfassung vieler verschiedener Tatbeiträge dem Zweck, die Bekämpfung der Schleusungskriminalität effektiver auszugestalten (Art. 2 UN-Schleusungsprotokoll), gerecht wird – in diese Richtung deutet auch der Umstand, dass die ursprüngliche, aus dem österreichischen Entwurf hervorgehende weitere Voraussetzung einer wiederholten und organisierten Vorgehensweise[770] nicht in die Endfassung des Art. 3 lit. a UN-Schleusungsprotokoll übernommen wurde.

Schließlich führt auch Art. 4 UN-Schleusungsprotokoll, der das Kriminalisierungsgebot auf Taten im Zusammenhang mit organisierter Kriminalität begrenzt, nicht zwangsläufig zu einem anderen Ergebnis. Zwar liegt in Fällen

---

768 *Aljehani*, J. Crim. L. 2015, 79(2), 122, 125f.

769 *Aljehani*, J. Crim. L. 2015, 79(2), 122, 125.

770 Letter dated 16 September 1997 from the Permanent Representative of Austria to the United Nations addressed to the Secretary-General, Dok-Nr. A/52/357 v. 17.09.1997, Art. 1: „repeatedly and in an organized manner".

organisierter Kriminalität nahe, dass der Schwerpunkt des vorwerfbaren Verhaltens bei den Schleusern als weitere Beteiligte liegt. Die UN-Generalversammlung hat jedoch zurecht klargestellt, dass die Abgrenzung zwischen organisierter Kriminalität und der (nach dem Protokoll straflosen) humanitär motivierten Beteiligung anhand der subjektiven Strafbarkeitsvoraussetzungen vorzunehmen sei[771]; es würde dem Ziel einer effektiven Kriminalitätsbekämpfung (Art. 2 UN-Schleusungsprotokoll) zuwiderlaufen, wären ausschließlich bestimmte Handlungen organisierten Kriminalitätsstrukturen unter Strafe zu stellen. „Procurement of the illegal entry" erfasst daher jegliche Handlungen, die zum illegalen Grenzübertritt des einreisewilligen Ausländers beitragen.[772]

bb. Die Vorgaben der SchleuserRL

Es ist bereits herausgearbeitet worden, dass die SchleuserRL keine Vorgaben in Bezug auf die tatbestandliche Konstruktion der jeweiligen nationalen Schleusungsstraftatbestände macht.[773] Die Funktion von Art. 1 Abs. 1 SchleuserRL erschöpft sich deshalb darin, eine Hilfestellung zur Ermittlung des „Rechtszustandes, der [...] herzustellen und beizubehalten ist"[774], zu geben.

Seinem Sprachverständnis nach umfasst das „Helfen" jedes Tun oder Unterlassen, das einen kausalen Beitrag zur Erreichung eines bestimmten Erfolges leistet. Damit wird ein Begriff zugrunde gelegt, der die Bandbreite der als Schleusung in Betracht kommenden Handlungen grundsätzlich weit zieht, mag das durch seine jeweilige Rechtstradition geprägte Begriffsverständnis in den EU-Mitgliedstaaten im Einzelnen auch voneinander und von der autonomen Deutung der SchleuserRL abweichen. Insbesondere wird zum Ausdruck gebracht, dass im Allgemeinen keine derart hohen Anforderungen an den Tatbeitrag des Täters zu stellen sind, dass dieser den Verlauf der unerlaubten Einreise bei einer Gesamtbetrachtung in den Händen halten muss, sondern bereits Handlungen

---

771 UN-Generalversammlung, Interpretative notes for the official records (travaux préparatoires) of the negotiation of the United Nations Convention against Transnational Organized Crime and the Protocols thereto, Dok-Nr. A/55/383/Add.I, Nr. 92; siehe dazu *Pintaske*, S. 301.

772 So auch *Ogboru/Kigbu*, 6 Beijing L. Rev. 224, 225 (2015) („assist"); *Pintaske*, S. 302; *van Liempt*, S. 40 („facilitating the cross-border movement"); tendenziell auch *Schloenhardt*, S. 37.

773 Siehe dazu Abschnitt C.II.1. (S. 123).

774 Grabitz/Hilf/Nettesheim/*Nettesheim*, 48. EL August 2012, AEUV Art. 288 Rn. 112; Siehe auch Streinz/*Schroeder*, AEUV Art. 288 Rn. 76; Von der Groeben/Schwarze/Hatje/*Geismann*, AEUV Art. 288 Rn. 41.

unterhalb dieser Schwelle in den Anwendungsbereich fallen sollen.[775] In Hinblick auf die von der SchleuserRL bezweckte Bekämpfung der illegalen Einwanderung (Erwägungsgrund Nr. 1) ist dies konsequent, da somit auch kleinere Hilfestellungen, die der illegalen Einwanderung Vorschub leisten, erfasst werden. Auch die Umsetzungen durch die Gesetzgebungsmaßnahmen der EU-Mitgliedstaaten sprechen für ein weit reichendes Verständnis der Umschreibung „helfen" – vielfach werden hier ähnliche Begriffe verwendet.[776]

cc. Zwischenergebnis

Bereits der Wortlaut, aber auch Sinn und Zweck sowie ein Blick auf die Umsetzung durch die jeweils gebundenen Vertragsstaaten sprechen dafür, dass sowohl das UN-Schleusungsprotokoll als auch die SchleuserRL einen Straftatbestand voraussetzen, der weit gefasst ist und somit auch Handlungen erfasst, die einen im Vergleich zum illegalen Grenzübertritt des Ausländers geringeren Tatbeitrag ausmachen.

---

775 Ähnlich *Schloenhardt*, S. 83.

776 Frankreich: Art. L622-1 Code de l'entrée et du séjour des étrangers et du droit d'asile (CESEDA): „Toute personne qui aura, par aide directe ou indirecte, facilité ou tenté de faciliter l'entrée, la circulation ou le séjour irréguliers, d'un étranger en France sera punie […]".
Italien: Art. 12 (1) Testo unico sull'immigrazione (Dlgs. Nr. 286/1998): „Salvo che il fatto costituisca più grave reato, chiunque, in violazione delle disposizioni del presente testo unico, promuove, dirige, organizza, finanzia o effettua il trasporto di stranieri nel territorio dello Stato ovvero compie altri atti diretti a procurarne illegalmente l'ingresso nel territorio dello Stato, ovvero di altro Stato del quale la persona non è cittadina o non ha titolo di residenza permanente, è punito […]".
Österreich: § 114 Abs. 1 Fremdenpolizeigesetz (FPG): „Wer die rechtswidrige Einreise oder Durchreise eines Fremden in oder durch einen Mitgliedstaat der Europäischen Union oder Nachbarstaat Österreichs mit dem Vorsatz fördert […]".
Schweiz: Art. 116 Abs. 1 Bundesgesetz über die Ausländerinnen und Ausländer (AuG) – Förderung der rechtswidrigen Einreise und des rechtswidrigen Aufenthalts: „[Es] wird bestraft, wer (a.) im In- oder Ausland einer Ausländerin oder einem Ausländer die rechtswidrige Ein- oder Ausreise oder den rechtswidrigen Aufenthalt in der Schweiz erleichtert oder vorbereiten hilft […]".
Vereinigtes Königreich: s. 25 Immigration Act 1971 – Assisting unlawful immigration into member state: „(1) A person commits an offence if he (a) does an act which facilitates the commission of a breach or attempted breach of immigration law by an individual who is not a citizen of the European Union, […]".

Da die Bundesrepublik Deutschland jedoch allein „hinsichtlich des zu erreichenden Ziels“ (Art. 288 Abs. 3 AEUV) an die SchleuserRL gebunden ist und auch seitens des UN-Schleusungsprotokolls keine Vorgaben zur Art und Weise der Umsetzung der Kriminalisierungspflicht aufstellen, besteht – solange das Umsetzungsgesetz einer weiten Auslegung zugänglich ist – kein Anlass zu einer wortgleichen Übernahme der Tathandlungsbeschreibungen aus den supranationalen Bestimmungen. Insbesondere besteht kein Grund dafür, die im UN-Schleusungsprotokoll bzw. in der SchleuserRL umrissenen Tathandlungen mit dem Begriff der Schleusung gleichzusetzen, zumal die SchleuserRL selbst den Begriff vollkommen unerwähnt lässt.

Die Orientierung der „qualifizierten“ – und gegebenenfalls mit „Einschleusung“ überschriebenen – Beteiligung an der Tatherrschaft des weiteren Beteiligten verstößt somit nicht gegen supranationales Recht, soweit die Tatbeiträge, die keine Tatherrschaftsqualität aufweisen, durch ein weiteres nationales Gesetz erfasst werden.

b. „Verleiten“ und „unterstützen“ als Tathandlungsbeschreibungen unzureichend

Zwar nicht unmittelbar für die Übernahme des U.S.-amerikanischen Abgrenzungskriteriums aber gegen den Rückgriff auf die ursprüngliche Fassung des deutschen Schleusungsstraftatbestandes mit den Tathandlungsbeschreibungen „Verleiten“ und „Unterstützen“ spricht daneben, dass die Bandbreite der zu ahndenden Handlungen durch diesen Rückgriff unzureichend abgedeckt würde.

Tathandlungsbeschreibungen, die ein weit gezogenes Spektrum von Tathandlungen unterschiedlicher Qualität erfassen sollen, bedingen notwendigerweise eine Bezugnahme auf den Tatbeitrag eines weiteren Beteiligten, da triviale Tatbeiträge für sich genommen typischerweise nicht zur Tatbestandsverwirklichung führen, sondern die Tat eines anderen ermöglichen oder zumindest begünstigen. Damit einhergehend erfordert die Strafbarkeit wegen Verleitung, Unterstützung oder eben wegen Anstiftens oder Hilfeleistens im objektiven Tatbestand stets eine Bezugshandlung.[777] Im Falle der Beteiligung am illegalen Grenzübertritt eines Ausländers setzt der Rückgriff auf „verleiten“ und „unterstützen“ somit voraus, dass der Verleitete zumindest den objektiven Tatbestand der Einreise erfüllt, die Überquerung der Grenze zur Bundesrepublik also im

777 Vgl. etwa § 160 StGB oder § 84 AsylG. Siehe dazu bereits Abschnitt B.I.1.a.aa (S. 39) und B.I.1.a.bb. (S. 42).

konkreten Fall ein strafrechtlich relevantes Verhalten darstellt.[778] Soweit der Grenzüberquerende jedoch wegen seines kindlichen Alters oder eines bewusstseinsausschließenden Umstandes nicht fähig ist, einen Handlungswillen zu bilden und die Einreise nach Deutschland im rechtlichen Sinne überhaupt selbst vorzunehmen[779], scheidet ein Verleiten bzw. Unterstützen aus, so dass zusätzlich auf die Regelung einer Versuchsstrafbarkeit zurückgegriffen werden müsste. Damit aber bliebe das bereits benannte Problem der missbräuchlichen Beteiligung bestehen, da wiederum das Wissen von der fehlenden Tatbestandsverwirklichung der Annahme eines entsprechenden Tatentschlusses entgegenstünde.[780]

Um sämtliche Fälle der missbräuchlichen Beteiligung am illegalen Grenzübertritt zu erfassen, genügt es folglich nicht, die Akzessorietät weitgehender zu limitieren; vielmehr bedarf es einer Strafvorschrift, die – wie INA § 274(a) – auf jegliche Merkmale der Akzessorietät verzichtet, bei der also sowohl der Handlungs- als auch der Erfolgsunwert der Beteiligungstat originär vom Delinquenten herbeigeführt werden.[781]

c. Das Schleusungsdelikt als Herrschaftsdelikt

Für eine Orientierung der Reformüberlegungen am U.S.-amerikanischen Ausländerstrafrecht spricht schließlich, dass sich die Übernahme der Abgrenzung der „einfachen“ von der „qualifizierten“ Beteiligung mittels einer Betrachtung des jeweiligen Gewichts der Unrechtsverwirklichung im Tatgeschehen in die Regeln des allgemeinen deutschen Strafrechts einfügen würde, da diese Abgrenzung weitgehende Parallelen zur Abgrenzung zwischen Täterschaft und Teilnahme in Bezug auf Herrschaftsdelikte im hiesigen Strafrecht aufweist. Nach der überwiegend vertretenen Tatherrschaftslehre ist Täter im Sinne des § 25 StGB, wer vorsätzlich das Tatgeschehen „in den Händen hält“.[782] Da die

---

778 Vgl. MüKo-StGB/*Müller*, § 160 Rn. 13; NK-StGB/*Vormbaum*, § 160 Rn. 20; S/S/*Bosch/Schittenhelm*, § 160 Rn. 6. Gleiches gilt etwa für das Verleiten im Sinne des § 120 Abs. 1 Var. 2 StGB.

779 Zum fehlenden Handlungswillen von Kleinkindern siehe bereits Abschnitt B.II.1.e. (S. 89).

780 So benennt *Böse* selbst nur die Erfassung des Hervorrufens einer unvorsätzlichen Tatbegehung als Vorteil einer Wiedereinführung des Merkmals „Verleiten“ als Tathandlung, vgl. ZStW 116 (2004), S. 680 (701).

781 I.E. auch *Geisler*, ZRP 2001, 171 (173).

782 Statt vieler Graf/Jäger/Wittig/*Hoffmann-Holland/Singelnstein*, StGB § 25 Rn. 9; Lackner/Kühl/*Kühl*, Vorbem. § 25 Rn. 4; NK-StGB/*Schild*, § 25 Rn. 23ff. Im Ergebnis hat sich auch der Bundesgerichtshof der Tatherrschaftslehre angenähert, wenn er

Tatbestandsverwirklichung dem Täter als *eigene* Tat zugerechnet wird, sind für die strafrechtliche Beurteilung seines Handelns wie im U.S.-amerikanischen Recht nur die Umstände, die seine eigene Zuständigkeit für den Unrechtserfolg des illegalen Grenzübertritts als Extraneus begründen, sowie seine eigene subjektive Verantwortlichkeit maßgeblich; die strafrechtliche Beurteilung des Ausländers ist also unerheblich. Hält hingegen der Ausländer das Tatgeschehen „in den Händen", ist ihm die Unrechtsverwirklichung des Grenzübertritts als seine Tat zuzurechnen. Demzufolge sind hier – ähnlich wie auch bei 18 U.S.C. § 2(a) – die Grundsätze der Akzessorietät im Sinne der §§ 26ff. StGB maßgeblich.

Außerdem enthalten die Reformbegründungen des Gesetzgebers sowie das ehemalig und gegenwärtig geltende Recht zahlreiche Anhaltspunkte dafür, dass das Delikt der Einschleusung von Ausländern im Sinne des § 96 AufenthG trotz seiner Tatbestandsstruktur von einem das Tatgeschehen beherrschenden Täter geprägt ist:

aa. Über-/Unterordnungsverhältnis als tragendes Argument deutscher Gesetzesbegründung

Der deutsche Gesetzgeber schien zum Einen bereits bei der Einführung des § 47a AuslG a.F. gewillt, an das Ungleichgewicht zwischen Ausländer und weiterem Beteiligten in Bezug auf deren jeweiligen Einfluss auf die Art und Weise der Tatbegehung des illegalen Grenzübertritts anzuknüpfen. Der Gesetzesbegründung von 1981 ist zu entnehmen, dass die Praxis gezeigt habe, dass Ausländer in den seltensten Fällen aus eigenem Antrieb in die Bundesrepublik reisten, sondern regelmäßig von Organisatoren und Hintermännern im Hinterland bzw. Mittelsmännern und Gehilfen im grenznahen Bereich zur Bundesrepublik zum Grenzübertritt veranlasst würden und auf deren Hilfe angewiesen seien.[783] Ausländer würden leicht zu „Opfern des Schleppers", da sie sich in einer wirtschaftlichen Notlage befänden und/oder unwissend seien.[784] In dem Bild, das

---

herkömmlich zwar auf den Willen des Täters, die Tat als seine eigene zu begehen („animus auctoris"), abstellt, hierfür aber eine wertende Gesamtbetrachtung aller vom Täter vorgestellten Umstände anstrengt, statt vieler BGH, Beschl. v. 25.03.1982, Az.: 1 StR 534/81 = NStZ 1982, 243; BGH, Urt. v. 30.03.1988, Az.: 2 StR 63/88 = juris, Rn. 7. Hierzu noch ausführlicher Abschnitt E.III.3.d. (S. 221).

783 Begr. von SPD/FDP zum BillBG, BT-Drucks. 9/800, S. 11.

784 Begr. von SPD/FDP zum BillBG, BT-Drucks. 9/800, S. 11; ähnlich RegBegr. zum Asylverfahrensbeschleunigungsgesetz, BT-Drucks. 18/6185, S. 51 (Ausnutzung einer drohenden Verfolgung im Herkunftsland oder von sozialen oder wirtschaftlichen Notsituationen in „zunehmend skrupelloser Weise").

die Gesetzesbegründung vom Geschehen rund um den Grenzübertritt und der Interaktion zwischen den beteiligten Personen zeichnet und im Rahmen jüngerer Reformen des Schleusungsstrafrechts aufrecht erhalten hat[785], sind die Rollen klar verteilt: Dadurch, dass sich der Geschleuste den Anweisungen des Schleusers unterordnet – sei es, weil er sich aufgrund seiner Unwissenheit nicht anders zu helfen weiß oder er seiner wirtschaftlichen Notsituation durch die Inanspruchnahme der Hilfestellungen zu entfliehen versucht[786] –, erlangt dieser eine überlegene Stellung, die er zum Erhalt eines Vorteils ausnutzt. So entsteht der Eindruck, dass der Gesetzgeber im Bestehen dieses Über-/Unterordnungsverhältnisses eine besondere Verwerflichkeit ausmacht, weshalb er der Handlung des Schleusers als Koordinator des Geschehensverlaufs einen gegenüber der illegalen Einreise deutlich höheren Unrechtsgehalt attestiert.[787]

bb. Berücksichtigung des Über-/Unterordnungsverhältnisses im gegenwärtigen deutschen Schleusungsstrafrecht

Sodann ergeben sich aus dem Gesetz selbst Indizien für eine bereits gegenwärtig vorgenommene Anknüpfung an der Rolle des Schleusers als Zentralgestalt des Tatgeschehens. Neben dem gegenüber der „einfachen“ Beteiligung wesentlich erhöhten Strafrahmen sprechen die qualifizierenden Merkmale der Eigennützigkeit und der Multiplikatorwirkung dafür, dass der Schleuser trotz der Teilnahmekonstruktion des § 96 Abs. 1 AufenthG materiell-rechtlich eher als Täter zu qualifizieren ist.[788]

Da für den Grundtatbestand der Einschleusung gemäß § 96 Abs. 1 AufenthG die Tathandlungsbeschreibungen der Teilnahmelehre übernommen wurden, werden zwar – wie schon erwähnt – bereits Tathandlungen erfasst, die trivial sein können, solange sie den Grenzübertritt des Ausländers begünstigen. Die Übernahme einer leitenden, das Tatgeschehen kontrollierenden Funktion durch den Täter ist zwar ebenfalls tatbestandsmäßig, wird aber nicht zwingend durch das AufenthG vorausgesetzt. Außerdem könnte man anmerken, dass die die Schleusung in Deutschland kennzeichnenden qualifizierenden Merkmale des Eigennutzes (§ 96 Abs. 1 Nr. 1 lit. a AufenthG) und der Multiplikatorwirkung (§ 96 Abs. 1 Nr. 1 lit. b AufenthG), das vom Gesetzgeber in seiner Begründung

785 Vlg. RegBegr. zum Asylverfahrensbeschleunigungsgesetz, BT-Drucks. 18/6185, S. 51.
786 Vgl. RegBegr. zum Asylverfahrensbeschleunigungsgesetz, BT-Drucks. 18/6185, S. 51.
787 Vgl. Begr. von SPD/FDP zum BillBG, BT-Drucks. 9/800, S. 11.
788 Siehe Abschnitt B.V.1.c. (S. 114).

umrissene Über-/Unterordnungsverhältnis nicht so plastisch in den Vordergrund rücken, wie dies im U.S.-amerikanischen Tatbestand der Fall ist.

Nichtsdestotrotz nehmen sie auf Tatumstände Bezug, die eine Schleusung unter der Führung einer sie kontrollierenden Person regelmäßig begleiten dürften. Denn für denjenigen, der die Kontrolle über ein Geschehen in den Händen hält, das in eine strafrechtlich relevante Rechtsverletzung mündet und damit zum Ausdruck bringt, gegenüber den in der Rechtsordnung verbrieften Allgemein- und Fremdinteressen feindselig oder zumindest gleichgültig gesinnt zu sein, ist es ein kleiner Schritt, sich durch bzw. im Rahmen des Rechtsbruchs besser zu stellen. Typischerweise wird ein Ausländer außerdem eine Geldsumme oder einen sonstigen Vorteil an den weiteren Beteiligten zuvörderst in dem Vertrauen darauf leisten, dass dieser die Wahrscheinlichkeit der Ankunft im Zielland erhöhen kann; mit diesem Vertrauen geht einher, dass der Ausländer die meisten der im Verlaufe der Einschleusung vom weiteren Beteiligten gegebenen Anweisungen annehmen und befolgen wird. Auch das Merkmal der Multiplikatorwirkung lässt Bezüge zu einem Über-/Unterordnungsverhältnis zwischen Ausländer und weiterem Beteiligten erkennen. Denn je größer die Gruppe von einreisewilligen Personen ist, desto eher ist es wahrscheinlich und – allein schon aus logistischen Aspekten – sinnvoll, deren Koordination auf eine einzelne Person zu übertragen.

Die Annahme, dass sich aus der Eigennützigkeit bzw. der Multiplikatorwirkung der Schleusungshandlung stets eine tatbeherrschende Position ergibt oder diese stets indiziert wird, verfängt zugegebenermaßen jedoch nicht in jedem Fall. So ist eine Herrschaftsmacht des weiteren Beteiligten über den Geschehensablauf fernliegend, wenn er – wie in § 96 Abs. 1 Nr. 1 lit. b Alt. 1 AufenthG umschrieben – lediglich einzelnen Personen in zeitlichen und räumlichen Abständen durch triviale Tatbeiträge zum Grenzübertritt verhilft. Ähnlich wird ein gewährter Vorteil von geringer Bedeutung oder geringem Wert für sich genommen kaum Indizien für ein zwischen Ausländer und weiterem Beteiligten bestehendes Über-/Unterordnungsverhältnis liefern.

Dies vermag im Ergebnis jedoch nicht die Feststellung zu überlagern, dass das deutsche Schleusungsstrafrecht neben der materiell-rechtlichen Rolle des Schleusers als Täter Anhaltspunkte für ein Über-/Unterordnungsverhältnis zwischen dem Ausländer und dem weitere Beteiligten enthält, die für eine Ausgestaltung des Schleusungsdelikts als Herrschaftsdelikt fruchtbar gemacht werden können.

d. Praktikabilität der Tatherrschaft als Abgrenzungskriterium

Gegen die Übernahme der Tatherrschaft als Abgrenzungskriterium zwischen „einfacher“ „qualifizierter“ Beteiligung könnte letztlich aber sprechen, dass diese Lösung in der Praxis kaum handhabbar wäre. So hat die Bestandsaufnahme zum U.S.-amerikanischen Merkmal „bring to“ gezeigt, dass eine mithilfe der Tathandlungsbeschreibung umschriebene beherrschende Stellung des Täters den Gerichten durchaus Schwierigkeiten bei der Rechtsanwendung bereiten kann: Exemplarisch sei daran erinnert, dass die Auslegung des Merkmals „bring to“ oder auch „induce“ im Einzelnen höchst umstritten ist,[789] insbesondere hinsichtlich der Frage, ob bei INA § 274(a)(1)(A)(iv) auf „to help“ als Auslegungshilfe zurückgegriffen werden kann[790] – zuletzt ist wegen einer möglicherweise unzulässigen Einschränkung der Redefreiheit im Sinne des 1. Zusatzartikels der U.S.-Verfassung sogar die Verfassungskonformität der Strafvorschrift bezweifelt worden.[791] Die Auslegung des INA § 274(a) wird des Weiteren dadurch erschwert, dass sich die rechtliche Ausfüllung der Tathandlungsbegriffe im Laufe des 20. Jahrhunderts durch Gesetzgebung und Rechtsprechung vielfach verschoben hat. Aufgrund dessen besteht zumindest theoretisch die Gefahr, dass gerichtliche Entscheidungen in Deutschland auch unabhängig von der Festlegung auf eine bestimmte Tathandlungsbeschreibung zum Über-/Unterordnungsverhältnis in eine der Rechtseinheitlichkeit und -sicherheit kaum förderliche Einzelfallkasuistik münden und das Schleusungsdelikt dadurch seine Kontur verliert.

Allein die Auslegungsbedürftigkeit der bei der Gesetzgebung verwendeten Tatbestandsmerkmale kann allerdings nicht als Argument gegen deren Praktikabilität gereichen – schon das Bestimmtheitsgebot im Sinne des Art. 103 Abs. 2 GG erfordert nicht, dass Straftatbestände lediglich „mit unmittelbar in ihrer Bedeutung für jedermann erschließbaren deskriptiven Merkmalen zu umschreiben“[792] sind.

Die Gefahr einer Einzelfallkasuistik könnte außerdem dadurch eingedämmt werden, dass auf ähnliche, bereits bekannte und in ihrer Handhabung gefestigte Auslegungsmaßstäbe zurückgegriffen wird.[793] Mit der Abgrenzung und

---

789 Vgl. *Mohabir*, 10 Seton Cir. Rev. 409, 429 (2014).

790 Siehe dazu Abschnitt D.III.1.b. (S. 161).

791 *U.S. v. Sineneng-Smith*, 910 F.3d 461 (9th Cir. 2018).

792 BVerfG, Beschl. v. 23.06.2010, Az.: 2 BvR 2559/08 u.a. = NJW 2010, 3209 (3210f. Rn. 74).

793 Vgl. BVerfG, Beschl. v. 23.06.2010, Az.: 2 BvR 2559/08 u.a. = NJW 2010, 3209 (3211f. Rn. 81ff.).

Klassifizierung der Tatbeiträge von Personen, die einen beherrschenden Einfluss auf das Tatgeschehen ausüben, von Tatbeiträgen der übrigen Beteiligten würde – wie bereits angesprochen – kein nur im Rahmen des Schleusungsdelikts auftretendes Sonderproblem geschaffen. Denn die im Über-/Unterordnungsverhältnis angelegte Tatherrschaft des weiteren Beteiligten stellt ein bei äußerer Betrachtung wahrnehmbares Kriterium dar, das der aus dem Allgemeinen Teil bekannten Abgrenzung zwischen Täterschaft und Teilnahme bei den Herrschaftsdelikten entspricht. Auch im Kernstrafrecht, beispielweise bei der Abgrenzung der Gefangenenbefreiung (§ 120 Abs. 1 Var. 1 StGB) von der Förderung der Selbstbefreiung (§ 120 Abs. 1 Var. 3 StGB)[794] oder der Tötung (§ 212 Abs. 1 StGB oder § 216 Abs. 1 StGB) von der straflosen Beihilfe zum Suizid[795], wird auf die zur Täterschaft entwickelten Abgrenzungskriterien zurückgegriffen.

Selbiges gilt dann auch für den „untergeordneten" Tatbeitrag des Ausländers: Die Feststellung eines vergleichsweise geringeren Tatbeitrages bedeutet im Ergebnis nichts anders als die Feststellung, dass der Ausländer keine Tatherrschaft innehatte. Bezüglich einer das Über-/Unterordnungsverhältnis in den Mittelpunkt stellenden Tathandlungsbeschreibung können die Gerichte somit durchaus auf ein gefestigtes Normverständnis zurückgreifen.[796]

Gegen die Bestimmung des „übergeordneten" Tatbeitrages des Schleusers mittels des Kriteriums der Tatherrschaft mag man freilich einwenden, dass die Tatherrschaftslehre nicht unumstritten ist und sich die Rechtsprechung ihr zwar bedeutend angenähert hat, zur Ermittlung des Täterwillens aber auf die gesamten (objektiven) Umstände, die von der Vorstellung des Täters umfasst werden, in wertender Betrachtung und somit auf eine offene Wertentscheidung abstellt.[797]

Dem ist jedoch entgegenzuhalten, dass eine Interaktion zwischen mindestens zwei Personen stets ihre Eigenheit hat und ihre rechtliche Bewertung daher zwangsläufig eine Wertungskomponente beinhaltet, will man eine

794 Vgl. BVerwG, Urt. v. 24.08.2018, Az.: 2 WD 3/18 = juris, Rn. 48f.

795 Dazu zuletzt BGH, Urt. v. 03.07.2019, Az.: 5 StR 393/18 = NJW 2019, 3089 (Rn. 13 m.w.N.): „Für die Abgrenzung einer straflosen Beihilfe zur Selbsttötung von der täterschaftlichen Tötung eines anderen ist nach der Rechtsprechung des BGH maßgeblich, wer in Vollzug des Gesamtplans die Herrschaft über das zum Tode führende Geschehen ausübt."

796 Zur heute herrschenden Tatherrschaftslehre siehe ausführlich MüKo-StGB/*Joecks/Scheinfeld*, § 25 Rn. 10ff., 22ff., 32ff.

797 Vgl. BGH, Beschl. v. 25.03.1982, Az.: 1 StR 534/81 = NStZ 1982, 243; BGH, Urt. v. 30.03.1988, Az.: 2 StR 63/88 = juris, Rn. 7.

Einschränkung des Straftatbestandes vermeiden. Denn wenn zur Umgehung etwaiger Wertungsgesichtspunkte Tathandlungsbeschreibungen verwendet werden, die eine objektiv eindeutig abgrenzbare Handlung kennzeichnen (z.B. das Transportieren eines Ausländers mittels eines Fahrzeugs), hat dies zur Folge, dass eben nur diese und keine vergleichbaren Handlungen unter den Straftatbestand subsumiert werden können und letztendlich die dahinter stehende Kriminalitätsbekämpfung – soweit sie umfassend ausgestaltet sein soll – an Effektivität einbüßt. Gerade dieser Aspekt hat den U.S.-Gesetzgeber dazu bewogen, die Liste der in der ursprünglichen Fassung des § 6 Immigration Act of 1891 aufgeführten Transportmittel während der ersten Jahrzehnte des 20. Jahrhunderts stetig zu erweitern und es schlussendlich mit der Tathandlungsbeschreibung „to bring“ bewenden zu lassen.[798]

Dem Rechtsanwender können im Übrigen weitere Auslegungshinweise im Rahmen der Gesetzesbegründung an die Hand gegeben werden. Insbesondere könnte dabei in Anlehnung an das U.S.-amerikanische Recht die Indizwirkung der Handlungsunfähigkeit oder Vorsatzlosigkeit für das Über-/Unterordnungsverhältnis hervorgehoben werden.[799]

Wenngleich sich aufgrund der im Tatherrschaftskriterium enthaltenen Wertungskomponente strittige Grenzfälle nicht vermeiden lassen werden, wäre eine Tathandlungsbeschreibung, die ein zwischen dem Ausländer und dem weiteren Beteiligten bestehendes Über-/Unterordnungsverhältnis voraussetzt, in der Praxis handhabbar.

e. Zwischenergebnis

In Abschnitt C.II. ist bereits aufgezeigt worden, dass das supranational verankerte Kriminalisierungsgebot nur effektiv umgesetzt werden kann, wenn die akzessorischen Elemente in den Tatbeständen zur Beteiligungskriminalität am illegalen Grenzübertritt von Ausländern weitgehend abgeschafft werden. Während in der Literatur aber teilweise für ausreichend erachtet wird, die derzeit zur Anwendung gelangenden Akzessorietätsmerkmale insoweit abzuschaffen,

---

798 Siehe bereits Abschnitt D.II.1.a. (S. 135).

799 Zuletzt hat der deutsche Gesetzgeber im Rahmen der Einführung des § 96 Abs. 2 Satz 2 AufenthG angenommen, dass die Schleusung eines unbegleiteten Minderjährigen aufgrund dessen geringerer Lebenserfahrung, der zufolge er das Ausmaß der mit der Schleusung verbundenen Gefahren regelmäßig nicht wie eine erwachsene Person abschätzen können, besonders verwerflich und höher zu ahnden sei, RegBegr. zum Familiennachzugsneuregelungsgesetz, BT-Drucks. 19/2438, S. 26.

als der Tatbestand auch die Beteiligung an einer unvorsätzlichen Einreise des Ausländers erfassen soll[800], hat die rechtsvergleichende Betrachtung ergeben, dass eine Abschaffung sämtlicher Akzessorietätsmerkmale erforderlich ist, um alle Fallkonstellationen dieser Beteiligung am illegalen Grenzübertritt ahnden zu können.

Die aufgrund dessen im U.S.-amerikanischen Ausländerstrafrecht mit INA § 274(a) bestehende Regelung einer selbstständigen Täterschaft zeigt eine Möglichkeit auf, Fälle der „qualifizierten" Beteiligung im Einklang mit dem supranationalen Recht sowie mit den allgemeinen Grundsätzen des deutschen Strafrechts als Herrschaftsdelikt zu normieren. Da außerdem auch der Tatbestandsaufbau des derzeit geltenden § 96 AufenthG sowie verschiedene Gesetzesbegründungen auf das Bild eines das Tatgeschehen kontrollierenden Täters zurückgreifen, empfiehlt es sich, das U.S.-amerikanische Abgrenzungskriterium der Tatherrschaft auch im deutschen Ausländerstrafrecht als Grundlage der Definition von „einfacher" und „qualifizierter" Beteiligung heranzuziehen.

4. Unrechtsmerkmale der „qualifizierten" Beteiligung

Mit der Auflösung der akzessorischen Tatbestandsstruktur des § 96 Abs. 1 AufenthG geht einher, dass die gegen den Schleuser ausgesprochene Strafe nicht mehr mit dessen Beteiligung an der Unrechtsverwirklichung eines Ausländers begründet werden kann, sondern entsprechend § 25 Abs. 1 Alt. 1 StGB die vom Täter selbst begangene Handlung maßgeblich ist. Beide Länderberichte haben aufgezeigt, dass verschiedene Anknüpfungspunkte als Unrechtsmerkmale für die „qualifizierte" Beteiligung in Betracht kommen.

a. Die Tatbestandsverwirklichung als Täter – auch bei „gleichrangiger" Beteiligung?

Dem bislang am Maßstab der Tatherrschaftslehre erörterten Über-/Unterordnungsverhältnis ist immanent, dass der Schwerpunkt des vorwerfbaren Verhaltens beim Schleuser – und nicht beim Ausländer – liegt. Es dürfte insoweit unstreitig sein, dass die Strafwürdigkeit eines Verhaltens steigt, je gewichtiger es für die Ankunft des Ausländers im Zielstaat ist. Dies gilt insbesondere dann, wenn der Grenzübertritt des Ausländers aufgrund dessen unzureichender Sprach- und Ortskenntnisse und fehlender Hilfsmittel erst durch das Hinzutreten des

800 Vgl. Abschnitt E.III.3.b. (S. 216).

Schleusers ermöglicht wird.[801] Entsprechend dazu bestimmt INA § 274(a)(1)(A)(i) und (a)(1)(B)(i) einen deutlich höheren Strafrahmen als 18 U.S.C. § 2(a) in Verbindung mit INA § 275(a)(1), der mit Ausnahme der Handlungsqualität des Schleusers dieselben Tatbestandsvoraussetzungen vorsieht.

In Fällen, in denen der Ausländer und der weitere Beteiligte „quasi-mittäterschaftlich“ handeln, indem sie den illegalen Grenzübertritt des Ausländers auf Basis eines gemeinsamen Tatplans arbeitsteilig vollenden[802], greift der soeben erwähnte Legitimationsgedanke der schwereren strafrechtlichen Ahndung der Schleusung als zentralem Tatbeitrag jedoch nicht; das bislang erörterte Über-/Unterordnungsverhältnis ist schon begrifflich nicht auf ein solches gleichstufiges Vorgehen übertragbar. Auf der anderen Seite ist es aber auch nicht prinzipiell ausgeschlossen, für die Ahndung der „gleichrangingen“ Beteiligung gleichwohl an die Stellung des weiteren Beteiligten als Täter im materiellrechtlichen Sinne anzuknüpfen. So bestimmt § 25 Abs. 2 StGB explizit, dass in Fällen gleichstufigen Handelns – vorbehaltlich eines gemeinsamen Tatplans – grundsätzlich jeder Beteiligter Täter ist. Fraglich ist im Folgenden also, ob neben dem übergeordneten auch ein gleichrangiger Handlungsbeitrag des weiteren Beteiligten dessen Einordnung als Täter der „qualifizierten“ Beteiligung trägt.

Aus der Rechtsprechung der U.S.-Bundesgerichte geht – soweit ersichtlich – bislang nicht hervor, wie das U.S.-amerikanische Recht die soeben aufgeworfene Frage beantwortet. Vor dem Hintergrund der Grundentscheidung *McFarland v. U.S.*[803] („relatively active conduct“ versus „relatively passive immigrant“) spricht einiges dafür, die „gleichrangige“ Beteiligung aufgrund der ihr fehlenden herausragenden Stellung im Tatgeschehen nicht als „qualifizierte“ Beteiligung im Sinne des INA § 274(a) einzuordnen.

Auch ausgehend vom deutschen Recht lassen sich mehrheitlich Argumente gegen eine Gleichsetzung der „gleichrangigen“ mit der „qualifizierten“ Beteiligung finden: Zunächst unterscheidet sich ein gleichstufiges arbeitsteiliges Vorgehen grundlegend von dem Leitbild einer Schleusung, das der deutsche

---

801 *Böse*, ZStW 116 (2004), 681 (698f.); Bundeskriminalamt, Schleusungskriminalität. Bundeslagebild 2017. Gemeinsames Bundeslagebild des Bundeskriminalamts und des Bundespolizeipräsidiums, S. 18 („Orientierungslosigkeit“); siehe aber Kluth/Heusch/*Hohoff*, AufenthG § 96 vor Rn. 1, der zu bedenken gibt, dass Ausländer heutzutage selbstständig entscheiden würden, ihr Heimatland zu verlassen, womit sich der das tatbestandliche Unrecht charakterisierende Handlungsunwert deutlich verschoben habe.

802 Im Folgenden: „gleichrangige“ Beteiligung.

803 *McFarland v. U.S.*, 19 F.2d 805, 806 (6th Cir. 1927).

Gesetzgeber in sämtlichen Gesetzesbegründungen zu § 96 AufenthG und dessen Vorgängervorschriften skizziert hat.[804] Deshalb liegt nahe, dass er, würde er die mit der Einordnung als „qualifizierte" Beteiligung einhergehende erhöhte Strafandrohung einzig mit der objektiven Tathandlung des weiteren Beteiligten begründen, nur solche Handlungen in den Blick nähme, die den Täter gegenüber dem geleisteten Beitrag des Ausländers als (einzige) Zentralgestalt herausstellen.

Des Weiteren lassen etwaige im Rahmen dieser Untersuchung angestellte Überlegungen zur Auflösung der Akzessorietät der Schleusung die Ausgestaltung der unerlaubten Einreise im Sinne des § 95 Abs. 1 Nr. 3 AufenthG als Pflichtdelikt[805] unberührt. Die Verantwortung, die Einreise nur mit den dazu gemäß §§ 3f. AufenthG erforderlichen Ausweisdokumenten durchzuführen, obliegt demnach im Ausgangspunkt primär dem Ausländer, so dass er derjenige ist, der zunächst im Zentrum des Geschehens ist: „Wird der Strafwürdigkeitsgehalt des Delikts durch [die außerstrafrechtliche Pflicht] nach [der Meinung des Gesetzgebers] wesentlich beeinflusst, so wird er den Pflichtigen ohne Rücksicht auf den Handlungsverlauf im Zentrum des Geschehens sehen und die Strafbarkeit Außenstehender erheblich einschränken."[806] Infolgedessen bedarf es einer besonderen Begründung, warum abweichend von Pflichtdeliktscharakter des § 95 Abs. 1 Nr. 3 AufenthG nunmehr nach dem Tatherrschaftsprinzip die Täterrolle des weiteren Beteiligten angenommen werden soll. Beim Vorliegen eines Über-/Unterordnungsverhältnisses ist ein solcher Grund gegeben, da der Schleuser die Tatbestandsverwirklichung aufgrund seiner alleinigen Kontrolle über das Tatgeschehen wesentlich bestimmt; in Fällen der „gleichrangingen" Beteiligung wird der Ausländer hingegen nicht aus dem Zentrum des Geschehens „verdrängt".

Schließlich ist die Folge einer Einordnung der „gleichrangigen" Beteiligung als „qualifizierte" Beteiligung zu berücksichtigen: Obwohl Ausländer und weiterer Beteiligter arbeitsteilig vorgehen, wäre der Ausländer im Falle der „gleichrangingen" Beteiligung lediglich gemäß § 95 Abs. 1 Nr. 3 AufenthG strafbar und damit mit einer Freiheitsstrafe bis zu einem Jahr oder mit Geldstrafe bedroht, während sich der weitere Beteiligte einer ungleich höheren Strafandrohung gegenübergestellt sähe. Vor dem Hintergrund, dass das AufenthG die Verbotsnorm der § 14 Abs. 1 Nr. 1 und 2 AufenthG – wie soeben beleuchtet – ausschließlich an den Ausländer adressiert, ist dies widersprüchlich.

---

804 Siehe bereits Abschnitt E.III.3.c.aa (S. 218).

805 Vgl. *Brocke*, NStZ 2009, 546 (551); *Cannawurf*, S. 94; *Heinrich*, ZAR 2005, 309 (310).

806 *Roxin*, TuT, S. 386 (Ergänzungen durch den Verfasser).

Im Ergebnis ist daher nur eine dem Tatbeitrag des Ausländers übergeordnete Tathandlung des weiteren Beteiligten in Bezug auf den illegalen Grenzübertritt als schwerer geahndete „qualifizierte“ Beteiligung einzuordnen. Die „gleichrangige“ Beteiligung als solche vermag demgegenüber nicht, eine höhere Strafandrohung zu rechtfertigen.[807] Es empfiehlt sich, dies in der Gesetzesbegründung bei der Erläuterung der Tathandlungsbeschreibung klarzustellen.

b. Anknüpfung an das „Verwaltungsunrecht“

Angesichts der derzeitigen Konzeption des § 96 Abs. 1 AufenthG, die mittelbar auf § 14 Abs. 1 Nr. 1 und 2 AufenthG Bezug nimmt, erscheint es naheliegend, wie von *Hörich/Bergmann* vorgeschlagen[808] auch im Anschluss an die Reform des Schleusungstatbestandes an die „Unerlaubtheit“ der Einreise des Ausländers anzuknüpfen. Der gegenüber dem Täter erhobene Schuldvorwurf würde demzufolge lauten, dass er maßgeblich zu einer pass- bzw. aufenthaltstitellosen Einreise eines Ausländers beigetragen oder diese mittels seiner Organisationshoheit erst ermöglicht hat[809] und dadurch die Feststellung der Identität, Nationalität und Rückkehrberechtigung des Ausländers[810] bzw. seiner Aufenthaltserlaubnis[811] erschwert und letztendlich die Stabilität der verwaltungsrechtlichen Ordnungssysteme gefährdet.

Da die Regelung des § 14 AufenthG durch supranationale Vorschriften wie die EU-Visa-VO oder durch nationale Vorschriften, die dem Aufenthaltsgesetz vorgehen (vgl. § 1 Abs. 1 Satz 5 AufenthG), überlagert wird[812], sind Konstellationen denkbar, in denen die Identitätsfeststellung eines Ausländers zwar zumindest

---

807 Eine höhere Strafandrohung in Bezug auf die „gleichrangige“ Beteiligung ist zweifelsohne möglich, wenn weitere Schleusungsmerkmale hinzutreten, etwa die Eigennützigkeit. Dazu sogleich in Abschnitt E.III.4.c. (S. 231).

808 Vgl. *Hörich/Bergmann*, ZRP 2014, 109 (111): „Mit Freiheitsstrafe bis zu fünf Jahren oder mit Geldstrafe wird bestraft, wer in der Absicht, sich zu bereichern, 1. einen Ausländer in das Bundesgebiet bringt, obwohl diesem die Einreise nach § 14 I nicht erlaubt ist […].“

809 Vgl. dazu Begr. von SPD/FDP zum BillBG, BT-Drucks. 9/800, S. 11: „Es hat sich in der Praxis gezeigt, daß Ausländer nur in den seltensten Fällen aus eigenem Antrieb illegal einreisen, sondern in der Regel von Schleppern dazu veranlaßt werden und dabei auf deren Hilfe angewiesen sind.“ (Hervorhebung durch den Autor).

810 BVerfG, Beschl. v. 12.09.2005, Az.: 2 BvR 1361/05 = NVwZ 2006, 80 (81); siehe bereits Abschnitt B.II.1.b.cc. (S. 73).

811 Siehe dazu bereits Nachweise in Fn. 209.

812 Vgl. im Einzelnen Abschnitt B.II.1.b.cc. (S. 73).

faktisch ebenso erschwert oder ausgeschlossen ist, aber eine „Unerlaubtheit" der Einreise verneint werden muss. Namentlich ist dies nach der – umstrittenen – ständigen Rechtsprechung des Bundesverwaltungsgerichts der Fall, wenn der Ausländer ein Asylbewerber ist. Denn der Vorrang des Verfassungsrechts (hier: Art. 16a Abs. 1 GG) lasse bereits die Tatbestandsmäßigkeit des § 14 AufenthG entfallen.[813]

Fraglich ist, ob deshalb die Anknüpfung der Strafbarkeit der Schleusung an das für die Einreise des Ausländers maßgebliche (Verwaltungs-)Recht eingeschränkt oder gar durch einen außerhalb des AufenthG liegenden Schutzzweck ersetzt werden sollte.

So regelt INA § 274(a)(2) beispielsweise, dass die Beförderung eines Ausländers zu einer Grenzübergangsstelle schon dann rechtswidrig und strafbewehrt ist, wenn zum Zeitpunkt des Erreichens der Grenzübergangsstelle noch nicht über die Bewilligung der Einreise des Ausländers entschieden wurde. Selbst wenn sich bei der Kontrolle am Grenzübergang herausstellen sollte, dass dem Ausländer die Einreise zu erlauben ist, macht sich der weitere Beteiligte strafbar.[814] Zwangläufig kann hier der Strafgrund nicht im Verstoß des Ausländers gegen materielle Einreisebestimmungen liegen (eine entsprechende Strafvorschrift enthält INA § 275(a) auch nicht). Vielmehr wird der Schutz anderer staatlicher Interessen zur Legitimation der Strafsanktion herangezogen: So nimmt der U.S.-Gesetzgeber in seiner Begründung zur Einführung des INA § 274(a)(2) an, dass die Prüfungen der Einreiseberechtigungen von zahlreichen bis dato nicht registrierten Ausländern einen hohen Personal- und Kostenaufwand verursachen könnten und deshalb zu unterbinden seien.[815]

Wie das britische Einwanderungsrecht zeigt, wird bisweilen auch das staatliche Interesse, die Eigennützigkeit von Schleusern zu bestrafen, anstelle eines Verstoßes gegen das nationale Einwanderungsrecht zur Legitimierung von Strafe herangezogen. Section 25A(1) des Immigration Act 1971[816] bestimmt: „A person commits an offence if (a) he knowingly and for gain facilitates the arrival

813 St. Rspr. BVerwG, Urt. v. 16.08.1977, Az.: 1 C 15/76 = NJW 1978, 507; BVerwG, Urt. v. 15.05.1984, Az.: 1 C 59/81 = NVwZ 1984, 591; BVerwG, Beschl. v. 14.04.1992, Az.: 1 C 48/89 = NVwZ 1992, 682 (684); OLG Düsseldorf, Beschl. v. 19.11.1997, Az.: 2 Ss 326/97 = StV 1998, 139; NK-AuslR/*Fahlbusch*, AufenthG § 95 Rn. 247; *Schott*, S. 183f.; *Westphal/Stoppa*, NJW 1999, 2137 (2139); a.A. *Aurnhammer*, S. 165; MüKo-StGB/*Gericke*, AufenthG § 95 Rn. 55.

814 *Mohabir*, 10 Seton Hall Cir. Rev. 409, 428 (2014).

815 H.R. Rep. 99-682(I), 1986 U.S.C.C.A.N. 5649, 5670.

816 Immigration Act v. 28.10.1971, 1971 Ch. 77.

or attempted arrival in, or the entry or attempted entry into, the United Kingdom of an individual, and (b) he knows or has reasonable cause to believe that the individual is an asylum-seeker." Nach Auffassung der britischen Rechtsprechung stellt Sec. 25A Immigration Act 1971 aufgrund der Bezugnahme auf die Unterstützung von Asylbewerbern eine Spezialvorschrift gegenüber Sec. 25 Immigration Act 1971 dar, die mit „Assisting unlawful immigration to member State" überschrieben ist und folglich als allgemeine Strafvorschrift zur Beteiligung an der illegalen Einreise eines „Individuals" zu qualifizierten ist.[817] Gegenüber der allgemeinen Vorschrift der Sec. 25 Immigration Act 1971 kommt Sec. 25A insoweit eine straflimitierende Funktion zu, als der Tatbestand nur bei Erhalt eines Vorteils („gain") erfüllt ist.[818] Gleichermaßen ist mit Blick auf den jeweiligen Gesetzeswortlaut aber festzuhalten, dass von Sec. 25A Immigration Act 1971 gerade Sachverhalte erfasst werden, in denen der „Individual" legal in das Vereinigte Königreich einreist bzw. einreisen darf.[819]

Auf der einen Seite ist nachvollziehbar, dass der U.S.-amerikanische Gesetzgebers mittels INA § 274(a)(2) die Registrierung und Prüfung der Bewilligung der Einreise von Ausländern bereits vor deren Ankunft an der Staatsgrenze der Vereinigten Staaten zu verlagern gedenkt, um Ressourcen an den Grenzübergangsstellen einzusparen. Auch mag der britischen Strafvorschrift der Sec. 25A(1) Immigration Act 1971 abgewonnen werden, dass hiermit das Ziehen persönlicher Vorteile aus der Notsituation, die der Berufung auf Asylschutz durch einen Ausländer regelmäßig vorgeht, unterbunden wird. Vor dem Hintergrund, dass das Ausländerrecht ohnehin – wie auch schon der deutsche Gesetzgeber ausgeführt hat[820] – weitgehend politisch geprägten Zweckmäßigkeitserwägungen unterliegt, wird einem Schleusungsstraftatbestand, der den Schutz anderer staatlicher Interessen als die Bekämpfung der illegalen Einreise bezweckt, nicht von vorneherein jede Berechtigung abgesprochen werden können.

Gleichwohl sprechen gewichtige Bedenken gegen eine Auflockerung der Verwaltungsakzessorietät im Schleusungsstrafrecht. Im Falle der Sec. 25A Immigration Act 1971 missbilligt der Strafausspruch mangels weiterer

---

817 Vgl. *R. v. Alps (Rudolph)*, 2001 WL 98156; *R. v. Kapoor (Saran Singh)*, [2012] 2 Cr. App. R. 11, pp. 135f.

818 *Mohabir*, 10 Seton Hall Cir. Rev. 409, 427f. (2014).

819 Siehe dazu Sec. 24 Immigration Act 1971.

820 Vgl. RegBegr. zum Ausländergesetz, BT-Drucks. IV/868, S. 9: „[Fremden Staatsangehörigen und Staatenlosen] gegenüber handelt der Staat nach Zweckmäßigkeitserwägungen, die nach politischen Zielen ausgerichtet sind."

Anknüpfungspunkte allein unmoralisches Verhalten, das im Zusammenhang mit einem von der Rechtsordnung im Übrigen gebilligten Vorgang (das Asylbegehren) steht. Ebenso ist in Bezug auf INA § 274(a)(2) zu bedenken, dass sich der Vorwurf der Beförderung eines Ausländers, dessen Einreiseerlaubnis bis dato nicht erteilt wurde, auf einen rein formellen Verstoß stützt, der gegenüber dem Ausländer selbst sowohl auf strafrechtlicher (vgl. INA § 275(a)) als auch auf administrativer Ebene folgenlos bleibt.

Zum Ersten zielen die beiden Straftatbestände somit auf Verhaltensweisen ab, die nicht im gleichen Maße sozialschädlich sind, wie dies bei den von den übrigen Strafvorschriften des Ausländerstrafrechts erfassten Verhaltensweisen der Fall ist. Insoweit bestehen durchaus Zweifel, ob auf jeglichen missbilligungswerten Umstand, der im Rahmen der Herbeiführung eines Grenzübertritts eines Ausländers auftritt, mit dem Strafrecht als schärfstes Mittel staatlicher Reaktionsmöglichkeiten reagiert werden darf, oder ob dem nicht das Übermaßverbot gemäß Art. 20 Abs. 3 GG entgegensteht.[821] Wie das Bundesverfassungsgericht hierbei betont, obliegt es zwar grundsätzlich dem Gesetzgeber, den Bereich strafbaren Handelns verbindlich festzulegen.[822] Hierbei hat er allerdings insbesondere die sich aus der Verfassung ergebenden Wertungen für und gegen den Einsatz strafrechtlicher Sanktionen in dem vom Tatbestand umrissenen Fall zu berücksichtigen und abzuwägen.[823] Dies leitet zum zweiten Aspekt über, der den Vorschriften des INA § 274(a)(2) und der Sec. 25A Immigration Act 1971 zu entnehmen ist: Durch die Auflockerung der Verwaltungsakzessorietät des Schleusungsstrafrechts würden bestimmte Formen der Beteiligung an einem Grenzübertritt pönalisiert, deren Bezugspunkt – der Grenzübertritt des Ausländers – im Einklang mit der Rechtsordnung erfolgt; soweit er zur Beanspruchung

---

821 Vgl. BVerfG, Beschl. v. 26.02.2008, Az.: 2 BvR 392/07 = NJW 2008, 1137 (1138 Rn. 35) m.w.N.: „Das Strafrecht wird als ‚ultima ratio' des Rechtsgüterschutzes eingesetzt, wenn ein bestimmtes Verhalten über sein Verbotensein hinaus in besonderer Weise sozialschädlich und für das geordnete Zusammenleben der Menschen unerträglich, seine Verhinderung daher besonders dringlich ist. Wegen des in der Androhung, Verhängung und Vollziehung von Strafe zum Ausdruck kommenden sozialethischen Unwerturteils kommt dem Übermaßverbot als Maßstab für die Überprüfung einer Strafnorm besondere Bedeutung zu […]." Zum Übermaßverbot im Rahmen des Ausländerstrafrechts siehe auch Kluth/Heusch/*Hohoff*, AufenthG § 95 vor Rn. 1; NK-AuslR/*Fahlbusch*, AufenthG Vor § 95 Rn. 1; siehe außerdem S/S/*Eisele*, Vor §§ 13ff. Rn. 10.

822 BVerfG, Beschl. v. 26.02.2008, Az.: 2 BvR 392/07 = NJW 2008, 1137 (1138 Rn. 35).

823 Vgl. BVerfG, Beschl. v. 26.02.2008, Az.: 2 BvR 392/07 = NJW 2008, 1137 (1138 Rn. 35).

von Asyl erfolgt, entspricht er sogar der Ausübung eines verfassungsrechtlich gewährleisteten Grundrechtsschutzes. Aus der strafrechtlichen Ahndung eines Verhaltens, dass in die Grenzüberquerung als einen vom Verwaltungs- bzw. Verfassungsrecht als positiv bewerteten Erfolg mündet, ergäbe sich insofern ein Wertungswiderspruch.

Außerdem sprechen in Bezug auf die Schleusungskriminalität auf nationaler und supranationaler Ebene angestellte Überlegungen sowie die systematische Stellung der ausländerstrafrechtlichen Vorschriften im AufenthG bzw. im INA dafür, im Schleusungstatbestand kein „Allheilmittel“ gegen jedwedes missbilligtes Verhalten im Rahmen der Unterstützung eines Grenzübertritts zu sehen, sondern das Delikt an die verwaltungsrechtliche Vorfrage der Illegalität der Einreise zu knüpfen: Als Strafvorschriften im jeweiligen nationalen Einwanderungs- und Aufenthaltsgesetz bezwecken die Schleusungstatbestände nicht nur, aber primär die Einhaltung des vom Gesetz etablierten Regelungsregimes. Dementsprechend hat der deutsche Bundesgesetzgeber das Unrecht der Schleusung schon in der Gesetzesbegründung von 1981 als „Vorschubleisten zu illegaler Einreise“ beschrieben.[824] Dass der Straftatbestand der Schleusung von Ausländern auch im internationalen Konsens vorwiegend als Mittel zur Bekämpfung der *illegalen* Einwanderung verstanden wird, zeigen die Erwägungsgründe Nr. 1 und 2 der SchleuserRL sowie die in Art. 1 Abs. 1 SchleuserRL enthaltene Passage, dass die Beteiligung an der Einreise eines Drittstaatsangehörigen „unter Verletzung der Rechtsvorschriften des betreffenden Staates“ erfolgen müsse; ähnliches gilt für das Kriminalisierungsgebot nach Art. 3 lit. a und b, 6 UN-Schleusungsprotokoll, das „das Überschreiten von Grenzen ohne die erforderlichen Voraussetzungen für die erlaubte Einreise in den Aufnahmestaat zu erfüllen“ voraussetzt.

Nach alledem sollte § 96 Abs. 1 AufenthG weiterhin verwaltungsakzessorisch ausgestaltet sein. Dass die „Schleusung“ von Asylberechtigten zumindest nach der ständigen Rechtsprechung des Bundesverwaltungsgerichts[825] damit straffrei bleibt, ist als Wertentscheidung des Verfassungsrechts hinzunehmen.

c. Eigennützigkeit und Multiplikatorwirkung als zusätzliche Kriterien

Eine Gegenüberstellung der „einfachen“ Beteiligung im Sinne des 18 U.S.C. § 2(a) in Verbindung mit INA § 275(a) und der „qualifizierten“ Beteiligung im Sinne des INA § 274(a)(1)(A)(i) unter Berücksichtigung des jeweiligen

---

824 Begr. von SPD/FDP zum BillBG, BT-Drucks. 9/800, S. 7.

825 Siehe dazu Nachweise in Fn. 813.

Strafrahmens verdeutlicht, dass der U.S.-amerikanische Gesetzgeber der Tatbegehung kraft Tatherrschaft eine hohe Bedeutung beimisst. Im Falle des INA § 274(a)(1)(A)(i) ist die im „Bring to"-Merkmal vorausgesetzte Kontrolle über das Tatgeschehen sogar das einzige „qualifizierende" Element, auf das die Strafrahmenerhöhung zurückgeführt werden kann; ob der Täter eigennützig gehandelt hat, ist unerheblich. Ähnliches gilt mit Blick auf INA § 274(a)(1)(B)(i-ii) für die „Encouraging-offense", im Rahmen derer tatherrschaftliches Handeln zur Anhebung der Strafrahmenobergrenze auf fünf Jahre führt; immerhin wird hier jedoch der Eigennutz des Täters strafschärfend im Unwerturteil des Gesetzgebers berücksichtigt.[826]

Anders als im deutschen Recht regelt das U.S.-amerikanische Schleusungsstrafrecht außerdem auch keinen Fall der Gruppenschleusung, welcher strafschärfend zu berücksichtigen wäre, wenngleich ein Bundesgericht im Rahmen der Strafzumessung die Beförderung jedes einzelnen Ausländers getrennt zu berücksichtigen hat („for each alien in respect to whom such violation occurs").[827]

Die vorstehenden Anhaltspunkte für einen gegenüber dem deutschen Recht niedrigeren Stellenwert der Eigennützigkeit der Schleusung oder der mehrfachen Schleusung gegenüber dem tatherrschaftlichen Verhalten des Schleusers sollten dennoch nicht zu der Annahme verleiten, im Falle der Übernahme des Tatherrschaftskriteriums würden die derzeit in § 96 Abs. 1 Nr. 1 AufenthG genannten deutschen Schleusungsmerkmale überflüssig. Zum Ersten kann mit der Eigennützigkeit nämlich berücksichtigt werden, dass ihre die Gefahr innewohnt, dass der Täter gerade durch die ihm gewährten Vorteile zu weiteren Taten und damit zur gewerbsmäßigen Einschleusung (§ 96 Abs. 2 Satz 1 Nr. 1 AufenthG) motiviert wird.[828] Zum Zweiten eignet sich das Merkmal der Eigennützigkeit dazu, altruistisch motivierte Handlungen aus dem Anwendungsbereich der Norm auszuschließen.[829] Da sich eine gegenüber der „einfachen" Beteiligung stärker

826 Im Kontrast dazu wird der Strafrahmen des INA § 274(a)(2) maßgeblich davon bestimmt, ob der Täter eigennützig agiert. Dies hängt wohl damit zusammen, dass das tatherrschaftliche Verhalten des Täters zu einem Erfolg führt, der keinen schwerwiegenden Verstoß gegen das U.S.-amerikanische Einwanderungsrecht darstellt (vgl. Erläuterungen im vorigen Abschnitt). Da im Rahmen dieser Untersuchung lediglich die Unterstützung einer illegalen Einreise für strafwürdig erachtet wird, bleibt der Tatbestand des INA § 274(a)(2) nachfolgend außer Betracht.

827 *U.S. v. Ortega-Torres*, 174 F.3d 1199, 1201 (11th Cir. 1999).

828 Siehe bereits Abschnitte B.V.2.a (S. 116) und B.V.3. (S. 118).

829 Das „benefit"-Merkmal des Art. 6 Abs. 1 UN-Schleusungsprotokoll dient dem Ausschluss altruistisch motivierter Handlungen, siehe *McClean*, S. 393f.

ausgeprägte Gleichgültigkeit eines Täters nicht nur in der Eigennützigkeit, sondern auch in der mehrfachen Tatbegehung zeigt und dies in dem im Strafrahmen zum Ausdruck kommenden Unwerturteil berücksichtigt werden kann, spricht nichts dagegen, auch bei Vorliegen von Tatherrschaft weiterhin am alternativen Schleusungsmerkmal der wiederholten Tatbegehung bzw. an der Tatbegehung zugunsten mehrerer Ausländer im Sinne des derzeit geltenden § 96 Abs. 1 Nr. 1 lit. b AufenthG festzuhalten.[830]

d. Steuerungsmöglichkeit des Schleusungsbegriffs über die subjektive Tatseite

Sämtliche der in § 96 AufenthG geregelten Formen der „qualifizierten" Beteiligung werden verwirklicht, wenn der Täter zumindest bedingt vorsätzlich gehandelt hat, vgl. § 15 StGB. Auch der wegen der Teilnahmekonstruktion erforderliche „doppelte Anstiftervorsatz"[831] ändert insoweit nichts am Maßstab, den das Gesetz an das Wissen und Wollen der Tatbestandsverwirklichung anlegt.[832] Einzig die Beteiligung gegen das Versprechenlassen oder den Erhalt eines Vorteils gemäß § 96 Abs. 1 Nr. 1 lit. a AufenthG enthält mit der dort angelegten Eigennützigkeit ein weiteres subjektives Tatelement, welches sie von den übrigen in § 96 Abs. 1 AufenthG genannten Beteiligungsvarianten unterscheidet.

An dieser Stelle zeigt sich das U.S.-amerikanische Schleusungsstrafrecht als das facettenreichere System: Die intensiv geführte Erörterung der Frage, ob die in INA § 274(a) aufgeführten Tatbestände jeweils erfordern, dass der Täter im Bewusstsein der Rechtswidrigkeit seiner Tat gehandelt haben muss[833], sowie die durch den Gesetzeswortlaut hervorgehobenen Formen des tatsachenbezogenen *mens rea*-Elements („knowing that" bzw. „in reckless disregard")[834] lassen eine im Allgemeinen gegenüber dem deutschen Recht größere Bereitschaft des U.S.-Gesetzgebers erkennen, zur Schaffung der Konturen der „qualifizierten" Beteiligung neben objektiven auch auf unterschiedliche subjektive Strafbarkeitsvoraussetzungen zurückzugreifen.

Die einzige von INA § 274(a) erfasste Handlungsweise der Beteiligung an einem illegalen Grenzübertritt, die bereits im Grundtatbestand mit einer Strafe

---

830 Zu Einzelheiten siehe Abschnitte B.V.2.b. (S. 117) und B.V.3. (S. 118).

831 Statt aller MüKo-StGB/*Gericke*, § 96 AufenthG Rn. 20.

832 BGH, Urt. v. 18.04.1952, Az.: 1 StR 871/51 = BGHSt 2, 279 (281); MüKo-StGB/*Joecks/Scheinfeld*, § 26 Rn. 63, § 27 Rn. 102f.; SK-StGB/*Hoyer*, Vor §§ 26-31 Rn. 56.

833 Siehe Abschnitte D.II.6.c. (S. 155) sowie D.III.3. (S. 168).

834 Vgl. INA § 274(a)(1) und (2) sowie Abschnitt D.II.6.a. (S. 149).

von bis zu zehn Jahren bedroht ist, stellt auf subjektiver Seite mit „knowing that" (im Sinne von „knowledge"[835]) vergleichsweise hohe Anforderungen an die subjektive Verantwortlichkeit des Täters, vgl. INA § 274(a)(1)(A)(i) und die Strafandrohung in INA § 274(a)(1)(B)(i). Die übrigen Tatbestände des INA § 274(a)(1)(A)(iv) – in Verbindung mit INA § 274(a)(1)(B)(ii) – und insbesondere INA § 274(a)(2)(A), die neben der „knowledge" bereits das Handeln „in reckless disregard" genügen lassen, sehen demgegenüber im Grundtatbestand weitaus niedrigere Strafrahmen vor. Dies lässt den Schluss zu, dass sich nur derjenige einer hohen Strafandrohung gegenübergestellt sehen soll, dem eine gesteigerte subjektive Verantwortlichkeit für die Tat in Form des sicheren Wissens der Tatbestandsverwirklichung vorzuwerfen ist. Mit anderen Worten werden nur diejenigen Taten erfasst, die besonders strafwürdig erscheinen: „In many cases, full knowledge of the facts that make the defendant's conduct illegal will prevent conviction for morally blameless conduct."[836] Allgemein ist zu beobachten, dass der Kongress im Zusammenspiel mit den U.S.-Bundesgerichten die Anforderungen an die subjektive Verantwortlichkeit des Täters anhebt, je höher der für die Tat anzuwendende Strafrahmen ausfällt.

Ein vollständiger Verzicht auf das Bewusstsein der Rechtswidrigkeit seines Handelns, so wie er in den Vereinigten Staaten für die „misdemeanor offense" des INA § 274(a)(2) angenommen wird[837], ist zwar mit dem verfassungsrechtlich durch Art. 1 Abs. 1 GG verankerten Schuldprinzip unvereinbar, demzufolge die Bestrafung eines Menschen voraussetzt, dass sich dieser aus seiner freien, verantwortlichen und sittlichen Selbstbestimmung heraus gegen das Recht und für das Unrecht entschieden hat.[838] Auch unterscheiden sich die U.S.-amerikanischen Kategorien der subjektiven Tatseite im Einzelnen von den Vorsatz- und Fahrlässigkeitsformen des deutschen Rechts, so dass sich insbesondere die in INA § 274(a)(2) geforderte „recklessness"[839]

835 Siehe dazu *Bryan v. U.S.*, 524 U.S. 184, 193 (1998); *U.S. v. Pitrone*, 115 F.3d 1, 6 (1st Cir. 1997); *U.S. v. Dominguez*, 661 F.3d 1051, 1068 (11th Cir. 2011); *LaFave*, § 5.2(b)

836 *Smith*, 46 Am. Crim. L. Rev. 127, 130 (2009).

837 *U.S. v. Nguyen*, 73 F.3d 887, 893 (9th Cir. 1995); *U.S. v. Chkuaseli*, 2018 WL 1919954 (11th Cir. 2018).

838 Vgl. BGH, Beschl. v. 18.03.1952, Az.: GSSt 2/51 = LMRR 1952, 8. Zur verfassungsrechtlichen Dimension des Schuldprinzips siehe BVerfG, Urt. v. 30.06.2009, Az.: 2 BvE 2/08 = NJW 2009, 2267 (2289 Rn. 364); Jarass/Pieroth/*Jarass*, Art. 1 Rn. 20, Art. 20 Rn. 148.

839 Zum Merkmal „in reckless disregard" siehe Abschnitt D.II.6.a. (S. 149).

nicht eins zu eins für das deutsche Schleusungsstrafrecht übernehmen ließe.[840]

Allerdings kann die U.S.-amerikanische Gesetzgebungspraxis, durch subjektive Tatbestandskriterien unterschiedliche Akzentuierungen des Schleusungsbegriffs zu setzen, zumindest als Denkanstoß für mögliche Reformen des deutschen Schleusungsstrafrechts dienen. In Deutschland finden sich jedenfalls mehrere Beispiele dafür, dass ein derartiges Mittel zur Steuerung der Reichweite eines Straftatbestandes dem hiesigen Recht nicht fremd wäre. Namentlich führt die Vorschrift des § 226 Abs. 2 StGB vor Augen, dass der Gesetzgeber in einzelnen Fällen der allgemeinen tatrichterlichen Bewertung des Handlungsunwerts einer Tat nach Maßgabe des § 46 Abs. 2 StGB („Art der Ausführung“) durch die besondere Berücksichtigung bestimmter Vorsatzkategorien bei der Festlegung des Strafrahmens vorgreift.

Vor diesem Hintergrund könnte die „qualifizierte“ Beteiligung insofern eine weitere Konturierung im deutschen Schleusungsstrafrecht erfahren, als für die sichere Kenntnis der Tatbestandsverwirklichung und die absichtliche Tatbegehung ein eigener erhöhter Strafrahmen vorgesehen wird. Hierfür spricht, dass in einigen fremdsprachigen Fassungen von Art. 6 UN-Schleusungsprotokoll und Art. 1 Abs. 1 lit. a SchleuserRL auf das für die Schleusung erforderliche Vorsatzelement mit Begriffen Bezug genommen wird, die typischerweise absichtliches Handeln voraussetzen.[841] Hieraus könnte man folgern, dass diese beiden Rechtsquellen zum Schleusungsstrafrecht in erster Linie auf die Kriminalisierung von Handlungen mit direktem Vorsatz abzielen.

Weder das UN-Schleusungsprotokoll noch die SchleuserRL enthalten jedoch – im Unterschied zu anderen supranationalen Normtexten[842] – eine Definition dessen, was die jeweiligen subjektiven Tatbestandsmerkmale des

840 Zu den Unterschieden zwischen dem anglo-amerikanischen „recklessness“ und dem kontinentaleurpäischen „dolus eventualis“ siehe *Chiesa*, S. 1089 (1108ff., insbesondere 1110).

841 Gegenüber der deutschen Fassung des Art. 6 UN-Schleusungsprotokoll („vorsätzlich“) verwendet die englische Fassung „intentionally“ und die französische Fassung „intentionnellement“; gegenüber der deutschen Fassung des Art. 1 Abs. 1 lit. a SchleuserRL („vorsätzlich“) verwendet die englische Fassung „intentionally“, die französische Fassung „sciemment“, die italienische Fassung „intenzionalmente“ und die spanische Fassung „intencionadamente“.

842 Zu Rechtsquellen des Völkerrechts siehe *Stuckenberg*, ZIS 2018, 524 (526); zu Rechtsquellen des Europarechts siehe EnzEuR-StrafR/*Stuckenberg*, § 10 Rn. 20, jeweils mit Beispielen.

nationalen Rechts im Einzelnen voraussetzen müssen. Der Umstand, dass der Wortlaut der Vorschriften außerdem aufgrund der gebotenen autonomen Auslegung nur eingeschränkt einen Rückgriff auf Wortbedeutungen innerhalb nationaler Rechtssysteme erlaubt[843], spricht eher dagegen, anzunehmen, dass mit dem UN-Schleusungsprotokoll bzw. der SchleuserRL vorrangig die Kriminalisierung von wissentlichem oder absichtlichem Handeln bezweckt wurde.

Gegen eine herausgehobene Berücksichtigung der Beteiligung am illegalen Grenzübertritt eines Ausländers mit direktem Vorsatz nach dem Vorbild des § 226 Abs. 2 StGB spricht außerdem, dass damit eine Begehungsweise als Qualifikation herausgehoben würde, die dem typischen Tatbild der Schleusung entspricht. In dem vom Bundeskriminalamt für das Jahr 2018 herausgegebenen Bundeslagebild zur Schleusungskriminalität werden mit der sog. „Behältnisschleusung", der Verwendung unechter oder gefälschter Urkunden und der Eingehung von Scheinehen Tatmodalitäten genannt[844], die allesamt veranschaulichen, dass die Täter regelmäßig Vorkehrungen treffen, um das Entdeckungsrisiko soweit möglich zu minimieren. Dies wiederum indiziert, dass den Tätern in vielen, wenn nicht gar in den meisten Fällen zumindest bewusst ist (im Sinne des dolus directus 2. Grades), dass die von ihnen nach Deutschland gebrachten Ausländer ohne die erforderlichen Einreisedokumente im Sinne der §§ 3, 4 AufenthG einreisen.

Der Ausnahmecharakter, der sowohl Qualifikationstatbeständen als auch Regelungen eines minder schweren Falls innewohnt[845], wäre in diesem Fall also nicht gewährleistet.

Im Ergebnis erscheint es nicht empfehlenswert, zur Konturierung der „qualifizierten" Beteiligung nach den verschiedenen Formen subjektiver Verantwortlichkeit zu differenzieren und deshalb beispielsweise einen erhöhten Strafrahmen für das Handeln mit direktem Vorsatz vorzusehen.

---

843 Vgl. dazu bereits Abschnitt C.II.1.a. (S. 124).

844 Bundeskriminalamt, Schleusungskriminalität. Bundeslagebild 2018. Gemeinsames Bundeslagebild des Bundeskriminalamts und des Bundespolizeipräsidiums, S. 16.

845 Zum Regel-Ausnahme-Verhältnis zwischen Grundtatbestand und minder schwerem Fall siehe RegBegr. zum 6. StrRG, BT-Drucks. 13/8587, S. 44.

IV. Zusammenfassung

Die rechtsvergleichende Analyse des U.S.-amerikanischen und des deutschen Strafrechts zur Beteiligung am Grenzübertritt von Ausländern und die darauf basierenden Reformüberlegungen führen zu folgenden Ergebnissen:

1. Beide Regelungssysteme unterschieden im Grundsatz zwei verschiedene Formen der Beteiligung am Grenzübertritt eines Ausländers, namentlich die „einfache" und die „qualifizierte" Beteiligung.
2. Der „einfachen" Beteiligung (im Sinne der §§ 26f. StGB bzw. 18 U.S.C. § 2(a)) liegt sowohl im deutschen als auch im U.S.-amerikanischen Strafrecht eine akzessorische Tatbestandsstruktur zugrunde, die – zumindest im U.S.-amerikanischen Recht – darauf zurückzuführen ist, dass der Ausländer hier im Zentrum des Tatgeschehens der illegalen Grenzüberquerung steht.
   a. Dabei bedingt der Gleichlauf der jeweiligen Ausgestaltung des Tatbestands, dass das deutsche und das U.S.-amerikanische Strafrecht ähnliche Rechtsfolgen für den Fall vorsehen, dass die Haupttat des Ausländers nicht vollendet oder gar nicht erst im strafrechtlich relevanten Sinne versucht wird. Während der Täter nach der deutschen Rechtsordnung in Bezug auf die „einfache" Beteiligung gegenwärtig jedoch stets straffrei ist, kommt nach der nicht unumstrittenen Rechtsauffassung von Teilen der U.S.-Bundesgerichte immerhin eine Versuchsstrafbarkeit in Betracht, soweit der Täter im Ergebnis nicht weniger geleistet hat als im Falle der Vollendung der Haupttat.
   b. Die Einführung einer auf diesem Gedanken beruhenden Versuchsstrafbarkeit ins deutsche Schleusungsstrafrecht sieht sich indes hohen Hürden gegenübergestellt. Die Straffreiheit des Versuchs der Teilnahme an einem Vergehen im Sinne des § 30 Abs. 1 StGB ist zwar kein unumstößliches Prinzip und die faktische Vollendung des Grenzübertritts lässt sich durchaus als kriminalpolitisches Argument für eine Einführung der Versuchsstrafbarkeit anführen. Andererseits genießt das Rechtsgut der verwaltungsrechtlichen Ordnungssysteme ausweislich des Strafrahmens von § 95 Abs. 1 AufenthG keinen derart hohen Stellenwert wie die derzeitigen Ausnahmen vom Grundsatz des § 30 Abs. 1 StGB; somit ist zweifelhaft, ob der versuchten einfachen Teilnahme vor dem Hintergrund des *ultima ratio*-Gebots mit einer strafrechtlichen Sanktion zu begegnen ist.
   c. Das U.S.-amerikanische Schleusungsstrafrecht zeigt, dass eine schwer legitimierbare Einführung einer Versuchsstrafbarkeit in Bezug auf die „einfache" Beteiligung aber auch nicht erforderlich ist. Denn Konstellationen,

in denen keine Haupttat des Ausländers vorliegt, seine Einreise faktisch aber durch das Mitwirken des weiteren Beteiligten vollendet wird, kann alternativ mit einem selbstständigen Tatbestand begegnet werden. Die Einführung einer Versuchsstrafbarkeit ist auch nicht zielführend, da damit die Fälle der „missbräuchlichen Beteiligung", in denen der erforderliche Tatentschluss des Täters fehlt, nicht abgedeckt werden.

3. In den vorstehend beschriebenen Fällen ist grundsätzlich davon auszugehen, dass der Schwerpunkt vorwerfbaren Verhaltens beim weiteren Beteiligten liegt, zwischen ihm und dem Ausländer folglich ein Über-/Unterordnungsverhältnis besteht.
   a. Mit dem In-den-Händen-Halten des Tatgeschehens, das im Über-/Unterordnungsverhältnis inbegriffen ist, wird sowohl im U.S.-amerikanischen Schleusungsstrafrecht als auch im allgemeinen deutschen Strafrecht eine selbstständige Täterschaft verbunden, in deren Rahmen es allein auf die Unrechtsverwirklichung des Schleusers ankommt. Da etwaigen in der Sphäre des Ausländers liegenden Umständen, die dessen Strafbarkeit entgegenstehen, für die Strafbarkeit des weiteren Beteiligten somit keine Bedeutung zukommt, werden Strafbarkeitslücken vermieden.
   b. Die Einführung eines selbstständigen, an die Tatherrschaft des Schleusers anknüpfenden Straftatbestandes ist nur dann europarechtskonform, wenn daneben auch Beteiligungshandlungen pönalisiert werden, die keine Tatherrschaftsqualität aufweisen; hiermit gemeint sind somit Fälle, in denen der Ausländer (zumindest auch) im Zentrum des Tatgeschehens steht. Angesichts des in Abschnitt C.II. festgestellten Ergebnisses, dass eine akzessorische Tatbestandsstruktur der effektiven Umsetzung zur Kriminalisierung von Schleusungshandlungen entgegensteht, empfiehlt es sich, für die „einfache" Beteiligung die derzeitigen deutschen Tathandlungsbeschreibungen („Anstiften" und „Hilfeleisten") durch die Begriffe „Verleiten" und „Unterstützen" zu ersetzen.
4. Die Tatherrschaft des Schleusers ist ein zentrales, wenngleich nicht das einzige Merkmal, dass die Beteiligung am illegalen Grenzübertritt eines Ausländers „qualifiziert".
   a. Entgegen einzelner Strafvorschriften des U.S.-amerikanischen und des britischen Rechts sollte mit Blick auf das Verhältnismäßigkeitsprinzip neben der strafrechtlichen Akzessorietät im Sinne der §§ 26 ff. StGB nicht auch die Verwaltungsakzessorietät des Schleusungsstrafrechts aufgehoben werden. Die derzeitigen Schleusungsmerkmale der Eigennützigkeit sowie der potentiellen Multiplikatorwirkung sind beizubehalten, da sie – wie neben den deutschen auch die einzelnen U.S.-amerikanischen

Strafvorschriften andeuten – beide eine besondere Rechtsfeindschaft des Täters zum Ausdruck bringen.

b. Demgegenüber erscheint allerdings nicht ratsam, zur Konturierung der Einschleusung von Ausländern auch von der Heraushebung bestimmter Vorsatzmerkmale Gebrauch zu machen. Denn die insoweit in Betracht kommende verschärfte Berücksichtigung der Tatbestandsverwirklichung mit direktem Vorsatz, wie dies etwa in § 226 Abs. 2 StGB vorgesehen ist, würde Fallkonstellationen als Qualifikationstatbestand herausheben, die dem typischen Tatbild einer Schleusung entsprechen; dies wäre nicht mit dem Ausnahmecharakter zu vereinbaren, der Qualifikationstatbeständen innewohnt.

F. Die Neufassung des Schleusungsstraftatbestands

Aufgrund der bereits in Abschnitt C.II. festgestellten Notwendigkeit, das deutsche Schleusungsstrafrecht zu reformieren, soll abschließend versucht werden, auf Basis der vorstehenden wesentlichen Ergebnisse der rechtsvergleichenden Analyse und Reformüberlegungen einen konkreten Gesetzgebungsvorschlag für die Neufassung des Grundtatbestandes des Schleusungsdelikts zu formulieren.

I. Abschließende Bemerkungen zum Gesetzgebungsvorschlag

Hierzu sind noch zwei Reformüberlegungen in den Blick zu nehmen:

1. Überlegungen zur Tathandlungsbeschreibung

Zur Umschreibung des Über-/Unterordnungsverhältnisses zwischen Schleuser und Ausländer kommen mehrere Möglichkeiten in Betracht. Zum einen könnte – wie vereinzelt auch in der Literatur vorgeschlagen wird[846] – in Anlehnung an INA § 274(a) der Begriff des „Bringens" verwendet werden. Ferner hat der Gesetzgeber mit „Transportieren"[847] oder dem in der aktuellen amtlichen Überschrift enthaltenen „Einschleusen" Optionen für die Formulierung der Tathandlungsbeschreibung aufgezeigt.

Gegen den Begriff des Transportierens ist einzuwenden, dass hier die Wortlautgrenzen schnell als überschritten angesehen werden könnten, etwa wenn die Schleusung in der umfangreichen Planung des Grenzübertritts besteht und der Täter während des eigentlichen Grenzübertritts lediglich per Telekommunikationsmitteln mit dem Ausländer verbunden ist, um ihm weitere Anweisungen zukommen zu lassen. Ebenso wenig sinnvoll wäre eine Tatbestandsbeschreibung, die ausschließlich die Planung eines Grenzübertritts, nicht aber zweifelsfrei dessen Durchführung erfasst (so umschreibt Sec. 98C des neuseeländischen Crimes Act 1961[848] das tatbestandsmäßige Handeln mit „Arrangieren"). Um

846 Vgl. *Geisler*, ZRP 2001, 171 (173) („unerlaubte Verbringung einer Person"); *Hörich/ Bergmann*, ZRP 2014, 109 (111).

847 Begr. von CDU/CSU/SPD zum Asylverfahrensbeschleunigungsgesetz, BT-Drucks. 18/6185, S. 52.

848 Crimes Act v. 01.11.1961, Public Act 1961 No. 43.

sämtliche Fälle der Beteiligung am illegalen Grenzübertritt eines Ausländers zu erfassen, bedarf es deshalb einer Wortwahl, die sich durch ihre Neutralität auszeichnet. Grundsätzlich scheint sowohl das „Bringen" als auch das „Einschleusen" diese Voraussetzung zu erfüllen.

2. Europarechtliche Vorgabe in Bezug auf die Gewinnerzielungsabsicht

Des Weiteren ist noch eine Ergänzung zur Übernahme der beiden deutschen Schleusungsmerkmale erforderlich. Die Übernahme ist nur insoweit zulässig, als hierdurch die Vorgaben des Art. 1 Abs. 1 lit. a SchleuserRL eingehalten werden. Im Einzelnen bestimmt Art. 1 Abs. 1 lit. a SchleuserRL, dass die Beteiligung an der illegalen Einreise anders als die Beteiligung am illegalen Aufenthalt (Art. 1 Abs. 1 lit. b SchleuserRL) auch dann zu pönalisieren ist, wenn sie nicht zu Gewinnzwecken erfolgt. Sofern die deutschen Schleusungsmerkmale entsprechend der aktuellen Fassung des § 96 Abs. 1 AufenthG im Alternativverhältnis übernommen werden, wird diese Vorgabe jedoch nicht in jedem Fall erfüllt: Wenn der Täter erstmalig eine Schleusung begeht und dabei einer Einzelperson ohne Gegenleistung in das Bundesgebiet verhilft, ist das Merkmal der wiederholten Schleusung bzw. der Schleusung zugunsten Mehrerer nicht erfüllt. Da die Alternative dieses Merkmals – das Merkmal der Eigennützigkeit – aber ebenfalls nicht erfüllt ist, handelt der Täter im Ergebnis nicht tatbestandsmäßig. Sofern der Ausländer selbst zumindest den objektiven Tatbestand der unerlaubten Einreise im Sinne des § 95 Abs. 1 Nr. 3 AufenthG erfüllt, soll deshalb gemäß § 96 AufenthG-E immerhin eine Strafbarkeit wegen Verleiten oder Unterstützen zur unerlaubten Einreise in Betracht kommen, wobei diese Vorschrift die allgemeinen Teilnahmevorschriften der §§ 26f. StGB als *lex specialis* verdrängen soll.

Ist der Ausländer demgegenüber nicht einmal fähig, überhaupt eine strafrechtlich relevante Handlung zu begehen und den objektiven Tatbestand der unerlaubten Einreise zu erfüllen, entfällt auch diese Möglichkeit der strafrechtlichen Sanktionierung. Um der Vorgabe der Pönalisierung der Beteiligung an einem illegalen Grenzübertritt einer Einzelperson ohne Gegenleistung im Sinne des Art. 1 Abs. 1 lit. a SchleuserRL auch in dieser Konstellation zu genügen, ist deshalb erforderlich, im Rahmen des „Bringen-Tatbestandes" neben den beiden herkömmlichen deutschen Schleusungsmerkmalen ein drittes einzuführen, für deren Erfüllung allein das Verbringen des Ausländers in das Bundesgebiet genügt (vgl. unten § 96a Abs. 1 AufenthG-E).

II. Gesetzgebungsvorschlag

Es werden folgende Straftatbestände vorgeschlagen:

§ 96 Verleiten zu Straftaten im Sinne des § 95

(1) Mit Freiheitsstrafe von bis zu einem Jahr oder mit Geldstrafe wird bestraft, wer einen anderen verleitet oder dabei unterstützt, eine Handlung
   1. nach § 95 Abs. 1 Nr. 3 oder Abs. 2 Nr. 1 Buchstabe a zu begehen,
   [...].

(2) Mit Freiheitsstrafe von bis zu drei Jahren oder mit Geldstrafe, in minder schweren Fällen mit Freiheitsstrafe von bis zu zwei Jahren oder Geldstrafe wird bestraft, wer in den Fällen des Absatzes 1
   1. einen Vorteil erhält oder sich versprechen lässt oder
   2. wiederholt oder zugunsten von mehreren Ausländern handelt.

§ 96a Einschleusen von Ausländern

(1) Mit Freiheitsstrafe von bis zu drei Jahren oder mit Geldstrafe wird bestraft, wer einen Ausländer in das Bundesgebiet bringt, obwohl dessen Einreise gemäß § 14 Abs. 1 Nr. 1 und 2 unerlaubt ist.

(2) Mit Freiheitsstrafe von drei Monaten bis fünf Jahren, in minder schweren Fällen mit bis zu drei Jahren oder Geldstrafe wird bestraft, wer in den Fällen des Absatz 1
   1. einen Vorteil erhält oder sich versprechen lässt oder
   2. wiederholt oder zugunsten von mehreren Ausländern handelt.

Anhangkonvolut I – Gesetze der Bundesrepublik Deutschland

Anhang 1 – § 47a AuslG in der Fassung vom 1. Januar 1982[849]

§ 47a

(1) Mit Freiheitsstrafe bis zu drei Jahren oder mit Geldstrafe wird bestraft, wer
   1. einen Ausländer zu einer der in § 47 Abs. 1 Nr. 1 oder 2 bezeichneten Handlungen verleitet oder ihn dabei unterstützt oder
   2. einen Ausländer verleitet oder dabei unterstützt, im Asylanerkennungsverfahren nach § 29 unrichtige oder unvollständige Angaben zu machen, um seine Anerkennung als Asylberechtigter zu ermöglichen

   und dafür einen Vorteil erhält oder sich versprechen lässt.

(2) Der Versuch ist strafbar.

Anhang 2 – § 92 Abs. 2 und 3 AuslG in der Fassung vom 1. Januar 1991[850]

§ 92 Strafvorschriften

[...]

(2) Mit Freiheitsstrafe bis zu drei Jahren oder mit Geldstrafe wird bestraft, wer einen Ausländer zu einer der in Abs. 1 Nr. 1 oder 6 bezeichneten Handlungen anstiftet oder ihm dabei Beihilfe leistet und
   1. dafür einen Vermögensvorteil erhält oder sich versprechen läßt oder
   2. dabei wiederholt oder zugunsten von mehr als fünf Ausländern handelt.

(3) In Fällen des Absatzes 2 ist der Versuch strafbar.

---

849 Art. 6 Nr. 3 G v. 15.12.1981 m.W.v. 01.01.1982, BGBl. 1981 I Nr. 55, S. 1394.

850 Art. 1 G v. 09.07.1990 m.W.v. 01.01.1991, BGBl. 1990 I Nr. 34, S. 1354.

Anhang 3 – §§ 95 Abs. 1 Nr. 1 bis 3, 96 Abs. 1, Abs. 2 Satz 1 Nr. 5, Satz 2, Abs. 3, Abs. 4, 97 Abs. 1 AufenthG in der heutigen Fassung[851]

§ 95 Strafvorschriften

(1) Mit Freiheitsstrafe bis zu einem Jahr oder mit Geldstrafe wird bestraft, wer
1. entgegen § 3 Abs. 1 in Verbindung mit § 48 Abs. 2 sich im Bundesgebiet aufhält,
2. ohne erforderlichen Aufenthaltstitel nach § 4 Absatz 1 Satz 1 sich im Bundesgebiet aufhält, wenn
   a) er vollziehbar ausreisepflichtig ist,
   b) ihm eine Ausreisefrist nicht gewährt wurde oder diese abgelaufen ist und
   c) dessen Abschiebung nicht ausgesetzt ist,
3. entgegen § 14 Abs. 1 Nr. 1 oder 2 in das Bundesgebiet einreist,
[...].

§ 96 Einschleusen von Ausländern

(1) Mit Freiheitsstrafe von drei Monaten bis zu fünf Jahren, in minder schweren Fällen mit Freiheitsstrafe bis zu fünf Jahren oder mit Geldstrafe wird bestraft, wer einen anderen anstiftet oder ihm dazu Hilfe leistet, eine Handlung
1. nach § 95 Abs. 1 Nr. 3 oder Abs. 2 Nr. 1 Buchstabe a zu begehen und
   a) dafür einen Vorteil erhält oder sich versprechen lässt oder
   b) wiederholt oder zugunsten von mehreren Ausländern handelt oder
2. nach § 95 Abs. 1 Nr. 1 oder Nr. 2, Abs. 1a oder Abs. 2 Nr. 1 Buchstabe b oder Nr. 2 zu begehen und dafür einen Vermögensvorteil erhält oder sich versprechen lässt.

(2) [1]Mit Freiheitsstrafe von sechs Monaten bis zu zehn Jahren wird bestraft, wer in den Fällen des Absatzes 1
[...]

851 Art. 1 Gesetz zur Steuerung und Begrenzung der Zuwanderung und zur Regelung des Aufenthalts und der Integration von Unionsbürgern und Ausländern (Zuwanderungsgesetz) v. 30.04.2004 m.W.v. 01.01.2005, BGBl. 2004 I Nr. 41, S. 1950, zuletzt geändert durch Art. 1 Nr. 11 lit. a des Familiennachzugsneuregelungsgesetzes v. 12.07.2018 m.W.v. 01.08.2018, BGBl. 2018 I Nr. 26, S. 1147.

5. den Geschleusten einer das Leben gefährdenden, unmenschlichen oder erniedrigenden Behandlung oder der Gefahr einer schweren Gesundheitsschädigung aussetzt.

[2]Ebenso wird bestraft, wer in den Fällen des Absatzes 1 Nummer 1 Buchstabe a zugunsten eines minderjährigen ledigen Ausländers handelt, der ohne Begleitung einer personensorgeberechtigten Person oder einer dritten Person, die die Fürsorge oder Obhut für ihn übernommen hat, in das Bundesgebiet einreist.

(3) Der Versuch ist strafbar.

(4) Absatz 1 Nr. 1 Buchstabe a, Nr. 2, Absatz 2 Nr. 1, 2 und 5 und Absatz 3 sind auf Zuwiderhandlungen gegen Rechtsvorschriften über die Einreise und den Aufenthalt von Ausländern in das Hoheitsgebiet der Mitgliedstaaten der Europäischen Union oder eines Schengen-Staates anzuwenden, wenn

1. sie den in § 95 Abs. 1 Nr. 2 oder 3 oder Abs. 2 Nr. 1 bezeichneten Handlungen entsprechen und
2. der Täter einen Ausländer unterstützt, der nicht die Staatsangehörigkeit eines Mitgliedstaates der Europäischen Union oder eines anderen Vertragsstaates des Abkommens über den Europäischen Wirtschaftsraum besitzt.

[...]

§ 97 Einschleusen mit Todesfolge; gewerbs- und bandenmäßiges Einschleusen

(1) Mit Freiheitsstrafe nicht unter drei Jahren wird bestraft, wer in den Fällen des § 96 Abs. 1, auch in Verbindung mit § 96 Abs. 4, den Tod des Geschleusten verursacht.

[...]

Anhangkonvolut II – Gesetze der Vereinigten Staaten von Amerika

Anhang 4 – INA § 274 in der Fassung vom 27. Juni 1952[852]

INA § 274 Bringing in and harboring certain aliens

(a) Any person, including the owner, operator, pilot, master, commanding officer, agent, or consignee of any means of transportation who –
  (1) brings into or lands in the United States, by any means of transportation or otherwise, or attempts, by himself or through another, to bring into or land in the United States, by any means of transportation or otherwise
  [...]
  (4) willfully or knowingly encourages or induces, or attempts to encourage or induce, either directly or indirectly, the entry into the United States of –

any alien, including an alien crewman, not duly admitted by an immigration officer or not lawfully entitled to enter or reside within the United States under the terms of this Act or any other law relating to the immigration or expulsion of aliens, shall be guilty of a felony [...].

Anhang 5 – INA § 274 in der heutigen Fassung[853]

INA § 274. Bringing in and harboring certain aliens

(a) Criminal penalties
  (1) (A) Any person who –
    (i) knowing that a person is an alien, brings to or attempts to bring to the United States in any manner whatsoever such person at a place other than a designated port of entry or place other than as

852 Immigration and Nationality Act of 1952, Pub. L. 82-414 v. 27.06.1952, 66 Stat. 163.

853 Immigration and Nationality Act of 1952, Pub. L. 82-414 v. 27.06.1952, 66 Stat. 163, zuletzt geändert durch Agriculture, Rural Development, Food and Drug Administration, and Related Agencies Appropriations Act, Pub. L. 109-97 v. 10.11.2005, 119 Stat. 2120.

designated by the Commissioner, regardless of whether such alien has received prior official authorization to come to, enter, or reside in the United States and regardless of any future official action which may be taken with respect to such alien;

[...]

(iv) encourages or induces an alien to come to, enter, or reside in the United States, knowing or in reckless disregard of the fact that such coming to, entry, or residence is or will be in violation of law;

[...]

shall be punished as provided in subparagraph (B).

(B) A person who violates subparagraph (A) shall, for each alien in respect to whom such a violation occurs –

(i) in the case of a violation of subparagraph (A)(i) or (v)(I) or in the case of a violation of subparagraph (A)(ii), (iii), or (iv) in which the offense was done for the purpose of commercial advantage or private financial gain, be fined [...], imprisoned not more than 10 years, or both;

(ii) in the case of a violation of subparagraph (A)(ii), (iii), (iv), or (v)(II), be fined [...], imprisoned not more than 5 years, or both;

[...]

(2) Any person who, knowing or in reckless disregard of the fact that an alien has not received prior official authorization to come to, enter, or reside in the United States, brings to or attempts to bring to the United States in any manner whatsoever, such alien, regardless of any official action which may later be taken with respect to such alien shall, for each alien in respect to whom a violation of this paragraph occurs –

(A) be fined [...] or imprisoned not more than one year, or both; or

(B) in the case of –

(i) an offense committed with the intent or with reason to believe that the alien unlawfully brought into the United States will commit an offense against the United States or any State punishable by imprisonment for more than 1 year,

(ii) an offense done for the purpose of commercial advantage or private financial gain, or

(iii) an offense in which the alien is not upon arrival immediately brought and presented to an appropriate immigration officer at a designated port of entry, be fined [...] or shall be imprisoned , in the case of a first or second violation of subparagraph (B)(iii), not more than 10 years, in the case of a first or second violation of subparagraph (B)(i) or (B)(ii), not less than 3 nor more than 10 years, and for any other violation, not less than 5 nor more than 15 years.

Anhang 6 – INA § 275 in der heutigen Fassung[854]

INA § 275. Improper entry by alien

(a) Improper time or place; avoidance of examination or inspection; misrepresentation and concealment of facts
Any alien who (1) enters or attempts to enter the United States at any time or place other than as designated by immigration officers, or (2) eludes examination or inspection by immigration officers, or (3) attempts to enter or obtains entry to the United States by a willfully false or misleading representation or the willful concealment of a material fact, shall [...] be fined [...] or imprisoned not more than 6 months [...].
[...]

Anhang 7 – INA § 277 in der heutigen Fassung[855]

INA § 277. Aiding or assisting certain aliens to enter the United States

Any person who knowingly aids or assists any alien inadmissible under section 212(a)(2) (insofar as an alien inadmissible under such section has been convicted of an aggravated felony) or 212(a)(3) (other than subparagraph (E) thereof) to enter the United States, or who connives or conspires with any person or persons to allow, procure, or permit any such alien to enter the United States, shall be fined [...], or imprisoned not more than 10 years, or both.

---

854 Immigration and Nationality Act of 1952, Pub. L. 82-414 v. 27.06.1952, 66 Stat. 163; zuletzt geändert durch Omnibus Consolidated Appropriations Act, Pub. L. 104-208 v. 30.09.1996, 110 Stat. 3009.

855 Immigration and Nationality Act of 1952, Pub. L. 82-414 v. 27.06.1952, 66 Stat. 163; zuletzt geändert durch Omnibus Consolidated Appropriations Act, Pub. L. 104-208 v. 30.09.1996, 110 Stat. 3009.

Anhang 8 – INA § 278 in der heutigen Fassung[856]

INA § 278. Importation of alien for immoral purpose

The importation into the United States of any alien for the purpose of prostitution, or for any other immoral purpose, is hereby forbidden. Whoever shall, directly or indirectly, import, or attempt to import into the United States any alien for the purpose of prostitution or for any other immoral purpose, or shall hold or attempt to hold any alien for any such purpose in pursuance of such illegal importation, or shall keep, maintain, control, support, employ, or harbor in any house or other place, for the purpose of prostitution or for any other immoral purpose, any alien, in pursuance of such illegal importation, shall be fined [...], or imprisoned not more than 10 years, or both. [...]

856 Immigration and Nationality Act of 1952, Pub. L. 82-414 v. 27.06.1952, 66 Stat. 163, zuletzt geändert durch Immigration Act of 1990, Pub. L. 101-649 v. 29.11.1990, 104 Stat. 4978.

Anhangkonvolut III – internationale Vorschriften

Anhang 9 – Auszug aus dem UN-Schleusungsprotokoll[857]

Art. 2 Statement of purpose

The purpose of this protocol is to prevent and combat the smuggling of migrants, as well as to promote cooperation among States Parties to that end, while protecting the rights of smuggled migrants.

Art. 3 Use of terms

For the purposes of this Protocol:

(a) "Smuggling of migrants" shall mean the procurement, in order to obtain, directly or indirectly, a financial or other material benefit, of the illegal entry of a person into a State Party of which the person is not a national or a permanent resident;
(b) "Illegal entry" shall mean crossing borders without complying with the necessary requirements for legal entry into the receiving State;
[...]

Art. 5 Criminal liability of migrants

Migrants shall not become liable to criminal prosecution under this Protocol for the fact of having been the object of conduct set forth in article 6 of this Protocol.

Art. 6 Criminalization

1. Each State Party shall adopt such legislative and other measures as may be necessary to establish as criminal offences, when committed intentionally and in order to obtain, directly or indirectly, a financial or other material benefit:
   (a) The smuggling of migrants;

---

857 Zusatzprotokoll gegen die Schleusung von Migranten auf dem Land-, See- und Luftweg zum Übereinkommen der Vereinten Nationen gegen die grenzüberschreitende organisierte Kriminalität v. 12.12.2000 m.W.v. 28.01.2004, BGBl. 2005 II Nr. 21, S. 1007; siehe auch 2241 U.N.T.S. 507.

[...]

2. Each State Party shall also adopt such legislative and other measures as may be necessary to establish as criminal offences:
   (a) Subject to the basic concepts of its legal system, attempting to commit an offence established in accordance with paragraph 1 of this article;
   (b) Participating as an accomplice in an offence established in accordance with paragraph 1 (a), [...];
   (c) Organizing or directing other persons to commit an offence established in accordance with paragraph 1 of this article.

[...]

4. Nothing in this Protocol shall prevent a State Party from taking measures against a person whose conduct constitutes an offence under its domestic law.

Anhang 10 – Auszug aus der SchleuserRL[858]

Art. 1 Allgemeiner Tatbestand

(1) Jeder Mitgliedstaat legt angemessene Sanktionen für diejenigen fest, die
   a) einer Person, die nicht Angehörige eines Mitgliedstaats ist, vorsätzlich dabei helfen, in das Hoheitsgebiet eines Mitgliedstaats unter Verletzung der Rechtsvorschriften des betreffenden Staates über die Einreise oder die Durchreise von Ausländern einzureisen oder durch dessen Hoheitsgebiet zu reisen;

   [...]

(2) Jeder Mitgliedstaat kann beschließen, wegen der in Absatz 1 Buchstabe a) beschriebenen Handlungen in Anwendung seiner innerstaatlichen Rechtsvorschriften und Rechtspraktiken keine Sanktionen zu verhängen, wenn das Ziel der Handlungen die humanitäre Unterstützung der betroffenen Person ist.

Art. 2 Anstiftung, Beteiligung und Versuch

Jeder Mitgliedstaat trifft die erforderlichen Maßnahmen um sicherzustellen, dass die in Artikel 1 genannten Sanktionen auch für diejenigen gelten, die im Falle einer der in Artikel 1 Absatz 1 Buchstaben a) oder b) aufgeführten Handlungen

a) Anstifter sind oder

---

858 RL 2002/90/EG v. 28.11.2002 zur Definition der Beihilfe zur unerlaubten Ein- und Durchreise und zum unerlaubten Aufenthalt, ABl. EG L 328/17 v. 05.12.2002.

b) als Gehilfen beteiligt sind oder
c) versuchen, eine solche Handlung zu begehen.

Anhang 11 – Auszug aus dem SchleuserRB[859]

Art. 1 Strafen

(1) Jeder Mitgliedstaat trifft die erforderlichen Maßnahmen um sicherzustellen, dass die in den Artikeln 1 und 2 der Richtlinie 2002/90/EG beschriebenen Handlungen mit wirksamen, angemessenen und abschreckenden Strafen bedroht sind, die zu einer Auslieferung führen können.

---

859 RB 2002/946/JI v. 28.11.2002 betreffend die Verstärkung des strafrechtlichen Rahmens für die Bekämpfung der Beihilfe zur unerlaubten Ein- und Durchreise und zum unerlaubten Aufenthalt, ABl. L 328/1 v. 5.12.2002.

Literaturverzeichnis

Aljehani, Abdelnaser, The legal definition of the smuggling of migrants in light of the provisions of the Migrant Smuggling Protocol, J. Crim. L. 2015, 79(2), 122

Allen, Lauren D., Illegal Encouragement: The Federal Statute that makes it illegal to „encourage" immigrants to come to the United States and why it is unconstitutionally overbroad, 60 B.C. L. Rev. 1205 (2019)

Arzt, Gunter, Menschenschmuggel als Bagatellunrecht, in: Festschrift für Karl Heinz Gössel zum 70. Geburtstag, Heidelberg 2002, S. 389

Aurnhammer, Katharina, Spezielles Ausländerstrafrecht. Die Straftatbestände des Ausländergesetzes und des Asylverfahrensgesetzes. Eine vergleichende Untersuchung, Baden-Baden 1996

Baldini-Potermin, Maria/Kesselbrenner, Dan/Rosenberg, Lory D., Immigration Law and Crimes, Winter 2017 Edition, New York 2017

Beck, Susanne/Burchard, Christoph/Fateh-Moghadam, Bijan, Strafrechtsvergleichung als Problem und Lösung, Baden-Baden 2011

Bergmann, Jan/Dienelt, Klaus, Ausländerrecht. Aufenthaltsgesetz, Freizügigkeitsgesetz/EU und ARB 1/80 (Auszug), Grundrechtecharta und Artikel 16a GG, Asylgesetz. Kommentar, 13. Auflage, München 2020

Bergmann, Marcus/Hörich, Carsten, Das Ausländerstrafrecht auf dem Prüfstand – Rückführungsrichtlinie und EuGH-Rechtsprechung in: Barwig, Klaus/Beichel-Bendetti, Stephan/Brinkmann, Gisbert, Steht das europäische Migrationsrecht unter Druck? Hohenheimer Tage zum Ausländerrecht 2014, Baden-Baden 2015

Böse, Martin, Das Einschleusen von Ausländern: Teilnahme an Bagatellunrecht oder in hohem Maße sozialschädliches Verhalten?, ZStW 116 (2004), 680

Böse, Martin, Europäisches Strafrecht mit polizeilicher Zusammenarbeit, Enzyklopädie Europarecht Band 9, Baden-Baden 2013

Böse, Martin, Vorsatzanforderungen bei Blankettgesetzen am Beispiel des Kartellrechts in: Festschrift für Ingeborg Puppe zum 70. Geburtstag, Berlin 2011, S. 1353

Brocke, Holger, Aktuelle Entwicklungen des Ausländerstrafrechts, NStZ 2009, 546

Bülte, Jens, Blankette und normative Tatbestandsmerkmale: Zur Bedeutung von Verweisungen in Strafgesetzen, JuS 2015, 769

Bußmann, Hadumod, Lexikon der Sprachwissenschaft, 4. Auflage, Stuttgart 2008

Calliess, Christian/Ruffert, Matthias, EUV/AEUV. Das Verfassungsrecht der Europäischen Union mit Europäischer Grundrechtecharta, 5. Auflage, München 2016

Cannawurf, Sieglinde, Die Beteiligung im Ausländerstrafrecht, Berlin 2007

Cantzler, Constantin, Das Schleusen von Ausländern und seine Strafbarkeit. §§ 92, 92a, 92b AuslG, §§ 84, 84a AsylVfG, Beschäftigung illegaler Ausländer, Kirchenasyl, Scheinehe, EU-Recht, Reformen, Dissertation, Aachen 2004

Chiesa, Luis E., Comparative Criminal Law in: Dubber, Markus D./Hörnle, Tatjana, The Oxford Handbook of Criminal Law, Oxford 2014, S. 1089

Chin, Gabriel J., Unjustified: The Practical Irrelevance of The Justification/Excuse Distinction, 43 U. Mich. J.L. Reform 79 (2009)

Chin, Gabriel J./Miller, Marc L., The Unconstitutionality of State Regulation of Immigration through Criminal Law, 61 Duke L.J. 251(2011)

Cirener, Gabriele/Radtke, Henning/Rissing-van Saan, Ruth/Rönnau, Thomas/Schluckebier, Wilhelm/Tiedemann, Klaus, Strafgesetzbuch. Leipziger Kommentar. Großkommentar,

Erster Band. Einleitung; §§ 1 bis 18, 13. Auflage, Berlin 2020

Erster Band. Einleitung; §§ 1 bis 31, 12. Auflage, Berlin 2007

Fünfter Band. §§ 110 bis 145d, 12. Auflage, Berlin 2009

Achter Band. §§ 242 bis 262, 12. Auflage, Berlin 2010

Clopton, Zachary D., Bowman Lives: The Extraterritorial Application of U.S. Criminal Law after Morrison v. National Australia Bank, 67 N.Y.U. Ann. Surv. Am. L. 137 (2011)

Dizon, Shane/Wettstein, Nadine K., Immigration Law Service, 2nd Edition, St. Paul 2008

Dreher, Eduard, Strafgesetzbuch und Nebengesetze, 40. Auflage, München 1981

Dreher, Eduard/Tröndle, Herbert, Strafgesetzbuch und Nebengesetze, 45. Auflage, München 1991

Dreier, Horst, Grundgesetz. Kommentar, Band I. Präambel, Artikel 1-19, 3. Auflage, Tübingen 2013

Dressler, Joshua, Understanding Criminal Law, 6th Edition, New Providence/San Francisco 2012

Dudenredaktion, Duden. Deutsches Universalwörterbuch, 9. Auflage, Berlin 2019

El-Ghazi, Mohamad/Fischer-Lescano, Andreas, Rechtfertigung bei Einreisedelikten – zugleich Besprechung von OLG Bamberg, Urt. v. 24.09.2014 – 3 Ss 59/13, StV 2015, 386

Esser, Robert/Rübenstahl, Markus/Saliger, Frank/Tsambikakis, Michael, Wirtschaftsstrafrecht. Kommentar mit Steuerstrafrecht und Verfahrensrecht, Köln 2017

Fehrenbacher, Ansgar, Personenfreizügigkeit zwischen den EG-Mitgliedstaaten und der Schweiz, ZAR 2002, 278

Filzwieser, Christian/Sprung, Andrea, Dublin III-Verordnung. Das Europäische Asylzuständigkeitssystem, Stand: 1.2.2014, Wien/Graz 2014

Fischer-Lescano, Andreas/Horst, Johan, Das Pönalisierungsverbot aus Art. 31 I GFK. Zur Rechtfertigung von Straftaten bei Flüchtlingseinreisen, ZAR 2011, 81

Fischer, Thomas, Strafgesetzbuch. mit Nebengesetzen, 67. Auflage, München 2020

Fritz, Roland/Vormeier, Jürgen, Gemeinschaftskommentar zum Aufenthaltsgesetz, Stand: September 2019, Köln 2005

Fritz, Roland/Vormeier, Jürgen, Gemeinschaftskommentar zum Ausländerrecht, Stand: 71. EL September 2004, Neuwied 1993

Garner, Bryan A., Black's Law Dictionary, 10th Edition, St. Paul 2014

Geisler, Claudius, Bekämpfung der Schleuserkriminalität, ZRP 2001, 171

Göhler, Johanna, Europäische Reform des Insiderstrafrechts. Anmerkungen zur Rolle des Nicht-Insiders im Sonderdeliktsgefüge, ZIS 2016, 266

Gómez, Yamila Fakhouri, Vorsatztheorie vs. Schuldtheorie. Zum Umgang mit der Irrtumsproblematik bei normativen Tatbestandsmerkmalen und Blankettstrafgesetzen, GA 2010, 259

Göppinger, Hans/Bock, Michael, Kriminologie, 6. Auflage, München 2008

Gove, Philip Babcock, Webster's Third New International Dictionary. Of the English Language Unabridged, Springfield 1993

Grabitz, Eberhard/Hilf, Meinhard/Nettesheim, Martin, Das Recht der Europäischen Union, Stand: 61. EL April 2017, München 2010

Graf, Peter/Jäger, Markus/Wittig, Petra, Wirtschafts- und Steuerstrafrecht, 2. Auflage, München 2017

Gribbohm, Günter, Strafrechtsgeltung und Teilnahme – Zur Akzessorietät der Teilnahme im internationalen Strafrecht, JR 1998, 177

Gutmann, Rolf, Anmerkung zu BGH, Urteil vom 26.02.2015 – 4 StR 233/14, NVwZ 2015, 838

Häberle, Peter, Erbs/Kohlhaas. Strafrechtliche Nebengesetze, Stand: 226. EL März 2019, München 2019

Hailbronner, Kay, Asyl- und Ausländerrecht, 4. Auflage, Stuttgart 2017

Hailbronner, Kay, Ausländerrecht. Kommentar, Stand: 99. EL Dezember 2016, Heidelberg 2004

Hailbronner, Kay/Thym, Daniel, Vertrauen im europäischen Asylsystem, NVwZ 2012, 406

Hall, Jerome, Prolegomena to a Science of Criminal Law, 89 U. of Pa. L. Rev. 549 (1941)

Hawk, Kate Dupes/Villella, Ron/Leyva de Varona, Adolfo/Cifers, Kirsten, Florida and the Mariel Boatlift of 1980. The First Twenty Days, Tuscaloosa 2014

Hay, Peter, US-Amerikanisches Recht. Ein Studienbuch, 7. Auflage, München 2020

Heinrich, Bernd, Grundzüge und aktuelle Probleme des deutschen Ausländerstrafrechts, ZAR 2003, 166

Heinrich, Bernd, Verwaltungsakzessorietät des Ausländerstrafrechts und Schleuserkriminalität, ZAR 2005, 309

Hettinger, Michael, Die Strafrahmen des StGB nach dem Sechsten Strafrechtsreformgesetz, in: Festschrift für Wilfried Küper zum 70. Geburtstag, Heidelberg 2007, S. 95

Hofmann, Rainer (Hrsg.), Nomos Kommentar. Ausländerrecht. AufenthG. AsylG (AsylVfG). GG. FreizügG/EU. StAG. EU-Abkommen. Assoziationsrecht, 2. Auflage, Baden-Baden 2016

Hörich, Carsten, Abschiebungen nach europäischen Vorgaben. Die Auswirkungen der Rückführungsrichtlinie auf das deutsche Aufenthaltsrecht, Baden-Baden 2015

Hörich, Carsten/Bergmann, Marcus, Das Ende der Strafbarkeit des illegalen Aufenthalts?, NJW 2012, 3339

Hörich, Carsten/Bergmann, Marcus, Vorschläge für ein europarechtskonformes Ausländerstrafrecht, ZRP 2014, 109

Huber, Berthold, Aufenthaltsgesetz. Freizügigkeitsgesetz/EU, ARB 1/80 und §§ 2-4 AsylG, 2. Auflage, München 2016

Jäger, Christian, Die hypothetische Einwilligung – ein Fall der rückwirkenden juristischen Heilung in der Medizin, in: Festschrift für Heike Jung zum 65. Geburtstag am 23. April 2007, Baden-Baden 2007, S. 345

Jakobs, Günther, Kriminalisierung im Vorfeld einer Rechtsgutsverletzung, ZStW 97 (1985), S. 751

Jakobs, Günther, Strafrecht Allgemeiner Teil. Die Grundlagen und die Zurechnungslehre. Lehrbuch, 2. Auflage, Berlin/New York 1991

Jarass, Hans D./Pieroth, Bodo, Grundgesetz für die Bundesrepublik Deutschland. Kommentar, 16. Auflage, München 2020

Jescheck, Hans-Heinrich/Weigend, Thomas, Lehrbuch des Strafrechts. Allgemeiner Teil, 5. Auflage, Berlin 1996

Joecks, Wolfgang/Miebach, Klaus, Münchener Kommentar zum Strafgesetzbuch

Band 1. §§ 1-37, 4. Auflage, München 2020

Band 2. §§ 38-79b, 3. Auflage, München 2016

Band 3. §§ 80-184g, 3. Auflage, München 2017

Band 4. §§ 185-262, 3. Auflage, München 2017

Band 6. JGG. Nebenstrafrecht I, 3. Auflage, München 2018

Band 7. Nebenstrafrecht II, 3. Auflage, München 2019

Band 8. Nebenstrafrecht III. VStGB, 3. Auflage, München 2018

Jung, Heike, Die Inlandsteilnahme an ausländischer strafloser Haupttat. Regelungsgehalt und Problematik des § 9 Abs. 2 Satz 2 StGB, JZ 1979, 325

Kadish, Sanford H., Complicity, Cause and Blame: A Study in the Interpretation of Doctrine, 73 Calif. L. Rev. 323 (1985)

Kaiser, Günther, Kriminologie. Eine Einführung in die Grundlagen, 10. Auflage, Heidelberg 1997

Kaiser, Günther/Schöch, Heinz/Kinzig, Jörg, Kriminologie, Jugendstrafrecht, Strafvollzug, 8. Auflage, München 2015

Kälin, Walter, Das bilaterale Abkommen der Schweiz mit der EG über die Freizügigkeit von Personen, ZAR 2002, 123

Kanein, Werner, Das Ausländergesetz. Und die wesentlichen fremdenrechtlichen Vorschriften, 1. Auflage, München/Berlin 1966

Kanein, Werner/Renner, Günter, Ausländerrecht. Kommentar, 4. Auflage, München 1988

Karpenstein, Ulrich/Mayer, Franz C., EMRK. Konvention zum Schutz der Menschenrechte und Grundfreiheiten. Kommentar, 2. Auflage, München 2015

Kindhäuser, Urs/Neumann, Ulfrid/Paeffgen, Hans-Ullrich, Nomos Kommentar. Strafgesetzbuch,

Band 1. Allgemeiner Teil. §§ 1-79b, 5. Auflage, Baden-Baden 2017

Band 2. Besonderer Teil. §§ 80-231, 5. Auflage, Baden-Baden 2017

Band 3. Besonderer Teil. §§ 232-358, 5. Auflage, Baden-Baden 2017

Kischel, Uwe, Rechtsvergleichung, München 2015

Klesczewski, Diethelm, Anmerkung zu BayObLG, Urt. v. 27.02.1998, Az.: 4 St RR 3/98, StV 1999, 257

Kloesel, Arno/Christ, Rudolf, Deutsches Ausländerrecht. Kommentar zum Ausländergesetz und zu den wichtigsten ausländerrechtlichen Vorschriften,

Loseblattsammlung, 30. EL (1. Auflage)/15. EL (2. Auflage), Stand: Juni 1990, Stuttgart/Berlin/Köln

Kluth, Winfried/Heusch, Andreas, Ausländerrecht. AufenthG. AsylG. FreizügG/EU. ARB 1/80. AEUV. EMRK. Kommentar, München 2016

Kluth, Winfried/Hund, Michael/Maaßen, Hans-Georg, Handbuch Zuwanderungsrecht. AllgemeinesZuwanderungs- und Aufenthaltsrecht nach deutschem und europäischem Recht, 2. Auflage, München 2017

Koessler, Maximilian, „Subject", „Citizen", „National" and „Permanent Allegiance", 56 Yale L.J. 58 (1946)

Körner, Hans/Patzak, Jörn/Volkmer, Mathias, Betäubungsmittelgesetz. Arzneimittelgesetz. Grundstoffüberwachungsgesetz, 9. Auflage, München 2019

Kremnitzer, Mordechai, Some Reflections on Comparative Criminal Law in: Beck, Susanne/Burchard, Christoph/Fateh-Moghadam, Bijan, Strafrechtsvergleichung als Problem und Lösung, Baden-Baden 2011

Kretschmer, Joachim, Anmerkung zu BGH, Urteil vom 22.07.2015, Az.: 2 StR 389/13, NJW 2016, 423

Kretschmer, Joachim, Anmerkung zu BGH, Urteil vom 08.03.2017, Az.: 5 StR 333/16, NJW 2017, 1625

Kretschmer, Joachim, Ausländerstrafrecht, Bonn 2012

Kretschmer, Joachim, Der europäische Grundsatz „ne bis in idem" und die europaweite Schleuserkriminalität (§ 96 IV AufenthG), ZAR 2011, 384

Kretschmer, Joachim, Die Straflosigkeit humanitären Handelns, ZAR 2013, 278

Kretschmer, Joachim, Rechtsprechungsübersicht zum Ausländerstrafrecht, NStZ 2013, 570

Kretschmer, Joachim, Schleuserkriminalität – §§ 96 und 97 AufenthG im Überblick anhand aktueller Rechtsprechung, ZAR 2019, 263

Kurland, Adam Harris, To „Aid, Abet, Counsel, Command, Induce, or Procure the Commission of an Offense": A Critique of Federal Aiding and Abetting Principles, 57 S.C. L. Rev. 85 (2005)

Lackner, Karl, fortgeführt von *Kühl, Kristian/Heger, Martin*, StGB. Strafgesetzbuch mit Erläuterungen,

14. Auflage, München 1981,

19. Auflage, München 1991,

29. Auflage, München 2018

LaFave, Wayne R., Criminal Law, 6th Edition, St. Paul 2017

Lane, Brittney M., Testing the Borders: The Boundaries of State and Local Power to Regulate Illegal Immigration, 39 Pepp. L. Rev. 483 (2012)

Lange, Richard, Der Strafgesetzgeber und die Schuldlehre, JZ 1956, 73

Lenz, Otto/Borchardt, Klaus-Dieter, EU-Verträge Kommentar. EUV. AEUV. GRCh, 6. Auflage, Köln 2013

Lindsay, Matthew J., Immigration as Invasion: Sovereignty, Security, and the Origins of the Federal Immigration Power, 45 Harv. C.R.-C.L. L. Rev. 1 (2010)

Lorenz, Jörn, Die „Schreibtisch-Schleusung" – eine Einführung in das Ausländerstrafrecht, NStZ 2002, 640

Maess, Jean E., American Jurisprudence, 2nd Edition, 2nd Edition, Rochester 2013

Magnus, Dorothea, Kinderwunschbehandlungen im Ausland: Strafbarkeit beteiligter deutscher Ärzte nach internationalem Strafrecht (§ 9 StGB), NStZ 2015, 57

Marlowe, Elizabeth Gail, Immigration – Due Process – the Availability of Constitutional Saveguards to Detained Cuban Aliens, Garcia Mir v. Meese, 788 F.2d 1446 (11th Cir. 1986), Cert. Denied, 107 S.CT. 289 (1986), 17 Ga. J. Int'l & Comp. L. 153 (1987)

Marx, Reinhard, Aufenthalts-, Asyl- und Flüchtlingsrecht. Handbuch, 7. Auflage, Baden-Baden 2020

Mastin, Yvette M., Sentenced to Purgatory: The Indefinite Detention of Mariel Cubans, 2 Scholar 137 (2000)

McClean, David, Transnational Organized Crime. A Commentary on the UN Convention and its Protocols, Oxford 2007

Meyer-Ladewig, Jens/Nettesheim, Martin/von Raumer, Stefan, EMRK. Europäische Menschenrechtskonvention. Handkommentar, 4. Auflage, Baden-Baden, 2017

Mitsch, Wolfgang, Praxiskommentar zu BGH, Beschluss vom 24. Oktober 2018 – 1 StR 212/18, NStZ 2019, 285

Mohabir, Melissa, Settling the Law for Eduin Rodriguez and People who Help People like Him: A Current Circuit Split Impacting Immigration Law and Policy, 10 Seton Hall Circuit Rev. 409 (2014)

Moll, Frank/Pohl, Christian, Das Drittstaatenkonzept im unionsrechtlichen Kontext, ZAR 2012, 102

Möller, Winfried, Anmerkung zu BGH, Beschluss vom 2. September 2009 – 5 StR 266/09, StV 2010, 249

Mueller, Grace E., The Mens Rea of Accomplice Liability, 61 S. Cal. L. Rev. 2169 (1988)

Müller-Magdeburg, Cornelia, Die Abgrenzung von Tatbestandsirrtum und Verbotsirrtum bei Blankettnormen, Berlin 1998

Nagler, Axel, Entkriminalisierung für Fluchthelfer – ein Plädoyer, StV 2017, 273

Neuman, Gerald L., The Lost Century of American Immigration Law (1776-1875), 93 Colum. L. Rev. 1833 (1993)

O'Connor, James, Criminal Law – „But I didn't know who he was!“: What Is the Required Mens Rea for an Aider and Abettor of a Felon in Possession of a Firearm?, 32 W. New Eng. L. Rev. 245 (2010)

O'Malley, Kevin F./Grenig, Jay E./Lee, William C., Federal Jury Practice And Instructions, 6th Edition, St. Paul 2009

Oberhäuser, Thomas, Migrationsrecht in der Beratungspraxis, Baden-Baden 2019

Oberhäuser, Thomas, Unionsbürger-Freizügigkeit: Anspruch auf Gleichbehandlung erst nach 3 Monaten – vorher ist Inländerdiskriminierung erlaubt, ANA-ZAR 2014, 52

Ogboru, Tolu/Kigbu, Salome, Human Trafficking and Human Smuggling: The Distinction and Legal Implications, 6 Beijing L. Rev. 224 (2015)

Onions, Charles Talbut, The Shorter Oxford Dictionary. On Historical Principles, Oxford 1973

Orchowski, Margaret Sands, The Law that Changed the Face of America. The Immigration and Nationality Act of 1965, Lanham/Boulder/New York/London 2015

Peukert, Alexander/Hillgruber, Christian/Foerste, Ulrich/Putzke, Holm, Einreisen lassen oder zurückweisen? Was gebietet das Recht in der Flüchtlingskrise an der deutschen Staatsgrenze?, ZAR 2016, 131

Phelps, William G., Validity, Construction, and Application of §§ 274(a)(1(A)(i) and § 274(a)(2) of Immigration and Nationality Act (8 U.S.C.A. § 1324(a)(1)(A)(i)(a)(2)), Making it Unlawful to Bring Alien to United States, 136 A.L.R. Fed. 511

Phelps, William G., Validity, Construction, and Application of § 274(a)(1(A)(iv) of Immigration and Nationality Act (8 U.S.C.A. § 1324(a)(1)(A)(iv), Making it Unlawful to Induce or Encourage Alien to Come to, Enter, or Reside in United States, 137 A.L.R. Fed. 227

Pintaske, Patrick, Das Palermo-Übereinkommen und sein Einfluss auf das deutsche Strafrecht. Eine Un-tersuchung der UN-Konvention gegen grenzüberschreitende organisierte Kriminalität und ihrer Zusatzprotokolle, Göttingen 2014

Podgor, Ellen S., International Computer Fraud: A Paradigm for Limiting National Jurisdiction, 35 U.C. Davis L. Rev. 267 (2002).

Puppe, Ingeborg, Tatirrtum, Rechtsirrtum, Subsumtionsirrtum, GA 1990, 145

Puppe, Ingeborg, Vorsatz und Rechtsirrtum, in: Festschrift für Rolf Dietrich Herzberg zum siebzigsten Geburtstag, Tübingen 2008, S. 275

Reinbacher, Tobias, Das Strafrechtssystem der USA. Eine Untersuchung zur Strafgewalt im föderativen Staat, Berlin 2010

Reinbacher, Tobias, Strafrecht im Mehrebenensystem. Modelle der Verteilung strafrechtsbezogener Kompetenzen, Baden-Baden 2014

Richmond, John Cotton, Human Trafficking: Understanding The Law and Deconstructing Myths, 60 St. Louis U. L.J. 1 (2015)

Robinson, Brian W., Smuggled Masses: The Need for a Maritime Alien Smuggling Law Enforcement Act, 2010 Army Law 20 (2010)

Robinson, Paul H., Criminal Law Defenses, Volume 2, St. Paul 1984

Robinson, Paul H., Criminal Law Defenses: A Systematic Analysis, 82 Colum. L. Rev. 199 (1982)

Robinson, Paul H./Cahill, Michael T., Criminal Law, 2nd Edition, New York 2012

Röder, Sebastian, Strafe muss sein? Neues zur Strafbarkeit illegaler Einreisen von Flüchtlingen. Anmerkung zum Beschluss des Bundesverfassungsgerichts vom 8. Dezember 2014, Asylmagazin 2015, 144

Rosenberg, Benjamin E., „Continuing Crimes" and Statute of Limitations, 26 No. 12 WJCODL 2 (2010)

Roxin, Claus, Strafrecht. Allgemeiner Teil.

Band I. Grundlagen. Der Aufbau der Verbrechenslehre, 4. Auflage, München 2006

Band II. Besondere Erscheinungsformen der Straftat, München 2003

Roxin, Claus, Täterschaft und Tatherrschaft, 9. Auflage, Berlin/Boston 2015

Rudolphi, Hans-Joachim/Horn, Eckard/Samson, Erich/Schreiber, Hans-Ludwig, SK-StGB.Systematischer Kommentar zum Strafgesetzbuch.

Band I. §§ 1-37 StGB, 9. Auflage, Köln 2017

Band III. §§ 80-173 StGB, 9. Auflage, Köln 2019

Band V. §§ 242-302 StGB, 9. Auflage, Köln 2019

Sabbag, Brett, Transnational Criminal Law – Eleventh Circuit Does Not Require Proof of Criminal Intent For Alien Smuggling Offenses – *United States v. Dominguez*, 661 F.3d 1051 (11th Cir. 2011), 35 Suffolk Transnat'l L. Rev. 493 (2012)

Sachs, Michael, Grundgesetz. Kommentar, 8. Auflage, München 2018

Sánchez-Vera, Javier, Pflichtdelikt und Beteiligung. Zugleich ein Beitrag zur Einheitlichkeit der Zurechnung bei Tun und Unterlassen, Berlin, 1999

Satzger, Helmut/Schluckebier, Wilhelm/Widmaier, Gunter, Strafgesetzbuch. Kommentar, 4. Auflage, Köln 2019

Sayre, Francis Bowes, Public Welfare Offenses, 33 Colum. L. Rev. 55 (1933)

Schloenhardt, Andreas, Criminalizing the Smuggling of Migrants in International, European, and Austrian Law, Frankfurt am Main 2015

Schneider, Hans Joachim, Kriminologie. Ein internationales Handbuch, Band 1: Grundlagen, Berlin/Boston 2014

Schönke, Adolf/Schröder, Horst, Strafgesetzbuch. Kommentar

20. Auflage, München 1980

24. Auflage, München 1991

30. Auflage, München 2019

Schott, Tilmann, Die Schleusertatbestände §§ 96, 97 AufenthG, StV 2007, 156

Schott, Tilmann, Einschleusen von Ausländern. Eine Einführung in die rechtlichen Grundlagen der §§ 96, 97 AufenthG mit Hinweisen zu den Sachgebieten Schengen/EU-Recht, illegale Beschäftigung und Menschenhandel, 2. Auflage, Frankfurt am Main 2011

Schott, Tilmann, „Visa-Erschleichung": Zur Reichweite des § 95 Absatz 6 des Aufenthaltsgesetzes, ZAR 2012, 276

Schott-Mehrings, Tilmann, Das Einschleusen Asylsuchender über Griechenland, ZAR 2014, 142

Schulze, Enika H./Patterson, Susan R., Introduction to the American Legal System, 8th Edition, Upper Saddle River, New Jersey 2006

Schulze, Reiner/Janssen, André/Kadelbach, Stefan, Europarecht. Handbuch für die deutsche Rechtspraxis, 4. Auflage, Baden-Baden 2020

Schwarze, Jürgen, EU-Kommentar, 4. Auflage, Baden-Baden 2019

Sevilla, Charles M., In Defense of The Alien, 4 Chicano L. Rev. 1 (1977)

Sieber, Ulrich/Cornils, Karin, Nationales Strafrecht in rechtsvergleichender Darstellung. Allgemeiner Teil, Band 4. Tatbeteiligung. Straftaten in Unternehmen, Verbänden und anderen Kollektiven, Berlin 2010

Sieber, Ulrich/Satzger, Helmut/von Heintschel-Heinegg, Bernd, Europäisches Strafrecht, 2. Auflage, Baden-Baden 2014

Siems, Mathias, Comparative Law, Oxford 2014

Simester, Andrew P/Spencer, John R/Stark, Findlay/Sullivan, G Robert/Virgo, Graham J, Simester and Sullivan's Criminal Law. Theory and Doctrine, 6th Edition, Oxford 2016

Smith, Stephen F., Proportional Mens Rea, 46 Am. Crim. L. Rev. 127 (2009)

Streinz, Rudolf, EUV/AEUV. Vertrag über die Europäische Union und Vertrag über die Arbeitsweise der Europäischen Union, 3. Auflage, München 2018

Stuckenberg, Carl-Friedrich, Double Jeopardy. Das Verbot doppelter Bestrafung und Strafverfolgung im US-amerikanischen Recht, Heidelberg 2001

Stuckenberg, Carl-Friedrich, Vorsatz im Völkerstrafrecht, ZIS 2018, 524

Stuckenberg, Carl-Friedrich, Zur Konkurrenz im US-amerikanischen Recht, ZStW 113 (2001), 146

Teigelack, Lars/Dolff, Christian, Kapitalmarktrechtliche Sanktionen nach dem Regierungsentwurf des Ersten Finanzmarktnovellierungsgesetzes – 1. FiMaNoG, BB 2016, 387

Thalheimer, Karol, Die Vorfeldstrafbarkeit nach §§ 30, 31 StGB, Frankfurt am Main 2008

Torcia, Charles E., Wharton's Criminal Law, 15th Edition, New York 2017

Van Liempt, Ilse, Navigating Borders. Inside Perspectives on the Process of Human Smuggling into the Netherlands, Amsterdam 2007

Von der Groeben, Hans/Schwarze, Jürgen/Hatje, Armin, Europäisches Unionsrecht. Vertrag über die Europäische Union. Vertrag über die Arbeitsweise der Europäischen Union. Charta der Grundrechte der Europäischen Union, Band 1: Art. 1 bis 55 EUV. Art. 1 bis 54 GRC. Art. 1 bis 66 AEUV, 7. Auflage, Baden-Baden 2015

Vordermayer, Helmut/von Heintschel-Heinegg, Bernd/Schnabl, Robert, Handbuch für den Staatsanwalt, 6. Auflage, Köln 2019

Weiss, Baruch, What Where They Thinking?: The Mental States of The Aider And Abettor And The Causer Under Federal Law, 70 Fordham L. Rev. 1341 (2002)

Welzel, Hans, Zur Abgrenzung des Tatbestandsirrtums vom Verbotsirrtum, MDR 1952, 584

Westphal, Volker, Das Freizügigkeitsabkommen zwischen der EG, ihren Mitgliedstaaten und der Schweiz, InfAuslR 2002, 329

Westphal, Volker/Stoppa, Edgar, Ausländerrecht für die Polizei: Erläuterungen zum Ausländer- und Asylrecht unter Berücksichtigung des Europarechts und der Schengener-Regelungen, 3. Auflage, Lübeck 2007

Westphal, Volker/Stoppa, Edgar, Straftaten im Zusammenhang mit der unerlaubten Einreise und dem unerlaubten Aufenthalt von Ausländern nach dem Ausländergesetz, NJW 1999, 2137

Widmaier, Gunter, Münchener Anwaltshandbuch Strafverteidigung, 2. Auflage, München 2014

Ziegert, Ulrich, Vorsatz, Schuld und Vorverschulden, Berlin 1987

Zweigert, Konrad/Kötz, Hein, Einführung in die Rechtsvergleichung auf dem Gebiete des Privatrechts, 3. Auflage, Tübingen 1996

Entscheidungsverzeichnis der U.S.-Gerichte

U.S. Courts of Appeals

U.S. District Courts

Einzelstaatliche Gerichte